新编21世纪政治学系列教材

• 国际政治系列 •

国际安全概论

第二版

An Introduction to International Security

王 帆 卢 静 主编

中国人民大学出版社
· 北京 ·

作 者 简 介

王帆 外交学院副院长，法学博士，教授，博士生导师。中国国际关系学会秘书长，中国人民外交学会理事、中国人民对外友好协会美中关系委员会理事、中国军控与裁军协会理事、中华美国学会理事。2009 年获北京市教学名师荣誉称号。2012 年获国务院政府特殊津贴。主要研究方向为国际安全与大国战略。代表性著作有《美国对华中长期战略研究》《美国的亚太联盟》《新开局：复杂系统思维与中国外交战略规划》等。
卢静 外交学院国际关系研究所所长，法学博士，教授，博士生导师。主要研究方向为全球治理、国际安全。代表性著作有《对外开放：国际经验与中国道路》（专著）、《当前国际安全体系转型》（主编）、《全球治理：挑战与趋势》（第三主编）等。

内 容 简 介

国际安全是国际政治学科的核心研究领域。它涉及国际安全体系、国际安全机制、国际安全观念等范畴，而国家安全和地区安全作为国际安全的基础，也是其不可分割的要素。本书全面系统地梳理了国际安全、国家安全和地区安全的相关理论与实践，以及国际安全体系、国际安全机制、国际安全观念的历史与现状，并介绍了国际安全中的裁军、军控与防扩散，以及非传统安全议题等。

序

安全，关系人们的生存发展、繁衍生息。心理学家亚伯拉罕·马斯洛（Abraham Maslow）在需求层次论中把安全视为人在满足生存需要后的第一需要。国际政治学家们则把安全看作国际关系发展的核心因素，甚至把安全比喻为氧气——你可以不注意它，但不能没有它。

2005年联合国开发计划署《人类发展报告》指出，人类依旧在战争与安全两条战线上一如既往地努力抗争。作为人类生存和发展的前提与保障，安全始终是人类共同关注和向往的。

所谓安全，《现代汉语词典》的解释是：没有危险，不受威胁，不出事故。在英语中，安全（security）一词有两层含义：一是指安全的状态，即免于危险、没有恐惧；二是指维护安全，即安全措施与安全机构。一般来说，安全指的是主观上不存在担心外来攻击的恐惧感，客观上不存在外来攻击的状态或现实。

自20世纪初的第一次世界大战以来，国际安全观念经历了从集体安全到合作安全的转变。一战后，集体安全概念突出，具体实践为国际联盟。集体安全的基础是以众对一的观念。加入某个集体安全体系的国家在保持它们对外关系高度自主权的同时，承诺参加联盟来共同对付任何可能的入侵者。其实质仍是联盟与均势，有时又成了强权政治的代名词。

20世纪80年代，瑞典首相奥洛夫·帕尔梅（Olof Palme）主持的非政府组织"关于裁军和安全问题独立委员会"首次详细提出了共同安全的概念。该委员会在拟就的《共同安全：一种生存蓝图》报告中指出，共同安全是基于这样一种认识，即安全的最佳保证是通过合作而非相互竞争的强权政治来获得。共同安全强调取信于潜在对手的重要性。根据帕尔梅的观点，"一国不能通过牺牲别国来取得安全"，"不能通过与对手抗衡而只能是通过与对手合作"来获得安全。

与欧洲的共同安全相比较，在亚太地区比较流行的是综合安全观念。该术语最初是由日本的大平正芳政府在20世纪70年代正式提出来的，同时深获东南亚国家特别是印度尼西亚、马来西亚和新加坡的支持。综合安全的核心前提是，必须以整体的方式来考虑安全，包括危及国家整体利益的军事威胁与非军事威胁。合作安全首先是强调包容性，即包容不同观点和威胁人类的相关议题；其次是强调对话与磋商；最后是强调联合行动。

“人的安全”概念的提出，是因为长期以来人们都是从狭义的角度去解释安全的含义。传统上安全的对象，即什么需要保证安全，一直是指民族国家。安全所关注的是保卫领土、推进民族利益或国家的核心价值观等。用于获得安全的主要手段是通过维持军事力量。“人的安全”概念的倡议者认为，对国家安全的强调牺牲了人的安全，因此，“安全概念亟待在两个基本方面进行改变：一是从绝对地强调领土安全改为更强调人的安全；二是从通过军备谋求安全改为通过持续发展谋求安全”。他们认为，保护人民安全的目标是使人民远离可能的恐惧并获得免于被剥夺实际物质资料的自由。

人类的发展如果缺乏体面的生活、工作、收入和稳定的社会结构，其结果将是人的不安全。确保人类持续发展有助于确保人的安全。尽管没有确切的统计，但已有一些国家的政府接受了“人的安全”概念。

新安全观是指中国在20世纪90年代中后期提出的有关安全问题的基本态度和观念，是中国在维护其安全的实践中所形成的关于自身安全利益、安全目标、安全环境和安全手段等问题的系统化、理论化认识。有时也泛指冷战结束前后，国际上兴起的有别于传统“零和”安全困境和冷战思维的一些安全观念，如共同安全、相互安全、合作安全和综合安全观等。

中国最早在1996年酝酿提出新安全观。1999年3月，中国国家主席江泽民在日内瓦裁军谈判会议上发表《推动裁军进程　维护国际安全》的讲话，第一次全面阐述了以互信、互利、平等、合作为核心的新安全观。江泽民同志明确提出，以军事联盟为基础、以加强军备为手段的旧的安全观，无助于保障国际和平，更不能营造世界持久和平，必须建立适应时代需要的新安全观，并积极探索维护和平与安全的新途径。

冷战结束后，两极对抗的局面虽然退出了历史舞台，但全球化时代人类面临的安全威胁不是减少了，而是增加了，人类应对安全的能力不是增强了，而是在一定程度上降低了。冷战后国家之间的冲突战争虽然明显减少了，但国家内部的冲突却大幅增加了。同时，源于一国内部经济、民族、宗教、环境等因素带来的安全威胁日益凸显。全球经济风险、气候变化、环境污染、恐怖主义、大规模传染性疾病的流行对全人类造成的破坏或毁灭是史无前例的。1997年亚洲金融危机、2001年美国的“9·11”恐怖袭击、2003年“非典”（SARS）大规模爆发、2004年东南亚地区爆发的禽流感以及同年发生的印度洋海啸如梦魇般至今萦绕在人们的心头。在这些影响人类生存和发展的特殊威胁与挑战面前，应对和解决这一系列的全球问题，任何单个国家均无法面对。2003年“非典”大规模爆发并引起全球性恐慌以来，人类安全的重要性更为世人所重视，各种国际性的抗击流行性传染病的联合行动也日益增多。从2003年中国与东南亚地区的联合抗击SARS行动到2014年非洲人民和世界各国联手抗击埃博拉行动等，人们看到的是越来越多的国际性合作和人类安全的日益重要。

全球化时代人类相互依存程度的加深，使安全的内涵拓展至诸如经济安全、政治安全、社会安全、生态安全、文化安全、科技安全等被称为“非传统安全”（non-traditional security）的范畴。“非传统安全”一词的含义可表述为由非政治和非军事因素所引发，直接影响甚至威胁本国和别国乃至地区与全球发展、稳定和安全的跨国性问题以及与此相应的一种新安全观和新的安全研究领域。与传统安全（traditional security）不同，非传统安全的主体由国家向下延伸至微观层次的个人，向上扩展到体系层次的人类社会；安全的内涵和关注的对象既包括国家安全，也包含个体安全、集体安全、社区安全、地区安全、全球安全、人类安全等，突出了人的安全的重要性。非传统安全与传统安全既相互交织也有所区别。最为关键的是不能以处理和解决传统安全的方式处理和解决非传统安全问题。

新的安全形势要求人们对传统安全观进行审视和反思。旧有的安全观必须发生以下三方面的转变：从完全强调国家安全到更多地重视人的安全；从经由武力实现安全到通过人类发展达致安全；从关注领土安全到关切粮食、就业及环境的安全。

新的安全观不仅应该将安全的指涉对象从国家拓展到"人"本身，而且应该涵盖人在社会各个层面包括经济、健康、人身、政治、环境等方面的全方位的安全。新的安全形势要求世界各国建立一种积极、合作、务实的相互联系的新框架，人类共同面临的安全威胁把世界各国紧密地联系在一起，新形势下的安全观不仅应该具有鲜明的综合性、共同性、合作性、整体性的优势，将国际社会所倡导的共同安全、综合安全、合作安全、全球安全、非传统安全等诸多新理念包容在内，而且要将其整合成为一个富有意义的集大成的概念，成为传统安全与非传统安全的核心。

从学术研究的角度看，在国际关系领域的国际安全研究由来已久，但尚无一本教材或通论式的著作。虽然此前王逸舟、李少军、余潇枫、陆忠伟、杨毅、丛鹏等人均出版过相关研究专著，但就安全问题的广泛性和重要性而言，安全问题的研究仍有进一步拓展和深化的必要性与迫切性。

因此，外交学院国际关系研究所和国际安全研究中心计划在为研究生开设多年的"国际安全概论"课程建设基础上编写这本教材，主要介绍国际安全的基本理论、国际安全研究的发展、国际安全组织和安全机制问题、非传统安全问题，以及中国的安全环境及国家安全战略等。通过这本教材，帮助学生以及有兴趣的读者和研究者提高对国际安全的总体认识，并了解最新的国际安全研究的状况。本书力求将概括性、基础性与前沿性、专业性相结合，鉴于当今世界传统安全和非传统安全问题大量涌现并复杂交织，新问题、新信息、新元素不断出现，个别缺失在所难免。

国际安全研究是外交学院国际关系研究所学科发展的重点之一，本书的出版是一个阶段性成果。我所于 20 世纪 90 年代中期成立国际安全研究中心，同时也为国际关系专业研究生开设了"国际安全新视角""全球化与国际安全""国际安全概论"等多门课程，我们还邀请国外学者来院讲授"东亚安全""欧洲安全机制""军控与出口管理"等安全课程，邀请国内外安全问题专家开办了国际安全系列讲座，2009 年新设国际安全与战略的博士生研究方向。我所与国内外同行进行相关学术交流已有多年，我们将课程讲授和国内外学术交流的心得尽可能地融入全书的写作之中。

本书是在 2010 年版的基础上增补修订而成，不但更新了一些新知识，而且重点完善了关于中国国家安全方面的内容。全书具体分工如下：

导　论　周启朋（外交学院国际关系研究所教授）；

第一章　卢静（外交学院国际关系研究所教授）；

第二章　高尚涛（外交学院国际关系研究所副教授）、刘跃进（国际关系学院公共管理系教授）、李文良（国际关系学院公共管理系教授）；

第三章　孙红（黑龙江科技大学人文社会科学学院副教授）；

第四章　杨闯（外交学院国际关系研究所教授）、周启朋、卢静；

第五章　周启朋、杨闯、王帆（外交学院副院长、教授）、凌胜利（外交学院国际关系研究所讲师）、林民旺（外交学院国际关系研究所副教授）、李海东（外交学院国际关系研究所教授）；

第六章　曲博（外交学院国际关系研究所副教授）；

第七章　高望来（外交学院国际关系研究所副教授）、卢静、杨闯。

外交学院副院长王帆教授负责全书写作策划，全书统稿工作由王帆、卢静完成。

特别感谢军事科学院原副院长糜振玉将军在本书第一版出版前多次仔细审读书稿，并提出许多中肯宝贵的意见，使本书避免了一些不应有的错误和遗漏。感谢中国人民大学出版社的编辑黄雨晨等同志为本书出版付出的辛劳。由于编者的水平与能力有限，本书不足之处在所难免，恳请业内同行和广大读者批评指正。

王帆

2016 年 4 月 30 日

目 录

导论

21世纪人类社会的发展进入了全球化和信息化的新时代。这一新时代对国际关系的时空维度以及国际安全的格局、范畴、制度及国际战略思想产生了重要的影响。

安全概念一方面指安全的状态，即免于危险，没有威胁和恐惧；另一方面还有维护安全的含义，指安全措施与安全机构。安全不但涉及客观现状，而且涉及一种心态，即安全感。正如美国学者阿诺德·沃尔弗斯（Arnold Wolfers）所言："安全在客观的意义上，表明对所获得的价值不存在威胁；在主观的意义上，表明不存在这样的价值受到攻击的恐惧。"① 国际安全（international security）指国际关系总体上不存在危险，国际社会各成员至关重要的利益未受到威胁的一种状况；也指现实国际社会的和平、发展与合作得到可靠保障，以及人民、国家与国际组织等行为体正常关系得以维持的状况。研究国际安全需要采用总体的视角，对国际安全的范畴、领域以及国际安全发展的趋势与特点进行综合分析和概括归纳。

一、国际安全的范畴

当代国际关系发展的基本特征是国际关系发生在一个整体的、联系的、共存的体系内，国家之间存在不同程度的相互依存与竞争关系。国际安全涉及国际安全格局、体系、制度、战略以及国际安全观念等诸多范畴。国家安全与地区安全是国际安全的基础和不可分割的要素，同时又受到国际安全体系的制约；国际法与国际关系准则以及国际安全组织、安全机制是国际安全的保障，与现代国家体系形成、国际结构的演变和国家之间利益冲突与共存的历史进程相伴随。其效力取决于国际社会中国家和非国家行为者的认同、能力与意愿。国家的意愿则与国家在一定安全观念指导下对安全环境和安全目标的判定及安全战略的制定相关，国家安全战略博弈、合作与互动则是决定大国之间关系状态的重要因素。为此，有必要就国际安全体系（international security system）、国际安全机制（international security regime）、国际安全

① 转引自李少军：《国际政治学概论》，150页，上海，上海人民出版社，2002。

观念（international security concept）等国际安全的基本范畴进行界定。

（1）国际安全体系是指在特定的历史时期内，主权国家、国家集团和国际组织等国际行为体，在力量和利益权衡排序的基础上，按照一系列原则、规范和工具进行组合与互动，形成的比较稳定而系统的国际社会运行机制和权力结构。它一般形成于大规模战争或重大历史变革之后，以签订国际条约的形式确定大国关系的格局和普遍认同的规则。其内涵包括三个方面：第一，它是国际舞台上几大力量中心（国家或集团）形成的相对稳定的结构；第二，它是几个大国或集团之间形成的某种程度的均势；第三，它形成一定的制度与秩序。换句话说，大国综合国力的对比、大国力量的组合、大国之间的战略互动与制约形成特定的安全体系和国际秩序结构。国际安全体系及其稳定性是国际安全的决定性因素之一。自近代以来，国际安全体系历经了欧洲三十年战争后（1648 年）确立的威斯特伐利亚均势体系、拿破仑战争后（1815 年）确立的维也纳协调体系、第一次世界大战后（1919—1922 年）建立的凡尔赛—华盛顿体系、第二次世界大战后（1945 年）形成的以美苏两极为特征的雅尔塔体系等不同的国际安全体系结构与状态。冷战结束后，国际安全体系呈现“一超多强”的多极化特征。不同力量结构的国际安全体系特征以及国际安全体系转换模式成为国际安全研究的核心议题。

（2）国际安全机制是国际安全的重要内容。它是指国家之间为减小对安全的威胁，增进信赖，创建对话与合作框架的一种设计，从而在国际安全领域逐步发展和形成的一系列原则、规则、规范和决策程序，是维护国际安全的保障。国际安全机制在一定的历史条件下形成，并随着国际安全格局的变化而调整。它包括国际安全组织（international security organization）、国际安全条约（international security treaty）等形式。按照其作用范围，国际安全机制可分为全球性安全机制、地区性安全机制和双边安全机制。按照其性质，可分为集体安全机制、联盟与集体防御机制、合作安全机制（如军控机制、核不扩散机制、危机管理机制和冲突管理机制等）。按其制度化和强制程度，安全机制可分为正式安全机制和非正式安全机制以及自愿的、具有政治约束力的和有法律约束力的机制等不同类型。国际安全机制可使国家之间得以进行安全合作，提高共同安全。

国际安全机制形成的基本条件是在特定的国际安全环境下主要国家有合作的需求和意愿，通过认知和学习过程产生合作的预期，对利益的汇合达成共识。国际安全机制可起到提供信息、降低交易成本、使相互间期望变得稳定的基本作用。按照自由主义的观点，它可使国家之间得以进行安全协作，提高共同安全和促进全球化秩序；现实主义认为它可使国家之间进行安全协调和制约，摆脱安全困境，给不同国家带来不同安全利益。霸权国家也可利用安全机制建立其霸权主导地位和霸权秩序。建构主义则强调它可影响和改变决策者对国际安全环境和国家安全利益的认知，有利于达成共识，获得集体身份和建构安全共同体，对政策产生影响。国际安全机制的形成与国际安全组织、国际安全条约密不可分，有必要对其做进一步阐述。

第一，国际安全组织是国际安全机制的基础之一。从严格国际法意义上讲，国际安全组织指若干国家为特定的安全目的以条约形式建立的一种常设机构；从广义上讲，指两个以上国家或其政府、人民、民间团体基于特定安全目的，以一定协议形式而建立的各种机构。国际安全组织是一种跨国机构，包括普遍性的政府间组织、区域性组织和非政府组织等。现代国际体系的形成是现代国际安全组织诞生的前提条件。拿破仑战争后，在欧洲出现了一个“欧洲协调”时期。从1815年的维也纳会议开始直到第一次世界大战爆发前的100年间，欧洲主要国家召开过30多次大型国际会议，不定期地就处理紧迫国际问题进行多边政治磋商。尽管这些会议没有定型的常设机构，但已初步形成了一种比较连续和稳定的协商制度，并根据实际需要形成了若干议事规则。这种制度与规则为国际组织的形成和发展提供了参照。20世纪两次世界大战的惨痛教训和维护国际和平、制止侵略的共同愿望促成国际联盟和联合国这样的世界性国际安全组织的诞生和集体安全机制的建立，与此同时也出现了区域性国际安全组织，如美洲国家组织、阿拉伯国家联盟等。基于联合国的普遍性和权威性，联合国成为集体安全机制的核心，《联合国宪章》是协调各国集体行动的指导性文件。区域性安全组织成员国由于疆域相邻、交往频繁，既有共同利益，又有利益冲突和竞争，需要建立睦邻关系和确定一些共同遵循的行为准则。《联合国宪章》肯定了区域组织在联合国维持世界和平与安全的世界体系中的存在，同时规定区域组织的基本职能是以促进区域安全行动来维持国际和平与安全；区域组织的存在不得违反联合国的原则和宗旨。上述规定成为区域安全组织活动的准则。在冷战时期，超级大国对抗背景下出现了军事同盟形式的安全组织，如北约、华约，保持均势与威慑成为其安全目标。冷战结束后，国际安全组织的新趋向是对原有的组织机构进行改革和战略调整，使之适应变化了的安全环境；依照新的安全观念建立起地区合作安全机构，参与政治、军事、经济等领域更为广泛的安全议题。

国际安全组织的权力来源于组成该组织的成员国。它以政府间的协议作为其存在的法律基础。国家是国际安全组织的主体，国际组织的成立和活动以主权国家之间彼此同意并签订国际协议为前提，成员国根据有效的国际协议相互承担国际义务。国际组织不能凌驾于国家之上，不能违反国家主权原则干涉本质上属于任何国家国内管辖的任何事项。国际安全组织建立在成员国主权平等原则基础之上，各成员国无论大小、强弱，也不论其社会、政治与经济制度如何，在国际法上的地位应一律平等。国际安全组织建立的动因是基于人们对和平交往与和平共存的问题做出协调、限制并缓解，直至消除在政治和军事领域中的冲突的需要。相关国家的共同利益与共同愿望，能够形成一定的聚合力。为有效维护和平，解决国际冲突，成员国赋予安全组织一定的能力和权力。在组织形成过程中也产生一系列得到认同的制度与规范，并对成员国有一定约束作用。

冷战结束后，国际安全机制在不断创新。不仅有正式的安全组织，而且通过制度化的早期预警、预防冲突和危机管理的机制、官方论坛、第二轨道非正式对话、安全磋商、谈判等多形式、多渠道、多层次的安全机制，在国家之间、地区之间建立信任与合作，促进和维持世界与地区和平。

第二，国际安全条约。从国家间相互认可和承诺的法律权利与义务的视角看，国际安全条约同样是国际安全不可或缺的范畴。国际安全条约是两个或两个以上国际法主体作为缔约方，依据国际法在相互关注的安全领域确定相互间权利与义务的文件的总称。常见的国际安全条约名称有条约、公约、协定、议定书、宪章、盟约、规约、换文、文件、宣言或声明、谅解备忘录、联合公报等。根据国际法院的判决，以上不同名称的条约都“具备了条约约定的性质”，具有同等法律效力。

国际安全条约的历史悠久，古代国家签署的安全条约往往与建立同盟、划定疆界、战后恢复和平有关。埃及第 19 王朝法老拉美西斯二世和赫梯国王哈吐什尔缔结的同盟条约，刻在石碑上流传至今，被认为是迄今所发现的最古老的条约之一。1648 年，针对三十年战争所遗留的重大问题，欧洲国家在威斯特伐利亚和会签订《威斯特伐利亚和约》，奠定了以主权国家为基本行为体的近代国际体系。此后，出现了一系列基本以双边条约为主的安全条约，如媾和条约、同盟条约、割让条约等。1815 年维也纳会议签订的《最后议定书》可视为多边条约（或集体条约）的雏形。1856 年为结束克里米亚战争而签订的《巴黎和约》标志着现代多边条约的方式基本上发展成熟，逐步出现一系列造法性国际安全条约。1899 年，第一次海牙国际和平会议产生了《和平解决国际争端公约》等 3 个公约和 3 个宣言；1907 年，第二次海牙国际和平会议产生了 17 个公约。20 世纪，人类经历了两次世界大战的浩劫，在探索维持和平、避免战争的历程中，国际法体系趋于完备，国际安全理念、制度有所创新，国际安全条约的形式和内容也日益增多。《联合国宪章》确立了国际法和国际关系中的基本准则，成为判定国际安全条约合法性的基础。冷战结束后，鉴于国际安全形势的变化和各地区、各个国家寻求和平、发展与稳定的需要，建立在合作安全理念上的国际安全条约应运而生，如《上海合作组织宪章》《东南亚友好合作条约》等。21 世纪以来，联合国为应对新的安全威胁与挑战，在防止大规模毁伤性武器扩散、打击恐怖主义、打击跨国有组织犯罪等领域通过了一系列的安理会决议和国际公约，达成了新的安全共识、安全责任与制度。

国际安全条约作为法律文件须经批准方可发生效力。条约的生效具有两层意义，即条约在国际法上对缔约方产生法律效果，条约约束各缔约方；条约在各缔约方国内法上产生法律效力，成为各缔约方国内法。条约必须是合法缔结的，只有合法的条约才是应该遵守的。善意履行是指诚实和公平地履行条约，要确认缔约各方在达成协议时所取得的谅解，确认缔约各方在谈判过程中相互妥协所达成的共识，而不能单方、片面地解释自己所承担的义务，应按照条约真实的含义予以履行。加入并遵守国际安全条约是国家间建立信任和实现国际安全合作的重要途径。

（3）国际安全观念。基于国际安全是客观状态与主观追求和感受所形成的观念形态，国家的安全战略及其战略互动构成了国际安全的基本内容并影响着国际安全态势。国家安全战略源于国家的安全构想，即对安全概念、安全范畴、安全目标、安全原则、实现安全的手段及安全战略与政策实施等的总体设想，这些又构成安全观的主要内容。国际安全观也是不同国家的政治、历史和战略文化的集中反映。

传统安全观是现实主义指导下的，以国家作为安全的主体，以军事安全、政治安全为主要内容，以军事手段作为维护安全和实现利益的主要手段的安全观念。这种安全观与冷战思维相结合，形成军备竞赛、结盟对抗的紧张与僵持。其主导的理论有威慑与核威慑论、地缘政治论、均势论、霸权稳定论、安全博弈论、安全困境论等。

20 世纪 70 年代以来，国际社会相互依存的发展使现实主义的传统安全观受到挑战，出现了自由主义安全观。它认为，国家不是国际关系的唯一行为体，超国家和次国家行为体在国际关系中发挥重大影响；经济、社会、生态问题在国际关系中也具有重大意义；军事力量并非在任何情况下都是保障国家生存和利益的最有效手段，因此，强调发展国家间制度化的合作，可以为实现更大范围的国际安全提供机遇，国际制度可以成为持续之和平的重要组成部分。复合相互依存、综合安全、制度主义观念应运而生。冷战结束后，在对安全环境的重新认识和维护和平与稳定的途径的探索中又出现了新的安全观念。新安全观倡导安全主体多元化，提出个体安全、人的安全、国家安全、地区安全、全球安全等各种主张；强调社会安全、经济安全、科技安全、文化安全、生态安全、信息安全等非军事内容；主张构成国际安全的基本条件是共同的安全利益、相互信任和合作；认为安全合作最主要的目标是防止军事冲突和军事对抗，建立稳定和正常的国家关系；指出主要手段是通过对话增强对安全利益的共识，通过安全合作扩大共同安全利益的内容和范围并建立信任措施。

冷战后出现的建构主义从政治过程与文化环境的互动视角强调认同、文化的重要性，认为国际体系的物质性结构只有在观念结构框架中才能具有意义，国际社会的特征取决于国家之间相互的理解、期望以及它们之间的共同期望和由此建构的关系性质，建构主义为新安全观提供了一种理论解释。[①] 与此相对立的是强调霸权稳定、文明冲突与对抗及主张民主和平论和干涉主义的理论，这些理论对一些坚持霸权政策的国家的安全战略产生重大影响，成为其推行强权政治的依据。不同的安全观念形成对安全形势和安全目标的不同理解和不同的安全战略选择。

二、国际安全的领域——传统安全与非传统安全

全球化与信息化对国际安全产生了重大影响，拓展了国际安全的领域，使非传统安全提升到国际安全议程，国际安全即由包括国际冲突与战争、军备控制、维持和平等在内的传统安全领域扩展到涉及经济、社会、生态环境和能源等非传统安全领域。英国学者巴瑞·布赞（Barry Buzan）这样分析国际安全的领域："通常来说，军事安全关系到国家武装性进攻和防御能力这两个层次的相互影响、互动，以及国家对相互意图的洞察力；政治安全关系到国家、政府系统和意识形态有组织的稳定性，并且给它们以合法性；经济安全涉及通往资源、金融和市场的途径，以保证维持能接受的福利水平和国家权力；社会安全涉及可持续能力以及可接受的发展条件，语言、文化、宗教、民族认同和习俗的传统模式；环境安全则关系到地方和地球生物圈的维持——作为基本的支撑维持着全人类进取精神依赖的系统。"[②] 他强调，这些领域并非相互孤立地起作用，而是密切地交织在一起。

1. 传统安全

传统安全是指现实主义安全观指导下的，以主权国家作为安全主体，政治安全、军事安全为基本内涵，目标是应对战争威胁、寻求战略平衡的安全诉求。在传统安全领域，政治安全在国家安全领域占极为重要的地位。国家政治安全指的是"国家政治体系具有对社

---

① 参见［澳］克雷格·A·斯奈德等：《当代安全与战略》，69～123页，长春，吉林人民出版社，2001。

② ［英］巴瑞·布赞等：《新安全论》，10页，杭州，浙江人民出版社，2003。

会矛盾的变迁演化的调适功能，能在社会内部矛盾发生、发展和解决的过程中，维持原有基本结构和基本性质，及时有效地解决社会张力，消除不安定因素，防止政治动乱，保证政治运作的秩序性、规范性和连续性”①，即维护国家政权的稳固和国家主权不受侵犯。国家政治安全在内涵上包括主权安全、领土安全、政权和政治制度安全以及意识形态的安全。

军事安全既是国家安全的一个核心问题，也是地区安全和国际安全的重要组成部分与基础之一。军事安全指的是“国家领土、主权的完整和统一有无受到战争威胁，是传统的国家安全要素”②。军事手段是维护国家安全的最基本、最重要的手段。

军事安全关注国家现实与潜在的军事实力对比、保持军事战略平衡、建立军事联盟、寻求战略优势、发展先进武器、保持战略威慑；同时也关注依据国际组织和国际法消除紧张局势、避免冲突；在世界面临威胁、出现破坏和平与侵略行径时采取有效行动维护和平。紧张、武装冲突、战争危机和战争是不同军事政治形势的特征。保持国家军事力量具有强大的威力和战斗力，对维护军事稳定、防止和制止军事冲突发挥支柱作用。维护军事安全的传统手段包括：形成建立在国家军事威力、和平时期各军队集团实际战斗能力以及快速反应的防御能力基础上的威慑潜力，迅速制止可能的武装冲突，并具有封锁敌军武装力量和夺取制空权、火力优势及战略主动权的能力。

军事安全研究的优先领域是战略研究，尤其是军事战略研究。军事战略包括战略能力、战略思维、战略权衡和战略实施。军事战略运用的手段是武装力量。由于军事力量的绝大部分是由国家指挥，因此军事安全研究主要也是关于国家内部或国家之间武装力量运用的研究。联盟、军备竞赛是军事关系的核心部分。联盟反映了共同的或至少是一致的政治利益。军备竞赛与危机则是政治过程的表现形式。

2. 非传统安全

非传统安全是指由非军事因素引发，对国家、地区和国际安全与稳定造成直接或间接威胁的更广泛的安全威胁与挑战。冷战后国际格局变化、经济全球化进程的加速扩展、信息技术的快速兴起、国际安全理念范式变化等，凸显了非传统安全问题，使之正在成为传统安全领域外的新的安全威胁与挑战。这种非传统安全挑战是与其他一个或多个国家相互作用，并对本国的生存与发展构成重大威胁的，由非军事的、政治和外交冲突所引起的其他领域的安全问题。它主要包括经济安全、金融安全、生态环境安全、信息安全、资源安全、国际恐怖活动与有组织犯罪等。非传统安全与传统安全相比，一方面在主体对象、关注问题、成因影响、解决手段等方面不同，另一方面又在威胁的根源、互动转化以及威胁挑战等方面相互交织，共同影响当今的国际安全。

20 世纪 90 年代以后，非传统安全逐渐引起政策制定者与分析者的关注。非传统安全针对在更广阔的领域产生的危及国家和社会整体生存与发展的威胁和危险，形成有别于传统安全的理论思考和现实关注。它是一个动态性的概念，体现了安全现实和安全理论的变化与拓展。我国学者余潇枫等人认为，非传统安全的诉求是“一切免于由非军事武力所造

---

① 刘跃进：《国家安全学》，109 页，北京，中国政法大学出版社，2004。

② 靳希民：《国际安全与安全战略》，1 页，北京，军事科学出版社，2000。

成的生存性威胁的自由"①。另一方面，非传统安全在安全领域和安全主体方面扩大了传统的安全概念。非传统安全威胁是对国家的主权和利益以及个人、群体和全人类的生存与发展的非军事威胁和侵害。它具有跨国性和多元性的特点。② 非传统安全关注跨国家的安全互动、社会内部产生的威胁、由非国家行为体所带来的安全挑战，将个人免受暴力或伤害的人身安全，获得基本生活资料，免受威胁，享有人权，维护环境的可持续及努力减少污染等纳入安全的目标。

非传统安全具有广阔的领域。各国依据本国国情特点和价值体系，对此有不同的理解和侧重，但也有相当程度的共识，尤其是在经济安全、社会安全、环境安全等领域。

经济安全在全球化时代具有了更深刻的内涵。它既涉及提升国家的综合国力和国际竞争力，应对在贸易、投资自由化和金融市场开放中机会与风险并存趋势下的发展战略，也包含金融安全、能源安全、粮食安全、资源安全等方面。

社会安全涉及经济增长与社会发展的平衡，核心是社会的公正与稳定。它不仅与国内的政治体制、社会秩序相关，也日益成为国际安全的重点。社会安全比军事安全、经济安全更为复杂。它包含国内、国际，国家、非国家，个人、团体等不同层面，发达国家、发展中国家和转型国家都面临社会安全问题，但有不同的表现形式。较为突出的社会安全问题包括种族屠杀与宗教冲突、难民与非法移民、跨国有组织犯罪（包括毒品、走私、洗钱等）和国际恐怖主义。冷战后国际恐怖主义泛滥，严重威胁国际安全。国际恐怖主义滥用暴力和极端手段，造成大量无辜人员伤亡和经济损失，也造成长期的社会恐慌和缺乏安全感。

环境安全主要是指人类面临的生态环境对人类可持续发展的威胁。在这个问题上，处于不同发展阶段的发达国家与发展中国家存在较大分歧，但全球气候变暖和臭氧层破坏、森林破坏和酸雨污染、土地荒漠化、淡水资源短缺和海洋污染等环境恶化既破坏了人类赖以生存的生态环境，也造成难民潮和生态移民，甚至是冲突与战争，是一个不容忽视的现实。如何使社会与自然免遭人为的破坏，保持和谐的人与自然的关系，使人的安全建立在长远自然环境和物质资源保障的基础之上，是环境安全不懈追求的目标。

此外，国际公共安全是近年国际社会高度重视的议题。它主要包括有效防止威胁各国人民生命、健康和公私财产安全的流行疾病和应对有巨大破坏力的突发事件。③ 流行疾病的传播是没有国界的，如果不能有效、及时地防控，就可能如大规模杀伤性武器一样，使数百万人失去生命，并对地区的经济增长、贸易和安全造成灾难性的后果。艾滋病的横行、非典型肺炎在亚太地区的肆虐、禽流感的高致病性等，使国际公共卫生安全和流行疾病防控成为国际社会的共同安全目标。20 世纪末至 21 世纪初，人类也遭遇过核泄漏、大海啸、飓风、地震、有害气体污染和水污染等一系列突发事件的打击。因此，加强核安全制度、完善公共安全突发事件应急反应机制以及推进国际人道主义救援和灾后重建的国际合作成为全球治理的重要内容。

---

① 余潇枫、潘一禾、王江丽：《非传统安全概论》，52 页，杭州，浙江人民出版社，2006。

② 参见傅勇：《非传统安全与中国》，24 页，上海，上海人民出版社，2007。

③ 参见余潇枫、潘一禾、王江丽：《非传统安全概论》，247～273 页，杭州，浙江人民出版社，2006。

综上所述，非传统安全引发了安全观和安全战略的变革。为应对传统安全与非传统安全的挑战，寻求多领域、多层次、多渠道的国际安全合作成为国际社会的主要关注。

三、当代国际安全的基本特性

当代国际安全具有时代性、多维性、综合性与不对称性等特点。时代性是指在和平、发展、合作的时代主题下，安全的整体性加强，国家和地区利益的同一性上升，为制约冲突与对抗、扩展合作机会提供了强大的动力。因此，全球化的时代特点是观察、理解和处理当代国际安全问题的着眼点。多维性是指在主权国家仍然是国际关系基本行为体的前提下，国际安全行为体既包括像联合国这样的普遍性的国际组织，也包括地区性国际组织、政府间组织与非政府组织，以及个人。国际安全、地区安全、国家安全、人民安全有不同的视角，但又是不可分割的。综合性是指传统安全与非传统安全共同构成当代国际安全的问题领域，扩大了国际安全的内涵。将国内政治、军事、经济、社会、文化均衡发展，联手解决跨国威胁问题与实现国际稳定、繁荣和安全结合起来成为各国安全战略的选择。不对称性是指在当代国际安全体系中力量的失衡和威胁的多样。冷战后，美国成为唯一的超级大国，凭借超强的军事实力、经济实力和所谓美国价值观的软实力，用单边主义和先发制人的军事打击寻求单极稳定和美国霸权治下的和平。与之形成巨大反差的是地区冲突和大规模杀伤性武器扩散、以“9·11”事件为代表的国际恐怖主义、宗教极端势力和民族分裂势力对国际社会造成严重利益危害。能源危机、生态危机等日益成为各国生存与发展的威胁。这些问题的解决需要国际社会的合作与长时段的不懈努力。在国际安全领域，单边主义与多边主义、军事手段与综合治理、冲突与合作的较量是长期的。

随着互联网时代的到来，世界范围内正在出现以信息本位和信息权力为主要特征的范式革命。信息革命是由信息技术推动的社会经济全方位的变革。信息技术包括一切有关信息获取、传输、储存、应用等方面的技术，从产业角度看，包括 IT 制造业、互联网和电子商务。在信息化时代，世界的权力格局、增长和发展模式、竞争与威胁战略、社会控制和治理结构等诸多方面出现了新的机会与挑战。信息权力成为一种国家实力，以信息技术为核心的力量正在逐步打破传统国家时空框架。信息技术与战略目的结合，使国际安全面临前所未有的复杂形势。① 美国的未来学家阿尔文·托夫勒（Alvin Toffler）在《权力的转移》一书中指出，“未来世界的魔方将控制在拥有信息强权的人的手里，他们会使用手中掌握的网络控制权、信息发布权，利用英语这种强大的语言优势，达到暴力、金钱无法征服的目的”。这启发我们从更深层的意义上思考。信息安全的核心是信息主权，即国家的基本信息能力，包括其生产力、传播力和影响力所能达到的无形空间以及相关资料、过程、系统、人员、设施和制度机制实行管理与控制的国家权力。维护信息安全关系到国家在信息时代的生存。国家信息基础设施的发展和互联网的扩张创造出一个无时无处不在的信息空间，将数字化空间引进国家安全的视野。互联网以开放、共享、多向、交互为特点，同时又具有网络信息的可操纵性与脆弱性。人们利用网络沟通，逐渐形成新的行为方式、思想意识和社会规范。网络对传统意义上的政府权威、民族意识、国家主权产生冲

---

① 参见蔡文之：《网络：21 世纪的权力与挑战》，16～18、121～123 页，上海，上海人民出版社，2007。

击，个人和非政府组织影响扩大使各国相互渗透和依存加强，国家主权受到削弱，政府遭遇空前挑战。利用网络进行的各种犯罪，对社会安全和稳定造成威胁，经济网络化加剧经济发展不平衡，网络成为信息强权在全球推行信息霸权主义的工具，利用网络进行信息战成为战争的新形式。因此，树立技术安全和政治安全的关联性以及安全的综合性的观念，对信息能力和资源进行战略性管理，是 21 世纪国际安全不可避免的新课题。

第一章

国际安全

安全问题是一个古老而又常新的课题。纵观数千年文明发展史，寻求安全是人类不懈的追求，也是各国政策的首要目标。在国际政治中，安全是一个基本概念，也是一种基本价值。正如传统现实主义的著名代表——美国耶鲁大学和约翰·霍普金斯大学教授阿诺德·沃尔弗斯很早就提出的，安全是国际政治研究的“起点”和“落点”。① 随着历史的发展，国际安全概念的内涵在不断扩展与充实，国际安全研究也呈现出不同的时代特点。

第一节　国际安全概念及其发展

安全是国际政治的核心问题。要理解国际安全，首先要明确安全的概念。对安全概念做出界定，准确阐释安全最本质的含义，是研究国际安全最基本的逻辑起点。

一、安全概念

安全问题如人类历史一样久远。中国古代统治者的“水能载舟，亦能覆舟”观念是其对王朝内部安危的思考。从外部安全来说，西方历史上著名的伯罗奔尼撒战争是雅典和斯巴达两个城邦国家为其安全而进行的战斗。尽管如此，作为国际关系范畴的“安全”概念却直到20世纪后才出现。1943年，美国报纸专栏作家沃尔特·李普曼（Walter Lippmann）在其著作《美国外交政策》中首次使用“国家安全”概念。二战结束后，“国家安全”成为国际政治中的一个常用概念，成为汇聚诸如军事事务、对外政策、外交事务等表征国际关系的新提法。②

如今，安全概念被广泛使用，尽管如此，人们对安全概念的界定却一直存在争议。有的否认安全有确切的含义，认为安全对于不同的个体，在不同的时期、不同的场合有不同的含义。如美国著名的国际政治学教授、科学行为主义学派的主要代表人物卡尔·多伊奇

① 参见倪世雄等：《当代西方国际关系理论》，434页，上海，复旦大学出版社，2001。

② Peter Mangold, *National Security and International Relations*, London and New York: Routledge, 1990, p. 2.

(Karl Deutsch) 指出，安全意味着和平及对和平的维护，但是，由于安全作为一种价值，同时是享受其他许多价值的方式和条件，所以它的含义往往是不确定的。① 英国学者彼得·曼戈尔德（Peter Mangold）也指出，国家安全与国家利益是相连的，人们越仔细地观察它，问题就越多。现有的安全界定，要么过于宽泛，以致没有什么实际意义；要么过于狭窄，以致引来直接的挑战。安全在不同的时间和地点，必然意味着不同的境况，这取决于人民必须保卫的东西，并且取决于威胁的性质。② 也有人认为安全是可以做出一般界定的。美国的哈罗德·布朗（Harold Brown）就认为，国家安全是这样一种能力：保持国家的统一和领土完整，基于合理的条件维持它与世界其余部分的经济联系，防止外来力量打断它的特质、制度和统治，并且控制它的边界。③

安全到底指的是什么？根据《韦伯国际大词典》，安全包含如下几个含义：一是安全的状态或特征。从主客观上讲，指主观上没有恐惧、疑虑和担心，客观上免于危险；从程度上讲，从没有恐惧和疑虑到坚定、自信、有保证。二是预防措施和防御手段。比如通过军事组织防止遭到突然袭击的措施，由国家政府或政府部门组织的防止间谍活动、阴谋破坏活动等措施，防止经济衰退的手段等。三是维护安全的机构。四是安全的内容。包括军事的（防止遭到突袭）、政治的（防止阴谋破坏）、经济的（防止经济衰退）和信息的（防止密码被破译）等。④ 从这个定义出发，可以归纳出安全的基本内涵，它主要包括以下几方面：

第一，安全是客观事实与主观认知的统一。安全既是一种客观态势，即客观上不存在外来攻击、侵犯的状态和事实，也就是说，行为体有消除威胁的能力，是处于没有危险、不受威胁的状态；安全也是一种主观认知，它指的是没有恐惧感，不担心会有外来的威胁，不存在外来攻击的恐惧感。总之，“安全，在客观的意义上，表明对所获得价值不存在威胁；在主观的意义上，表明不存在这样的价值会受到攻击的恐惧”⑤。但在现实世界中，客观上的绝对安全是不存在的，安全只是相对的，所以从某种程度上说，安全更是主观的，是一种心理状态。安全是对抵制外来攻击和防卫自身安全能力的感觉，它涉及对自身力量、对敌友力量和意图的判断以及对未来发展形势和维护安全形势的信心。因此，判断安全取决于人的主观能力。而主观能力是一种构成复杂的要素，它取决于对各种因素的分析、认识能力，取决于利益的定位，也取决于价值的判断。

第二，安全是一定关系的产物，即安全问题产生于相互关系之中。倘若行为体之间不存在任何互动，则根本就不存在所谓的安全与不安全。在国际政治背景下，国家的安全总是相对其他国家或国际体系而言，总要涉及各种各样的互动关系。所以，“安全是一种关系概念，自者的安全是通过同他者的安全关系界定的，他者的不安全往往是对自者安全的

---

① 参见［美］卡尔·多伊奇：《国际关系分析》，283页，北京，世界知识出版社，1992。

② Peter Mangold, *National Security and International Relations*, London and New York: Routledge, 1990, p. 4.

③ Harold Brown, *Thinking about National Security*, Boulder: Westview Press, 1991, p. 16.

④ *Webster's Third New International Dictionary (Unabridged)*, Springfield, Mass.: Merriam-Webster Inc., 2002, pp. 2053-2054.

⑤ Roger Carey, Trevor C. Salmon, *International Security in the Modern World*, New York: St. Martin's Press, 1992, p. 13.

潜在威胁和挑战，确保自者安全的最佳战略就是在追求自者安全时照顾他者的安全利益，帮助他者也获得安全。因而，不论个体安全、国家安全还是国际安全都只能是相对的，而且是相互的。只有相互确保安全，才是稳定的安全”①。在安全研究中，安全关系是一个基本的概念，也是一个基本的框架。② 由于安全是一定关系的产物，所以国家安全体现了国家间战略与政策的对衡。国家安全与其所处的国际安全结构状态有直接的联系。而这种安全结构构成一种秩序，决定安全秩序的主要是各国之间关系的架构，其中起主要作用的是国家的对外战略与政策，尤其是大国的对外战略与政策对其他国家的安全有决定性影响。因此，有人认为国家安全是国家间关系的一种“游戏”对决，是自身战略和政策与其他国家战略和政策的一种“对衡”，国家通过运用清醒、明智、正确的外交智慧和灵活高超的外交艺术，构建对自己有利的国际安全秩序，始终将本国置于国际斗争和矛盾的焦点之外。

第三，安全是一种价值，具有规范性特征。不同的国家，以及国家处于不同的发展阶段，它们所受到的安全威胁是不同的，追求的安全也蕴含着不同的价值诉求。很多发展中国家仍面临国家主权受到干涉、领土被侵犯等传统安全威胁，这些国家的主权和发展问题是国家安全的主要问题。中国就存在着国家统一问题，而美国目前面临的主要威胁是恐怖主义问题，欧盟关注的是难民威胁，非洲则面临着种族仇杀、艾滋病泛滥等或新或旧的困境。如果让朝鲜和美国一样去打击恐怖主义是难以想象的，那么让非洲国家和欧盟一起去解决全球生态环境问题，和美国一起去倡导全球民主、人权，同样是难以想象的。③ 因此，对于不同的国家来说，它所追求的安全具有不同的价值，其对外安全战略也有所区别。有学者将近代国际关系产生以来，主要国家特别是大国的对外安全战略选择大致概括为四种主要类型：霸权主导型，即把谋求地区或世界霸主地位作为国家安全的首要目标和战略；挑战扩张型，即以取代现存领导者而成为地区或世界的新霸权国为国家安全的目标；搭车附庸型，这类国家对现存的“世界领导者”基本采取全方位合作的态度，并遵循“领导者”为国际社会制定的规则和制度，以较低的成本获得“霸权国”为其提供的安全保护；封闭内敛型，主要依靠自己的军事经济实力，有时也联合其他受到同类外部威胁的国家来对抗霸权国家，维护国家安全。④

第四，安全是一个动态、发展的概念，其内涵随着时代的发展而不断扩展。在不同的历史时期，各国对安全有不同的认识，并追求不同的安全目标，采取不同的安全手段。自主权民族国家诞生一直到冷战结束，传统安全观一直主导着人们对安全的认识，它的基本内涵是指国家领土完整和主权不受侵犯。冷战结束后，随着军事因素在国际关系中地位的相对下降，同时，全球性问题的出现和相互依存程度加深，安全概念变得扩大化、社会化、大众化和国际化。安全的概念、思想、理论、战略、政策和实践都处在大变革进程中。人们提出了相对于传统安全的非传统安全概念。非传统安全指的是国家主权、领土完整、军事安全等传统安全以外的安全问题，如生态安全、国际恐怖主义、非法移民、国际

---

① 潘忠歧：《实力与安全的背离——建构国际安全新秩序的基础、原则和模式》，载《欧洲研究》，2003（4）。

② 参见李少军：《国际政治学概论》，155页，上海，上海人民出版社，2002。

③ 参见刘胜湘：《国家安全观的终结？——新安全观置疑》，载《欧洲研究》，2004（1）。

④ 参见孟祥青：《论中国的国际角色转化与对外安全战略的基本定位》，载《世界经济与政治》，2002（7）。

走私与贩毒等都对国际社会构成威胁。

第五，安全具有多维性。这种多维性体现在，安全的主体是多层面的，安全的内容是全面的。英国著名学者、伦敦经济学院教授巴瑞·布赞在1998年与他人合作出版的《安全：一种分析的新框架》一书中对安全做出了较完整的概括。他们认为，安全无论从纵向还是从横向来看都是多层面的。在纵向上，安全分为国际体系、国际子系统（即国际组织）、单元（如国家、民族、跨国公司等）、子单元（如官僚机构、院外集团等）、个人这五个层次。在国际体系中，尽管国家仍是安全的主体，但不是唯一的主体，安全的主体由国家向内（即个人）和向外（即全球）两个方向延伸。在横向上，安全包括了经济、环境、社会、军事、政治五个方面。① 这一概括也反映了当前人们对安全的基本认知。

二、国际安全观的发展

国际安全是安全在国际层面上的体现，是国家安全向国际体系上的延伸，也是国家安全的表现形式和实现手段。国际安全的基本组成是国家安全，因为安全是一种关系概念，国家谋求安全，不可能是纯粹一国的问题，它不可避免地带有国际因素；而且，国家安全与国际安全是互通的，一个国家不单有国家安全问题，也有国际安全问题。一个国家的国际安全，指的就是国家在国际社会中所实现的安全。② 国际安全也是一个随着时间的发展而不断发展的概念。从传统安全观到新安全观的转变体现了国际安全观念的演变与发展。

（一）传统国际安全观的发展

所谓传统安全观，指的是以国家安全及其军事安全为核心的安全观念。它以传统的现实主义理论为基础，认为国际社会处于无政府状态，国家是国际社会的主要行为体，国家的主要目标是谋取最高权力。国家安全也主要限于军事领域，军事实力是维护国家安全的主要手段，国家的军事力量越强大，维护国家安全的能力也越强。③

在现代国际体系中，“安全”的标准单元是主权国家，国家是安全最主要的指涉对象。④ 以主权国家为核心的国际安全观产生于1648年欧洲三十年战争结束后签订的《威斯特伐利亚和约》。该和约破除了中世纪以来形成的以罗马教皇为中心的神权政治体制，承认了德意志各诸侯国享有独立权，承认荷兰、瑞士为独立国，在实践上肯定了“现代国际法之父”、荷兰法学家雨果·格劳秀斯（Hugo Grotius）提出的国家主权、国家领土与国家独立等原则是国际关系中应遵循的准则，从而使由主权平等和独立的民族国家所组成的国际社会正式形成。为维护国际秩序以及应对其变化所带来的挑战，《威斯特伐利亚和约》还导致了四种制度的产生：（1）权力均衡，也就是反霸权机制；（2）国际法，即关于战争

---

① Barry Buzan，Ole Wæver and Jaap de Wilde，*Security*：*A New Framework for Analysis*，London：Lynne Rienner Publishers，1998，pp. 10－11.

② 参见王逸舟主编：《全球化时代的国际安全》，38页，上海，上海人民出版社，1999。

③ 参见刘胜湘：《国家安全观的终结？——新安全观置疑》，载《欧洲研究》，2004（1）。

④ Barry Buzan，*People*，*States and Fear*：*An Agenda for International Security Studies in the Post-Cold War Era*，2nd ed.，New York：Harvester Wheatsheaf，1991，p. 106.

与和平的制度；（3）外交代表会议制度，即协商一致制定结束战争条约等事务；（4）外交使节制度，即保持国家间的外交对话等。之后的欧洲被称作具有同质性的外交共同体。①

在近代国际政治中，一个最常见的原则是“力量均衡”或“均势”原则。力量均衡机制成为近代欧洲调整国家间关系的一个“心照不宣的机制”。三十年战争后，由于哈布斯堡王朝统治下的神圣罗马帝国被削弱，欧洲列强英、法、奥地利及稍后崛起的普鲁士和俄罗斯把维护均势格局的思想贯彻到了政治现实中。每当一个国家试图在欧洲确立霸权地位时，它无一例外地遭到其他国家的联合抵制而归于失败。1713 年结束西班牙继承战争的《乌特勒支和约》，第一次明确把权力均衡作为外交政策原则载入正式文件。它明文宣布“力量均衡是相互友好和各方持久和谐的最好与最牢固的基础”，该和约的宗旨就是要“通过力量均衡建立基督教世界的和平与安宁”。1815 年的维也纳和会更是将权力均衡原则发挥到极致，并以此作为调整欧洲国家间关系的核心原则。维也纳和会后，欧陆国家结合在一起，组成神圣同盟和四国同盟，创立了欧洲协调机制，以此巩固欧洲均势。可以说，正是权力均衡机制的作用，欧洲协调机制才得以产生。这样，欧洲“各国不仅在有形势力上，而且在道德上亦处于均衡状态。权力与正义取得相当的协调。权力均衡降低诉诸武力的机会；共同价值观则减低诉诸武力的愿望”②。即使是在 19 世纪的最后 30 年里，在德国宰相俾斯麦构筑的蜘蛛网式大陆联盟体系中，欧洲的权力均衡也“臻于十分完美的程度”③。

然而，“均势”原则并没有消除战争，没有起到维护国际和平与安全的目的。《威斯特伐利亚和约》以后的几百年里，欧洲发生的国际战争不计其数，王位继承战争、民族独立战争、霸权争夺战争、商业战争等等，每次战争总使一些弱国受害。在 18 世纪中，曾有三个显赫一时的国家——西班牙、瑞典和波兰被瓜分，19 世纪，欧洲列强又在维持“均势”的旗号下瓜分了亚洲和非洲的许多殖民地。一些国家在寻求维护与扩大自身安全的时候，却导致了其他国家更大的不安全感。

随着第一次世界大战的爆发，欧洲权力均势及其制度理论被彻底击碎。残酷的战争使人们再次思考战争与和平的问题，国际联盟就是这种思考的结果。《国际联盟盟约》开宗明义地写明了原则和宗旨：各缔约国为促进国际合作，保证国际的和平与安全，承担不从事战争之义务；维护各国间基于正义与荣誉之公开邦交；严守国际公法之规定，以为各国政府行为之规范；在有组织之民族间，确立正义并遵守根据条约所产生之一切义务。④ 国际联盟以威尔逊的理想主义为指导原则，期望通过国际正义和国际法来谋求集体安全，但在权力政治时代，理想主义不过是一种乌托邦。此外，国际联盟没有协调好其内部主要国家间关系，尤其是英法两国间的矛盾，使其在一系列重大国际问题处理上意见相左。国际联盟在制度安排上也存在一些缺陷，如作为一个协调世界各国关系的机构，它从来不具有真正的世界性，所有世界强国没有在同一时期内成为国联成员；普遍否决权使

① Adam Watson，“European International Society and Its Expansion”，in Hedley Bull & Adam Watson (eds.)，*The Expansion of International Society*，New York：Oxford University Press，1988，p. 25.

② ［美］亨利·基辛格：《大外交》，60 页，海口，海南出版社，1998。

③ 王杰主编：《国际机制论》，193 页，北京，新华出版社，2002。

④ 参见方连庆等编：《现代国际关系史资料选集》，上册，55 页，北京，北京大学出版社，1987。

国联无法有效行事；缺乏制止侵略的有效机制等。[①] 这些缺陷致使其倡导的集体安全机制并没有真正起到维护和平的作用。不仅如此，国际联盟还在广度上把国家间政治、经济、社会关系都纳入自己的管辖之内，在深度上切入了国家体系的内核——国际关系的权力结构和与权力、利益密切相关的战争与和平问题。尽管国际联盟存在这些缺陷，但《国际联盟盟约》仍被认为是“国际社会在正式意义上的第一个宪法”，给人们以建立世界法律秩序的巨大希望。[②]

第一次世界大战刚刚结束才 20 年，一场更为惨烈的世界战争爆发了。世界各国都为这场战争付出了惨重代价，在战争行将结束时，人们重新考虑如何维护世界和平与安全问题。于是，一个新的世界组织——联合国在酝酿之中。鉴于国联的失败，联合国的设计者力求避免重蹈覆辙。美国认为，二战后的国际组织必须具有普遍性，把世界各国，尤其是各大国都要包括在内，而且要成立安理会，实行大国一致原则，将权力集中到由少数几个大国组成的国际安全机构。该机构有权使用武力制止侵略，平息动乱。这就是 1945 年成立的联合国。《联合国宪章》这样表达了其宗旨与原则：

> 欲免后世再遭此代人类两度身历惨不堪言之战祸，重申基本人权，人权尊严与价值，以及男女与大小各国平等权利之信念，创造适当环境，俾克维持正义，尊重由条约与国际法其他渊源而起之义务，久而弗懈，促成大自由中之社会进步及较善之民生，并为达此目的
>
> 力行宽恕，彼此以善邻之道，和睦相处，
>
> 集中力量，以维持国际和平及安全，
>
> 接受原则，确立方法，以保证非为公共利益，不得使用武力，
>
> 运用国际机构，以促进全球人民经济及社会之进展，
>
> 用是发愤立志，务当同心协力，以竟厥功。

《联合国宪章》虽然充分体现了世界人民为争取和维护国际和平与安全的努力和信心，但二战结束后，美苏两个超级大国以及分别以它们为首的两大集团之间，在政治、经济、军事、外交、意识形态、文化乃至科学技术等方面，进行既非战争又非和平的对峙与竞争的“冷战”状态，严重影响了联合国作用的发挥。联合国成了冷战的战场和工具，一度背离了联合国的宗旨。尽管如此，正是由于有了联合国“大国一致”原则，保证了在大国不一致的情况下，安理会不能采取措施侵犯任何一个大国的利益，从而控制了战后出现的一系列危机的不断升级，避免了冷战时期美苏两个超级大国之间的迎头相撞，并因此在整体上维持了战后的世界和平状态。另外，联合国为帮助和推动结束对国际和平与安全造成威胁的地区冲突和局部战争做了大量重要工作，与此同时，联合国在国际军控与裁军方面也做出了不懈的努力。这一切都有助于国际安全的维护。

综上所述，从主权民族国家诞生以来，人类社会在寻求国际安全的道路上经历了近代的力量均衡、两次世界大战期间国联倡导的集体安全到二战后联合国的“大国一致”，但直到 20 世纪 70 年代，甚至是冷战结束后，人们对国际安全的认识仍然是传统安全观占主导地位。

---

① 参见王绳祖主编：《国际关系史》，第 8 卷，7～8 页，北京，世界知识出版社，1995。

② 参见王杰主编：《国际机制论》，204～205 页，北京，新华出版社，2002。

从上述内容可看出，传统安全观具有以下基本特征：(1) 安全的主体是主权国家，安全就是使"国家"的政府、国民、领土与主权免于威胁与侵害。在以主权国家为基本构成的国际社会中，维护国家主权，拥有独立自主地处理对内对外事务的最高权力便是安全的基本目标与要求。(2) 安全是单边行为，通常情况下是指一个国家的事情，国家只能通过自己的努力来获得安全。(3) 安全是"零和游戏"，也就是说，它把其他国家视作对手，处在敌对状态，是你死我活的关系，你输多少我就赢多少。(4) 安全是狭隘的，它仅局限于军事与政治领域，保卫国家不受外部武力攻击、侵略、征服等威胁，以及防止这种威胁所应该具备的本国军事实力。

（二）非传统安全问题的凸显与新国际安全观的产生

从 20 世纪 70 年代开始，尤其是冷战结束后，国际安全环境发生重大变化。一方面，剑拔弩张的美苏对抗关系走向缓和，伴随着苏联的解体，以军事联盟对抗和大规模战争为特点的国际安全威胁开始消失；另一方面，经济全球化在迅速而全面地发展，全球问题日益受到重视，世界相互依存局面不断加深。在这种情况下，传统上被忽视的经济、社会和环境等"低政治"领域的安全问题凸显出来。1972 年，罗马俱乐部发表了题为《增长的极限》的研究报告，警告人们要重视全球资源和环境问题对人类社会带来的威胁。1977 年，美国世界观察研究所所长莱斯特·R·布朗（Lester R. Brown）在《建设一个持续发展的社会》一书中对国家安全做出了新的解析。他指出，"自第二次世界大战以来，'国家安全'几乎完全是属于军事性质的。国家安全的定义就是假定对安全的主要威胁来自其他国家"，但当今世界对安全的威胁，"来自国与国间的关系较少，而来自人与自然间关系的可能较多"；"对很多国家来说，沙漠扩延或土壤侵蚀可能比敌军入侵更能威胁国家的安全"；"土壤侵蚀、地球基本生物系统的退化和石油储量的枯竭，目前正在威胁着每个国家的安全"①。1992 年，联合国安理会的一份文件也指出，"经济、社会、人道主义和生态领域中一些非军事性的不稳定因素构成了对和平与安全的威胁"②。

随着 1997 年东南亚金融危机、2001 年"9·11"恐怖袭击事件、2003 年"非典"危机等一系列事件的发生，一种与传统安全不同的安全威胁越来越受到人们的关注，这就是非传统安全问题。所谓非传统安全，是相对于传统安全而言的一种安全观念，指的是"由非政治和非军事因素所引发、直接影响甚至威胁本国和别国乃至地区与全球发展、稳定和安全的跨国性问题以及与此相应的一种新安全观和新的安全研究领域"③。非传统安全领域的问题主要包括，"资源短缺、人口膨胀、生态环境恶化、民族宗教冲突、国内动乱与国家分裂、经济和金融危机、恐怖主义、信息网络攻击、大规模杀伤性武器扩散、贫困化、跨国犯罪、走私贩毒、经济难民和非法移民、传染性疾病流行、地下经济、国际腐败、海盗、非法洗钱，以及技术与武器的非法转让、核等危险材料的偷运、全球化的负面影响、民主化趋势、人权和人道主义干预、冲突预防和维和、自然灾害、国家治理问题等"④。

---

① [美] 莱斯特·R·布朗：《建设一个持续发展的社会》，89 页，北京，科学技术文献出版社，1984。

② 陆忠伟主编：《非传统安全论》，49 页，北京，时事出版社，2003。

③ 同上书，20 页。

④ 同上书，32～33 页。

与传统安全相比，非传统安全具有以下特点：（1）非国家中心主义。传统安全的主体是主权国家，关注的仅是国家军事与政治安全，而非传统安全的主体不仅有国家，还包括个人、社会团体以及全人类。（2）非军事性。它包括经济安全、信息安全、生态环境安全、能源安全、粮食安全、文化安全、公共卫生安全等非军事领域的安全问题，其内容具有综合性、全面性和社会性。因此，其解决方式也不是主要靠军事实力、军事对抗与战争等军事手段，而是运用综合性的应对措施，其中合作是重要的解决方式。（3）跨国性。它超越了传统安全以各国疆界为主的地理空间，具有跨国性扩散蔓延的特点，当一国受到某种安全威胁的时候，其他国家也不同程度受到这种威胁，甚至波及整个地区或全球。（4）互动性。非传统安全与传统安全的关系是互动的，并会相互转化。一方面，一些传统安全问题可能会发展演变成非传统安全问题，如战争难民问题；另一方面，非传统安全问题如解决不好，也会导致采用传统军事手段来解决，如中东水资源问题等。

总之，自20世纪70年代以来，尤其是冷战后，非传统安全问题层见叠出，其影响力在不断扩大与加深，这促使人们的安全观念发生重大变化，一种主张加强国际合作，走多边主义道路的新安全观应运而生。随着新安全观的产生，其基本特征日趋显现，主要表现在：

首先，新安全观是综合安全观。新安全观既在纵向上延伸了安全内涵，同时又在水平方向上拓宽了安全领域。一方面，新安全观将安全的对象从国家向下延伸到“次国家”和个人，向上延伸到全球和整个人类，提出建立国家安全与国际安全的依存关系。① 它除了强调国家安全外，还强调个人及整个世界的安全，并提出人的安全是重心，国家安全是实现人的安全和世界安全的载体与媒介，世界安全是国家安全的保证。为此要建立国家安全同世界安全的互动关系，以国际安全的大视野审视国家安全，在国际安全的大格局中谋划国家安全。另一方面，新安全观将安全议题从军事领域扩展到政治、经济、社会、生态、性别等新的安全领域，主张安全研究不能只集中在研究传统国家安全方面，而要更关注经济、生态和国内外等非传统安全领域的问题。对于这种“综合安全观”，欧洲安全与合作组织首脑会议于1996年通过的《建立一个21世纪的共同和综合安全模式的里斯本宣言》（又被称为《21世纪欧洲安全模式宣言》）做了详尽阐述。其基本内容如下：（1）新时期国际安全问题呈现综合性、不确定性的特征，国内冲突国际化，主权观念发生变化。（2）手段的综合性。应在西方民主、人权、自由和市场经济等价值观的基础上，走安全合作道路，建立信任、预防冲突，谋求安全“双赢”“共赢”的“共同安全”。（3）欧洲安全与合作组织成员国应享有平等的安全地位，相互尊重各自安全利益，不以他国安全为代价增加自身的安全。（4）“综合安全观”具有普遍适用性，有必要在国际上推广欧洲安全模式。②

其次，新安全观是共同安全观。共同安全是一种“一损俱损、一荣俱荣”的安全，是与对手一起获得安全，而不是针对对手的安全。在全球化条件下，各国的开放性越来越高，世界的相互依存局面也越来越深，一国的内政更多地会受到来自外部世界的影响，国

① 参见郑先武：《全球化背景下的“安全”：一种概念重构》，载《国际论坛》，2006（1）。

② 参见杨万明：《论综合安全观》，载《国际问题研究》，2005（4）。

际上经济、政治、军事、文化等领域的一些不安全因素会不时地渗透或波及一国国内。同时，一国的发展与稳定，对地区乃至世界的安全环境会产生重要影响。因此，国家之间不再是零和博弈，而是双赢、共赢的关系。于是，要实现国家的真正安全，必须维护世界各国的普遍安全，必须摈弃冷战思维，把国家安全建立在互信、互利、平等、协作的基础上。在新的历史时期，国际安全的发展目标应该是实现社会公正，推动世界共同发展与进步。以正义和公平为原则的相互安全带给国际社会的并不仅仅是免于直接暴力的“消极和平”，而是“消灭一切导源于饥饿、贫困和社会不正义的结构性暴力”的“积极和平”和“正义和平”①。

最后，新安全观是合作安全观。合作安全是“一种广泛的安全取向，它在范围上是多向度的，在性情上是渐进的；强调确保而非威慑；是包容性的而非排斥性的；在成员上没有限制；喜好多边主义胜于双边主义；在军事解决办法和非军事解决办法之间并不偏爱前者；认为国家是安全体系中的主要行为者，但也接受非国家行为者扮演重要的角色；不要求创立正式的机制，但也不拒绝；此外，强调在多边基础上形成‘对话的习惯’”②。随着经济全球化的发展，各国相互依存关系不断加深，同时各国面临的共同威胁也不断增多。在这种情况下，要维护一国的安全只靠单个国家的力量难以奏效，要有效地保证世界的安全，从而确保国家安全，就需要把共同合作安全模式作为实现国家安全的机制。而要实现这一安全机制，各国必须超越“冷战思维”，以全球利益为关注点，建立起维护相互安全的预防机制——合作安全，并采用“一种多纬度的方法”，即由“国家联盟和跨国公民社会的合作”③，通过国家、国际政府间组织、非政府组织、区域安全安排、各种层次的公民社会共同发挥作用来实现人类的共同安全。此外，要实现这一机制的顺利运行，各国还必须以信任取代猜疑，以对话取代对抗，以和谈取代冲突，以人类共同安全取代联盟集团安全，只有这样才能跳出国家安全的困境。

第二节　西方国际安全研究的基本范式

国际安全研究一直是西方国际政治研究的核心领域。尽管安全研究的思想渊源可以追溯到古代的军事战略思想，但作为一个新的学科领域并成为国际关系研究的一个重要分支，它出现于第二次世界大战后。从那时至今，西方的国际安全研究大致经历了三个发展阶段：第一阶段，从二战到 20 世纪 70 年代，这是国际安全研究的“黄金时期”。在此时期，西方的国际安全研究主要以传统现实主义思想为主流，围绕核武器的出现和冷战的爆发，探讨无政府状态下追求权力最大化的国家如何使用军事力量。第二阶段，20 世纪 70 年代中期以后到冷战结束，随着东西方关系的缓和，以及经济在国际关系中地位的凸显，

---

① Richard Fork，Samuel S. Kim，Saul H. Mendlovitz (eds.)，*Toward A Just World Order*，Boulder：Westview Press，1982，p. 220.

② 1993 年澳大利亚外长埃文斯对合作安全所做的解释。转引自伊桂云：《合作安全：亚太地区可行的安全模式选择》，载《当代亚太》，1999 (10)。

③ Tim Durne，Nicholas J. Wheeler，“We the Peoples：Contending Discourses of Security in Human Rights Theory Practice”，*International Relations*，Vol. 18，No. 1，2004，pp. 9-21.

在新现实主义和新自由主义的大辩论中，“安全研究复兴”时期到来。在这一时期，国际知名学术期刊——哈佛大学的《国际安全》(*International Security*) 诞生。此外，由瑞典斯德哥尔摩国际和平研究所 (SIPRI) 编写的《军备裁军与国际安全——SIPRI 年鉴》也开始发行。国际安全研究的视野扩展了，人们开始关注经济、社会等方面的安全问题，“真正的安全研究”由此诞生。第三阶段，冷战结束后，建构主义、女性主义等新的研究范式在国际安全研究中兴起。本节主要介绍西方国际政治理论界三个主流研究范式——现实主义、自由主义和建构主义在国际安全研究方面的特点。

一、国际安全研究的现实主义范式

现实主义在西方国际安全研究中一直占据主导地位，是安全研究中最为广泛的分析视角。[①] 不论是传统现实主义还是新现实主义，都把国际安全作为关注的中心问题。

在传统现实主义理论中，人性被认为是国际关系竞争的深层原因。现实主义者从意大利文艺复兴时期著名的政治思想家马基雅弗利 (Machiavelli) 关于人性恶的观点出发，认为国家像人一样也有追求权力的本性，国际社会的无政府状态使国家间权力斗争成为国际社会的本质。当代美国国际政治的奠基者、传统现实主义理论大师汉斯·摩根索 (Hans Morgenthau) 指出，政治现实主义是建立在对人性多元的理解上。他认为，现实的人是“经济人”“政治人”“道德人”“宗教人”等多种人的综合体。尽管人性具有许多不同的侧面，但人们必须从某一个侧面来研究它。[②] 要认识国际政治的真实面目，也要从国际政治的固有本质，即国家类似于人的权力欲本性来研究。所以，国际政治就像一切政治一样，是追逐权力的斗争。无论国际政治的终极目标是什么，权力总是它的直接目标。[③] “以权力界定利益”是帮助现实主义找到穿越国际政治领域道路的主要路标。[④]

传统现实主义认为，由主权国家组成的国际体系本质上是一种无政府状态，也就是说，在主权国家之上没有共同的权威机构。由于国家间总是存在着利益的差异、竞争与冲突，所以国际体系中任何一个主权国家的存在对别国来说都是一种本质上的不安全。由此，国家始终处于通过自助获取安全的境遇中。一国追求自身安全的意图会增大他国的不安全感，因为每一方都把自己的措施解释为防御性，而把另一方的措施解释为可能的威胁。[⑤] 也就是说，一国的安全与强大意味着另一国的安全与强大受到削弱的“零和”状态，这就是“安全困境”(security dilemma)。该概念是由美国政治学家约翰·赫茨 (John Herz) 提出。赫茨在其 1951 年出版的名著《政治现实主义和政治理想主义》中指出：“正是安全困境的一种悲剧含义使得原本可能从未存在的相互恐惧最终可能产生可怕的后果。”安全困境描述了国家在安全问题上的两难选择，“在这种情势中，权力的单元发

---

① 参见［美］彼得·J·卡赞斯坦：《文化规范与国家安全——战后日本警察和自卫队》，25 页，北京，新华出版社，2002。

② 参见［美］汉斯·摩根索：《国家间政治》，20 页，北京，中国人民公安大学出版社，1990。

③ 同上书，35 页。

④ 同上书，5 页。

⑤ John Herz, "Idealist Internationalalism and the Security Dilemma", in John Baylis & Steve Smith (ed.), *The Globalization of World Politics*, Oxford: Oxford University Press, 1998, p. 197.

现它们自己在任何时候都是并肩存在，在它们之上没有更高的权威把行为的标准强加给它们，从而使它们彼此互不攻击。在这种情况下，由相互猜疑和恐惧而产生的不安全感驱使这些单元去争夺更多的权力以获得更大的安全。但这种努力证明有违自己得到安全的初衷，因为十全十美的安全最后是不可能得到的”[①]。尽管如此，在无政府状态的国际体系中，权力对于保障国家安全是十分重要的，国家为了保护自己的生存权、领土主权和军事安全，必须不断去保持权力、增加权力并显示权力。国家权力与国家安全是一种正相关的关系，也就是说，国家权力的增加必然会带来国家安全的相应增加。

专栏 1.1　安全困境

安全困境是西方国际安全研究中的一个基本概念和核心命题，用以解释国际紧张、对立乃至冲突形成的机理。该概念最早是由美国政治学者约翰·赫茨提出，赫茨与英国历史学家赫伯特·巴特菲尔德（Herbert Butterfiled）最早对此概念进行阐释。根据赫茨的解释，在无政府状态的国际环境中，民族国家之间的相互不信任乃至相互恐惧使得安全成为首要目标。为获得安全，各国尽力去增加军费以取得军事上的优势，但一国增加军费的行为导致其他国家也增加军费，于是军备竞赛无休止地进行。一国的军事优势很快被其他国家的扩军努力所打破，因此获得绝对安全是不可能的。各国陷入了无法摆脱的安全困境中。巴特菲尔德则把它称为“霍布斯主义的恐惧”，在这种状态下，你会对其他国家有现实的恐惧感，别国也会对你有同样的恐惧，也许你对别国根本无伤害之意，做的只是一些平常的事情，但你无法使别国真正了解你的意图，你也无法了解别国为何如此神经质。反之亦然，在这种情况下，双方都以为对方是敌意的、无理性的，都不肯做出可以使大家都获得安全的保证。军备竞赛的不断升级，就是这种状态的产物。因美苏冷战的国际环境和现实主义在西方国际关系理论中的主导地位，该概念提出后在国际关系中日益发挥重要作用。

后来的结构现实主义（即新现实主义）的国际关系理论家、美国加州大学伯克利分校政治学系终身荣誉教授肯尼思·华尔兹（Kenneth Waltz）从体系结构与单元的关系方面进一步论述了国际安全问题。华尔兹认为，国际体系内有两个变量：其一是结构，其二是单元。系统是由结构和互动的单元构成。[②] 国际政治是“无政府的、横向的、分权的、同质的、不受领导的、相互适应的”[③]，无政府状态是国际体系的基本特征。所谓无政府状态，指的是在主权国家之上没有共同的最高权力，政府之上无政府，国家与国家之间是平行关系。这种无政府状态的国际体系对国家的行为产生了单元（国家）层次所没有的性质。虽然国家的行为受到国内因素的影响，但在一个无政府状态的国际体系中，行为单元会受到体系结构的约束，结构决定单元。新现实主义者认为，在国际体系的无政府状态下，由于国家意图的不确定性和国家的理性利己本性等，国家为了维持自身安全，“自助

① Brian Frederking, *Resolving Security Dilemma: A Constructivist Explanation of the INF Treaty*, Ashgate Publishing Ltd, 2000, p.12.

② 参见［美］肯尼思·华尔兹：《国际政治理论》，106页，上海，上海人民出版社，2004。

③ 同上书，149页。

必然是无政府秩序中的行为准则”①。也就是说，在无政府状态下，国家之间的关系总是处于紧张状态，它们总是相互猜疑，甚至彼此敌视，尽管这种相互猜疑和敌对并非出于其本性，它所导致的结果是国家必须依靠自己的力量来维护安全。从整体上讲，它们的行为本身又导致了军备竞赛和联盟政治。

在对权力的认识上，新现实主义不像传统现实主义那样，把权力看作目标，而是把权力作为实现安全的手段。新现实主义认为，“在无政府状态下，安全是国家的最高目标。只有生存得到保证的情况下，国家才能安全地追求诸如安宁、福利和权力这些目标。权力只是手段，而非目的，因此国家倾向于加入两个联盟中较弱的一方。国家不能让权力——一种可能有用的手段——变成追求的目标”②。

现实主义对如何在无政府状态下实现安全出现了分歧，并产生了两种方式：一是以均势求安全，二是以霸权求安全。大多数现实主义者都认为，安全最根本的保证就是国际的力量制衡或均势。华尔兹认为，国家寻求安全目标的方式是“寻求权力的制衡，而非权力的最大化”，因为“国家很少能担负得起以实现权力最大化为目标所带来的代价”③。均势的营造与维持依赖于发展经济能力和扩大军备、灵活多变的联盟关系、审慎务实的外交，甚至必要的有限战争。几个主要大国通过结盟、加强军备或削弱对手等手段使各力量之间处于均衡状态，以此来制衡威胁安全的对手。但各国力量是在不断发展变化的，均势也会被打破，所以均势只能保障一时的安全，随着各方力量对比的变化，均势状态被打破，力量出现新的组合，在这个过程中可能会出现冲突与战争。所以，均势安全状态是一种非常脆弱的稳定状态，是对权力追逐中的稳定。④ 而以美国芝加哥大学政治学教授约翰·米尔斯海默（John Mearsheimer）为代表的进攻性现实主义则主张以霸权求国家安全。他认为，在无政府状态下，“确保自己生存的最佳方式是成为体系中最强大的国家。一国的实力越是强于对手，对手攻击和威胁其生存的可能性就越小”，所以，实现安全的“理想的情况是成为体系中的霸主”⑤。他进一步论述了霸权安全的合理性，认为在国际政治中，天助自助之人，在一个自助世界里，国家总是按照自己的私利行动，在意识到这一点后，国家很快就会懂得确保自己生存的最佳方式是成为体系中最强大的国家。

二、国际安全研究的自由主义范式

自由主义的国际安全研究开始于第一次世界大战。人们在对战争灾难的反思中，开始探寻一种新的维护国际安全的途径，即强调通过道义和精神教育来唤醒人类的良知，主张恢复国际规范，健全对各国具有约束力的国际法准则，呼吁建立起国际性机构和组织，加强国际合作，巩固战后稳定的国际社会，以避免世界大战惨剧的重演。⑥ 这就是以美国总

① ［美］肯尼思·华尔兹：《国际政治理论》，147页，上海，上海人民出版社，2004。
② 同上书，167页。
③ 同上书，168页。
④ 参见许嘉：《权力与国际政治》，76页，北京，长征出版社，2001。
⑤ ［美］约翰·米尔斯海默：《大国政治的悲剧》，46页，上海，上海人民出版社，2003。
⑥ 参见倪世雄等：《当代西方国际关系理论》，31页，上海，复旦大学出版社，2001。

统伍德罗·威尔逊（Woodrow Wilson）为代表的理想主义的观点。

理想主义是自由主义发展的初级形式，其思想渊源可追溯到古希腊时期，从当时著名的哲学家柏拉图（Plato）的思想中就可以找到理想主义的理论元素。到17—18世纪资产阶级革命时期，被称为“现代国际法之父”的荷兰法学家格劳秀斯关于建立国际法的观点，和法国著名思想家让-雅克·卢梭（Jean-Jacques Rousseau）的社会契约思想，以及德国古典哲学创始人伊曼努尔·康德（Immanuel Kant）提出的实现消除战争、保障各国人民永久和平的计划和方案等，都是理想主义对于安全问题的认识。

理想主义以人性善为逻辑起点，认为战争之所以发生是国际社会的无政府状态所致，如果建立一个世界政府，国际上确立一个公共权威，各国的行为就会受到约束，国家间战争就不容易发生，国际安全就有了保证。由于建立世界政府需要长期努力才可能达到，所以可通过建立集体安全体系来克服“安全困境”。所谓集体安全体系，指的是通过集体的力量来威慑或制止可能出现的侵略者和侵略行为，以此来保护每个国家安全的方法。集体安全认为，安全是一种集体物品，是所有国家共同的事情，每一个国家都像一个大家庭中的成员一样关注和捍卫其他所有国家的安危；在集体安全体系中，对一个国家的战争或战争威胁将被视为对所有国家的战争或战争威胁，它将受到其他所有成员集体的反对和惩罚，安全是通过所有成员国的集体行动来取得的；拥有一套强制性的安全机制，建立起一种行之有效的集体安全体系，就可以改变国家的政治行为，从而给成员国带来安全感。

第一次世界大战后，在威尔逊的极力倡导下，国际社会缔造了一个新的安全组织——国际联盟，并希望通过该组织“从整体角度防止或控制战争”。但是，理想主义没能预测，更没能防止一场更大规模的世界战争的爆发，国际安全的现实使理想主义的国际安全思想陷入困境。同时，在与现实主义的学术论争中，理想主义也处于劣势。由此，理想主义国际安全研究走入低谷，也为自由主义研究范式的深入发展提供了机遇。

20世纪70年代，国际安全环境发生重大变化。一方面，伴随着全球化的发展，诸如经济安全、生态安全以及恐怖主义和跨国犯罪等一系列全球性问题凸显，并日益成为各国安全的重大威胁，而要解决这些全球问题迫切需要国际安全合作；另一方面，国家间相互依存的不断加深，以及各种非国家行为体的大量涌现，使得国际安全合作也成为可能。在此情况下，美国杜克大学政治学教授罗伯特·基欧汉（Robert Keohane）与哈佛大学政治学和国际关系学教授约瑟夫·奈（Joseph Nye）于1977年出版了《权力与相互依赖》一书，提出了相互依存及复合相互依存（complex interdependence）等概念，创立并完善了新自由主义理论体系，力图以此重新诠释变化中的世界政治。新自由主义认为，20世纪70年代以后，国家间的相互联系和相互依赖加强，国家间关系已不是孤立的，而是处于一种复合相互依存状态。国家不再是国际舞台上的唯一行为主体，国际组织、跨国公司等非国家行为体直接参与世界政治，因此，国际存在着多渠道的社会联系，这种联系既包括国家间关系，也包括跨政府关系和跨国家关系。在复合相互依存占主导地位的情况下，以军事问题为中心的国家安全越来越难以准确反映现实情况，武力作用已无足轻重，只有加强国家间合作才有可能实现更大范围的国际安全。

关于合作的概念，罗伯特·基欧汉在《霸权之后》一书中指出，合作指的是通过政策协调，使行为者将其行为调整到适应其他行为者现行和可预料的偏好上。它与和谐、纷争是不一样的。和谐指的是行为者的政策会自动地促进其他行为者目标的获得，不需要对政策进行调整；纷争指的是各国政府视彼此的政策为达到它们目标的障碍，并认为各自对政策协调上的限制因素都负有责任。合作是在博弈双方存在利益纷争的情况下，避免双方由于都采取己方的占优战略而导致双方都得到最坏的结果的一种有效途径。博弈双方中一方的最优结果是对方的最差结果，所以，合作要求每一方在决策时，必须考虑对方的需求，以追求次优结果。

理解复合相互依存政治中的国际安全合作的关键是国际制度（international institutions）。所谓国际制度，按罗伯特·基欧汉的解释，指的是“规定行为的职责、限制行动以及影响行为者期望的持久的互为联系的一组正式的或非正式的规则”。国际制度有三个组成部分：一是正式的政府间组织或跨国非政府间组织；二是国际机制（international regimes），它是各国政府为管理国际关系中的特定问题而制定的明确的规则；三是协约（convention）。① 其中，国际机制指的是“一系列隐含的或明确的原则、规范、规则以及决策程序，行为者对某个既定国际关系领域（问题）的预期围绕着它们而汇聚在一起。所谓原则，是指对事实、因果关系和诚实的信仰；所谓规范，是指以权利和义务方式确立的行为标准；所谓规则，是指对行动的专门规定；所谓决策程序，是指流行的决定和执行集体选择政策的习惯”②。国际制度一旦建立就对各国的行为产生约束力，并能提供信息，确定协调的焦点，降低交易成本，而且还能使承诺更可信，有利于国家摆脱无政府状态下的“安全困境”。新自由主义者认为，尽管制度不能阻止战争的发生，但有助于减少对欺骗的恐惧，并能减轻因合作中所得不平等而产生的恐惧。所以，建立与健全国际制度是维护相互依存状态下国际安全的关键。

此外，新自由主义者还认为，国内外政治结构、文化与价值观也是影响国际安全的因素，由此提出“民主和平论”。新自由主义认为，“民主和政治经济自由化越是能主导世界，我们的国家就越安全，我们的人民就越兴旺发达”③。

三、国际安全研究的建构主义范式

建构主义是冷战结束后活跃在西方国际关系理论中的一种新型研究取向。它主张运用社会学理论与方法来研究国际关系，重视文化的作用，认为国际关系主要是由文化所决定，所以，文化、规范与认同在国家行为及利益形成过程中具有重要作用。建构主义推动着“文化回归国际关系理论”，使西方国际关系研究在本体论上从物质本体开始向观念本体转变。

建构主义在安全研究上形成了“欧洲学派”和“美国学派”。欧洲学派主要包括以英国的巴瑞·布赞和丹麦的奥利·维夫（Ole Wæver）领军的哥本哈根学派（Copenhagen

① Robert O. Keohane，*International Institutions and State Power*，Boulder：Westview Press，1989，pp. 3-4.

② “Structural Causes and Regime Consequences：Regimes as Intervening Variables”，in Stephan D. Krasner（ed.），*International Regimes*，Ithaca and London：Cornell University Press，1983，p. 2.

③ 倪世雄等：《当代西方国际关系理论》，453～454页，上海，复旦大学出版社，2001。

School)，以及以英国的肯·布思（Ken Booth）与理查德·怀·琼斯（Richard Wye Jones）为代表的从事"批判安全研究"（critical security studies）的威尔士学派。美国学派的领军人物是美国芝加哥大学政治学教授亚历山大·温特（Alexander Wendt）和康奈尔大学教授彼得·J·卡赞斯坦（Peter J. Katzenstein）等人。

欧洲学派是西方国际安全研究社会学视角的先锋。他们对安全内涵进行了社会学重构，体现出安全价值的社会性诉求；他们运用社会学理论中的社会互动等理论，将国际安全研究拓展到多行为体、多层次、多安全议题的立体空间中。比如哥本哈根学派主张：人类安全要受到军事、政治、经济、社会和环境五个领域的影响，其中每一个领域都在安全问题群中确立了一个聚集点，对安全领域进行分而治之，这样导致的结果是除国家之外，个人、民族和社会也是安全的合理参照物。美国学派则强有力地支援了西方国际安全研究的社会学转向，他们将传统安全研究所忽视的国际（国内）文化环境对国家行为的塑造作为理论前提，以"制度化构成性规范"为核心变量，运用社会学中规范、文化、认同概念以及社会互动将国家安全利益与制度化规范与认同紧密结合，开创了以"安全文化""安全共同体"为特色的安全理论。① 在建构主义安全研究中，尽管欧洲学派和美国学派在核心概念、研究路径和研究议程上存在差别，但二者都把社会实在作为其本体论基础，运用结构—行动者的互动为研究路径，借鉴社会学概念组建自身概念系统，拓展了传统安全研究的理论视角。

建构主义注重国际关系中存在的社会规范结构，重视国际安全中的文化因素。关于文化，亚历山大·温特认为，具体的文化形态，如规范、规则、制度、习俗、意识形态、习惯、法律等，都是由共同知识或主体间共识建构而成的。文化作为一种共有观念和公共现象，构成了社会结构的次结构，是一种"自我实现的预言"，即文化具有自我再造的趋势。制度是一系列相对稳定的认同与利益的结构，它常常由固定下来的规则或规范组成，它是一个独立的变量，可以建构、规定和抑制行为者的行为。

在安全认识上，建构主义认为，安全或不安全都不是某种特定的客观物质权力关系，而是一种社会关系，"社会关系不是自然法则，而是人类行动的偶然产物，并永远潜在地为重新建构敞开着大门"②。"安全是由我们来界定的，不是放在那里等待我们去发现和回应的"③，行为者的安全取决于其角色身份，只有在确定了国家间的身份后，我们才能理解安全的意义。而角色身份不是既定不变的，国家在互动过程中，可以通过复杂学习和自然选择产生不同的角色身份，还可以通过改变观念将敌对关系转变为友善关系。这一切取决于"观念分配"，而不是现实主义和自由主义所认定的权力的分配和制度的分配。这种角色身份不可能还原为国家本身的性质，它是主体间性（intersubjectivity）的。因此，国家安全既不是客观的，也不是主观的，而是主体间性的。安全利益也不是内生于国内政治的客观存在，而是由国家行为体之间的相互理解而创造的。

---

① 参见李格琴：《西方国际安全研究的社会学视角——欧洲学派与美国学派比较探析》，载《国外社会科学》，2007（4）。

② ［英］巴瑞·布赞等：《新安全论》，272页，杭州，浙江人民出版社，2003。

③ Ken Booth, *Critical Security Studies and World Politics*, Boulder: Lynne Rienner Publishers, 2005, pp. 38-39.

专栏 1.2　　主体间性

主体间性即交互主体性，是主体间的交互关系。该概念最早由德国著名哲学家、20世纪现象学学派创始人胡塞尔提出。主体间性概念在不同领域中有不同的含义。社会学领域的主体间性是指作为社会主体的人与人之间的关系，关涉到人际关系及价值观念的统一性问题；认识论领域的主体间性是指认识主体之间的关系，其关注的不再是主体性和认知上的"主—客体"关系，而是主体与主体之间的关系，确认了自我主体与对象主体间的共生性、平等性和交流关系；本体论领域的主体间性意指存在或解释活动中的人与世界的同一性，它不是主客体对立关系，而是主客体的同一性。

在建构主义看来，以国家为中心的国际安全体系既是物质结构，又是文化结构，它不仅与物质资源的分配、权力的分享有关，也包括了社会因素的相互作用，而文化结构更具决定性，所以，国家的角色身份不同，国际体系的结构也就不同。以亚历山大·温特为代表的建构主义将国际政治体系中的无政府文化分为三种，即"霍布斯文化"（Hobbesian culture）、"洛克文化"（Lockean culture）和"康德文化"（Kantian culture）。这三种文化分别基于不同的角色关系，即敌人、竞争对手、朋友。① 霍布斯文化是以相互敌视、相互残杀为特征的无政府状态，这是国家互存敌意、互为敌人的无政府文化。如果国家间关系的目的就是摧毁和吞并对方，国家间的行为特征是各方力图改变现状，那么，这些国家之间的实践活动必然会导致霍布斯文化。洛克文化则不同。在洛克文化中，国家不再相互视为仇敌，不再以消灭敌人为基本目的，它们承认相互的生存权利和财产权利，国家之间的主要关系是竞争者之间的关系。虽然利益冲突会使国家使用武力，但是，征服他国和侵占他国领土已经不是主要目的，国家间关系的特征是维持现状。洛克文化的典型标志就是威斯特伐利亚体系对主权的确认。康德文化则是以国家之间互为朋友为基本特征的体系文化，在这样的文化体系中，如果作为朋友的一方受到威胁，另一方会不计较个人得失地鼎力相助。因为在康德文化中，成员国相互间的高度认同使任何一国之安全都被视为所有成员国之安全，即"国家利益就是国际利益"②。

温特还乐观地相信，"即使没有什么可以保证国际政治的文化时间会向前迈进"，"它也不会向后倒退，除非发生外来的震撼性冲击。一旦洛克文化得以内化，就很难再退回到霍布斯文化之中。康德文化之于洛克文化也是一样"③。这个演化过程是一个伴随着复杂的模仿和社会习得而形成的"社会化"进程，在这个进程中，文化内生程度不断递增，文化规范经历着从"武力"（被迫遵守）到"代价"（利益驱动）最后到"合法性"（承认规范）的内化过程，国际体系文化不断从霍布斯文化到洛克文化最后演进到康德文化。

建构主义还认为，所谓的"安全困境"和"无政府状态"都是社会建构的产物。如果国家之间的共同期望使其具有高度的猜疑，使它们总是对对方做出最坏的估计，那么双方就会形成相互感到威胁的关系，从而形成所谓的"安全困境"。相反，如果国家之间的共

---

① 参见［美］亚历山大·温特：《国际政治的社会理论》，384页，上海，上海人民出版社，2000。

② 同上书，26～27页。

③ 同上书，386页。

有知识使它们能够建立高度的相互信任，那么它们就会以和平的方式解决彼此间的问题，就会形成所谓的安全共同体。国家可以通过社会实践活动来改变彼此间关系，从而改变国际社会无政府状态的性质，使国家的行为从安全困境中摆脱出来。建构主义强调，最好的和平不是来自强权或霸权下的强制约束，也不是源于根据收益—成本计算而来的社会契约规范，而是来自各自间的互信和集体认同，也就是存在于所谓的多元安全共同体中。

安全共同体的建构分三个阶段。第一阶段：共同体的初始时期。在这一阶段，一方面，由于科学基础的进步、人口流动、经济发展等因素的变化，大大提高了国家之间的互动频率和机会，促进彼此之间的共同利益；另一方面，国家所面临的外部威胁，以及降低相互恐惧的愿望，驱使国家建立联盟来增进彼此的合作。尽管这一阶段的政策协调和国家合作是出于物质利益的考虑和现实的需要，但这种国家之间的联系毕竟为信任提供了可能性和背景。例如，东南亚国家联盟的建立主要是由于当时印度尼西亚的政治动荡直接威胁了这一地区的经济发展和稳定，同时，这些国家试图以组织的形式来对抗当时所谓的共产主义的威胁，构筑抵制共产主义的堡垒。在经济上，这些国家希望加强彼此的密切联系以促进相互的利益，改善它们的对外经济环境，通过联合来争取更大的外部市场。外在的物质因素和利益考量是国家间沟通与合作的主要动机。第二阶段：共同体的上升时期。随着国家间的互动和相互依赖的加深，国际层面的物质交换和观念交流日益广泛，国家越来越生活在一个社会互动的网络中。国家在互动的过程中逐步培养出相互信任和集体认同的因子，从而产生和平变化的可靠预期。第三阶段：共同体的成熟时期。共同体实现了认同，达到了和平变化可靠预期的必要条件。当国家之间建立了相互信任和集体认同，以及形成和平变化的可靠预期时，国家不再担心用暴力来解决它们的争端，安全共同体就建立起来。

在安全共同体的建构过程中，规范、认同和信任等主体间因素起着决定性作用。规范是安全共同体的核心，国际规范可以帮助建构国家认同、区域认同。卡赞斯坦将影响安全政策的规范分为法律规范和社会规范。前者是正式的、法律的、理性化、普遍化的规则，后者是非正式的、特定集团拥有的社会文化惯例；后者作为“学习和信息的池子”，可以为那些非正式的社会控制措施创造基础，前者作为“社会规范的重要补充”，可以在社会控制措施无效时发挥更有效的作用。① 二者分别为安全共同体建设奠定了正式的法律基础和非正式的社会基础。认同作为一种主体间因素，是推动“认知区域”变化的核心变量。认同的变化影响着国家安全利益和国家政策，同样，认同的结构也影响安全共同体和其他跨国安全安排，由此，各种安全联合首先反映出其成员的价值观和认同的异同。一个承认共同体自身独特性的集体认同，不但可以强烈地显示特定的行为体在特定的领域行为选择的一系列特定的利益和偏好，而且，作为行为体行为的根本动力，它可以通过产生物质安全、可预见性和发展的预期等增进它们之间的进化与合作，从而推动一个本质上是区域性的共同体的产生。信任的出现，从逻辑上讲优先于认同，相互的信任催生集体认同的发展，而集体认同可以进一步增强信任。所以，信任和认同是相互促进的，并可以演化为一种“信用文化”，从而改变认同、强化规范，并克服成员之间的利益分歧，推动安全共同体的建设。

---

① 参见［美］彼得·J·卡赞斯坦：《文化规范与国家安全——战后日本警察与自卫队》，44～45页，北京，新华出版社，2002。

第三节　西方国际安全研究的代表性理论

在西方国际安全研究中，形成了不少颇具影响力的理论，如均势论、霸权稳定论、集体安全论、国际制度安全论、民主和平论、文明冲突论和区域安全复合体理论等。下面分别从现实主义、自由主义和建构主义研究范式中选取了霸权稳定论、民主和平论和区域安全复合体理论三个代表性理论加以阐述和评析。

一、霸权稳定论

霸权稳定论（hegemonic stability theory）是国际安全研究的现实主义代表性理论。该理论首先是在20世纪70年代由美国麻省理工学院经济学教授查尔斯·P·金德尔伯格（Charles P. Kindlleberger）在国际经济领域中提出。1973年，金德尔伯格在其出版的《1929—1939年的世界经济萧条》一书中指出，1850—1914年世界经济相对稳定，是由于英国的自由贸易、金本位和对海军提供领导作用等因素促成。而1929年的世界经济大萧条，是由于英国霸权正在衰落，英国没有能力，而美国又不愿承担维护国际经济体系的责任，致使该体系处于不稳定状态。金德尔伯格强调，霸权国在世界经济发展方面发挥重要作用，他指出，世界经济要稳定，必须有起稳定作用的国家（stabilizer）。此后，美国华盛顿大学政治学教授乔治·莫德尔斯基（George Modelski）、普林斯顿大学政治学教授罗伯特·吉尔平（Robert Gilpin）和杜克大学政治学教授罗伯特·基欧汉等人将此理论应用于国际安全领域，并明确提出了“霸权稳定论”的概念。

（一）霸权稳定论的主要内容

霸权稳定论是一个较为笼统的概念，它包括许多复杂的因素，而且不同的学者对此也有不同的表述。尽管如此，归纳起来，霸权稳定论的内容大致有以下几点：

第一，有霸则稳，无霸不稳。国际秩序的稳定与繁荣，需要霸权来维持。所谓霸权，尽管霸权稳定论者的解释不尽相同，但总的来说是指在军事、政治、经济以及自然资源等方面具有压倒别国优势、能够发挥领导支配作用的大国，例如18—19世纪的英国和20世纪的美国。主张霸权稳定的学者认为，霸权与国际体系的稳定之间存在着正向关系，当霸权国权力占明显优势时，国际系统内的经济秩序就处于良好状态；反之，当霸权国权力下降时，国际经济秩序就会变得紊乱，并随着霸权国的完全衰落而最终瓦解。所以霸权系统对国际经济秩序是至关重要的。

第二，因霸权国能提供公共产品所以促成国际体系的稳定。自由的国际经济体系需要霸权，因为开放型的市场经济中存在一种“集体产品”（collective goods）或“公共产品”（public goods）。个人、家庭或公司消费这类产品时，不会减少其他潜在消费者获得这种产品的数量，如公路、人行道或灯塔。正是由于公共产品消费的非排他性和非竞争性，任何一个行为体可不承担任何成本而消费或使用公共产品，这往往导致公共产品的供应不足，除非是经济利益促使某个经济行为的主体愿意为这种产品承担更大份额的费用，或者有某种机构（例如政府部门）迫使消费者为它们付费。对于一个自由开放的国际经济而言，也存在类似的公共产品：国际经济组织制定的规则，例如建立在最惠国待遇原则之上的自由开放贸易体制；稳定的国际货币，有助于人人可以得益的商业活动；甚至国际安全亦可看作一种集体产品，因为只要建立了稳定和平的国际秩序，任何国家（不论是否为此出钱出力）均可享受一个安宁的对外交往和国内建设的环境。按照霸权稳定论的观点，只有霸权国才既有动机也有能力提供诸如国际安全、自由贸易、对外投资及运营良好的国际货币体系之类的公共产品，乐于承担维护该体系的过多的责任。也就是说霸权国有意愿、有责任保证提供稳定的货币和开放贸易制度下的种种集体产品。霸权国的经济可以对世界经济的运转发挥至关重要的作用，它运用自己的威望和声誉，在既定的问题范围内，建立为所有经济活动的主体集中关注和遵循的原则、规章和决策程序，确定何为合法、何为非法，防止和处罚欺诈行为并着手解决“搭便车”（free riders）现象。

第三，霸权国制定的国际制度能维护国际秩序的稳定。因霸权必然衰落，所以可用国际制度取代霸权以维持国际秩序的稳定。根据罗伯特·吉尔平的论述，霸权必然走向衰落的原因主要有三个：第一，从市场机制角度看，竞争机制使市场上经济力量分布和格局不断发生深刻的变化，竞争优势是流动的，不断从一国转向另一国。新的竞争强国必然要求政治权力的再分配，老霸主不断面临后起者的挑战。第二，从收益角度看，根据边际效益递减规律，霸权国为维持霸权而提供公共产品的成本与从中获取的收益是成反比的。随着公共产品数量的增加，每一单位公共产品的边际成本不断增加而其边际收益则不断减少。最终会使得霸权国在经济上逐渐无力负担提供公共产品的成本，进而迫不得已放弃霸权地位，让位于其他新崛起的更有竞争力的新兴国家。第三，从“搭便车”现象的角度看，“搭便车”现象的长期存在，一方面从经济上加重了霸权国提供公共产品的成本负担，削弱了霸权国家的实力，另一方面又从道德和信心上使霸权国感到沮丧，失去了继续为国际社会提供公共产品的意愿和动力。所以，霸权必然衰落。尽管如此，霸权国曾凭借自己的优势地位制定出的国际制度却并不会随霸权国的衰落而衰落，国际制度可取代霸权维护国际体系的相对和平与稳定。国际制度在创设时，由于成本大，需要有一个霸权国起主要作用，但国际制度形成后，因它对多数国家都有利，各国也愿意共同承担维护国际制度的责任，所以其维持费用就会降低。将来即使霸权国衰落了，已形成的国际制度也将维持下去。

总之，霸权稳定论在西方主要大国尤其是霸权国有一定的市场，成为它们推行单边主义和强权政治的理论依据。

（二）对霸权稳定论的评析

霸权稳定论关于二战后国际经济秩序的解释，一度对国际关系学界和美国对外政策的制定都产生很大影响。冷战结束后，美国的自由主义霸权特征日益明显，加上不少美国学者为之造势，使霸权稳定论有了更大的发展空间。但无论在理论上还是在实践中，霸权稳定论都存在着备受批评的漏洞。

其一，霸权稳定论在关于霸权的权力性质问题上，基本上只重视权力的物质性资源基础，而忽视了非物质性资源基础。权力的施动者要使受动者行为符合自己的预期，必须基于一定的资源，通过某种行为方式来完成，所以，权力包括权力资源、权力行为和权力效果三个构成要素。从权力资源角度看，权力存在物质性和非物质性之分。而随着国际政治的多元化发展和复合相互依赖状况的不断加深，权力的非物质性资源在增加。约瑟夫·奈认为，霸权权力不仅仅局限于物质权力，软权力也极为重要。他认为，“权力是使其他行为者调整自身行为以满足你所需的能力。实现这一目标主要可以通过三个途径：强制（大棒政策）、援助（胡萝卜政策）和吸引（软权力）"。他指出，"一个国家的软权力资源由三部分构成：对他国有吸引力的文化、在国内和国际上都能得到遵循的政治价值观、被视为合法和享有道德权威的外交政策"①。霸权稳定论由于只重视霸权国的物质性权力资源，忽视非物质性权力资源而受到理论界的批判。

其二，霸权稳定论认为有霸则稳是因为霸权国能提供公共产品，但在现实中，当由霸权国创立的公共产品已不再有利于甚至妨碍其霸权地位时，霸权国就会放弃乃至破坏它。以国际制度为例，20 世纪 70 年代美国放弃曾经维护其霸权地位的布雷顿森林体系就说明了这一点。也就是说，霸权国向国际体系提供公共产品的根本目的是维持其自身的霸权地位，使其他国家联合起来反对霸权的行动成为不可能，而当该公共产品已经不利于其霸权的维护时，霸权国并不会为了照顾他国利益或维护国际体系稳定而继续保留此公共产品。相反，霸权国可能会首先起来放弃甚至破坏它。

专栏 1.3　《布雷顿森林协定》

1944 年 7 月，来自美、英、苏、中、法等 44 个国家和政府的代表在美国新罕布什尔州的布雷顿森林召开会议，商讨战后资本主义世界的货币金融关系问题。会议通过了《联合国货币金融会议最后议定书》，以及《国际货币基金协定》和《国际复兴开发银行协定》两个附件，总称《布雷顿森林协定》。《布雷顿森林协定》建立了一种国际金汇兑本位制，又称美元—黄金本位制，它是通过所谓的"双挂钩"体现出来的。"挂钩"之一是指美元与黄金挂钩。会员国确认美国 1934 年 1 月货币改革所规定的每盎司 35 美元的黄金官价，以此作为国际货币体系的基础。美国政府承担各会员国政府或中央银行随时用美元按官价向美国兑换黄金的义务。为了维持黄金官价的稳定，当国际金融市场的金价波动严重冲击这一官价时，各会员国政府有义务协助美国政府进行干预，以平抑黄金的市场价格。"挂钩"之二是指其他会员国的货币与美元挂钩，即与美元建立固定汇率。各国货币与美元汇率可按其含金量确定，或不规定含金量只规定与美元的汇率。该汇率一经确定不得轻易改变，如会员国货币含金量的调整幅超过原平价的 10%，就必须得到国际货币基金组织的同意。各国政府在进行即期外汇交易和黄金买卖时，其汇率和金价的波动幅度也不得超过法定汇率和金价的上下各 1%。此外，各会员国政府有义务干预金融市场的外汇行市，以保持汇率的稳定。布雷顿森林会议和它所通过的《布雷顿森林协定》，奠定了二战后以美元为中心的资本主义货币体系的基础。

但从 20 世纪 60 年代开始，由于美国在资本主义世界经济中地位相对衰落，美元危机不断发生，美元地位受到重大冲击。1971 年至 1973 年初，美国被迫停止美元兑换黄金，并先后两次宣布美元贬值，美元与黄金脱钩，其他国家也纷纷放弃固定汇率制，宣布实行与美元的浮动汇率制。这标志着布雷顿森林体系的基础已全部丧失。尽管如此，由布雷顿森林会议诞生的两个机构——世界银行和国际货币基金组织仍然在世界贸易与金融格局中发挥着至为关键的作用。

---

① Joseph S. Nye, Jr.,"Think Again: Soft Power", *Foreign Policy*, February 2006, http://www.foreignpolicy.com.

其三，霸权稳定论的理论实质是为霸权主义和强权政治辩护。霸权稳定论提倡维护国际体系的稳定需霸权国承担起责任，其实质是为当代西方霸权主义进行理论辩护。冷战结束后，两极体系崩溃，美国成为唯一超级大国，这为霸权稳定论的风行提供了适宜的环境，不少美国学者开始极力鼓吹以美国为首的世界霸权政策。显然，霸权稳定论就是当代美国推行霸权主义、干涉主义政策的主要理论基础之一。从历史的发展中，可以得出结论，霸权主义不但不会给世界带来稳定，反而是危害世界和平与稳定的最主要根源。

尽管霸权稳定论存在一些问题，但它提出的国际制度作为公共产品对建立未来国际新秩序具有一定的积极意义。未来国际秩序必然以某种国际制度为基础，不论这种国际制度是由谁倡导建立的，关键在于该制度是否符合绝大多数国家的利益，是否符合世界人民的根本利益，是否符合时代发展的潮流。

二、民主和平论

民主和平论（democratic peace）是自由主义国际安全研究的代表性理论。该理论虽然在冷战后才真正引起人们的瞩目和探讨，但从思想上可追溯到欧洲启蒙运动时期的德国大哲学家康德的“永久和平”（perpetual peace）思想。康德在 1795 年出版的《永久的和平》一书中阐述了“民主和平”理论的原型。崇尚理性主义的康德认为，具有民主和法治精神的共和国组成的不断扩大的人类共同体可以在国际法的原则下最终达到“永久和平”。在这个共同体中，民族国家之所以把它们的民族利益置于国际法准则之下，最根本的原因在于它们的理性洞察力以及公民对于人类共同体的道德承诺。由于共和制宪法的制衡作用可以阻止具有冒险性的统治者把其国家投入战争，每一个共和制政府都服从的国际法可以避免战争，因此立宪制共和国可以是和平主义的。如果宣战需要公民的同意，那么就不会有战争，因为公民对于战争、对于支付战争费用、对于恢复战争带来的破坏以及所承担的沉重负担，会持谨慎态度。但是，非共和制政府的情况就不一样了。因为其统治者不会为战争做出任何牺牲，他们可能因为一点微不足道的理由就会宣战。康德的思想也被称作“自由主义的国际主义”。它在一战前后得到进一步发展，集中体现为美国总统伍德罗·威尔逊在 1918 年提出的为规划一战后世界政治蓝图的“十四点计划”。在“十四点计划”中，威尔逊提出，“依照自己的方式生活，决定自己制度的国家”，“爱好和平”，“能够获得正义的保证，并得到世界上其他民族的公平待遇而不致遭受暴力和损人利己的侵略”。这很大程度上是康德思想的政策化，并在西方国际关系理论界引起了很大反响。1919 年，美籍奥裔经济学家约瑟夫·熊彼特（Joseph Schumpeter）进一步提出“民主的资本主义能导致和平”的命题。二战后，尤其从 20 世纪 70 年代开始，随着民主国家数量的增加，又有不少学者重新认识民主和平的问题，并逐步将其理论化、系统化。冷战结束后，民主和平论成为西方国际关系理论界的研究热点之一，出现了一批论述民主和平思想的著作，如布鲁斯·拉西特（Bruce Russett）的《把握民主的和平：冷战后世界的原则》（1993 年）、雷伊（Shirin M. Rai）的《民主与国际冲突：对民主和平说的评估》（1995 年）等。

（一）民主和平论的主要观点

民主和平论认为，国际关系中的一条经验法则是，民主国家之间从不（或很少）发生冲突，即使它们之间发生冲突，彼此也不大会使用武力或以武力相威胁，因为这有悖于民主的原则和理性。与此相对的是，专制国家之间或者民主国家与专制国家之间更容易发生冲突，并且它们更倾向于诉诸武力来解决其争端，这主要是因为非民主国家具有好战性。

为什么民主国家之间不容易使用武力或威胁使用武力，而民主国家与非民主国家之间却常常发生战争？对此，民主和平论的理由有二：一是民主国家内部的制度约束（institutional constraints），二是民主国家之间共同的民主规范和文化（democratic norms and culture）。

民主国家国内政治已走向制度化和规范化，其行为与外交都要受到制度的约束。这种制度约束具体体现为：首先，民主国家的选举制度决定政府要对选举实体负责。因为战争需要公民付出鲜血和财富的代价，如果代价太高，政府就会失信于民，从而在连选中失利。而且，民主国家的外交政策要公开讨论，这使得决策者对战争的代价十分敏感，不愿轻易发动战争，除非战争是必需的或战争目的能证明为之付出代价是正当的。而在非民主国家中，政府行为只要得到关键集团的支持即可，而不去认真考虑民众的观点。其次，民主国家政体中的分权和制衡原则也使得外交决策责任多元化，任何外交决策都是多方妥协的结果，从而可避免做出一些极端的决定。最后，由于民主国家进行战争前都要经过公开辩论等民主政治诸环节的认可，所以备战时间会更长，也为通过外交途径解决争端在时间上提供了缓冲机会。

对于民主的规范和文化因素，民主国家的人民认为自己是自主、自治的人民，并且分享“自己活也让别人活”（live and let live）的规范，他们会平等地对待别人，尊重他人的自治，因而不易采取对外侵略性行为。也就是说，约束一个民主国家采取侵略行动的民主规范可适用于所有民主国家，民主国家所共同拥有的精神气质也使得民主国家之间很少发生战争，这些精神气质的根本特征在于和平竞争和政治妥协。一个民主国家会设想其他民主国家也会以规则下的和平竞争办法来解决争端，并且将其运用到对外关系中。因此，民主国家对其他民主国家的印象是积极的，从而彼此认为是和平的，并会形成相互尊重的关系。民主国家从合作关系中得利并会扩大这种关系，这种合作的扩大最终会形成一个民主国家的利益共同体。而非民主国家以及专制国家则缺少这种制度约束，也缺乏民主的规范与文化因素。非民主国家由于不是建立在民意基础之上的，所以其政府也无法代表人民的意愿，而且非民主国家由于不尊重其人民的自决权，因而也不可能尊重别国的权利，所以，导致其容易诉诸武力。

冷战结束后，民主和平论有了新的发展。其中有一派观点认为，成熟的民主国家才具有和平的倾向，而那些正在向民主国家过渡的民主化过程则是一个危险的好斗的时期。一个正在由专制向民主过渡的国家更容易引起对外战争。

（二）对民主和平论的评价

首先，民主和平论把民主国家内部政治行为规范用于解释其对外关系，未免有所牵强。有规则的政治竞争、妥协解决政治矛盾、权力的和平转移，都是国内民主政治的规范。而国内政治毕竟不同于国际政治，国内有一个统一的政府和最高权威，国际政治却是一种“无政府状态”。所以，在一个追求权力和利益的国际社会中，国内政治的民主规范无法也不可能阻止国家为追求利益而对外采取行动和政策。

其次，民主和平论体现了西方典型的二元对立思维方式。它所谓的民主国家通常是西方的少数发达国家，并在一定程度上是美国的代名词；而所谓的专制国家则经常等同于非西方国家，特别是西方人眼中的东方国家。所以，民主和平论以西方民主为标准，把世界划分为成熟的“西方民主国家”和非西方的“民主化国家”“专制国家”。在一部分鼓吹民主和平论的西方人眼里，民主国家要优于专制国家，民主国家的人民是自由平等的，他们爱好和平，而专制国家的人民由于身份的不平等使其天生具有好斗和暴力倾向。因而，民主和平论认为战争主要发生在“非民主化的国家”，这典型体现了其“西优东劣”话语体系和“善恶二元对立”的思维方式，从而制造了浓厚的文化对立色彩。

再次，民主和平论主张按照西方价值观念和政治制度模式改造世界，从而实现世界和平，是冷战后以美国为代表的一些西方国家实行干涉主义外交政策的理论依据之一。它的兴起反映了美国对外输出民主的文化战略，其实质是为了谋求世界霸权。美国大力倡导“民主和平”思想，一方面为了巩固自己在西方盟友中的领导地位，另一方面也是企图主导原非西方阵营的一些国家的政治发展。冷战的结束既使美国处于世界唯一超级大国地位，同时又使西方失去了主要的共同威胁。随着共同敌人的消失，以美国为首的西方国家集团的凝聚力大大下降，而制度认同是将以前的盟国重新凝聚起来的有效工具，美国当仁不让地成为西方民主制度的“楷模”。所以，虽然冷战后美国的对外战略在不断变化，但追求“民主和平”却是一脉相承。1992 年美国的《国家安全报告》阐述了 20 世纪 90 年代美国的国家利益和目标，其中包括“加强与扩大共同致力于民主和保证个人权利的自由国家的共同体”，“建立一个稳定和安全的世界，在这个世界上，政治和经济自由，人权和民主制度蓬勃发展”①。克林顿政府更是把向外输出美国民主推向一个新高潮。克林顿在一次竞选演说中说道，“在全世界保卫自由和推进民主并非仅仅反映了我们根深蒂固的价值观，这对于我们的国家是至关重要的”，因为“全球的民主意味着国与国之间和平相处，彼此开放思想和贸易”。他进而提到，“其他国家如何治理自己的国家应当是与我们有关系的，民主国家之间不会诉诸战争。民主一直是一支稳定力量，它为解决争端提供了非暴力的方法”②。

最后，现实世界可对民主和平论的命题进行证伪。民主和平论认为，成熟的民主国家间不会发生战争。但我们考察一下世界历史，成熟民主国家间的战争却也不少，如 1812—1814 年的美英战争、19 世纪末英法在争夺非洲等殖民地利益中的冲突乃至战争，成为帝国主义瓜分世界的最具典型意义的战争。而民主和平论者认为这只是“个别例外”，但这恰恰反映了民主国家之间在产生重大利益冲突时同样以战争方式去解决。所以，决定民主国家间关系的根本因素是国家利益，而不是民主的政治制度和价值观念。

尽管民主和平论存在着种种缺陷，但它提出的问题是耐人寻味的。它为我们认识冷战后美国对外政策的走势和美国对世界蓝图的设计提供了一个新的视角。

三、区域安全复合体理论

区域安全复合体理论（regional security complex theory，RSCT）是哥本哈根学派最

① 王晓德：《美国文化与外交》，434 页，北京，世界知识出版社，2000。

② ［美］比尔·克林顿：《美国安全的新誓约》，载《美国研究参考资料》，1993（2）。

重要的理论之一。它从地区分析入手，以国家为基本研究单位，通过拓宽与延伸安全研究的议程，探讨了冷战后地区安全的动力过程。

（一）从古典安全复合体到区域安全复合体理论的提出

"安全复合体"（security complexes）概念最早在20世纪80年代初由巴瑞·布赞①首创。1983年，布赞在《人民、国家与恐惧：国际关系中的国家安全问题》一书中提出了安全概念中的两个至关重要的问题：一是安全的指涉对象是什么，即"谁的安全"；二是达到安全的必要条件是什么。布赞指出，把安全仅指为"国家的安全"显然是不充分的，安全研究的对象不可能仅局限于国家，而是需要进行不同层次的分析。此外，布赞还指出，只注重政治、军事领域的安全是不够的，要涉及更广阔的经济、社会和环境领域。这就是古典安全复合体理论。

冷战后，古典安全复合体理论得到了多次修改和补充。其原因，一方面是布赞加入哥本哈根学派，并吸收了该学派对安全内涵的社会性界定；另一方面是冷战结束后，两个超级大国在全球层次上的对抗格局瓦解，地区层次的安全现象更加引人注目。1991年，布赞在《人民、国家与恐惧：国际关系中的国家安全问题》一书再版中对"安全复合体"理论进一步予以补充和系统化。首先，他明确指出国际安全研究的最恰当层次是在地区层面。而地区安全指的是存在于一系列由地理接近性（geographic propinquity）紧密联系起来的国家中的安全次体系。在一个"安全区域"内，不一定所有国家都进行直接的安全互动，因为处于区域两端的国家未必有多少直接接触，但它们可能被吸收进同一组联盟或被卷入同一组危机。国际安全研究以地区为分析层次，既可以体现地理相接、文化相连的安全单元——国家之间的依赖性，又能反映国家内部、地区国家之间、地区之间、地区与全球性大国之间多层结构的互动。其次，他强调构成"安全复合体"的基本因素，包括安全相互依存、权力结构和限定在独特地理区域内牢固的友善与敌意（amity/enmity）关系。"友善"关系指的是一系列从宣布支持到完全一体化的联盟行为，而"敌意"关系也包括一系列可以由制度表现出来的行为。这种"安全复合体"既是竞争的相互依存，也是共同利益的相互依存。它是一个以"骚乱"为一极、以"安全共同体"为另一极的连续统一体（continuum）。再次，他在强调国家是安全的最高指涉对象的同时，还重视人的安全。在现代国家体系中，安全的标准单元是有领土主权的国家，也就是说，国家仍然是安全最主要的指涉对象，但同时安全也有很多潜在的指涉对象，如人类集体与个别特定区域的超国家层次和国际体系本身等。最后，他将安全议题从传统的政治和军事领域拓展到经济、社会和环境领域。他认为，人类集体安全主要受到五个领域的影响，即军事、政治、经济、社会和环境，这些领域并非孤立地起作用，而是紧密地交织在一起。

针对布赞的古典安全复合体理论，一些学者也从不同侧面对其进行"修正"。其中最

---

① 巴瑞·布赞，英国伦敦经济学院国际关系学教授，哥本哈根大学荣誉教授，1999年以来一直担任重建国际关系英国学派项目的主要协调人，2004年任《欧洲国际关系杂志》编辑。在1983年出版的《人民、国家与恐惧：国际关系中的国家安全问题》中，巴瑞·布赞教授提出了一种新的安全概念和一种新的研究框架，并创立了他的区域安全复合体理论，推动了安全研究的拓展。布赞的著作还包括：《无政府状态逻辑：从新现实主义到结构现实主义》（1993年，与查尔斯·琼斯和理查德·利特尔合著）、《安全：一种分析的新框架》（1998年，与奥利·维夫和雅普·德·王尔德合著）、《世界历史中的国际体系：重建国际关系研究》（2000年，与理查德·利特尔合著）等。

具代表性的是美国国际政治经济学家戴维·A·莱克（David A. Lake）和帕特里克·M·摩根（Patrick M. Morgan）于1997年编辑出版的《区域秩序：新世界中的安全建设》一书。在此书中，他们把布赞的“安全复合体”明确称为“区域安全复合体”（regional security complex），并对此进行重新定义。他们认为，区域安全复合体指的是“一组受来自一个独特的地理区域的一种或更多的外部性持续影响的国家。在这样的复合体内，成员们的安全非常紧密地联系在一起，以致任何成员的行为和成员内部任何与安全有关的主要进展都对其他成员有重大影响”。

然而，对古典安全复合体理论做最大“修正”的还是布赞本人。他在1998年出版的《安全：一种分析的新框架》一书中，对古典安全复合体理论进行了较大跨度的“自我超越”。超越的方法之一就是对一个宽泛的安全领域进行开放性研究。这表现在他将军事、政治、经济、社会和环境五个领域的安全视为特殊类型的互动，而不再凸显军事、政治领域的主导地位。也就是说，将所有领域作为一个整体来考虑，每个领域仅仅被看作整体的一个纬度。这就是著名的“安全领域分析方法”。就此，布赞把“安全复合体”分成两种不同的类型，即“同质复合体”（homogeneous complex）和“异质复合体”（heterogeneous complex）。“同质复合体”仍保留着“安全复合体”的古典性假定，即安全复合体被集中在特殊领域之内，由彼此被特殊的相似类型单元之间的互动形式所构成，如由国家占支配地位的军事复合体和建立在以多种认同为基础的单元上的社会复合体等。“异质复合体”放弃了将安全复合体锁定在特殊领域的假定，它假定区域逻辑能够综合不同类型的行为体，跨越两个或多个领域而发生互动，如国家＋民族＋企业＋贯穿政治、经济和社会领域发生互动的联盟。

布赞超越古典安全复合体理论的方法之二，是采用一种明确的“社会建构主义”（social constructivism）方法来理解被安全化的问题及其安全化途径。布赞采纳了哥本哈根学派本土人士奥利·维夫的观点，认为“安全”是超越一切政治规则和政治结构的一种途径，实际上就是一种所有政治之上的特殊政治。理解安全不仅仅是武力的使用，而且是一种特殊类型主体间性政治。布赞强调，像政治化一样，安全化必须被理解为一种实质性的主体间过程，即行为主体之间和行为主体之内安全主体间认知的共享程度，是理解行为类型的关键所在。

2003年，布赞和维夫在《地区与强权：国际安全结构》一书中，通过对1 500年以来国际关系的考察，和对冷战后安全形势发展与未来安全走向的分析，进一步发展了复合安全理论，进而提出了区域安全复合体理论。由此，古典安全复合体理论在经过20年的不断补充与修改，终于发展成为日臻成熟的区域安全复合体理论。

（二）区域安全复合体理论的特点

从上述关于区域安全复合体理论的演变中，可以看出该理论具有以下特点：

第一，体现了物质主义与社会建构主义的契合。在区域安全复合体理论中，布赞借鉴了新现实主义中“极”的概念来说明区域安全复合体的物质结构基础，同时又吸收了哥本哈根学派核心人物奥利·维夫的“安全化”与“社会安全”理论，将安全视作一种社会建构，认为安全的实现主要是通过支配性安全话语的社会化进程来完成的。布赞主张将无政府状态也纳入社会结构中来，认为地区安全主体的社会结构存在着从敌意到友善的模式，并在此特征中，划分了地区安全演进的三种形态：冲突形态—安全机制—安全共同体。这三种安全形态呈现出不同地区安全主体的不同互动与认知水平。对于这种将物质主义与社会建构主义相契合的研究方法，布赞自己的评价是：“我既保留现实主义理解国际关系的方式，又将‘极’的理论与国际社会理念相结合来理解当代国际社会结构。”他申明：“我的观点本质上是一种理论多元主义。我不拘泥于包含‘真理’的任何单一方法，而是被任何适合于对国际体系如何运作提供专业的和系统的观点的方法所吸引。”

第二，对安全问题进行了宽领域的开放式研究。布赞将军事、政治、经济、社会和环境五个领域的安全视为特殊类型的互动。他强调，尽管这五种安全领域确实有独特的逻辑，但它们实际上是不能被分开的。政治、军事、经济、社会和环境实际上彼此处于紧密的联系之中：贸易和金融要求政治秩序；国家结构依赖于对稳定的认同，也容易对现在的认同构成挑战；文化与政治既影响经济活动，也为经济活动所影响等。同样，在环境领域，许多环境问题也与经济（如污染控制成本）和社会（如文化和认同）有力地联系在一起。对安全问题的这种宽领域开放式研究方法就是著名的“安全领域分析方法”。布赞通过对五个领域安全议题的互动分析，不但保留了国家和军事、政治议题的重要地位，还给予非国家行为体以及经济、社会和环境等议题相当的重视。

第三，体现出哥本哈根学派在概念体系和分析方法上研究国际安全的特点。在布赞等人看来，后冷战时代的安全研究不仅仅是简单的安全内涵的丰富和安全主体的扩大，而是要将传统的建立在国家间力量对比基础上和无政府状态下国家间缺乏信任而形成的恐惧感，转化为能够充分结合“社会因素”和国家间“主体间性”而发展成的摆脱国家中心主义理论范式的国际安全理论，以便在安全的概念重构进程中摆脱以往专注于军事要素和国家实力的分析路径。所以，区域安全复合体理论体现了哥本哈根学派安全研究的特点，就是要力戒冷战时期的安全理论成为大国利用安全问题谋求政治利益的工具，以及防止在后冷战时代的国际关系中国家间正常的安全关注“不正常”地被炒作为国际关系的“主流议题”，从而加深国家间的安全对立和政治紧张。在哥本哈根学派看来，安全议题不能只是“自我”，也必须是“他人”，“自我—他人”的“双赢”性质的安全互动应该是审视安全问题的核心。①

（三）区域安全复合体理论的意义

首先，区域安全复合体理论拓宽与延伸了安全的研究议题，对国际安全理论研究做出了重要贡献。它将安全议题从传统的政治和军事领域拓展到经济、社会和环境领域。认为人类集体安全主要受到五个领域的影响，即军事、政治、经济、社会和环境，它们并非孤立地起作用，而是紧密地交织在一起。它关于“安全”的这种“宽泛”定义，成为与二战以来流行的军事占主导地位的战略研究直接相对抗的“最重要的声音”，并引发对安全的新的深入思考。

其次，区域安全复合体理论对冷战后区域安全研究和安全区域主义研究都具有重大意义。该理论把区域层次的安全问题放到重要位置，凸显了区域层次在国际安全中的重要地位，它扩大了安全研究视野，形成了新的“区域主义视角”。该理论所提出的“安全复合

---

① 参见朱锋：《国际关系理论与东亚安全》，12～13页，北京，中国人民大学出版社，2007。

体”概念为区域安全分析提供了更有力和更具体的工具。更重要的是，它通过国际体系从无政府状态下的不成熟到成熟的变化，提出了区域安全结构变化的“连续统一体”观点，打破了无政府状态下的“安全困境”逻辑。所以，越来越多的学者接受并认同了区域安全复合体理论的基本观点，并从不同的学术视角将其运用于对区域安全的分析中。

最后，区域安全复合体理论为兴起中的安全区域主义实践探索，指出了一条可选择的发展道路。在实践上，布赞所界定的“安全复合体”被认为“显示出区域化真正的起点”，并为探索在“安全复合体”中建构理想的区域安全秩序提供了理论指导。这同样也是安全区域主义研究要解决的根本问题。

第四节　国际安全研究在中国

中国作为一个有着悠久历史的文明古国，曾为人类文明做出了突出贡献，但在近代民族国家体系中，中国是一个被压迫被剥削的弱者。第二次世界大战后，中国人民通过艰苦卓绝的斗争赢得了民族独立。自新中国成立到现在，在半个多世纪的时间里，中国从一个积贫积弱的、在国际体系中处于边缘地位的国家，成长壮大为一个国际社会中的“负责任大国”。随着中国国际地位的不断提高和参与全球化进程的加深，加之中国的历史文化传统与特殊的国家经历，中国日益重视国际安全研究，并为之做出了历史性贡献。

一、中国国际安全观的发展

中国几代领导人在不同的历史时期，根据中国面临的不同国内与国际环境，形成了不同的国际安全战略思想，并提出不同的国际安全观。

（一）毛泽东时代的国际安全观

在毛泽东时代，1949 年的中国作为一个新生的主权民族国家刚刚获得民族独立，不但国内建设百废待兴，而且面临着帝国主义和霸权主义侵略与扩张的威胁。捍卫国家独立、生存与发展成为中国政府首要的任务。面对东西方冷战愈演愈烈和美苏激烈争夺的国际格局，为构建对本国有利的国际安全环境，以毛泽东为核心的党的第一代中央领导集体，根据当时的国际战略形势，逐步形成了毛泽东时代的国际安全观。

1.“中间地带”与“三个世界”理论的国际安全战略观

在毛泽东时代，中国对时代的判断仍坚持列宁提出的“战争与革命”的时代观，在这样的时代观下，毛泽东国际战略思想的核心理论是他提出的“中间地带”和“三个世界”划分的理论。

第二次世界大战刚刚结束之际，国际上美苏必战论甚嚣尘上。新的世界大战是否爆发，成为当时国际安全中十分关注的议题。毛泽东据此于 1946 年提出了“中间地带”理论。他说：“美国和苏联中间隔着极其辽阔的地带，这里有欧、亚、非三洲的许多资本主义国家和殖民地、半殖民地国家。美国反动派在没有压服这些国家之前，是谈不到进攻苏联的。现在美国在太平洋控制了比英国过去的全部势力范围还要多的地方，它控制着日本、国民党统治的中国、半个朝鲜和南太平洋；它早已控制着中南美；它还想控制整个大英帝国和西欧。美国在各种借口之下，在许多国家进行大规模的军事部署，建立军事基地。……在现时，首先受到美国侵略的不是苏联，而是这些被建立军事基地的国家。”①

1956年苏伊士运河事件爆发后，毛泽东又指出：“在那里冲突的，有两类矛盾三种力量。两类矛盾，一类是帝国主义跟帝国主义之间的矛盾，即美国跟英国、美国跟法国之间的矛盾，一类是帝国主义跟被压迫民族之间的矛盾。三种力量，第一种力量是最大的帝国主义美国，第二种是二等帝国主义英、法，第三种就是被压迫民族。”② 这些分析揭示了当时世界的政治格局和主要矛盾，指出了国际安全面临的主要威胁。尽管这些分析还没有形成完整的三个世界理论，但已包含了划分三个世界理论的思路和方法。20世纪50年代末60年代初，西方阵营出现分化，东方阵营不断动荡并开始分裂，中苏关系也在60年代初彻底破裂。1963年，毛泽东根据国际形势的新变化在中共中央工作会议上第一次提出了“两个中间地带”。他说：“我看中间地带有两个，一个是亚、非、拉，一个是欧洲。”“亚洲、非洲、拉丁美洲是第一个中间地带；欧洲、北美加拿大、大洋洲是第二个中间地带。日本也属于第二个中间地带。”③ 在“中间地带”理论基础上，到20世纪70年代，毛泽东完整地提出了“三个世界”理论。1974年，毛泽东在会见赞比亚总统卡翁达时又指出，“我看美国、苏联是第一世界。中间派，日本、欧洲、澳大利亚、加拿大，是第二世界。咱们是第三世界”④。“第三世界人口很多。”“亚洲除了日本，都是第三世界。整个非洲都是第三世界，拉丁美洲也是第三世界。”⑤ 在1974年4月的联合国第六届特别大会上，邓小平全面地阐述了毛泽东的三个世界理论。邓小平指出，从国际关系的变化看，现在的世界实际上存在着互相联系又互相矛盾着的三个方面、三个世界。美国、苏联是第一世界。亚非拉发展中国家和其他地区的发展中国家，是第三世界。处于这两者之间的发达国家是第二世界。美国和苏联两个超级大国，妄图称霸世界。它们用不同的方式都想把亚非拉的发展中国家置于它们各自的控制之下，同时还要欺负那些实力不如它们的发达国家。两个超级大国是当代最大的国际剥削者和压迫者，是新的世界战争的策源地。

毛泽东的“三个世界”理论划分了当时世界的主要力量，指出了当时世界安全的主要威胁，是国际安全研究的理论指导，对于号召被压迫人民团结起来反对霸权主义的侵略战争政策，建立国际反霸统一战线，维护世界和平与安全具有重要的指导意义。对毛泽东这一国际战略思想，邓小平曾这样评价，这“对于团结世界人民反对霸权主义，改变世界政治力量对比……提高我国的国际威望，起了不可估量的作用”⑥。

2. 维护国际和平与安全的和平共处五项原则

在毛泽东时代，国际安全的核心要素是国家的主权、军事、政治安全和民族独立。要维护国家领土主权安全，中国政府极力倡导世界各国都要遵循和平共处五项原则，认为只有这样才能维护世界和平。毛泽东多次强调指出，要在和平共处五项原则的基础上同不同

---

① 《毛泽东外交文选》，59～60页，北京，中央文献出版社、世界知识出版社，1994。

② 《毛泽东文集》，第7卷，188页，北京，人民出版社，1999。

③ 《毛泽东外交文选》，506～507、509页，北京，中央文献出版社、世界知识出版社，1994。

④⑤ 同上书，600、601页。

⑥ 《邓小平文选》，2版，第2卷，160页，北京，人民出版社，1994。

类型的国家发展关系，广交朋友，建立国际统一战线，争取有利国际环境。和平共处五项原则是在1954年4月中国与印度签署的《关于中国西藏地方和印度之间的通商和交通协定》中首次提出，是周恩来总理在双方谈判初期倡导的指导双边关系的原则。同年6月，中印、中缅总理的联合声明中重申并确认和平共处五项原则作为国际关系的指导原则。这些原则是：互相尊重主权和领土完整；互不侵犯；互不干涉内政；平等互利；和平共处。这些原则后来为许多国家接受，成为不同社会制度国家处理相互关系的指导原则，并成为国际法的基本原则。

在和平共处五项原则基础上，周恩来在1955年亚非万隆会议上还提出以“求同存异”的方针来解决亚非国家间的问题。他明确表示，参加亚非会议的“中国代表团是来求同而不是来立异的”。求同的基础，就是“亚非绝大多数国家和人民自近代以来都曾经受过、并且现在仍在受着殖民主义所造成的灾难和痛苦”，大家应“从解除殖民主义痛苦和灾难中找共同基础”。该方针的提出，不仅保证了会议的顺利进行，也为中国政府赢得了良好的声誉。中国提出的和平共处五项原则及其在万隆会议上提出的和平解决国际争端的方针，为解决包括不同社会制度国家在内的所有国际矛盾和争端提供了和平政策与指导，成为国际社会普遍接受的维护国际安全的共同原则。

（二）邓小平时代的国际安全观

20世纪80年代中期，国际形势趋向缓和，世界大战爆发的可能性越来越小，世界各国人民要求和平与发展的呼声日益高涨，战争与革命的时代特征被和平与发展所取代，中国的国际安全观也随之发生转变。

1. 确立“和平与发展”的时代观

党的十一届三中全会以后，邓小平通过多年对国际关系变化的冷静观察和理性思考，改变了毛泽东时代在战争与和平问题上的看法，提出新的世界大战有可能避免的战略判断。他指出：“虽然战争的危险还存在，但是制约战争的力量有了可喜的发展。日本人民不希望有战争。欧洲人民也不希望有战争。第三世界，包括中国，希望自己发展起来，而战争对他们毫无好处。第三世界的力量，特别是第三世界国家中人口最多的中国的力量，是世界和平力量发展的重要因素。”① 并且，随着世界新科技革命的蓬勃发展，经济、科技在世界竞争中的地位日益突出。所以，需要我们改变对战争与和平问题的认识。在此基础上，20世纪80年代中期，邓小平提出了“和平与发展是当今时代主题”的科学论断。他说：“现在世界上真正大的问题，带全球性的战略问题，一个是和平问题，一个是经济问题或者说发展问题。和平问题是东西问题，发展问题是南北问题。概括起来，就是东西南北四个字。南北问题是核心问题。”② 这个时代主题的论断是对长期坚持的“战争与和平”时代观的重大突破，是对马克思列宁主义、毛泽东战略思想的新发展，从而改变了我国对国际安全环境总体态势的估计，为我国制定新的国际战略和对外政策提供了科学依据，为形成新的国际安全观奠定了基础。

2. 促进和平、合作、发展的国际战略观

从20世纪80年代中期美苏关系的缓和到80年代末90年代初苏东剧变，二战后维持

①② 《邓小平文选》，1版，第3卷，105页，北京，人民出版社，1993。

了40多年的两极格局发生根本变化。1990年3月，邓小平及时提出了世界格局多极化趋势的科学判断。他说："现在旧的格局在改变中，但实际上并没有结束，新的格局还没有形成。"他针对苏联解体冷战结束出现的国际格局新变化明确指出："美苏垄断一切的情况正在变化。世界格局将来是三极也好，四极也好，五极也好，苏联总还是多极中的一个……所谓多极，中国算一极。中国不要贬低自己，怎么样也算一极。"① 世界格局多极化的趋势有利于国际和平力量反对霸权主义、维护世界和平，也有利于实现互利合作、促进世界经济发展。

在世界多极化趋势下，邓小平认为，世界各国间的竞争已转为综合国力的较量，中国应该集中一切力量提高综合国力，开始逐步接受并采取综合安全战略思想。邓小平认识到，促进发展已经成为新的历史条件下国家安全的主要课题和新的内容，安全问题不仅仅是个政治军事问题，也与经济发展密切相关，发展是解决一切问题的关键，不发展不但社会主义难以站稳脚跟，连国家生存和发展也会成为问题，从而突出了经济安全在国家安全中的重要地位，强调经济发展是中国当前的最大安全。为此，在实践中，中国政府一方面继续奉行独立自主的和平外交政策，反对霸权主义，维护世界和平；另一方面通过扩大与加深改革开放来推动经济建设和实现国家富强。为促进国家综合安全战略的实现，中国政府在地区层面上积极改善和发展与周边国家的政治经济关系，在全球层面上加强与世界各国，尤其是与西方大国的经济关系与战略合作，努力实现和平、合作、发展与互利共赢。

3. 提出以和平而非武力方式处理国际争端的新途径

针对危及国际安全并久拖不决的一些国际争端，邓小平指出："世界上有许多争端，总要找个解决问题的出路。我多年来一直在想，找个什么办法，不用战争手段而用和平方式，来解决这个问题。"用类似解决香港问题的办法，即"一个中国，两种制度"的办法，有助于解决许多争端，"否则始终顶着，僵持下去，总会爆发冲突，甚至武力冲突"②。他又指出："处理国与国之间的关系，和平共处五项原则是最好的方式。其他方式，如'大家庭'方式、'集团政治'方式、'势力范围'方式，都会带来矛盾，激化国际局势。总结国际关系的实践，最具有强大生命力的就是和平共处五项原则。"③ 和平共处五项原则既是基于维护本国的国家利益和人民的根本利益，又主张在谋求本国利益的同时不去损害别国的正当利益，提倡以国际关系基本准则和《联合国宪章》原则为准绳，用和平共处五项原则处理国家之间的关系，以和平而非军事方式处理国家争端，反对动辄使用武力，推动合理的国际竞争，促进国际合作，认同并尊重各国在政治信仰、价值观念、宗教信仰的各种差异和分歧，承认各国对本国社会制度和发展道路的选择，实现在尊重各国主权平等和互利合作、和平共处的基础上的共存、发展与繁荣。

在和平共处五项原则的指导下，邓小平创造性地提出了和平解决国际冲突和争端的具体途径和办法，如通过"一国两制"的构想解决了中英香港问题，通过"搁置争议、共同开发"的设想缓和与周边邻国的领土争端问题等。这些设想也为实现国际和平与安全提供了新的模式。

---

① 《邓小平文选》，1版，第3卷，353页，北京，人民出版社，1993。

② 同上书，49页。

③ 同上书，96页。

（三）中国的“新安全观”“和谐世界”“人类命运共同体”理念

冷战结束后，针对国际政治多极化、经济全球化，以及我国参与国际化步伐的不断加快，为努力实现向“负责任大国”角色的转变，积极推动“合作”“和谐”“互利共赢”的世界新秩序，中国的国际安全观发生新的变化，以适应冷战后时代的新形势、新要求。

1.“互信、互利、平等、协作”的“新安全观”

1997年3月，在由中国同菲律宾共同主办的东盟地区论坛信任措施会议上，中国政府首次正式提出适应冷战后新的国际政治、经济、安全形势，进一步促进亚太地区各国安全的“新安全观”。同年4月，江泽民同志在访问俄罗斯期间，同叶利钦总统签署并发表《中华人民共和国和俄罗斯联邦关于世界多极化和建立国际新秩序的联合声明》，双方认为必须摈弃“冷战思维”，反对集团政治，必须以和平方式解决国家之间的分歧或争端，不诉诸武力或以武力相威胁，以对话协商促进建立相互了解和信任，通过双边、多边协调合作寻求和平与安全。① 1999年3月，江泽民同志在日内瓦裁军谈判会议上发表《推动裁军进程—维护国际安全》的讲话，第一次全面阐述了以互信、互利、平等、合作为核心的新安全观，明确提出以军事联盟为基础、以加强军备为手段的旧的安全观，无助于保障国际和平，更不能营造世界持久和平。必须建立适应时代需要的新安全观，并积极探索维护和平与安全的新途径。2000年9月6日，在联合国千年首脑会议上，江泽民同志再次重申应彻底抛弃冷战思维，建立以互信、互利、平等、协作为核心的新安全观。

新安全观强调以互信、互利、平等、协作来寻求综合安全、共同安全与合作安全。互信，是指超越意识形态和社会制度异同，摒弃冷战思维和强权政治心态，互不猜疑，互不敌视。互利，是指顺应全球化时代社会发展的客观要求，互相尊重对方的安全利益，在实现自身安全利益的同时，为对方安全创造条件，实现共同安全。平等，是指国家无论大小强弱，都是国际社会的一员，应相互尊重，平等相待，不干涉别国内政，推动国际关系的民主化。协作，是指以和平谈判的方式解决争端，并就共同关心的安全问题进行广泛深入的合作，消除隐患，防止战争和冲突的发生。② 新安全观是在全球化进程加快、世界各国在安全上的共同利益增多、相互依存加深情况下提出的。新安全观的合作模式应是灵活多样的，包括具有较强约束力的多边安全机制、具有论坛性质的多边安全对话、旨在增进信任的双边安全磋商，以及具有学术性质的非官方安全研究交流等。

此外，中国新安全观还特别强调安全的平等原则，主张各国的事情要由各国人民做主，国际上的事情要由各国平等协商，反对把实力优势、军事同盟和相同的社会制度及价值观作为构成安全的条件来进行“世界权力的再分配”，反对靠牺牲别国的利益来寻求自己的安全，也反对把本国的安全利益凌驾于别国之上，重申国家不论大小、强弱、贫富，都是国际社会的平等一员，不仅有权自主地决定本国事务，而且有权自主平等地参与决定国际事务，以此积极推进世界多极化和国际关系民主化，推动世界各国、各地区平等竞争、互利合作、和平共处、共同繁荣，强调在国际事务中只有遵循平等协商、友好合作的

---

① 参见《中华人民共和国和俄罗斯联邦关于世界多极化和建立国际新秩序的联合声明》，载《人民日报》，1997-04-24。

② 参见《第五十七届联合国大会开幕，中国外交部长唐家璇在会上的发言》，载《新华文摘》，2002（10）。

精神，才能深化共同利益，应对共同挑战，实现世界的持久和平与安全。

中国既是新安全观的倡导者，又是新安全观的积极实践者。中国积极寻求通过和平谈判解决与邻国的领土、领海争议问题，通过积极参与各种形式的地区经济合作，把加强经济交流与合作作为营造周边持久安全的重要途径。中国还努力推动地区安全对话合作机制的建设，集中体现在对上海合作组织和东盟地区论坛的积极参与等。

2. "和谐世界"理念

在新安全观基础上，2005年9月，在联合国成立60周年首脑会议上，中国国家主席胡锦涛正式提出了新时期中国关于构建"和谐世界"国际秩序的新构想。"和谐世界"成为当代中国国际战略和维护国际安全的核心价值与重要目标。在目标上，"和谐世界"主张共同安全、共同发展与和谐相处。在行为观念上，"和谐世界"在坚持"互信、互利、平等、协作"的新安全观基础上，倡导互利合作观和文明包容观，主张以互利与合作作为建立国际经济新秩序的重要原则，提倡不同文明的互相包容、相互借鉴、共同发展。在运行机制与实践准则上，"和谐世界"倡导坚持多边主义，实现共同安全；坚持互利合作，实现共同繁荣；坚持包容精神，共建和谐世界。①

"和谐世界"理念既是中国国际安全观的新发展，也是中国对国际秩序的新构想与新范式。它的提出突破了传统的西方国际秩序话语体系和思想观念，表达了一种关注全球安全与人类未来的新的理论思考。

3. "人类命运共同体"理念

"人类命运共同体"理念是中国政府在中共十八大后反复强调的一个关于人类社会的新理念。它是对和谐世界战略思想理念的发展，是在世界政治多极化、经济全球化、文化多样化和社会信息化的国际形势下，特别是人类面临的全球非传统安全问题层出不穷的现实挑战下，中国政府倡导的一个强调"人类只有一个地球，各国共处一个世界"的新的共同体意识。习近平主席不断强调，国际社会日益成为一个你中有我、我中有你的命运共同体。面对世界经济的复杂形势和全球性问题，任何国家都不可能独善其身、一枝独秀。②不论人们身处何国、信仰何如、是否愿意，实际上已经处在一个命运共同体中。

为了推动建设人类命运共同体，中国政府主张国际社会必须做到：第一，坚持各国相互尊重、平等相待。世界各国无论大小、强弱、贫富，都是国际社会平等的一员，都有平等参与地区和国际事务的权利。要尊重各国自主选择的社会制度和发展道路，尊重彼此核心利益和重大关切，客观理性看待别国发展壮大和政策理念，努力求同存异、聚同化异。第二，坚持合作共赢、共同发展。要摒弃零和游戏、你输我赢的旧思维，树立双赢、共赢的新理念，在追求自身利益时兼顾他方利益，在寻求自身发展时促进共同发展。第三，坚持实现共同、综合、合作、可持续的安全。各国人民命运与共、唇齿相依，因此要摒弃冷战思维，创新安全理念，努力走出一条共建、共享、共赢的地区安全之路。要通过对话合作促进各国和本地区安全，以合作谋和平、以合作促安全，坚持以和平方式解决争端，反对动辄使用武力或以武力相威胁。要坚持发展和安全并重，以可持续发展促进可持续安

---

① 参见王公龙：《和谐世界：国际秩序的新构想和新范式》，载《现代国际关系》，2007（3）。

② 参见习近平：《在同在华工作的外国专家代表座谈时的讲话》，载《人民日报》，2012-12-06。

全。第四，坚持不同文明兼容并蓄、交流互鉴。要促进不同文明不同发展模式交流对话，在竞争比较中取长补短，在交流互鉴中共同发展，让文明交流互鉴成为增进各国人民友谊的桥梁、推动人类社会进步的动力、维护世界和平的纽带。①

二、中国的国际安全研究

尽管自新中国成立起中国政府就一直对国际安全局势十分关注并有着基本判断，但从学术研究角度看，中国国际安全研究在冷战结束后才真正起步。冷战后，西方国际关系理论和安全研究成果被大量引进，中国学者对此进行了全面而深入的解读、消化与借鉴，在批判与吸收西方最新研究成果基础上综合本土化安全研究，中国对国际安全研究开始起步。20 世纪 90 年代中期以后，随着国际安全领域重大事件的不断发生和中国面临的国际安全环境的变化，中国的国际安全研究领域不断扩大、队伍不断壮大，不论是从出版的学术著作来看还是从发表的学术论文来看，都呈直线式上升趋势。并且，在许多高等院校的国际关系学科中有了关于国际安全的课程设置，甚至有了国际安全专业，不少研究机构也建立起专门的国际安全研究中心。中国的国际安全研究在理论探讨和经验研究方面都取得了很大进步。

（一）国际安全理论的新探讨

1. 安全理论内涵的新发展

冷战时期，中国学者对安全内涵的认识基本上停留在传统安全范畴内，也就是以国家为中心的军事与政治安全。随着冷战结束和全球化的不断深入，安全的主体、目标、要素和手段等方面都发生了重大变化。鉴于此，国内学者开始从理论上修正安全概念，提出因安全要素的多元化、安全利益的一体化和安全问题的非军事化，需要有一种新的安全观与之相适应。这种新安全观与传统安全观的主要区别在于：（1）安全问题超出了传统安全政策所拘泥的军事领域，而成为一个综合战略概念，安全战略研究应建立在更广泛的领域和意义上。（2）追求安全利益的手段同时也应是安全的，即通过协调与合作来获取安全利益。（3）安全战略目标由“确保报复”转变成为“确保生存”和“共同生存”。（4）安全由被分割的状态变为不可分割，具有共同安全利益的地域单位由一个国家可以扩大到某个地区乃至整个世界。②

20 世纪 90 年代中期之后，中国学者在关注安全内涵变化的同时，对非传统安全问题进行了热烈讨论。尤其是经过 1997—1998 年东亚金融危机、2001 年“9·11”恐怖袭击事件和 2003 年席卷中国和亚洲部分国家（地区）的“非典”，学者们普遍认识到，非传统安全问题已成为日益突出的新威胁。1999 年，王逸舟主编的《全球化时代的国际安全》一书出版，该书从传统安全领域中的军事安全到非传统安全领域中的经济安全、石油安全、水资源和恐怖主义等多个安全议程分析了全球化时代的国际安全。2003 年，陆忠伟主编的《非传统安全论》出版，该书集中体现了中国学者对非传统安全研究的突出成果。关于中国学界对非传统安全的研究，王逸舟评价说，这可以说是与世界发达国家的研究进展基本上是

① 参见习近平：《迈向命运共同体　开创亚洲新未来——在博鳌亚洲论坛 2015 年年会上的主旨演讲》，载《人民日报》，2015-03-29。

② 参见潘成鑫：《国际关系发展中安全内涵的演变》，载《欧洲》，1995（2）。

同步的。我们有了自己的论文、专著和丛书，有了专门的研究中心和各类政策建议。

在研究非传统安全问题的同时，中国学者也提出或发展了“综合安全”“合作安全”“安全治理”等概念。所谓“综合安全”，是一种全方位的、多层次的、内容广泛的安全。它有两层特殊的含义：第一，从安全内涵上看，综合安全需要同时容纳传统安全观与新安全观的内容；第二，从行为主体观察，综合安全需要把范围扩展到比国家更大的层面。“综合安全观要求把以军事安全为中心的传统安全利益同个人安全、团体安全和全球安全等非传统安全利益结合起来，在它们之间保持某种均衡状态，避免任何‘走极端’的做法。”① “合作安全”是从西方引进的概念，它承认国家利益的首要性、各国保卫领土的现实、各种利益相互竞争甚至互相冲突的不可避免，以及国家、地区和全球事务日益加深的互相作用和互相渗透，它明确地认为绝不能用“零和”及安全困境的观念看待安全的促进。② “安全治理”是治理概念在国际安全领域中的运用。它指的是各国政府、国际组织和非政府组织、各国公民社会为最大限度维护与增加共同安全利益而进行的民主协商与合作，其核心内容是健全和发展一种维护全人类综合安全、和平发展、福利平等与尊重人权的新的国际政治经济秩序，包括处理全球安全问题的全球规则和制度。

2. 国际安全机制的新关注

建立、健全国际安全机制是维护国际安全的重要途径，因此对国际安全机制的研究是国际安全领域中的重点之一。对于国际安全机制的研究，刘杰主编的《国际机制》和苏长和的《全球公共问题与国际合作：一种制度的选择》等专门研究国际机制的著作中有较大篇幅涉及，此外，唐永胜、徐弃郁的《寻求复杂的平衡：国际安全机制与主权国家的参与》一书全面系统地对国际安全机制进行了研究。

所谓国际机制，美国著名的国际政治现实主义学者斯蒂芬·克拉斯纳（Stephen Krasner）认为，它“指的是在国际关系特定问题领域里行为体愿望汇聚而成的一整套明示或默示的原则、规范、规则和决策程序”。国际安全机制有不同的类型。按照其作用范围，可分为全球性安全机制、地区性安全机制和双边安全机制。如联合国有关国际安全的原则、规则和决策程序是全球性的集体安全机制，欧洲安全与合作组织的有关规范与决策程序是地区性的安全机制。按照作用的领域，可分为军事安全机制、政治安全机制、社会安全机制。按照其性质，可分为集体安全机制（如联合国）、联盟与集体防御机制（如北约、华约）、合作安全机制（如军控机制、核不扩散机制、危机管理机制和冲突管理机制等）。按照其制度化和强制程度，安全机制可分为正式安全机制和非正式安全机制以及自愿的、具有政治约束力的和有法律约束力的等不同类型。国际安全机制可起到提供信息、降低交易成本、使相互间期望变得稳定的基本作用。

国际安全机制在一定的条件下形成，并随着国际安全格局变化而调整。国际安全机制形成于特定国际安全环境下的主要国家的合作需求和意愿，并通过认知和学习过程产生合作预期，对利益的汇合达成共识。国际安全机制的作用是推动主权国家间的安全合作，解决争端与冲突，并对安全问题做出制度化安排，促进与维护世界和平与秩序。苏长和指

---

① 王逸舟：《论综合安全》，载《世界经济与政治》，1998（4）。

② 参见任晓：《从集体安全到合作安全》，载《世界经济与政治》，1998（4）。

出，在安全机制建设中应注意以下问题：安全机制是非联盟的、内向的与开放的；安全机制不是孤立的，它与其他机制存在相互辅助的关系；安全机制的构造必须在主权国家的框架下进行。①

关于国际安全机制的研究，尤其要提到的是中国学者关于上海合作组织的研究。上海合作组织（Shanghai Cooperation Organization，SCO）是亚欧大陆新的区域性多边国际组织，该组织大力倡导不结盟、不对抗、不针对其他国家和地区的安全合作模式。其前身是“上海五国”会晤机制，是1996年4月由中国、俄罗斯、哈萨克斯坦、吉尔吉斯斯坦、塔吉克斯坦最初为解决边界问题创立的安全合作机制。上海合作组织的宗旨是：加强各成员国之间的相互信任与睦邻友好；鼓励各成员国在政治、经贸、科技、文化、教育、能源、交通、环保及其他领域的有效合作；共同致力于维护和保障地区的和平、安全与稳定；建立民主、公正、合理的国际政治经济新秩序。上海合作组织顺应了冷战后人类要求和平与发展的历史潮流，显示了不同文明背景、传统文化各异的国家，通过互尊互信，实现和睦共处、团结合作的巨大潜力。将上海五国合作发展为上海合作组织，有利于成员国适应21世纪世界政治多极化、经济和信息全球化的进程，能更有效地利用发展的机遇，应对新的挑战与包括恐怖主义、分裂主义和极端主义在内的各种威胁，以促进地区安全局势的发展，推动国际安全研究与国际现实的结合。

3. 国际安全秩序的新构想

国际秩序是人们理想中的或主观上要建立的国际运转机制和实践准则。安全是国际秩序的首要问题，寻求和平、安全与稳定的国际秩序是国际安全研究的重要内容。中国作为一个发展中国家，长期以来受到国际政治经济旧秩序的不公正与不合理的对待，从20世纪七八十年代开始，中国政府就倡导建立公正合理的国际政治经济新秩序。同样，在学术界，中国学者也尤其重视对国际秩序的研究，并在此方面取得了突出成绩。冷战结束使国际安全秩序处于和平转换过程中，虽然“和平与发展”仍然是当今世界的主题，但我们也看到，天下仍不太平，传统安全与非传统安全威胁的因素相互交织，恐怖主义危害上升。霸权主义和强权政治有新的表现。尤其是“9·11”事件之后美国的单边主义行为，表明国际安全秩序仍存在不公正、不合理的地方。为此，中国提出了互信、互利、平等、协作的新安全观，主张建立公正合理的国际安全秩序。2005年9月，中国国家主席胡锦涛在联合国成立60周年首脑会议上正式提出的中国关于构建“和谐世界”的新构想，是中国对国际秩序的新构想与新范式。以习近平同志为总书记的党中央在新形势下反复倡导的“人类命运共同体”理念反映出一种新的共同体意识。这些集中体现了中国对国际秩序研究的新成果。

（二）国际安全研究领域的新拓展

1. 不断深化国际安全研究的议题

中国国际安全研究在经验分析中涉及了国际安全的诸多议题领域，既有传统安全领域中的军备控制与核扩散，也有非传统安全领域的能源安全、经济安全、金融安全和恐怖主义等。

军备控制一直是国际安全领域中的重要议题，尤其是在冷战结束后核武器扩散有所加

---

① 参见苏长和：《安全困境、安全机制和国际安全的未来》，载《世界经济与政治》，1998（5）。

剧的情势下，对军备控制与核扩散问题的研究成为重点。我国成立了专门的军控与裁军协会，清华大学、复旦大学等成立了军备控制研究所，还有相当数量的军事院校和科研院所也进行此方面研究，出版与发表了一些专著和论文，并召开了许多次较有影响力的学术会议。

在非传统安全问题领域，随着1993年中国成为石油净进口国，中国学者对能源安全的研究也逐步展开，随着能源外交的深入，国内能源安全的成果也大量出现。学者们除了从现实主义的地缘政治和自由主义的国际合作方面加以论述外，还着重对中国现实的能源安全问题进行了探讨。1997—1998年的亚洲金融危机对加人改革开放力度的中国是一个重要警示，中国学者投入了大量精力去研究金融安全和经济安全问题，也取得了一些成绩，并具有重要的现实意义，对中国加入世界贸易组织和进一步扩大与加深改革开放提供了理论指导。2001年的"9·11"恐怖袭击事件和一系列恐怖主义活动的猖獗，致使中国学界对恐怖主义的研究也发展起来，并产生了诸多研究成果。同时，学者们也对各议题领域中安全机制的建设问题展开了广泛而深入的探讨。

2. 更加重视国际安全形势与热点问题研究

冷战结束后，美苏两极对抗格局不复存在，国际安全形势发生了重大变化。与此同时，全球化在全面快速发展，国家之间的相互联系与相互依赖日益加深，大国关系呈现出竞争与合作并存的态势。然而，尽管世界总体局势趋于缓和，爆发大规模世界战争的可能性减少，但世界并不太平，因民族、宗教、领土、资源等因素引发的局部战争与武装冲突此起彼伏，而冷战思维仍然存在，单边主义不时抬头，也加剧了国际紧张局势，像海湾战争、科索沃战争、阿富汗战争和伊拉克战争等都是冷战后爆发的重要的地区性战争。此外，国际核不扩散和军控裁军进程也一波三折，出现了朝核危机、伊朗核问题等重大国际危机；经济与金融危机、环境污染、恐怖主义事件、跨国犯罪、非法移民、疾病蔓延等全球性新的非传统安全问题日益突出，并逐渐上升为威胁世界和平与安全的重要问题。全球化时代的综合安全和国际安全保障越来越成为国际社会面临的重大且迫切的课题。

冷战结束后，国际安全秩序的和平转移为世界各国带来了一个相对和平、安全与稳定的国际大环境，也为处于改革开放与迅速发展中的中国赢得了一个重要的发展战略机遇期，中国适时提出了新安全观和"和谐世界"理念，以此指导与周边国家和地区，以及与世界大国之间的关系，积极营造一个和平、安全的国际安全环境，利用战略机遇期获得更大的发展，以争取最大的国家发展目标，营造对我更加有利的国际安全环境。

（三）中国国际安全研究的成就与问题

经过十多年的快速发展，中国的国际安全研究无论是从理论探讨还是在经验分析方面都取得了重大进步。这集中体现在：

（1）理论探讨上的多元化。随着国外国际安全研究成果大量引进中国，以及经过中国学者的评介与消化吸收，可以说，各个理论流派在中国的国际安全研究领域都有代表人物，从而形成了中国国际安全研究的现实主义流派、自由主义流派和建构主义流派。就建构主义流派看，美国学派、英国学派以及哥本哈根学派在中国也都有其赞成者与批评者。所以，中国的国际安全研究在理论探讨方面呈多元化的发展趋势。

（2）研究方法上更讲究科学性。十多年来，西方国际关系研究方法不断被介绍到中国，中国学者也有意识地进行着科学性研究，这使得中国的国际安全研究在借鉴西方的研究方法中更讲究科学性。不论是学术上的规范化还是问题领域的实证化、案例化研究，都体现了中国国际安全研究在学术研究上更重科学性。

（3）理论探讨与现实分析密切结合。中国学者的国际安全理论建设，包括概念界定、理论推演和结论的得出，在吸纳西方研究成果的同时，也进行了积极探索，并取得一定成绩。随着安全理论水平的不断提高，中国学者的问题意识在增强，他们自觉地将所掌握的理论与解决现实问题紧密结合起来，这既推动了中国学术研究的发展，也有利于现实国际安全问题的解决。

由于中国国际安全研究起步较晚，因此难免存在一些不足：

（1）没有像西方国际安全研究一样形成系统的研究范式，更不存在西方曾出现的不同范式之间的辩论局面，而这种辩论有助于理论上的进一步发展。尽管随着西方国际关系理论的不断引进，中国的国际安全研究中也出现了现实主义、自由制度主义和建构主义三大派别，但它们基本上是介绍西方不同派别对国际安全的研究情况，或者是借鉴西方理论来解释现实国际安全问题，中国学者没有在国际安全理论范式研究上有突破性进展。

（2）中国的国际安全研究还存在与国家政策跟风现象。国际安全作为学术研究应在坚持“百花齐放，百家争鸣”的指导方针下，进行多视角、多领域、多元化的理论探讨，探索发现真理，要注重理论性、学术性。当然，学术研究也不能脱离实践与现实，要为国家政治经济服务，但在中国的国际安全研究中，片面的、旨在阐释国家政策的跟风现象始终存在，这应是学术研究中需注意的一大问题。

总之，中国的国际安全研究既积极借鉴吸纳西方的研究成果，又植根在自己的历史文化传统中。中国学者在国际安全研究中，正以更加开放与包容的心态来学习与借鉴世界各国的优秀研究成果，不断探索、开拓创新，挖掘并传承我们自己的民族文化，这将是中国国际安全研究的新特色。

思考题

1. 比较分析传统安全与非传统安全的区别和联系。
2. 什么是安全困境？请举例说明。
3. 评析民主和平论。

国家安全

从安全主体的角度看，安全分析可以分为五个层次：国际体系安全、国际地区安全、国家安全、国内组织安全（次国家层次）和个体安全。国家安全属于其中的第三个分析层次。这五个层次的安全问题，都与国家安全直接或间接相关。

国家安全研究主要涉及国家安全、国家安全观、国家安全体制、国家安全战略等方面的内容，本章将对此逐一进行简要阐述。

第一节　国家安全与当代国家安全体系

一、国家安全概念及其构成要素

在现代国际体系中，国家安全是指主权国家的安全，即“一个国家处于没有危险的客观状态，也就是国家既没有外部的威胁和侵害又没有内部的混乱和疾患的客观状态”①。

国家安全可以从不同角度划分。以时间和历史为根据进行划分，国家安全可以分为古代的国家安全、近代的国家安全、现代的国家安全、当代的国家安全等。以空间和国别为标准进行划分，国家安全可分为欧洲的国家安全、美洲的国家安全、亚洲的国家安全、非洲的国家安全，以及中国的国家安全、美国的国家安全、俄罗斯的国家安全等。从国家安全的构成进行划分，既可以分为内部安全与外部安全，也可以分为国民安全、国土安全、国家政治安全、国家经济安全、国家科技安全等。内部安全和外部安全是从内外角度对国家安全构成的一种划分；国民安全、国土安全、国家经济安全、国家政治安全、国家科技安全等，是从社会领域角度对国家安全构成的划分。

在当代国家安全学理论中，从人类社会领域的构成角度，国家安全可分为12个方面，即国民安全、国域安全、国家资源安全、国家经济安全、国家社会安全、国家政治安全、国家军事安全、国家主权安全、国家文化安全、国家科技安全、国家生态安全、国家信息

---

①　刘跃进主编：《国家安全学》，51页，北京，中国政法大学出版社，2004。

安全。[①②] 这12个方面，可以说是国家安全的12个构成要素，其中国民安全、国域安全、资源安全、经济安全、社会安全、政治安全、军事安全7个要素，是国家安全的“原生要素”，即国家一经诞生就出现的要素；主权安全、文化安全、科技安全、生态安全、信息安全5个要素，是国家安全的“派生要素”，即国家发展到一定阶段才出现的要素。从“传统”与“非传统”的角度来划分，包括主权安全在内的前8个要素可以说都是国家安全的传统要素，而文化安全、科技安全、生态安全、信息安全4个要素则是国家安全的非传统要素，其中的主权安全虽然不是随着国家的出现就出现的“原生要素”，但却是现代主权国家出现之后非常强烈地作为国家必备要素受到国家和国家社会特别重视的要素，因而是“传统要素”。在这8个传统要素中，由于现代国际关系理论和国家理论强调领土、政治、军事、主权等国家要素的重要性，更由于近代以后的国际关系实践（无论是战争还是竞争）和国家安全实践都强烈围绕着领土、政治、军事、主权展开，而没有给予国民、资源、经济、社会等要素以同样的重视，因而这些传统要素可分为“强传统安全要素”和“弱传统安全要素”，其中国域安全[③]、政治安全、军事安全、主权安全是“强传统安全要素”，国民安全、资源安全、经济安全、社会安全是“弱传统安全要素”。同样，在4个非传统安全要素中，由于文化安全、科技安全、生态安全在古代就有某种痕迹，在近代又有不同程度的萌芽，因而在“非传统”意义上比较弱，因而是“弱非传统安全要素”；而信息安全中的“信息”，指的是以计算机技术为先导与核心的信息，因而信息安全只能是当代计算机技术诞生之后才出现的全新的、完全非传统的要素，因而是“强非传统安全要素”。虽然12个国家安全一级要素中，只有信息安全是“强非传统安全要素”，但在一级要素包括的不同层次的次级要素中，还有许多“强非传统安全要素”，例如，“国域安全”下的网域安全、天域安全等二级要素，就是“强非传统安全要素”。

显然，国家安全除上述12个一级构成要素外，还有一些处于这12个一级要素之下的二级要素、三级要素等。例如，由国土安全演进而来的国域安全，就既包含了原国土安全下的领陆安全、领水安全、领空安全、底土安全等老的二级要素，又包含了原国土安全下没有的国家太空安全、国家网络空间安全、国家电磁空间安全等新的二级要素，其中老二级要素都是“强传统安全要素”，新二级要素都是“强非传统安全要素”。这就是说，领陆安全、领水安全、领空安全、底土安全是原一级要素“国土安全”和现一级要素“国域安全”下的国家安全二级构成要素，且是非常典型的“强传统安全要素”；而国家太空安全、

---

① 参见刘跃进：《为国家安全立学——国家安全学科的探索历史及若干问题研究》，长春，吉林大学出版社，2014。

② 国家安全的构成要素，除国民安全、国域安全两个汉语术语能够准确指明仅仅是国家安全的构成要素外，其他没有直接由“国”或“国家”限定的要素，如资源安全、经济安全、社会安全、政治安全等，都既有国家性质，也有非国家性质；既有作为国家安全构成要素的国家资源安全、国家经济安全、国家政治安全，也有超越国家安全构成要素的人类资源安全、全球社会安全、世界经济安全、国际政治安全等。因而在讲到国家安全构成要素时，这些要素理应准确地都在前面加上“国”或“国家”的限定词，但如此一来会使语言表达变得十分烦琐，因而除这里集中讲国家安全构成要素时严格加上“国家”二字限定外，后面一般不再加这样的限定词，但只要是在国家安全论域中讲到，都应被理解为国家资源安全、国家经济安全、国家社会安全、国家政治安全等。

③ 国域安全是一个包含领土安全但已超越领土安全而纳入了天域安全、网域安全等在内的新概念。由于它本身包含的领土安全属于传统安全要素，因而整体上把它归为传统要素，但同时要指出，这个传统安全要素，在当代又包含了一些非传统要素。

国家网络空间安全、国家电磁空间安全则是新国家安全一级要素“国域安全”下的二级构成要素，且是非常典型的“强非传统安全要素”。从整体上看，国域安全下的二级要素既包括领陆安全、领水安全、领空安全、底土安全等传统要素，也包括国家太空安全、国家网络空间安全、国家电磁空间安全等非传统要素。由于这些安全要素所描述的本质上都是国家生存空间安全问题，而且为了简化，可以用“域”这样一个更具概括性的汉字对它们进行改选，在把国家空间安全整体上概括为“国域安全”的同时，把其下的二级要素分别概括为陆域安全、水域安全、空域安全、底域安全、天域安全、磁域安全、网域安全7个方面。

此外，人们经常提到的核安全、水安全、粮食安全、食品安全、金融安全、环境安全、气候安全等概念，也都是国家安全的构成要素，但究竟是哪个一级要素下的二级要素或三级要素，或者甚至是哪几个一级要素下的二级要素或三级要素等问题，都需要深入研究。例如，“水安全”可以被认定为“资源安全”下的二级安全要素，“金融安全”可以被认定为“经济安全”下的二级安全要素，但“核安全”就比较复杂，它既能以“核资源安全”的身份居于“资源安全”之下，又能以“核武器安全”的身份居于“军事安全”之下，还能以“核技术应用安全”的身份居于“科技安全”之下。在这些国家安全次级要素中，多数是二级安全要素，但“核技术应用安全”是三级安全要素，因为它不是对“科技安全”直接划分后得到的结果，而是对“科技安全”中的二级要素“科技应用安全”划分后才得到的结果。

显然，全面分析国家安全次级要素是一件非常困难、非常烦琐的事情，这里不可能也没有必要对其进行全面挖掘，因而略举上述几例做些说明。从构成要素上对国家安全本身进行分类虽然重要，但这既不是对国家安全问题的全面把握，也不是国家安全实践中最重要的问题。要全面把握国家安全问题，还必须进一步认识影响国家安全的因素、危害国家安全的因素、国家安全保障体系这样一些问题，其中最重要的则是国家安全保障体系问题。

二、影响当代国家安全的因素

从大的方面说，影响国家安全的外在因素包括自然因素和人为因素两个方面。在自然因素方面，国土面积、地理位置、自然资源、气候条件、人口数量等，都会以不同的形式、不同的方式在不同方向和不同程度上影响国家安全及其各个构成要素。在社会因素方面，国家安全既会受到时代主题、世界格局、国际秩序、邻国关系等变化不定的外部因素的影响，也会受到国家内部的政治制度、大政方针、国民素质、民族宗教、传统文化等外在因素的影响。这些因素的影响，甚至是同一因素的影响，都会在影响的方向、方式、程度等方面形成复杂多变的局面。有时是积极的、有利的影响，有时是消极的、不利的影响；有时是直接的影响，有时是间接的影响；有时影响较大，有时又影响较小。

影响国家安全的因素多具有正反两方面的作用，即积极的作用和消极的作用。从消极方面来看，如果发展到一定程度，就会直接危害到国家安全，成为危害国家安全的因素。

危害国家安全的因素不仅包括某些影响国家安全因素消极方面的极端表现，如雨水过多而造成全国范围或大部分地区的洪涝灾害，更包括某些具有明确目的的社会威胁和危害，如军事侵略、政治颠覆、间谍破坏等。这些因素对国家安全来说不仅仅是消极因素，而且已经成为破坏因素。这就成为危害国家安全的因素。从总体上看，危害国家安全的因素可以分为自然和人为两个方面，自然方面名曰“天灾”，人为方面则称“人祸”。洪、涝、旱、震、虫、疫等自然灾害，是危害国家安全的“天灾”；而就“人祸”来说，则包括“内忧”与“外患”两个方面。内战、内乱、分裂、破坏，以及在当代特别突出的宗教极端主义、民族分裂主义、国内恐怖活动等，都是威胁或危害国家安全的“内忧”，而军事入侵、政治颠覆、文化渗透、隐蔽行动、国际恐怖主义、国际武器走私等，则是威胁或危害国家安全的“外患”。当然，在不同的历史发展阶段及不同的国家和地区，威胁或危害国家安全的因素及其关系和表现形式是不一样的，不同因素的地位和作用也是随时随地变化、不尽相同的。因此，如果要准确认识和判断这些因素对国家安全的危害范围、危害程度、危害方式等，就要根据具体的历史背景、国际国内形势等方面的具体状况做出分析研究。

三、当代国家安全体系

国家安全保障体系是由那些以保障和强化国家安全、提高国家安全度为客观目的的各种思想、观念、制度、规章、法律、组织、机构、措施、活动等构成的社会体系。从大的方面看，国家安全保障体系可以分为保障机制与保障活动两个主要方面。在历史上，国家安全保障活动要早于国家安全保障机制，特别是早于成熟的国家安全保障机制中的一些后来才出现的内容。国家安全保障活动也可简称国家安全活动，是以保障国家安全为目的的各种社会行为的统称。面对影响和危害国家安全的各种因素，为了有效地保障国家安全，在客观上最大限度地达到安全状态，国家便采取了政治和军事、经济和文化、内政和外交等各种手段和行动，这就产生了既不同于国家安全又以实现国家安全为目的的国家安全活动，其中既包括公开的政治、军事、治安、外交等方面的活动，也包括隐蔽的间谍情报活动；既包括战争、镇压、监禁、流放、驱逐、谍战等在内的各种“硬手段”，也包括发展经济、宣传教育、开展公关、变革创新、外交往来等在内的各种“软手段”。为了使这些不同的国家安全活动和手段更有效，各国都陆续建立了各种专门化的国家安全机构，其中主要有军队、警察、法庭、监狱、情报、保密、保卫、外交等机关。同时，国家和政府的其他机构或部门，如经济、贸易、文化、教育、科技、体育等，在维护或保障国家安全方面也都负有一定的不同形式的责任。这些有形的专门机构和非专门机构，可以说是保障国家安全的“硬件”。此外，各个国家还都在历史发展的不同阶段形成或制定了各种各样的以维护或保障国家安全为目的的制度、法律、法规、政策、理论、观念、战略，这又可以说是保障国家安全的“软件”。这些支持国家安全保障活动的硬件和软件的统一，就形成了国家安全保障机制。

这样一来，国家安全就成了一个巨大的社会系统，因而必须用系统的国家安全观来认识和处理国家安全问题。“如果说国家安全在国家产生的时候就是一个社会系统，国家安全活动在国家产生的时候就是一项社会系统工程，那么到了今天，国家安全已经成为一个比其他任何时代都更加复杂的社会系统，国家安全活动也已经成为一项比其他任何时代都更加复杂的社会系统工程。这就需要我们掌握和运用对处理复杂问题具有重要方法论功能的科学方法。系统科学为我们提供了这种方法。”①

正是由于客观上的国家安全是一个社会大系统，国家安全活动是一项社会系统工程，因而在主观认识客观的过程中，在研究国家安全问题时，就需要确立系统的国家安全观，把客观存在的国家安全系统和国家安全系统活动（系统工程）用系统性的科学理论进行尽可能如实的反映。在系统安全观和系统方法论的指导下，根据上述讨论的国家安全构成要素、国家安全影响因素、国家安全威胁因素和国家安全保障体系四个方面，我们构建了一个当代国家安全体系（见图 2—1）。

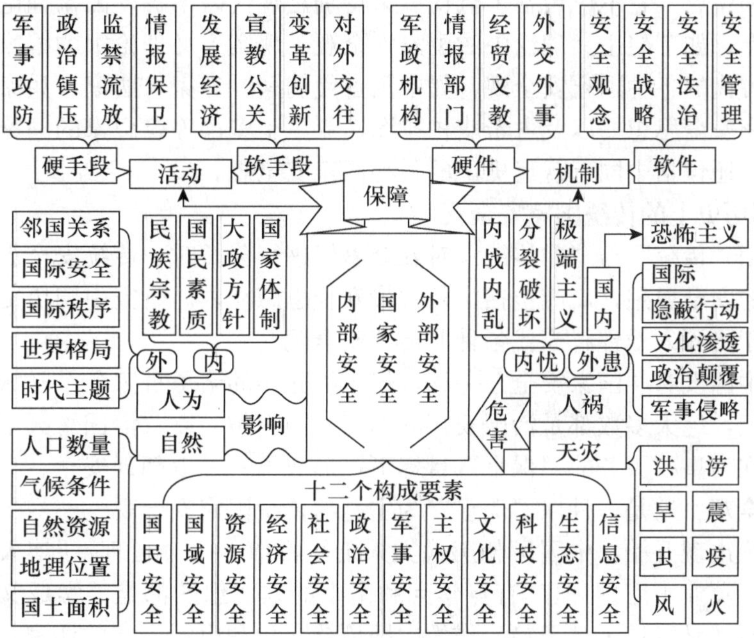

图 2—1　当代国家安全体系图示

第二节　国家安全观

国家安全观是对国家安全及国家安全相关问题的历史、现状、发展、规律、本质等的综合性、全面性的认识，包括事实认知、价值评价、实践规划和未来预期等内容。从本质上讲，国家安全观是对国家安全现实的反映。国家安全现实包括两个方面：一是现实对象，二是现实环境。现实对象是国家安全观的客体，是国家安全观反映的客观对象；现实环境是指国家安全观形成的各种客观环境和条件。因此，国家安全观就是在国家安全环境中对国家安全对象的反映和认识。

国家安全观是在历史中形成的，并随着安全环境的变化而变化。传统的国家安全观大都是以实力和对抗为基础的，主要用于对付来自敌对国家的威胁。随着冷战的终结，整个世界的安全环境发生了巨大变化。一方面，经济全球化的深入发展，国家间相互依存的加

① 刘跃进：《系统安全观及其三层次》，载《国际关系学院学报》，2001（2）。

深，非传统安全因素的日趋凸显，国家间合作、发展、共赢观念的增强，使得国家之间，尤其是大国之间的直接冲突逐渐减少。另一方面，恐怖主义、生态环境恶化、金融危机、资源短缺等非传统安全因素对国家安全的威胁日益加大。国家安全观开始由传统向非传统发展，形成了各种不同的非传统国家安全观。

一、传统国家安全观及其历史演变

传统国家安全观是自有国家以来到“冷战”结束这样一个相当长的历史时期内存在的各种安全思想和观点。它不仅包括了近代以来特别是现代以来各种国家理论和国际关系理论中的安全观点，如理想主义理论中的国家安全观、现实主义理论中的国家安全观等，而且也应该包括古代的各种国家安全观，如中国古代儒家、道家、法家、兵家等不同思想体系中存在的国家安全思想，以及古希腊柏拉图、亚里士多德等思想家的国家理论中存在的国家安全思想，还包括中国近现代史上的各种国家安全观。

（一）中国历史上的传统国家安全观

在学者们用“传统”与“非传统”对安全思想进行分类时，传统安全观所指的并非只是近现代西方的安全思想，而应包括中外古代安全思想在内。研究中国历史上国家安全观的演进，有利于更深入地理解当代各种非传统安全观。

虽然古代中国没有“国家安全”一词，但中国先秦的诸子百家各个学派以及后来的经史子集各门学问，绝大多数都是治国安邦的国家安全思想。以“治国平天下”为己任的中国古代文人，在为皇权服务的“保皇”目标下，形成了一种以朝廷安全、皇家安全为核心的传统国家安全观。这是一种以“保皇”为主题的传统国家安全观。

自《诗经》出现开始，中国历朝历代文人士子都信奉一个道理：“溥天之下，莫非王土；率土之滨，莫非王臣。”但凡有点学问和本事的人，想的都是“学成文武艺，货与帝王家”（无名氏：《马陵道·楔子》）。作为中国传统文化和思想主流的儒家，其开山鼻祖就非常明确地指出了读书人的出路是“学而优则仕”，而当官最大的职责，就是维护皇家一姓天下的万世长存。

秦王嬴政统一天下后，自称“始皇帝”，想的问题就是嬴家天下“二世三世至于万世，传之无穷”（司马迁：《史记·秦始皇本纪》）。及至 1908 年，清王朝已摇摇欲坠，但统治者颁布的《钦定宪法大纲》首条仍然写着：“大清皇帝统治大清帝国，万世一系，永永尊戴。”即便在辛亥革命已经爆发的情况下，清政府还在 1911 年 11 月 3 日颁布的《宪法重大信条十九条》第一条写道：“大清帝国皇统万世不易。”

在这种情况下，作为“毛”附于皇家之“皮”的知识分子，只有为皇家服务，为皇权论证，为皇帝出谋，才能走上“学而优则仕”这条坦途，才能实现“治国平天下”的人生理想，也才能得到“千钟粟”“黄金屋”“车马簇”“颜如玉”等丰厚回报。为此，无论是科场八股，还是朝堂策对，甚至是诗词歌赋，都有一个不变的主题，就是表现忧国忧民之意、精忠报国之志、治国安邦之才。

维护政权稳定和长存，是封建专制时代一切国家安全活动最根本的目的。为了一家一姓的宗庙社稷，当权者有时候也会执行一些怀柔政策，也会一定程度上让利于民，也会讲一些爱民的道理，表演一些爱民的节目，但这本质上都是为维护其统治地位服务的。如果危害到其统治地位和政权安全，任何爱民惠民的政策和措施就都会消失无迹。

在统治者这种政治立场的引导下，文人士子只能在维护至少是不危害统治者统治地位的前提下，有限制地论述民生问题的重要性。众所周知，孟子曾提出过“民贵君轻”的观点，但深入分析一下，就不难发现这其实是有前提的，是在维护君主统治地位的前提下才能够成立的，而且其出发点、落脚点和目的，都是统治者的政权巩固和江山永存。这一点首先在人们通常引用的孟子名言“民为贵，社稷次之，君为轻”的后文论证中可以看到。在此，我们不妨把《孟子·尽心下》的原文抄录如下：“民为贵，社稷次之，君为轻。是故得乎丘民而为天子，得乎天子为诸侯，得乎诸侯为大夫。诸侯危社稷，则变置。牺牲既成，粢盛既洁，祭祀以时，然而旱干水溢，则变置社稷。”这里解释“民贵”的原因时说得很清楚，这就是因为“得乎丘民而为天子”，这也就是俗语常说的“得民心者得天下”。由此不难看出，孟子的“重民”思想，其实是“用民”思想，是要让君主天子重视民生问题，用好老百姓，因而从目的与手段的关系看，孟子无论把民“贵”到何等地位，都不能掩盖其把“得天下”“坐天下”作为目的，把“民”作为手段和工具的思想实质。这种关系，在《孟子·梁惠王下》中的另一段话中得到了更明确的反映。这段话是：“乐民之乐者，民亦乐其乐；忧民之忧者，民亦忧其忧。乐以天下，忧以天下，然而不王者，未之有也。”孟子要君主们乐民忧民的根本目的，就是成王、称王、万世为王。所谓的民之贵、民之乐、民之利、民之安，在家天下的专制时代，只不过是统治者的一种驭民之术、治民之道，因而从根本上说都是工具和手段，而不是目的。显然，这与现代民主思想、民主理论格格不入，与建立在现代民主理论基础上的民主化国家安全理论完全不同，没有也不可能像现代国家安全理论那样把国民安全作为核心要素和根本目的放在第一位。

与孟子“贵民乐民”思想一样被历代统治者及其御用文人引为至理名言的还有“载舟覆舟”的理论。依战国末期赵国思想家荀子所言，传统的“载舟覆舟”之论源于春秋时孔子，一是孔子所作《易传》，二是孔子答鲁哀公问时所说。存于《荀子》的两段相关文字，一段出自公认是荀子原作的《王制篇》，另一段出自后人置疑的《哀公篇》。《荀子·王制》中的原文是：“马骇舆，则君子不安舆；庶人骇政，则君子不安位。马骇舆，则莫若静之；庶人骇政，则莫若惠之。选贤良，举笃敬，兴孝弟，收孤寡，补贫穷。如是，则庶人安政矣。庶人安政，然后君子安位。传曰：‘君者，舟也；庶人者，水也。水则载舟，水则覆舟。’此之谓也。”在《荀子·哀公》中，孔子是在回答鲁哀公关于如何统治国家的询问时说到“载舟覆舟”的，其中更明显地体现了用之维护统治地位的根本特征。这样的“重民”，根本目的并不是“为民”，更没有“民有、民治、民享”的现代民主思想，只不过是“牧民之术”罢了，其最终目的都是“君子安位”。此后中国两千多年的封建时代，没有任何思想家能够逃脱这一窠臼。

这种以“皇权”为根本目的的思想，其实就是把政权安全放在至高无上的位置，就是政治安全第一，把政治安全特别是政权安全作为整个国家安全的核心。为此目的，中国古代思想家提供了各种选择、各种方案、各种手段，其中既包括儒家的“仁治”“德治”，也包括法家的“法治”，甚至还有道家的“无为而治”，但比这些都更重要的一种手段，便是“武治”，即通过军事力量维护皇帝的政权即“皇权”。历朝历代的统治者无论是重儒家还是重法家抑或重道家，都没有一个不重视兵家的。兵家特别是兵书在中国古代的世代相传，恰恰说明了军事手段受到历朝历代的高度重视。为了获得军事和政治上的优势，情报用间也成为中国古代传统安全观非常重视的一种安全手段。著名兵书《孙子兵法》不仅特别强调“知彼知己”的重要性，而且还单有《用间》一篇讨论情报活动，指出“明君贤将所以动而胜人，成功出于众者，先知也。先知者，不可取于鬼神，不可象于事，不可验于度，必取于人，知敌之情者也”。

但是，古人无论怎样重军事、重用间，军事和情报都不是目的，而是手段。在国家安全研究中，有人认为中国古代是以军事安全为核心，甚至认为军事安全当今依然是国家安全的核心，这既不符合历史，也不符合现实。无论是过去还是现在，与政权比较起来，军事都只是手段，军事安全与情报工作一样，只是从政权安全派生出来的，是从属于政治安全特别是政权安全的手段。历朝历代的统治者之所以重视“兵权”，根本原因是因为他们重视“政权”，兵权永远是为政权服务的。现代民主政治与历朝专制政治的根本区别，不在于用兵权维护政权，而在于专制政权把“皇权”作为根本目的与核心，而民主政权把“人权”特别是普通公民的“民权”作为根本目的与核心。这样一种以政治安全为核心和目的、以军事安全为主要手段的安全思想和安全行为，是典型的传统安全观和传统安全模式。

鸦片战争前后，大清帝国内忧外患并起，内有政治腐败、人民起义，外有列强进逼、割地索款，并且几乎所有内忧都根源于外患，外患事实上成为近代中华国家与大清皇朝面临的主要危险。

但是对于大清统治者和各路军阀来说，他们最重视的依然是政权，而不是国权，更不是民权。就在此时，面对西方列强接连不断的威逼欺凌，大清朝廷依然认为外敌不过“肘腋之患”，内忧才是“心腹之患”。及至民国，面对日本帝国主义的大举入侵，国民党政府还在高叫“攘外必先安内”，把消灭政治上的异己放在首位。无论是大清朝廷，还是蒋家王朝，它们头脑中的安全核心和目的，都是自己的政权安全，而不是国权安全和国家安全，更不是国民安全。

与此不同，从近代开始，就有一些头脑清醒的知识分子和思想家，包括革命时期的国民党和共产党，在有意无意中把朝廷、政府、政党与国家、国民做了区分，把反对外来侵略放在了保障国家安全的更为重要的地位。即便是统治者及其御用文人，在把内忧放在外患之前思考的同时，也不得不思考如何面对与化解西方列强及东洋日本的侵略欺凌。这就形成了中国近现代不同时期以抗御外敌、救亡图存为主线的国家安全思想。“救亡”由此成为近现代中国国家安全的最重大的主题。

但是，近代以后中国的“救亡”，已经与古代的“忠君报国”渐行渐远。五四运动前后，经过不同形式和不同程度“启蒙”的中国人，越来越不再把皇帝与国家看作天然一体，不再把“报国”或“保卫国家安全”无条件地等于“忠君”“保皇”“保政权”。在统治者继续把“救国家之亡”与“救政权之亡”无条件绑在一起的同时，越来越多的中国人觉察到了二者的区别。这就是说，与官方以“保政权”为根本目的的国家安全观不同，五四运动前后逐渐觉醒的知识精英和政治反对派，开始形成一种把“国家”与“政府”分别对待的现代国家观和现代国家安全观。在他们的心目中，政府和统治者的政权，不仅不等于国家，而且有时还可能背离国家，国家安全因而不等于政府和政权的安全，保卫国家安全也不等于就要保卫政府安全和政权安全。相反，在政府和统治者背离国家时，为了国家安全则可以甚至必须推翻腐败无能的政府和统治者。无论是先前国民党领导的革命，还是后来共产党领导的革命，都不仅不是一种以维护统治者政权为目标的“保皇”式国家安全观，也不仅仅是一种以抵抗外敌侵略为目标的“救亡”式国家安全观，而是一种具有对外“救亡”与对内“革命”双重目标的国家安全观。在“救亡”成为近现代中国国家安全主题的同时，“革命”也是近现代中国国家安全的另外一个重要主题。

抗日战争的胜利，使中华民族面临的严重外患得以解除，国共两党经过短短四年时间的文争武斗也很快决出了胜负。国民党政权被推翻之后，共产党在1949年建立了中华人民共和国的社会主义政权。由此，中国近代以来非常严峻的内忧外患得以基本解决，起码是得到了极大的缓解。新政权在自己的宣言纲领中庄严声明，新国家是人民国家，新政权是人民政权，几千年受尽压迫剥削的穷苦百姓翻身做了主人。这时，虽然国家和政权的性质在宪法法律规范中发生了根本变革，但由于冷战时期国际形势的高度紧张，以及对国内阶级斗争的过分强调，对外对内的政治安全特别是政权安全依然长期被置于头等重要的地位，警察和军队也长期被视为维护国家安全特别是政治安全的绝对主力，而且残酷的政治斗争和接连不断的政治运动，特别是改革开放后特殊利益集团的逐渐形成，贪污腐败日益严重，使政权的人民性无形中受到不同程度的削弱。

虽然在20世纪80年代初之前，新中国官方文件从来没有出现过“国家安全”一词，但却一直用“我们国家的安全”“我国安全”“祖国的安全”等来表述国家安全概念，用“要准备打仗”“保卫祖国”“加强战备”“以阶级斗争为纲”等来表述国家安全的保障问题。1983年决定成立国家安全部时，官方才开始使用“国家安全”一词，但当时的“国家安全”所指的只是反间谍工作。此后不久，1986年9月党的十二届六中全会通过的《中共中央关于社会主义精神文明建设指导方针的决议》提到“国家安全”时，其含义开始超出“隐蔽战线”。这一决定要求，“在国家安全受到威胁，社会公共安全受到危害的时候，要挺身而出，英勇斗争”。

无论是在没有“国家安全”一词的新中国成立后前30多年历史上，还是在1983年开始使用“国家安全”一词之后的10多年发展中，中国官方在对外安全和对内安全中长期秉持的都是以政治安全为核心、以军事安全为手段的传统国家安全观。从20世纪50年代的朝鲜战争，到70年代的中苏对抗，再到80年代的中越冲突，战争一直是中国政治中头等重要的对外安全问题。同时，毛泽东时代对阶级斗争的强调和改革开放新时期对敌对势力的防范，也使政治安全成为中国执政党和政府最为重视的国家安全问题。与百姓生活、经济发展等相关的国民生命安全、财产安全、交通安全、医疗安全等，虽然也是政府必须面对的问题，但是都被置于政治安全之后。如果说“国家的安全问题”是备受关注的高阶政治的话，那么各种“非国家的安全问题”则是待遇稍低的低阶政治。执政党和政府最为重视的当然是“国家的安全问题”而不是“非国家的安全问题”。

20世纪90年代后，官方越来越多地用到“国家安全”一词，也越来越多地在“国家安全”概念下讨论各种国家安全问题，其中包括领土安全、主权安全、国防安全、政权安全、政治安全、军事安全等。尽管如此，官方21世纪前对“国家安全”含义的扩展一直没有超出传统安全的范围，没有自觉地把文化安全、信息安全、环境安全、生态安全等非传统安全问题纳入国家安全领域。显然，官方这时还没有把“非国家的安全”提升到与

“国家的安全”同样的高度，没有把“国家安全”落实到各种“非国家的安全”问题上，没有形成一个包括国家但又超越国家的统一而综合的安全概念。因此，传统国家安全观依然占据主导地位。

（二）西方的传统国家安全观

与中国不同历史时期的国家安全观都以政权安全为根本目的、以军事力量为主要手段一样，从古希腊城邦国家到近代欧洲民族国家，西方古代到近现代的国家安全观，总体上也是一种以政权安全为根本目的、以军事力量为主要手段的传统国家安全观。但是，从第二次世界大战前后开始，国家安全观念开始发生明显变化，先后经历了规范安全观念时期、权力安全观念时期、制度安全观念和权力安全观念并重时期以及冷战后的国家安全观念重构时期的非传统安全观四个历史阶段。其中前三个阶段的国家安全观，依然可以归为传统国家安全观；而在冷战后开始的第四个阶段，则形成了一些不同的非传统安全观。这里先讨论前三个阶段的传统国家安全观。

1. 规范安全观念时期的传统国家安全观

第二次世界大战之前，世界各国的国家安全观主要是军事安全，即国家把安全理解为本国不受其他国家的军事进攻，确保本国的军事安全。例如，俾斯麦缔造的欧洲“均势安全”，就是通过欧洲各主要大国的以军事实力为核心的权力均势保证它们国家安全的观念和实践。

第一次世界大战之后，欧洲各大国元气大伤，无力维持欧洲稳定，于是请美国出面维持秩序。在这种形势下，美国总统伍德罗·威尔逊造访欧洲，提出了以规范国际合作保证国家安全的全新的国家安全观念。

威尔逊提出的以规范合作为核心的国家安全观念，以英国哲学家杰里米·边沁（Jeremy Bentham）在一个世纪前提出的“理性、个人自由、公众舆论和社会开放”等自由主义思想为基础，深受一战以后的政治家和学者的青睐①，成为冷战之前国家安全理论研究的重要内容之一。

威尔逊的规范安全观，也被称为理想主义国家安全观，着重强调通过规范要素协调和限制国家行为以实现国家安全。它主张，国际道德和条约规范是协调国际关系、规范国际行为、实现国家安全的核心要素②，“和平与正义、国际法律和国际组织，应当也可能是国际社会大家庭共同追求的一种目标和架构”③。这种目标和架构为国际秩序和国际稳定提供了应有的基础。

威尔逊维护国家安全的这种规范立场，集中体现在他的“十四点计划”中。“十四点计划”的内容主要包括“反对秘密外交；建立海洋通行自由；消除国家间的关税壁垒；实现各国裁军；调整殖民地的分配，让不发达地区的民众和政治家有更多的选择权利和自决权利；建立国联”等。其中最重要的是其第一点和第十四点。“第一点‘反对秘密外交’，

① 参见［挪］托布约尔·克努成：《国际关系理论史导论》，247页，天津，天津人民出版社，2004。

② Martha Finnemore，Kathryn Sikkink，“International Norm Dynamics and Political Change，” in Katzenstein，Keohane and Krasner（ed.），*Exploration and Contestation in the Study of World Politics*，Massachusetts Institute of Technology and the IO Foundation，1999，p. 249.

③ 王逸舟：《西方国际政治学：历史与理论》，53页，上海，上海人民出版社，1998。

被认为是针对俄国与德国间的可能的秘密协定，也叫‘公开性’原则：国家之间应该签订开诚布公的协议，反对秘密达成的交易”，因为“这是建立国际间信任、推进和平进程的关键”。第十四点强调，“必须在某些特殊契约条款下，为着大小国家同样获得保证的政治独立和领土完整之目标，构筑一个普遍的国家间联盟”①。威尔逊相信，这些条款有助于从根本上消除国家之间的人为伤害，保障国家安全。

那么，要实现这些规范目标，威尔逊依靠的是人类的“普遍理性”和舆论的力量：“相信理性的无限力量，相信理性通过人民大众的声音表现出来。”“世界秩序必须建立在人类有组织的舆论之上。”② 理想主义安全观“反对权力尤其是军事权力的暴力干预，以为规范可以脱离权力而独立起作用”③。

2. 权力安全观念时期的传统国家安全观

威尔逊的规范安全观念风靡于第二次世界大战前夕的欧美，由于它没有能够成功地遏止第二次世界大战，所以受到一些政界和学者的批评。在这些批评者之中，最著名的是英国学者爱德华·卡尔（Edward Carr）。

卡尔认为，威尔逊提出的以大国之间的规范合作和国际组织为核心的国家安全观念，是基于一个完全错误的假定，即认为所有的大国都对当前的权力现状满意。卡尔指出，在权力不平等而又各自为政的主权国家体系内，不可能所有的大国都对权力现状满意。所以，国家之间的冲突与战争，不仅仅是由国家之间的误解造成的，而更主要的是由国家之间的利益和抱负不相容造成的。这样引起的战争，当然既无法通过单纯的普遍原则来解决，也不可能通过大国合作（集体安全）来解决，而只能通过权力遏制和务实谈判寻找具体的解决办法。这意味着权力均势在维护国家安全方面会发挥重要作用。

卡尔提出的国家安全观，即“权力安全观”，实际上是一战以前传统的国家军事安全思想的回归，这种思想源于一种深层的保守主义意识形态。“保守主义否定平等权利主张，否定有关理性、科学和社会进步等新观念。它反对平等和个人自由的观念，强调群体的重要性；反对改进和变革，强调传统社会秩序和责任。其立场是防卫性的：为反对自由主义和激进主义提供哲学基础。”④ 以这种思想为基础的国家安全观念，也被称为现实主义国家安全观。

与威尔逊的规范安全观念相比，卡尔和其他现实主义学者提出的权力安全观念，更加关注权力（尤其是军事力量）和利益的作用。其原因在于对国际关系所做的三个基本假定：一是国际体系具有无政府性，致使其成员的生存时刻受到威胁，这从根本上限制了国际合作；二是国际关系的主要行为体是国家，它具有单一性和理性两个基本特征，这意味着国家独立地确定国家利益、制定和执行对外政策；三是国家作为自私的行为体，以自己的国家利益作为其行为的最高准则，而国家利益中最重要的是安全利益，实现这一利益的基本手段是军事力量（即权力）。

---

① 王逸舟：《西方国际政治学：历史与理论》，55～56页，上海，上海人民出版社，1998。

② ［英］爱德华·卡尔：《20年危机（1919—1939）：国际关系研究导论》，32～33页，北京，世界知识出版社，2005。

③ 高尚涛：《理想主义、现实主义、自由主义与规范研究》，载《外交评论》，2005（10）。

④ ［挪］托布约尔·克努成：《国际关系理论史导论》，161页，天津，天津人民出版社，2004。

权力安全观认为，国家的利益各不相同并经常冲突，在交往中必然产生矛盾和纠纷，所以冲突和不安全是无政府状态下国际社会的基本特征。由于各国均以自己的利益为最高利益，冲突的根本调解是不可能的。冲突的解决最终取决于国家实力，尤其是军事实力。所以争夺权力尤其是军事权力就成为国家安全面临的重要问题。①

权力安全观认为，无政府状态下通过权力实现国家安全，主要有两种方式：一是通过权力均势实现安全，二是通过霸权实现安全。大多数现实主义者认为，国家之间的力量均衡是实现国家安全的根本保证。② 力量均势的形成和维持依靠国家的经济实力与军事力量、发展联盟关系、审慎务实的外交，甚至是必要的有限战争。然而，均势安全是一种非常脆弱的状态③，所以，在很多情况下，霸权稳定成为很多现实主义者追求的理想状态。“确保自己生存的最佳方式就是成为体系中最强大的国家。一国的实力越是强于对手，对手攻击或威胁其生存的可能性就越小。”④

然而，权力安全观在传统上优先注重权力和利益的同时，也从总体上关注道德、国际法甚至意识形态之类的规范因素的安全作用。例如，卡尔在批判理想主义的同时，认为政治行动必须是基于道德和权力这两种成分的结合，才能有效地保障国际秩序和国家安全。⑤ 而作为战后现实主义理论的主要创立者之一的莱因霍尔德·尼布尔（Reinhold Niebuhr）则通过《道德的人和非道德的社会》等著作为现实主义创立了一套很有说服力的道德安全观。⑥ 在其影响下，摩根索在其《国家间政治》这本现实主义的奠基之作中大量讨论国际道德、世界舆论和国际法等规范因素对国家安全的作用和影响。⑦ 而“主权”制度作为国际政治中的基本规范之一，也一直是现实主义的权力安全观念的基石。

但是，行为主义革命的影响改变了权力安全观念对规范安全要素的关注。为了追求研究方法的科学化和测量的精确性，现实主义中的“不可测量”因素（如规范等）开始遭到抛弃，权力等“可测量”因素则成为安全理论研究的主要变量。新现实主义秉承行为主义革命的风格，建立起坚固的物质主义内核，作为其核心变量的权力被片面地界定为单一的军事力量，对权力的追求成为“功利最大化”的表现。这样，国家安全几乎等同于军事安全。

从总体上看，以保守主义作为自己哲学基础的现实主义权力安全观念，本身并非与规范要素不相容，只是在规范与权力的关系上，权力安全观念从自己特有的悲观假定出发，更加关注权力而不是规范。权力是国际安全的核心变量，规范则是一种辅助变量或干预变量，规范对权力起补充作用。⑧

注重军事安全的现实主义权力安全观念，在二战之后到冷战中期，曾经相当盛行。但

---

① 参见秦亚青：《国际制度与国际合作——反思新自由制度主义》，载《外交学院学报》，1998（1）。

② 参见［美］肯尼斯·华尔兹：《国际政治理论》，168页，北京，中国人民公安大学出版社，1992。

③ 参见许嘉：《权力与国际政治》，76页，北京，长征出版社，2001。

④ ［美］约翰·米尔斯海默：《大国政治的悲剧》，46页，上海，上海人民出版社，2003。

⑤ 参见［英］爱德华·卡尔：《20年危机（1919—1939）：国际关系研究导论》，89页，北京，世界知识出版社，2005。

⑥ 参见［挪］托布约尔·克努成：《国际关系理论史导论》，245页，天津，天津人民出版社，2004。

⑦ Hans J. Morgenthau, *Politics among Nations*, 6th ed., Alfred A. Knopf, Inc., 1985, pp. 291-326、349-353.

⑧ 参见高尚涛：《国际关系的权力与规范》，43页，北京，世界知识出版社，2008。

是，随着20世纪70年代以后出现的所谓“美苏缓和”，这种僵硬的国家安全观念逐渐受到质疑，崇尚合作和双赢的自由主义安全观念再度抬头。

3. 制度安全观念和权力安全观念并重时期的传统国家安全观

以自由主义思想为核心的规范安全观，在冷战前期受到权力安全观念的打击，一度默默无闻。但是，20世纪70年代后期以来，随着现实主义的式微和自由主义的复兴，不同形式的合作安全观念又开始抬头。1977年，美国学者罗伯特·基欧汉和约瑟夫·奈出版了《权力与相互依赖》；1984年，基欧汉出版《霸权之后》，对以合作为基础的国家安全观念进行了新的制度化阐释。①

基欧汉和奈认为，权力对国家安全固然重要，但是，在国家的权力状态相对稳定的情况下，影响国家行为、保证国家安全主要在于“国际制度”。基欧汉把国际制度定义为“一系列围绕行为体的预期汇聚到一个既定国际关系领域而形成的隐含的、明确的原则、规范、规则和决策程序”，认为国家通过制度合作，可以最大限度地保障自己的国家安全。这种国家安全观念，也可以称作“制度安全观念”。

基欧汉和奈认为，国际制度由三个部分组成：正式的政府间组织或跨国非政府间组织；国际机制；协约或习惯。② 国际制度一旦建立就对各国行为产生约束力，并且，它还能够提供信息，确定协调的焦点，降低交易成本，并且能使承诺更可信，有利于国家摆脱无政府状态下的“安全困境”。尽管制度不能阻止战争的发生，但有助于减少对欺骗的恐惧，并能减轻因合作中的不平等而产生的恐惧。所以，国际制度成为复合相互依赖状态下实现国家安全的关键。

基欧汉和奈关于制度安全观念的基本主张是从三个假定推导而来的。首先，无政府状态是国际关系的基本特征，但是，无政府不一定导致无秩序。无政府状态虽然是与主权国家共生的现象，但在同样的无政府状态下，国家有时冲突，有时合作，说明无政府不是国际冲突的主要条件，也不是国家不安全的必然条件。其次，国家是国际社会中的主要行为体，具有单一和理性的特征。正是因为国家的单一性和理性，它才需要国际秩序，才需要合理地解决冲突，使自己免除安全威胁，才能够考虑以最小的代价换取最大的利益。最后，国家是自私的行为体，它将本国的国家利益置于对外关系的首位。但自私行为体之间的交往不一定只导致冲突。自私的国家考虑到各自的比较优势，所以进行互惠性合作。国家行为体之间也可能有冲突，但是，作为自私的、理性的国家首先考虑的是以最小的代价朝着有利于自己的方向去解决国家间的利益冲突，合作的方式很可能是效益较高的实现国家利益的方式。因此，国家需要合作，国家也会因合作而变得更加协调和安全。③ 国际制度就是国家之间进行合作、协调，解决彼此纠纷、实现国家安全的适当途径和有效工具。

基欧汉和奈并没有完全忽视权力在国家安全中的作用，他们在承认武力是解决无政府状态的冲突和纠纷的一种“可行的”办法的同时，强调通过国际制度的方式解决问题可以使得成本更低。所以，新自由制度主义在论述利用国际制度解决国际纠纷与合作问题时，

① 参见秦亚青：《现代国际关系理论的沿革》，载《教学与研究》，2004（7）。

② Robert O. Keohane, *International Institutions and State Power*, Boulder: Westview Press, 1989, pp. 3-4.

③ 参见秦亚青：《国际制度与国际合作——反思新自由制度主义》，载《外交学院学报》，1998（1）。

把权力变成了制度研究的“参考性条件”而不是一个变量。[①] 权力支持下的制度在促进国际合作、维护国家安全问题上具有重要意义。

需要指出的是，基欧汉和奈提出的制度安全观念虽然主要讨论制度规范对国际合作与国家安全的积极作用，但是，这种讨论主要局限于“功利主义”的范畴之内。只有从功利主义的视角将规范界定为以权利和义务方式确立的行为标准，才可以使其论述不超出理性主义的分析框架而坚持所谓的“因果逻辑”，不至于遭遇“适当性逻辑”的难题。[②]

基欧汉和奈的制度安全观念，是以现实主义安全观念的批判者的身份出现的。在现实主义的权力变量变成“背景因素”和“参考性条件”的情况下，国际制度因素的作用显现出来。基欧汉和奈抓住制度因素的功利性特点和因果、限制作用，对其进行理性主义的分析，实际上是转而强调了国际安全研究的另一方面，即非权力的制度方面。

实际上，从 20 世纪 80 年代到冷战结束之前这个历史时期内，制度安全观念并不是关于国家安全的唯一的声音，现实主义的权力安全观念在这个时期仍然受到重视。尤其是随着苏联缓和烟幕的破碎，美苏之间的军事对抗和竞争再度趋于激烈，现实主义的权力安全观念继续成为考虑国家安全的主导思想。

二、非传统国家安全观的形成与发展

冷战期间，以权力安全观念和制度安全观念为代表的理性主义国家安全观念长期占据优势。由于这两种安全观念都坚持理性主义逻辑，所以被统称为“理性主义国家安全观念”。但是，随着冷战的结束，理性主义的国家安全观念开始受到挑战。一个重要的原因是，有些学者认为，理性主义把国家安全要么归于权力保护，要么归于制度沟通的方式，具有太多的决定论的味道。国家的安全形式和安全手段不是既定的和与生俱来的，而是在国际关系的实践中逐渐被“建构”起来的，所以，关于国家安全的观念也必须进行重构。

提出对国家安全观念进行重构的学者，主要是一些建构主义学者，其中最主要的是“社会建构主义”学者。社会建构主义的基本观点是，知识是通过人与人之间的交流互动，通过人与人之间的磋商与和解而形成的社会建构。社会建构的知识，反过来可以重构参与社会建构的个体行为体的知识和观念。

共有知识会存在于行为体的观念中，从而引起行为体原先观念结构的变化和重构，形成对行为体观念的再建构。由于行为体的共识是通过社会互动建立起来的，共识对行为体集体观念的塑造也是在社会关系中形成的，所以通常称这种建构为“社会建构”，以区别于纯粹的“主观建构”和“自然建构”。

社会建构主义的安全研究主要分为欧洲和美洲两大阵营。欧洲阵营主要包括哥本哈根学派和批判安全研究学派，亦称威尔士学派。美洲阵营主要包括结构建构主义学派和国际机制学派。欧洲阵营的学者主要借用进程建构主义理论，对传统安全概念进行重构，将国家安全研究拓展到多主体（国际体系、国际地区、国家、次国家、个人）和多领域（军事

① 参见［美］罗伯特·基欧汉：《霸权之后》，46～48 页，上海，上海人民出版社，2001。

② 参见上书，57 页。建构主义的“适当性逻辑”是指行为体的很多行为并非以功利计算为基础，这直接挑战了新自由制度主义功利主义假设的不足。

安全、政治安全、经济安全、社会安全和环境安全）之中。美洲学者则侧重于结构建构主义研究，通过以美国学者亚历山大·温特为代表提出的结构建构主义安全观念和以美国学者彼得·J·卡赞斯坦为代表提出的安全机制安全观念对国家安全身份的建构，提出“安全文化”和“安全共同体”等重要概念，使得人们对国家安全观念的理解更加深入。

建构主义的国家安全观念可以由社会建构主义的基本逻辑推导而来。建构主义认为，国际社会中的国家，作为国际社会中的成员，彼此之间进行社会性交流和互动，会产生安全认识上的共识即关于国家安全的“共有知识”。这些关于国家安全的共有知识（安全共识或曰安全文化），就是国际共享的“国家安全观念”。这种安全共识成为国家安全观念的一部分，塑造或者再造国家对自我安全和别国安全的判断与认知。

为此，举一个虚拟的例子：A、B两国之间的安全交往。在与B的交往中，A一开始完全按照自己的意愿和需要，向B表现出一些友好的姿态和举动。但如果B一开始就认为A不是友好国家，对A的表示不领情，甚至怀疑A的行动隐藏着不可告人的危害B安全的动机，那么，A将会调整自己对B的认识，对B表现出不友好的态度。这样，B会进一步坚定A不是友好国家的认识。结果是，A认识到B不是友好国家，B也认识到A不是友好国家。A知道B认为A不是友好国家，B也认识到A不把B当友好国家。这样，A、B两国不是友好国家的“安全共识”就产生了。这种共识塑造了或者说“建构”了A对自己的安全身份的认知，即A不是B的友好国家；也塑造了或者说“建构”了A对B的安全身份的认知，即B不是A的友好国家。这样，有A存在的B的环境就会不安全，同样，有B存在的A的环境也会不安全。

这种安全共识一旦形成，就会有自我强化的趋势。它反过来建构参与安全互动的国家的安全身份认知，从而决定性地影响国家的安全利益和安全行为。

所以，建构主义认为，国家安全主要是一种观念安全或认知安全。一方面，国家之间的安全互动可以建构国家之间的安全共识；另一方面，国家之间的安全共识又可以进一步建构国家的安全身份，决定国家的安全行为。从建构主义的角度看，世界的无政府状态不一定导致国家的不安全，国家是否安全关键要看国家之间的互动形式及其建构起来的安全共识。

如果国家之间的安全共识是霍布斯文化，即互为敌人的社会共识，那么，国家之间的情况就是无限制的战争与冲突，国家会陷入极度的不安全状态。如果国家之间的安全共识是洛克文化，即互相尊重对方的生存权，但又互为竞争对手的社会共识，那么，国家之间的情况就是有限制的竞争与冲突，国家处于既不安全又不会担心被彻底消灭的状态。如果国家之间的安全共识是康德文化，即互相尊重对方的生存权而且互为朋友，那么，国家之间的情况就是完全的友好与互助，国家会进入非常安全的状态，此即温特所谓的“安全共同体”。①

可见，冷战后兴起的国家安全观，在很大程度上是把传统的国家安全观念的范围拓宽，以此完成对传统国家安全观念的超越或颠覆，从而形成了各种不同的非传统国家安全观或非传统安全观。与传统国家安全观一样，非传统国家安全观也不是一个具有统一思想

---

① 参见［美］亚历山大·温特：《国际政治的社会理论》，上海，上海世纪出版集团，2000。

体系甚至不是一个具有相同观点的国家安全观，而是对新近时期出现的各种国家安全观的总称，主要指在冷战末期或冷战结束后新近出现或者受到重视和广泛关注的各种国家安全观。当前，世界上影响较大的非传统安全观主要包括“综合安全观”“共同安全观”“合作安全观”三种。

“综合安全观”并不是冷战后出现的，而是早在20世纪70年代末就已由日本政府提出，80年代逐步得到一些东盟国家认同，冷战结束后得到更多国家和研究人员支持，并在全球范围内（包括中国）产生了广泛影响。20世纪70年代末，日本政府在《国家综合安全报告》中，第一次系统阐述了综合安全观，后又于80年代初提出了“综合安全保障战略”，认为要防止和对付诸如战争、能源危机、资源危机、自然灾害等方面的威胁，必须将经济、政治、军事、外交等多种手段相结合，发挥其综合作用。进入20世纪90年代以来，日本安全战略的实施更加突出了这一点，在对外战略的实施中继续坚持以日美同盟为“基轴”，同时争取逐步完成由被动型向主动型的转变，充分发挥经济、科技、金融优势，并将它们转化为政治影响力，以实现其成为政治大国的目标。综合安全观提出后，在东盟国家首先得到认同和响应。一方面，东盟国家经济实力弱小，民族、宗教矛盾复杂，政治稳定性差，这在客观上使得综合安全观对其有一种亲和力；另一方面，东盟国家主观上也认为，推行综合安全观可以拓展其活动空间，提高其在国际上的地位。东盟的综合安全观有自己的特点，其最突出的一点就是内向性。印度尼西亚根据本国国情，把综合安全的重点放在防止民族、宗教、种族和集团间的冲突，防止外部势力的渗透和颠覆，维护国内安全和稳定及发展经济上。马来西亚的综合安全观也把发展经济、民族和谐等非军事方面的安全放在优先地位。新加坡的综合安全观是通过其“总体防御”体现出来的，这种“总体防御”强调通过国防意识实现“心理防御”，通过促进民族认同实现“社会防御”，通过强化经济实力实现“经济防御”，通过强化军力实现“军事防御”。美国和俄罗斯20世纪90年代以来实行的安全战略也体现了综合安全观。美国现行安全战略中的三大支柱，即经济、防务和民主，实际上体现了一种综合安全战略。

“共同安全”概念源于欧洲，它是作为对东西方对抗的一种反动，尤其是对战略核威慑的一种反动而出现的。1982年，瑞典首相帕尔梅主持的非政府组织“关于裁军和安全问题独立委员会”就全球安全提出了一份题为《共同安全：一种生存蓝图》的报告，第一次就共同安全要达成的目标、实现的途径、应该遵循的原则等做了比较系统的分析研究，认为“避免战争，尤其是避免核战争，是一种共同的责任。世界各国的安全——甚至生存——是相互依赖的”。该报告确定了共同安全的6个原则：（1）所有国家都有获得安全的合法权利；（2）军事力量不是解决国家间争端的合法手段；（3）在表达国家政策时需要克制；（4）通过军事优势是无法得到安全的；（5）削减军备和对军备进行质量限制是共同安全所需要的；（6）军备谈判和政治事件之间的“挂钩”应该避免。1983年，联合国大会决定专门组建一个政府间的研究小组，重点研究共同安全，最后发表了名为《安全概念》的研究报告，使共同安全观有了新发展。

“合作安全观”是一种力求通过安全主体（包括国家主体和非国家主体）一定范围内的合作来谋求国家安全、地区安全乃至全球安全的主张和观念。1988年，美国的布鲁金斯学会明确提出了“合作安全”概念；冷战结束后的1992年，该学会对合作安全进行了更为系统的阐述，形成了合作安全理论和较完整的合作安全观。在此期间，加拿大政府于1990年开始主张在亚太地区实行合作安全。当年9月，加拿大外交部长乔·克拉克（Joe Clark）在联合国大会的发言中认为，亚太国家应根据冷战结束和亚太地区安全所出现的新情况，重新定义安全概念，追求合作安全。他说，合作安全就是在互信基础上开展多边合作，取代以势力均衡为基础的冷战安全观。此后不久，加拿大又提出了进行“北太平洋合作安全对话”的具体倡议，建议北太平洋的美国、苏联、中国、韩国、朝鲜、日本和加拿大7个国家进行前所未有的安全对话。这一倡议得到了相关国家不同程度的响应。从1990年到1993年，在加拿大约克大学的协调下，“北太平洋合作安全对话”举行了一系列的会议，出席者包括以个人身份参加的政府官员。1993年，一直力图推动共同安全的澳大利亚政府在其提出的建立类似赫尔辛基的安全协调机制的倡议受挫后，于1993年在新加坡召开的东盟与对话国会议及后来召开的联合国大会上，开始引用合作安全概念。此时的澳大利亚政府认为，与共同安全相比，合作安全强调循序渐进原则，因而更为实际，更有可操作性。

三、中国的总体国家安全观

在世界范围内形成各种非传统国家安全观的同时，中国学界和政界也都开始探索国家安全问题，形成了一种非传统国家安全观。1997年3月，在北京举办的东盟地区论坛信任措施会议上，中国政府首次使用“新安全观”的表述。同年4月23日，国家主席江泽民在俄罗斯联邦国家杜马发表演说时，第一次系统地阐述了中国的新安全观的基本主张。随后，中国政府强调指出新安全观的核心是互信、互利、平等、合作。

更需要重视的是，在世纪之交特别是在进入21世纪之后，中国政府一方面继续在新安全观概念下深化其非传统的对外安全观或国际安全观，另一方面又开始在新安全观概念之外探索更广泛的非传统安全问题，包括重要的非传统国家安全问题。2002年，中共十六大报告明确指出，中国面临着“传统安全威胁和非传统安全威胁的因素相互交织”的复杂形势，指出：在安全威胁方面，除了传统威胁因素还有非传统威胁因素，强调“传统安全威胁和非传统安全威胁的因素相互交织，恐怖主义危害上升”；在安全保障方面，既强调“加强国家安全工作，警惕国际国内敌对势力的渗透、颠覆和分裂活动”，强调“建立巩固的国防是我国现代化建设的战略任务，是维护国家安全统一和全面建设小康社会的重要保障”，又强调“关系国民经济命脉和国家安全的大型国有企业、基础设施和重要自然资源等，由中央政府代表国家履行出资人职责”，强调“安全上应相互信任，共同维护，树立互信、互利、平等和协作的新安全观，通过对话和合作解决争端，而不应诉诸武力或以武力相威胁”①。由此可见，中国已经形成了一种既包括传统的军事、政治，又包括非传统的经济、恐怖主义威胁等在内的综合性国家安全观，以及“互信、互利、平等、协作”的新国际安全观，并由此构成一种比较全面的非传统国家安全观。

2012年中共十八大之后，中国政府对国家安全做出了新的战略部署，其中最重要的

① 江泽民：《全面建设小康社会　开创中国特色社会主义事业新局面》，载《人民日报》，2002-11-09。

是中央国家安全委员会正式设立、总体国家安全观提出、《国家安全战略纲要》由中共中央政治局审议通过、《反间谍法》颁布实施、《国家安全法（草案）》公开征求意见。特别是2014年4月，国家主席习近平在中央国家安全委员会第一次会议上提出的“总体国家安全观”，是新形势下中国国家安全观念的新发展。

总体国家安全观指出，当前中国“国家安全内涵和外延比历史上任何时候都要丰富，时空领域比历史上任何时候都要宽广，内外因素比历史上任何时候都要复杂，必须坚持总体国家安全观，以人民安全为宗旨，以政治安全为根本，以经济安全为基础，以军事、文化、社会安全为保障，以促进国际安全为依托，走出一条中国特色国家安全道路。贯彻落实总体国家安全观，必须既重视外部安全，又重视内部安全，对内求发展、求变革、求稳定、建设平安中国，对外求和平、求合作、求共赢、建设和谐世界；既重视国土安全，又重视国民安全，坚持以民为本、以人为本，坚持国家安全一切为了人民、一切依靠人民，真正夯实国家安全的群众基础；既重视传统安全，又重视非传统安全，构建集政治安全、国土安全、军事安全、经济安全、文化安全、社会安全、科技安全、信息安全、生态安全、资源安全、核安全等于一体的国家安全体系；既重视发展问题，又重视安全问题，发展是安全的基础，安全是发展的条件，富国才能强兵，强兵才能卫国；既重视自身安全，又重视共同安全，打造命运共同体，推动各方朝着互利互惠、共同安全的目标相向而行”①。

总体国家安全观既讲外部安全问题又讲内部安全问题，而且特别强调内部安全的重要性，从而实现了安全领域的内外两方面的统一。总体国家安全观既讲安全的主观诉求又讲安全的客观形势，是在对国家安全现实形势判断的基础上提出的国家安全主观诉求和实践要求，因而实现了主观与客观的统一。总体国家安全观既讲非传统国家安全问题又讲传统国家安全问题，因而在安全构成要素及安全威胁因素和安全保障上实现了传统与非传统的统一。因此，总体国家安全观不仅超越了传统国家安全观，而且超越了低级形态的非传统国家安全观，是对之前中国政府多年一直强调的“新安全观”的一种超越。

第三节　国家安全体制

随着国际形势的发展变化、社会结构复杂化的提高和信息化速度的加快，各国政府都面临着如何维护国家安全的巨大挑战。各种安全问题层出不穷，如何维持一种国家与社会的稳定状态、切实保障国家安全，是各国政府面临的重要任务。要完成如此艰巨的国家安全管理任务，就必须建立专业、高效、反应迅速、协调顺畅的国家安全体制。所谓国家安全体制，是指国家安全管理具体制度和行为规范的总和，主要包括国家安全的法律保障机制、决策指挥机制和执行保障机制。

一、国家安全体制的内涵

国家安全体制的目的是为确保国家拥有安全状态和能力提供制度支撑，主要包括国家

① 习近平：《坚持总体国家安全观　走中国特色国家安全道路》，载《人民日报》，2014-04-16。

安全职能的划分、国家安全机构管理制度、国家安全人力资源管理制度、权责机制和法律保障等内容。

（一）国家安全职能的划分

国家安全职能是指国家安全组织及其工作人员在国家安全管理过程中所具有的责任和功能。国家安全职能在国家安全体制中占有重要地位，它主要解决国家安全目标指向问题，即“干什么”“管什么”。国家安全职能既反映了国家安全组织及其工作人员的价值取向和基本任务，也是它（他）们活动内容的全面概括。同时，国家安全职能也是构建国家安全机构和配置国家安全工作人员的基础与依据，没有科学的国家安全职能划分，就不可能有完备的国家安全机构体系设置和合理的国家安全工作人员规模配备。就国家安全职能内容和范畴而言，既有一般性职能如军事安全职能、政治安全职能、国土安全职能、经济安全职能、文化安全职能、社会安全职能、信息安全职能等，也有运行性职能如决策职能、组织职能、协调职能和监督反馈职能。

（二）国家安全机构管理制度

国家安全机构管理制度是指有关国家安全机构设置、运行、效率等规则、程序和方式的制度性规定。国家安全机构的使命就是向社会提供国家安全产品。因为，国家安全产品属于公共物品，具有非排他性，国民个人不会花钱来购买，这种物品只能由政府或国家安全机构免费提供给社会所有的人，而不是社会中的某些人或某个人。因此，对作为国家安全管理主体和国家安全职能承担者的国家安全机构进行制度化建设，不仅是完善国家安全体制的重要内容，也是关系到国家安全体制是否高效的直接因素之一。目前，中国国家安全体制中的许多具体制度建设都是针对国家安全机构设置、运行、效能等的管理制度。当前，中央国家安全委员会、中央军事委员会、国防部、国家安全部、公安部、武装警察部队总部以及涉及国家安全有关方面的其他国家机构构成了中国国家安全管理机构体系。

（三）国家安全人力资源管理制度

国家安全人力资源管理制度是指有关国家安全人力资源规划、获取、维持和开发等规则、程序与方式的制度性规定。作为一种特殊的人力资源，国家安全工作人员既是国家安全机构的驾驭者，也是国家安全职能的具体实施者，没有他们的存在，国家安全机构只是空壳而已，国家安全职能也只能是纸上谈兵。为此，加强国家安全人力资源管理制度建设，是国家安全体制的重要组成部分。主要包括以下制度建设：第一，推进国家安全工作人员录用制度建设，坚持公开原则、平等原则、竞争原则和择优录取原则，把那些有志于从事国家安全工作又符合岗位条件的社会人才吸收到国家安全机构。第二，逐步完善国家安全工作人员的任免、升降、交流、回避、辞职和辞退等制度，把国家安全工作人员与工作任务有机地结合起来，实现人与事的最佳结合。第三，加强国家安全工作人员工资保险福利制度建设，为提高国家安全工作人员生活水平和战斗力提供强大的物质保障。第四，加强国家安全工作人员培训制度建设。通过职前培训、任职培训、业务培训和知识培训等方式，不断提高国家安全工作人员的国家安全知识和业务技能，增强战斗力。

（四）权责机制

权责机制是指一系列有关国家安全职权、责任的规则和程序的有机结合。事实上，在国家安全体制中，无论是安全机构的建立还是国家安全工作人员的配备，除了依据承担的安全职能外，都是遵循权责一致的原则进行的。国家安全机构及其工作人员在国家安全体系中的性质、地位不同，拥有的权力（职权）不同，承担的责任也就不同。这就意味着，国家安全权责不仅要分明还要对等。权责分明是指在国家安全权力体系划分中，要对不同层级、不同部门以及每个职位的职权以及相应的责任加以厘清；权责对等是指对于国家安全机构及其工作人员而言，没有无责任的权力，也没有无权力的责任，二者相辅相成，缺一不可。一般来说，国家安全工作人员因故意或失职而导致损害国家安全后果的，应承担责任，主要有政治责任、工作责任、法律责任和道德责任。

（五）法律保障

法律保障就是本着“有法可依，有法必依，执法必严，违法必究”的准则为国家安全体制的建立、完善和实施提供法律制度支撑。第一，有法可依。国家和各级政府部门要与时俱进，追踪国内外安全形势，制定反映国家安全体制相关内容的法律、法令、条例、决议、命令和地方性法规，使国家安全体制的建立、运行和完善等工作法律化、制度化。第二，有法必依。在国家安全体制相关工作中，如国家安全机构设置、国家安全人力资源管理等工作有法律规定的，必须按法律规定执行，不能任意主观臆断。也就是说，一切国家安全机构及其工作人员都必须守法，遵守有关国家安全的法律规定。第三，执法必严。如前所述，国家安全机构及其工作人员是国家安全职能的履行者，因而它（他）们被国家法律赋予一定的执法权。然而，当国家安全机构及其工作人员为了维护国家安全而行使执法权时，必须有法律上的根据，不得超出法律规定的范围行使执法权，更不允许滥用执法权，损害公民的合法权利和利益。第四，违法必究。在国家安全工作中，只要存在违法、犯法的事实，任何人，不管地位多高、功劳多大，都应依法承担应有的法律责任。

二、国家安全机制的构成

总体上看，国家安全机制主要由三大部分构成：一是法律保障机制，二是决策指挥机制，三是执行保障机制。

（一）法律保障机制

国家安全的法律保障机制既是赋予整个国家安全体制合法性的重要源泉，也是保证国家安全体系有效运作的法律保障。在很多国家中，关于国家安全体制的法律条款，主要体现在宪法条款和立法机构的安全功能之中。

首先是宪法条款。一个国家的宪法是该国的基本法，在该国家有着最高的司法效力。宪法不仅奠定国家政治和经济制度的原则基础，规定公民的基本权利、自由和义务，还确立国家组织和国家机构的活动原则。国家安全体制的法律保障机制是在由国家宪法确立的政治制度框架下运作的。政治制度是一国政治、经济、社会、文化、安全等领域的建设最重要的基础，也是国家安全机关首先应予以保障的对象。通常情况下，国家还会制定其他一些法律来保障国家安全体制的有效运转。

其次是立法机构。立法机关在大多数现代国家是赋予国家安全政策与活动合法性的一个重要来源，也是国家安全体制的重要组成部分。在当代俄罗斯，尽管立法机构在国家安全领域的权限相对有限，但无论是根据宪法，还是在实践活动中，俄罗斯的立法机构都在国家安全保障体系中承担着独特的功能，发挥着一定的作用。与之类似，中国的全国人民代表大会，美国的参议院、众议院，都是国家安全体制的重要组成部分，承担着重要的国家安全决策的职能。

（二）决策指挥机制

在国家安全体制的组成部分中，决策指挥机构是最核心的部门，是指挥整个体制有效运作的中枢神经。特别是在事关国际安全的危机事件中，决策者所拥有的时间是有限的，一个中枢系统能不能很快地做出反应就是对其最大的考验。

对多数国家而言，传统的决策指挥机构主要包括最高决策指挥机构、情报收集分析机构和智囊咨询机构三大部分。

首先是最高决策指挥机构。在国家安全决策指挥机制中，最高决策指挥机构可能只包括最高决策者和几个重要的幕僚，但其担负的责任却是异常重大的。这一决策中枢需要在很短的时间内找到解决国家安全问题的重要途径。这一机构核心要拥有坚强的决心、顽强的意志和非凡的决策与组织能力。它既要能倾听不同专家的意见，从而获得更多的政策备选方案，又要能权衡得失、当机立断，尽快控制国家安全所面临的危机局面的蔓延与发展。

其次是情报收集分析机构。情报收集分析机构在整个国家安全管理体系中承担非常重要的职能，如果说国家安全最高决策指挥机制是人的大脑的话，那么国家安全情报收集分析机构就是神经系统，它的主要功能就是为决策者提供及时、准确的情报。必须确保决策者得到准确的信息，因为来自国家情报收集分析机构的情报对决策者的正确决策计划是具有决定性意义的。

最后是智囊咨询机构。除正确的情报信息来源外，国家安全决策还必须具备相应的智力保障，也就是说，必须拥有相应的智囊咨询机构为决策提供参考。因而在国家安全机制的决策指挥机制中，国家安全的智力保障机构也发挥着显著的作用。因为当今国家安全问题的性质、范围以及影响已经完全超出了个人能力之外，单一的个人，甚至单一的部门要应付国家安全问题都是十分困难的。这时，拥有一个由经验丰富的专家组成、能够帮助决策者做出有效的选择和判断的智囊咨询机构就非常重要。

一般而言，国家安全机制的传统职能主要是维护国家的军事安全，即确保国家领土、领海、领空不受外来势力的侵入。很长一段时间以来，国际社会中的国家都把国家军事安全放在首位。战争与和平问题是国际关系和国家安全研究的主题。随着东欧剧变、苏联解体，东西方冷战结束，国际局势趋向缓和，尽管国际社会并不太平，局部战争、地区冲突、种族矛盾依然存在，但时代的主题已经改变为和平与发展，经济安全、社会安全、环境安全、科技安全也成为国家安全的重要组成部分。以确保国家军事安全为主要职能的国家安全决策指挥机制也开始受到改革的挑战，以适应国家安全形势和环境的新变化。

（三）执行保障机制

国家安全的执行保障机制是维护国家安全的直接行动部门，它的主要职责是有效贯彻国家安全决策指挥机制的决策，保证国家的安全决策能够顺利地得到贯彻和执行。维护国家安全的执行保障机制是一个包括国家安全、外交、国防、情报、紧急事态处理等部门的庞大体系。判断这个系统的有效程度，关键是看它能否有效贯彻国家安全决策指挥机制的决策，在最短的时间内有效地调度所有的国防、经济和社会资源来解决国家安全所面临的问题。

二、中国国家安全体制的演变

1983 年，中央政府首次在第六届全国人民代表大会第一次会议上的《政府工作报告》中使用“国家安全”一词。1986 年，中共中央首次在《关于社会主义精神文明建设指导方针的决议》中提及“国家安全”。1992 年，党代会报告即中共十四大报告《加快改革开放和现代化建设步伐　夺取有中国特色社会主义事业的更大胜利》中首次出现“国家安全”术语。20 世纪 90 年代，中国政府越来越重视国家安全工作，“保卫国家安全”“维护国家安全”“社会稳定和国家安全”“安定团结的政治局面”“社会政治安全”“祖国安全”等术语频繁出现在中国政府的官方文件中。其中，国家安全机制也在一些部门得到确立并随着时代的变化而得到一定程度的完善。如 1982 年，中共十二大通过的新党章规定“党的中央军事委员会组成人员由中央委员会决定”，标志着中国国防体制得到完善。1995 年，中央政府、中央军委对武警部队实行“两统一分体制”，标志武警体制发生重大调整。1983 年，中央政府把原中共中央调查部、公安部、统战部、国防科工委等部门中涉及微观国家安全的职能进行统合建立国家安全部。这一时期，中共中央和中央政府仍受传统安全观思维的影响，为此，推动国家安全机制的建设还局限于国防、武警、公安和安全等部门。

2002 年以后，随着中国政府国家安全观的变化，国家面临的非传统安全威胁受到关注。2004 年，中共十六届四中全会再一次提出“经济安全、文化安全和信息安全”等非传统安全问题。中共十八大又把非传统安全问题扩展到“粮食安全、能源资源安全、网络安全”，这标志着中共中央国家安全观逐渐由传统安全观向非传统安全观转变。正是有了这种国家安全观的转变，2013 年 11 月，中共十八届三中全会提出“设立国家安全委员会，完善国家安全机制和国家安全战略”，把“完善国家安全机制”与建立“国家安全委员会”“国家安全战略”等同起来，充分表达了中共中央对国家安全体制建设的高度重视。

在非传统安全观的指引下，中国国家安全体制的建设主要表现在：一是把国家安全体制建设由国防、武警、公安和安全等强力部门深入与非传统安全相关的政府部门。二是采取有效措施不断“完善国家安全体制”，如重新组建国家海洋局，对原国家海洋局及中国海监、公安部边防海警、农业部中国渔政、海关总署海上缉私警察的队伍和职责进行整合，特别是设立中央国家安全委员会，大大充实了国家安全体制的内容，对于进一步完善中国国家安全体制具有重大意义。

国家安全体制作为国家安全管理具体制度化表现形式，其目的是为保障国家安全提供制度支撑。中国国家安全机制经过历史演变，不断完善成熟。中国中央政府越来越注意从战略高度关注国家安全体制的完善，并研究其对国家安全的影响。中央国家安全委员会在完善国家安全机制过程中发挥着核心作用，可以说，国家安全体制的完善程度与中央国家安全委员会的作用水平成正比。同时，涉及国家安全的国家机构也日益积极参与到国家安全职责梳理、内部机构设置和人员配备及依法行政等过程中，为完善国家安全体制创造了有利条件。

第四节 国家安全战略

战略最初是一个纯粹的军事概念，但其内涵在不断发展与拓展，并早已超越军事领域。一般意义上的战略可以这样理解：战略是关于全局的指导方针，包括战略目标和实现目标的手段与途径，是以实力和资源为条件的。概括地说，战略就是特定国家实现和维护自身安全，调动一切力量与资源以实现既定目标的艺术与科学。①

一、国家安全战略的界定

（一）国家安全战略概念

对国家安全战略进行界定，需要了解战略概念的内涵。一般意义上的战略包含军事层次上的内容，但又涵盖了非军事因素。战略概念的不断扩展，产生了一个新的战略观念，即大战略（grand strategy）。大战略往往被赋予至高地位，也可以说是一个国家的总体战略。在一些西方学者与分析家们看来，大战略主要就是指国家安全战略。这种观点明显忽视了国家的发展战略，但也反映出国家安全战略在大战略中的地位与重要性。

国家安全战略之所以在国家大战略中居于较高地位，主要是由国家安全战略所要实现的目标决定的。准确地说，国家安全战略就是国家在一定的地缘政治、地缘经济和社会文化的背景下，根据本国对国家利益的界定，对现存的和潜在的威胁的判断，以及可动用的资源的判断，决定用什么方式或怎样分配和使用资源对付威胁、有效保障本国安全的整体规划。② 从构成上看，国家安全战略包括国家安全利益、威胁识别、安全目标、安全方针、安全保障机制（包括安全领导机制、安全保障的执行机制）等。③

（二）国家安全战略三要素

从国家安全战略的概念中，我们不难看出国家安全战略包含三个要素：国家利益的界定、安全威胁的界定、可动用的实力资源与使用这些实力资源的方式。

国家安全战略的第一个要素是国家利益的界定。国家层次上的战略都是由国家利益所决定的，但在不同的时空范围内国家利益的具体指涉不同。国家利益是信息含量较大的概念，如果不对国家利益进行具体的分析，不对不同层次上的国家利益进行轻重缓急的排列，在实践上，安全战略是难以制定出来的。从组成要素上看，国家安全利益主要包括居民安全利益、领土安全利益、政府安全利益和主权安全利益，其中任何一方面的安全利益

---

① 参见杨毅主编：《国家安全战略理论》，18页，北京，时事出版社，2008；李少军主编：《国际战略报告》，29页，北京，中国社会科学出版社，2005。

② 参见周建明、王海良：《国家大战略、国家安全战略与国家利益》，载《亚太论坛》，2001（2）。

③ 参见杨毅主编：《国家安全战略理论》，26～89页，北京，时事出版社，2008；杨毅主编：《中国国家安全战略构想》，55～254页，北京，时事出版社，2008。

又包含了基本的生存安全利益和在基本安全利益基础之上的发展安全利益。① 这些安全利益都是国家安全战略制定所需要实现的目标和任务。国家安全战略的目标就是有效保障这些国家利益。

国家安全战略的第二个要素是对威胁的界定。威胁来自不同的领域，我们制定国家安全战略需要界定对国家利益构成威胁的各个方面，如军事安全、政治安全、经济安全、社会安全、环境安全、文化安全、信息安全等。一般而言，对军事安全和政治安全的威胁是传统安全理论所界定的高级安全威胁，即最重要的安全威胁。冷战以后，对经济安全、社会安全、环境安全、文化安全、信息安全等安全领域的威胁也被纳入重要的安全应对和安全研究领域。对安全威胁的判断可以从三个方面加以衡量：一是环境，二是企图，三是能力。具体地讲，判断威胁的存在，一是要看国家生存的社会环境。如果国际环境比较恶劣，利益关系错综复杂，比如，国家处于与其他国家的领土纠纷、宗教矛盾、民族矛盾等利益纠葛中，那么，国家通常会在相关领域面临潜在的威胁。二是要看其他相关利益攸关方（其他相关国家）的企图。如果在这些具有利益纠葛的国家中，有的国家存在通过非和平手段解决问题的倾向和企图，那么，国家面临的潜在威胁增大。三是要看能力。如果在具有利益纠葛的国家中，某个或某些倾向使用非和平手段解决问题的国家，具有比较强大的军事实力或综合国力，那么，国家面临的威胁进一步增大。② 如果这三个方面同时具备，国家应做好安全防范的一切准备。

从以上阐述可看出，国家安全的前两个要素，国家利益的界定和安全威胁的界定，都可以从客观存在与主观认知的角度来理解，也可以从现实主义与建构主义的角度来理解。这样就会出现客观存在与主观认知的张力，而这正是安全战略需要深入研究的原因所在。

国家安全战略的第三个要素是可动用的实力资源与使用这些实力资源的方式。国家可动用的实力资源包括基础实力、经济实力、军事实力、科技实力、政治实力、外交实力等。基础实力是指国家的基本实力要素，包括领土面积、地理位置、自然资源、人口数量与素质等；经济实力是指国家的财富和生产财富的方式，包括国内生产总值、经济体制、生产能力、金融实力、交通运输能力等，是国家实力的支撑要素；军事实力主要是指国家的军事力量，包括武装力量、国防支出、编制体制、训练水平、指挥能力、国防科技和工业生产能力、战争动员能力等，是国家实力发挥的主要手段；科技实力主要是指国家的科学技术水平和研发创新能力，包括科技队伍的数量和质量、科技体制、科技投入、科技设施、科技竞争力等，是国家实力的重要推动力量；政治实力是指国家政府的政治领导能力和政治体制的运作效率，包括政治体制、政治思想、政府构成及其素质、领导能力、决策能力、执行能力等，是国家实力的重要能动力量；外交实力是指国家通过谈判和协调等和平方式化解危机、保障国家安全的能力，主要包括外交政策、外交活动、外交态度、外交技巧等。③ 可动用的资源与一个国家的安全保障能力密切相关，丰富庞大的可动用资源，加之原则性与灵活性结合的高效使用方式，能够较好地促进国家安全战略的实现。

---

① 参见杨毅主编：《国家安全战略理论》，27 页，北京，时事出版社，2008。

② 参见上书，66～68 页。

③ 参见上书，35～36 页。

中国与西方尤其是美国在国家安全及国家安全战略理解上有较明显的不同。需要特别指出的是，西方主流观点在讨论国家安全时，主要还是指来自外部世界的安全威胁。虽然"9·11"后美国成立了国土安全部（Department of Homeland Security），应对激进势力与恐怖主义组织对美国本土的威胁，但是美国人没有对其国家政治制度的牢固性产生疑虑。然而，中国的大战略，包括国家安全战略首先需要考虑的是如何维护国内政治稳定。中国的国家安全的内涵与美国的国家安全不同，前者包含着政权稳定、政治安全的含义，后者更多的是从外部威胁来理解国家安全。中国国家安全部（Ministry of State Security）的名称在这一点上倒是个很好的隐喻。①

二、国家安全战略的领域

国家安全战略的领域广泛，其中军事与外交是两个较为重要的战略领域。

权力与安全是现实主义的关键词。美国学者汉斯·摩根索认为，以权力界定利益是现实主义基石之一，他的理论核心就是权力政治（power politics），他认为国际政治与国内政治一样，都是为了权力而争斗。但是，新现实主义是把安全而不是把权力置于首要地位。新现实主义认为权力只是实现目的的手段，而本身不是目的。一个国家在重要关头，最终所关心的并不是权力，而是安全。②

虽然国家最终所关心的是安全，但寻求安全的过程往往会出现安全困境。一国为保障安全而采取的措施，会增加他国的不安全感，会被他国视为一种威胁，这样的恶性互动，必然会带来困境。安全困境在军备竞赛、种族战争等现象中都有很强的解释力。可以说，以国际制度、国际组织为中心的全球性公共产品（global public good）与区域性公共产品（regional public good）都是克服安全困境的手段与工具，为对话与和平谈判解决问题提供了平台。

冲突与合作是国际政治的主题，主要表现在军事与外交领域上。战争是政治的延续，是矛盾最终解决的手段，也是达到新的妥协的手段。几乎所有的国家（除了永久中立国）包括武装中立国都在国家利益的基础上，根据国家实力与已存或潜在的威胁保持一定的军事存在，也会根据具体的情势来制定军事战略。同时，军事战略与外交战略又密切相关，难以完全区分清楚。军事战略尤其是军队部署往往和地缘政治、国家间关系的状态联系在一起。从宽泛的意义上讲，外交战略影响到军事战略的调整，但两者都有其独立的目标与不同的表现方式。因此，军事战略与外交战略成为国家安全战略的主要要素。

（一）军事战略

军事力量的运用是维护国家利益的重要手段，尤其是在国际体系中没有合乎规范的解决冲突的办法时，军事力量及军事战略往往是维护国家利益的唯一手段。军事战略是国家安全战略的重要组成部分，一般认为军事战略是运用一国武装力量，通过使用武力或以武

---

① 参见［美］库普乾：《美国时代的终结》，序，3页，上海，上海人民出版社，2004。

② 这部分内容可以参见相关理论整理与评论，如王逸舟：《西方国际政治学：历史与理论》，148～165页，上海，上海人民出版社，2006；李少军：《国际政治学概论》，36页，上海，上海人民出版社，2002；杨毅主编：《中国国家安全战略构想》，63～64页，北京，时事出版社，2008；等等。

力相威胁，达成国家政策的各项目标的一门艺术和科学。① 丹尼斯·德鲁（Dennis Drew）和唐纳德·斯诺（Donald Snow）认为，军事战略包含四个基本要素：军队的发展、军队的部署、军队的使用以及为实现大战略规定的国家目标对上述行动的协调。② 这种概括过分地强调军事上的武力使用方式，而忽视军事力量和运用军事力量的直接目标。总体而言，军事战略包含目标、手段与实力三个要素。

军事战略目标是军事战略的起点，使用何种军事战略方针和何种军事战略手段都是由军事战略目标决定的。现代意义上的军事战略目标并不是单纯地追求战争的胜利，而是服从或服务于大战略所规定的国家目标，最大限度地提高军事力量以达到最大化地维护国家利益。

军事战略目标就是通过武装力量所完成的特定任务，如收复失地、促成交战双方的停火、试射导弹及军事演习进行武力炫耀与威慑，防止出现不利于本国利益的行为。军事战略目标取决于国家利益，往往是为了应对正在面临的实存或潜存的威胁。与此同时，军事战略目标也受多种因素限制，如军事资源、军队素质、战略环境等。

军事战略方针是在分析所受威胁的基础上，为实现军事战略目标而形成的关于发展、协调和运用军事力量的指导性原则。它涉及军事力量的分布、军事力量使用的方式（直接运用还是间接威慑）、军事力量自身的发展等。军事战略方针有两个层次：一是军事力量自身的发展战略，这方面典型的就是关于陆权论、海权论、空权论的现实实践，意味着陆军力量、海军力量、空军力量的统筹；二是在与对手对抗过程中运用军事力量的行动方案，包括武器禁运、导弹试射、武力炫耀、核威慑等，为防止战争发生或有效应对可能会爆发战争的威胁，建立危机管理机制，维持和平的状态。

军事战略实力是整个军事战略的基础，也可称为整个军事战略的可动用资源。军事战略实力与一个国家的经济实力、科技水平以及这两者在提升军事战略实力上的转化能力关系紧密。其中转化能力的重要性不容低估，一个国家经济实力较大、科技水平较强不见得就会带来与之相对应的军事战略实力。这种原因可以从三个角度来分析：一是外在的国际环境及其对该国发展军事战略实力的限制，如二战后的德国与日本；二是国家所面临的威胁状况、国家发展目标与政治体制；三是国家军事本身发展战略也影响到军事战略实力，如何实现军事—商业体制、军事—工业体制与军事—高科技的综合统筹，也是影响到转化能力的重要因素。

综合来说，军事战略所包含的这三个构成要素互相影响。规划军事战略目标时必须考虑军事实力是否提供了足够的资源，军事战略方针是否能确保军事战略目标的实现；制定军事战略方针要考虑如何能最有效地利用军事实力达成军事战略目标，不仅要符合军事战略目标的要求，还要符合军事实力的状况；军事实力发展以军事战略目标为指导，又受到军事战略方针的制约。③

（二）外交战略

作为国家安全战略组成部分的外交战略与一般意义上的外交是一种从属关系。国家安

---

① 参见梁月槐主编：《外国国家安全战略与军事战略教程》，127 页，北京，军事科学出版社，2000。

② 参见［美］丹尼斯·德鲁等：《国家安全战略的制定》，79 页，北京，军事科学出版社，1991。

③ 参见梁月槐主编：《外国国家安全战略与军事战略教程》，129 页，北京，军事科学出版社，2000。

全战略意义上的外交战略，以新现实主义的国家外交战略的终极目标为依据，将安全这一重要假设作为出发点。宽泛地说，国家安全战略意义上的外交战略与外交是等同的，只是国家安全战略意义上的外交战略有着更加明确的目标，就是维护国家安全，而外交则有着更加广泛的目标范围，如权力、经济利益、民族尊严与荣誉等等。与军事战略一样，外交战略都是以国家利益为依据，都是为了实现特定的国家利益，都适用于战争与和平时期。

外交是在国际政治中顺利地达到自己目的的一张面孔，同时又是构建国际稳定的一种关键手段。作为一种执行政策的手段，外交对弱国来说显得尤其重要，因为它们资源匮乏，别无选择，只有尽可能娴熟地利用这一手段。[①] 从总体上讲，外交战略的目标是维护国家安全，为实现国家发展战略创造一个有利的国家外部环境。而对外交战略具体目标的判断则需要在具体的情势下得出。克里斯托弗·希尔（Christopher Hill）认为当代的外交政策有七个期待，分别是保护海外公民、塑造海外身份、维持稳定、促进繁荣、就海外干预做出决定、达成一个稳定的国际秩序和保护全球公共事务。[②] 这些期待可以说是作为国家安全战略意义上的外交战略所应实现的目标。但是，我们必须进一步地判断这些目标与作为国家安全意义上的外交战略服务的对象，也就是它与国家安全之间的关联程度与轻重缓急。一般认为，国家安全意义上的外交战略目标主要是：维护领土完整、社会稳定与防范侵略、对海外干预做出决定、维持稳定的国际秩序和保护全球公共事务。其中最为重要的是维护领土完整、社会稳定与防范侵略。也就是说，国家安全意义上的外交战略的基本目标直接触及国家安全的本身，而其余目标主要是从外围的角度来保障外交战略的基本目标。

作为国家安全战略意义上的外交战略是为了维护国家安全，但具体来说，外交战略往往是通过战略手段来达到维护国家安全的目的的：一是强化沟通，二是技术性谈判，三是多边机构行动，四是多轨外交。[③]

第一，强化沟通。沟通在当代外交战略中具有重要作用，尤其是当代拥有更加畅通的沟通手段。沟通不仅仅是信息的释放与接受，更重要的是沟通后的结果。这种结果往往和沟通者的信息理解相关。任何独立的行为体都得保守秘密情报，这些情报在不完全公开的情况下双方都能正确判断是根本不可能的。正如美国学者罗伯特·杰维斯（Robert Jervis）所揭示的那样，即使没有被故意操纵，沟通时所释放的信息也很有可能被误解。

第二，技术性谈判。在当代复杂性日趋加剧的国际环境中，外交谈判已不再是富有天分的外行就可以胜任的游戏了，因为谈判的内容越来越需要更加精细的专业知识。谈判的功能是通过和平的方式来解决争端，以防止争端、矛盾激化到严重影响国家安全的程度。传统的外交谈判强调官方之间国家对国家的沟通，倾向于将注意力集中在总统、总理、外交部长、大使等重要的个体参与者上，但随着谈判所涉及的主题越来越精专，公民政治技

① 参见［英］克里斯托弗·希尔：《变化中的对外政策政治》，163页，上海，上海人民出版社，2007。

② 参见上书，46～47页。

③ 我们参考了英国学者克里斯托弗·希尔的精辟论述，其中把经济外交修正为多轨外交，因为这样更符合国际关系的现实。参见［英］克里斯托弗·希尔：《变化中的对外政策政治》，164～166页，上海，上海人民出版社，2007。

能的不断拓展，谈判会越来越需要各个领域里的专业知识与国家内部环境的支持。[①]

第三，多边机构行动。多边机构外交是国家对外战略的重要组成部分，特别是在相互依存度较高的时代，它是实现外交战略目标的重要领域。二战后，国际组织不断成立，国家在国际组织与制度建设中如何行动是所有国际组织与制度成员国、联系国的重要任务。多边机构行动，不仅仅是信息的释放与诉求的声张，更是为了寻求盟友、寻求支持的具体行为。

第四，多轨外交。实施外交战略的领域广泛，如地方政府、非政府组织、专业人士甚至平民，都可以在商业、研究教育、社会运动、宗教、资助、传媒等领域开展多轨外交活动。通过这些领域的外交与交往活动，可以促进各领域的交流、增进了解和改善关系以减少或消除集团或国家间的冲突，也可以使“敌人的面孔”人性化和使人们亲身感受对方，来缓解紧张关系，为更正式的谈判或重新制定政策奠定基础。[②]

作为国家安全战略的实例，我们介绍一下冷战后美国的国家安全战略。

三、威慑战略

现实主义国际关系理论认为，在无政府的国际体系中，由于不存在一个能够协调纠纷和主持公道的统一的世界政府，所以，国家的安全没有受到第三方保护。国家要想获得安全，必须进行自我保护，即必须“自助”。进行自助需要权力，即军事力量。所以国家必须发展自己的军事力量，并在必要的时候使用这些力量。“以权力保安全”成为现实主义国家安全理论的核心。尽管不同的现实主义流派对权力与安全的关系论述有一些具体的差别，但是，它们都认为，权力与安全之间存在着直接而密切的关系，权力是安全的基本要件和核心要素。

现实主义国家安全理论有很多内容，例如，传统的均势理论主张可以通过国家之间的权力均衡维护国家安全；霸权稳定理论则主张在没有一个世界政府的情况下，通过一个霸权国家发挥维持世界秩序的作用，从而维护各国的安全；等等。此外，从战略学的角度看，还有一个重要的安全分支理论，即“威慑理论”（theory of deterrence）。[③]

（一）威慑战略的产生和界定

威慑理论的产生和不断成熟与美苏之间的冷战密切相关。第二次世界大战以后，美国成为世界头号强国，其利益范围随之扩张到全球。同时，美国的核武器技术在战后取得了长足发展。在分别以美、苏为首的两大集团的战略对抗中，美国形成了特定的“外来威胁认知”，即所谓的共产主义的必然扩张与渗透。几乎同时，现实主义学派的代表人物之一乔治·弗罗斯特·凯南（George Frost Kennan）的“遏制”思想被美国决策者确定为美国的长期国家安全战略的基石。“遏制”战略需要有效的军事战略的支持，于是，“威慑战

---

① 参见［美］布里吉特·斯塔奇等：《外交谈判导论》，4～5页，北京，北京大学出版社，2005。

② 参见［美］路易丝·戴蒙德等：《多轨外交》，2页，北京，北京大学出版社，2005。

③ 本节关于威慑战略的内容，主要参考了张曙光：《威慑理论：美国国际战略学的一个重要领域》，载《美国研究》，1990（4）。该文是作者目前发现的国内比较全面的论述威慑战略理论的学术文章。在本教材写作中，作者按照教材设计思路对原论文的相关内容进行了提取和调整，并适当参阅了其他理论著作和文章，也包含作者根据自己对威慑理论知识的阅读和理解对原文内容所做的取舍、补充和改动。特此说明。

略”非常自然地提上了美国决策者和研究者的安全议事日程。[①]

所谓威慑战略，是指以强大军事力量的展示和要挟使用为手段，配合坚决打击侵略的政策宣传，迫使敌方放弃进攻企图，从而达到国家政治和军事安全目的的军事策略。

从根本上看，威慑战略依赖于国家决策者的理性计算和心理畏惧，它通过向敌方展示强大的军事力量和坚决打击侵略的坚强意志，给敌方造成巨大的损失预期和心理压力，从而迫使其放弃战争打算。

（二）威慑战略的假设

威慑理论有一个基本的假设，即处于对抗状态中的双方，如果一方能够以足够强大的实力和决心对付潜在的军事入侵，潜在的入侵方（即另一方）必将放弃攻击企图。换句话说，处于挑战地位的一方因惧怕对方的实力及实施这一实力的决心，认识到“如果贸然进攻，对方反击所造成的损失将大于其攻击所期望获得的政治收益”，因而决定放弃其攻击计划而安于现状。因此，对于面临挑战的一方，想要成功实施对敌威慑，就要使对方相信：反击所造成的损失将大于对方发动进攻所期待的收益。也就是使对方产生这样一个心理效应：L（损失）$-G$（收益）>0。[②]

可见，威慑战略包含着两个核心要素：一个是军事实力，另一个是政治决心。

军事实力主要是指被挑战的一方相对于发起挑战的一方的军事反击实力，或曰第二次打击能力。这种能力是指在承受挑战方第一次打击后，再予以有效反击的军事能力。与威慑直接联系的反击实力有两种：一种为军事反击实力，另一种为战略报复能力。

军事反击实力是指能在军事战场上有效、成功遏制挑战方的进攻以阻止其达到军事行动目的的战斗力。战略报复能力是指能够对挑战方的战略要害进行大规模深度破坏的军事能力。[③]两种能力所指的目标是不同的，前者针对的是敌人的进攻力量，目的是阻止进犯；后者针对的是敌人的后方设施，目的是打击报复。

为了成功地对挑战方进行威慑，只具备反击实力是不够的，还必须使对方明确，受到挑战的一方在被侵犯时“一定”进行反击。而使对方明确“一定”进行反击的关键，是要具备决策的决心及贯彻这一决心的政治基础——“国内政治力量”的支持。

军事行动服务于政治目的，也受制于政治因素，对于对抗双方而言，情况都一样。构成“政治决心”的因素很多，通常包括国内的政治制度、国家的经济实力、国内公众的舆论、民族或国家对战争的承受力、决策机构的运作效率以及过去应付对抗局势的经验和策略等。[④]

（三）威慑战略的类型

根据威慑理论的假设，威慑理论学者（主要是美国学者）根据美国军事安全形势的需要，先后提出了三种不同的威慑战略类型：一是核威慑（nuclear deterrence）战略，二是延伸威慑（extended deterrence）战略，三是常规威慑（conventional deterrence）战略。

1. 核威慑战略

核威慑战略是冷战时期威慑战略体系的核心组成部分，从学术研究的轨迹看，其形成是一个不断深化的过程。

---

①②③④ 参见张曙光：《威慑理论：美国国际战略学的一个重要领域》，载《美国研究》，1990（4）。

1984年，美国学者伯纳德·布罗迪（Bernard Brodie）提出了核威慑理论的三个基本观点：第一，核武器的出现及其运用于军事目的，使得传统意义的战争性质、目的与手段在核军事时代已不再适用；第二，对潜在战争危险的威慑是核时代任何一国的唯一理性的军事战略；第三，谋求或维持战略威慑效应的主要手段，是双方都具有在战争爆发后的一来一往中能够"确保摧毁"对方的核杀伤力。[①] 后来，随着威慑战略研究的不断深入，托马斯·谢林（Thomas Schelling）等人又提出了第四点内容：在确保相互摧毁的威慑战略中，要保证"威慑的可信性"。[②] 上述四点，基本上确立了核威慑战略的基本框架。

第一，核武器的出现及其运用于军事目的，使得传统意义的战争性质、目的与手段在核时代已不再适用。因为核武器具有巨大的毁灭能力，所以，数量很少的核武器就可以摧毁甚至灭绝大量的人类社会组织。这样一来，传统的克劳塞维茨战争观，即战争无非是政治通过另一种手段的继续，显得有些过时。而且，传统的战争组织手段——"进攻"与"防守"，特别是后者，也变得意义不大了。

第二，对潜在的战争危险进行威慑，是核时代所有国家的理性战略选择。在两个核国家进行对抗时，传统的战争方式，不管是战术上的"闪电战"，还是依赖武器装备优势的"消耗战"，都失去了作用，常规战争很快就会升级为核战争。所以，一旦战争爆发，只能两败俱伤甚至同归于尽。理性的军事战略不允许以暂时的军事胜利去换取最终的集体灭亡。于是，对抗双方的军事战略的核心问题，已不再是"如何战胜对方"，而是"如何威慑对方不发动战争"。

第三，核威慑的有效手段是确保相互摧毁。要想使核威慑战略真正发挥作用，就必须有足够的核威慑力量，确保在敌人胆敢发动进攻时，真正能够对敌人进行难以承受的打击报复。所以，谋求或维持战略威慑成功的主要手段，就是双方都具有能够"确保摧毁"对方的核打击能力。这里重要的不是第一次核打击力，而是承受对方第一次核打击的能力，以及在经受对方第一次打击后还有足够给予还击的能力。此外，还击能力还必须能够确保摧毁对方，造成对方无法承受的损失。

在核威慑战略中，威慑双方都必须具备这样的还击力，否则，被威慑或有意挑起事端的一方仍具有发动战争的风险机会。所以，双方"确保相互摧毁"是核威慑成立的必要条件。

第四，确保威慑方式"可信"是核威慑战略的核心。从理性分析的角度看，威慑战略在逻辑上存在一个很大的问题，即"双方确保相互摧毁"的威慑方式"不可信"。

拿美苏之间的"确保相互摧毁战略"来说，在确保相互摧毁的战略条件下，美国对苏联的威慑依赖于美国威胁对苏联的进攻进行核报复。但是，美国的核报复必然遭到苏联的核反击，最终结果可能是美国和苏联共同毁灭。所以，美国的核报复威胁对美国自身来说，就是一种不理性的行为。所以，威慑双方的任何一方，只要是理性的，就不可能真正实施核打击行为。

这意味着，在既定的理性前提下，核威慑不足以给对方产生足够的可信性，从而导致核威慑战略从根本上失效。这就产生了所谓的"威慑可信性问题"。

---

①② 参见张曙光：《威慑理论：美国国际战略学的一个重要领域》，载《美国研究》，1990（4）。

一些核威慑理论学者提出，导致核威慑可信性不高的一个主要原因，是核威慑战略中存在着脆弱性，即威慑战略本身存在着不可操作性或者说实际实施的不可能性等弱点。这些弱点被对方发现后，对方就不再相信核威慑战略真正有效。所以，解决核威慑可信性的一个主要办法，就是找出潜在的导致核威慑失信或失效的战略环节的脆弱之处，并有针对性地解决它。

为此，美国学者托马斯·谢林提出一个重要观点：关于第一次打击有价值还是第二次打击有价值的争论，已没有实际意义。因为，造成威慑失信的脆弱性问题，或者说，推动对方决心进行挑战的力量，不是决策者认识到这样做是否具有“冒险性”，也不是哪一方的“反击能力”更大，而是对抗中或危机中双方的“利益冲突”的程度。谢林认为，对于陷入冲突的任何一方而言，冲突牵涉的“利益”越大，它冒险对威慑状态进行冲击的动机就越强，威慑失效的可能性就越大。

谢林提出了一个“合作观念”的新思路：为了尽可能缩小双方利益的差异或冲突程度，必须尽最大努力寻求冲突双方的利益共同点。而“双方确保摧毁”的威慑状态本身就包含了重要的共同利益：避免两败俱伤。

谢林认为，为了确保“避免两败俱伤”这一重要的共同利益，使得“双方确保摧毁”的核威慑确实有效，关键不是“如何使用核武器”，而是“如何使对方相信你将使用核武器必将造成对方无法承受的损失”。也就是说，消除威慑战略脆弱性的关键，在于选择什么样的打击目标作为核战略部署，更能使对手相信核威慑真正存在。这样，核威慑有效性问题，就转化为选择什么样的“核打击目标问题”。

那么，选择什么样的核打击目标对威慑成立更有利呢？学者们围绕这一问题进行了大量的讨论。这种讨论最初表现在对艾森豪威尔时代的“大规模核报复”（massive retaliation）战略的论证。

由国务卿约翰·福斯特·杜勒斯（John Foster Dulles）于1954年1月12日公开阐述的该战略的核心是，美国将就苏联对西方防线的任何一点、任何一时的军事攻击予以大规模的核打击。这一战略的中心是所谓的“反击破坏”威慑，其基础仍是双方确保摧毁，但是对威胁实施核报复的战略目标是不加区别的。这样的战略遭到普林斯顿大学国际关系教授威廉·考夫曼（William Kaufmann）的反对。他指出，由于美苏相互摧毁能力的存在，美方对报复打击的目标不加区别，给威慑方（美国）只留下两种选择：一是无所作为，二是全体自杀。因此，这种威慑战略不仅不能使对方信服，还使威慑者自身受到威慑。为了解决这一问题，考夫曼重提“控制核武器使用”的思路：核武器的控制使用必须体现在“对反击目标的选择”上。考夫曼认为，对“非城市目标”或“战略力量目标”进行反击破坏能使核威慑战略变得更加可信。①

2. 延伸威慑战略

冷战时期，为了解决对美国的盟国、邻国和地区冲突的威慑能力问题，美国的威慑理论学者提出了“延伸威慑”的战略设想。

莫顿·卡普兰（Morton Kaplan）认为，延伸威慑战略是指拥有核武器的一方（或超级

---

① 参见张曙光：《威慑理论：美国国际战略学的一个重要领域》，载《美国研究》，1990（4）。

核大国）依赖于其核威慑力，给予其友邻或盟国核保护。① 简单地说，就是敌对双方把原来以防卫本土为目标的核威慑延伸到防卫彼此邻国和盟国的范围。

在当时的情况下，属于美国延伸威慑防卫范围的，有西欧的北约组织国家和远东与亚洲的非共产主义国家；而划在苏联延伸威慑防卫范围内的，则有东欧的华约组织国家及亚洲的中国大陆等。

这一威慑面临的核心问题，仍然与核威慑战略相似，即当对抗中的核力量一方直接或间接参加对另一方核力量保护下的邻国或盟国的攻击时，怎样进行战略反应才能使进攻方相信，这种攻击的结果将会遭到延伸威慑方对其本土的核打击报复。

对于这个问题，延伸威慑战略提供了三种答案："有限常规战争论""战争边缘论""有限核选择论"。

首先是有限常规战争论。有限常规战争论，是指当苏联以常规战争方式攻击或支持攻击美国的利益范围时，美国将准备以同样方式、同等规模，在同一地区予以反击。

有限常规战争的设想最早是由杜鲁门时期的保罗·尼采（Paul Nitze）主持制定"NSC68"号战略规划时提出的，即美国应该以常规战争的"实战"对敌人的冒犯行为进行遏制。随后，卡普兰将这一设想放在延伸威慑里面加以考虑。

卡普兰认为，以常规方式有限地"以牙还牙"只是手段，目的是使以核报复为手段的延伸威慑得到补充：对对手的挑战予以"立即的但是有限的"（不至于触发核战争的）常规反应，旨在向对手证明你应战的决心，使核威慑更可信。②

其次是战争边缘论。战争边缘论最早是由杜勒斯提出来的，但真正对其进行论证的是托马斯·谢林。谢林认为，在面对潜在的进攻冒犯时，美国应该坚决摆出不惜一战的决心和架势，即"推向战争边缘"，借此吓退入侵者。但是，谢林强调，推向战争边缘只是手段，目的是威慑对方不敢发动战争。所以，这一战略更重要的环节，是在摆出强硬姿态的同时，必须通过强制性的外交手段对潜在的战争危险进行控制，否则，一旦战争真正打起来，威慑战略就彻底失效了。所以，战争边缘策略的核心是通过强硬姿态为外交谈判增加筹码，将潜在的战争危险消灭在萌芽状态。

简单地说，推向战争边缘策略，就是当对抗双方因局部利益冲突而处于危机状态时，受到挑战的一方，一方面需要摆出坚决进行核反击的实战姿态，即"推向战争边缘"，另一方面需要通过外交谈判，及时对不断发展的危机状态进行控制，让对方明确意识到双方共同利益的存在，即避免两败俱伤，从而使威慑战略取得实效。③

最后是有限核选择论。有限核选择论的主要观点是当一方利益范围内的局部利益受到另一方的侵犯时，仅仅使用常规手段进行遏制可能是不够的。为了确保威慑取得实效，必须使威慑手段升级，即使仅仅受到常规战争的侵犯，受到挑战的一方也要摆出准备对冒犯者的本土和利益范围内的战略军事目标实施有限核报复的姿态，否则不足以使延伸威慑有效。④

3. 常规威慑战略

前面讲的核威慑战略和延伸威慑战略，基本体现了威慑理论形成阶段的威慑战略框

①②③④ 参见张曙光：《威慑理论：美国国际战略学的一个重要领域》，载《美国研究》，1990（4）。

架，即以理性分析和现实主义理论为基础，重点讨论核威慑的“可信性问题”。

在美苏之间的相互确保摧毁的核威慑战略牵制下，世界上发生核战争的可能性越来越小，这样，以核威慑为核心的威慑战略研究逐渐式微。同时，随着世界局部地区常规冲突的增多，沉寂多年的“常规威慑”重新受到重视。

理查德·贝兹最先恢复对常规威慑的研究，不仅提出了加强常规威慑的重要性，而且率先对威慑的可行性做了论证。他在以前的“灵活反应战略”的基础上，提出常规威慑只是也只能是对核威慑特别是延伸威慑的补充。其基本观点是：以常规力量对抗或抑制局部的常规冲突，以求全局威慑的稳定；而常规威慑的成功与否，取决于是否以核威慑为“后盾”。①

约翰·米尔斯海默分析了“冲击威慑的因素”。他发现，在两国以常规力量对抗时，至少有三种因素导致一方冲击威慑：第一，武装力量数量上的优势，即有以多胜少的条件；第二，武器装备的先进、精良，即军事技术装备质量优于对方；第三，军事战略的正确选择与运用。

经过对20世纪以来几个典型常规冲突的比较分析，米尔斯海默认为，“军事战略选择”变量是影响常规威慑成败的关键。米尔斯海默将常规军事战略分为三种：一是消耗战略，二是有限目标战略，三是“闪电”战略。通过比较，米尔斯海默认为，选择“闪电”战略是影响常规威慑状态的最不稳定因素。

米尔斯海默认为，现代军事科学的发展，特别是坦克作为主要攻击手段的使用，是造成上述现象的主要原因。坦克的特点很明显：动作迅速，能攻能守，而且还可以携带补充装备，使得传统的防守策略（常规有形不变防守和纵深运动防守）变得无能为力。这意味着，当双方进行常规力量对抗时，如果一方采取“闪电”战略，另一方的常规威慑最容易崩溃。时至今日，能够克制对方“闪电”战略的方法仍然有限，主要是加强纵深防守特别是防守力量对突然袭击的承受力，以及加强对反坦克精确武器的研制与装备。②

思考题

1. 分析国家安全的内涵与特征。
2. 国家安全体制的构成要素有哪些？
3. 请对威慑战略做出评析。

---

①② 参见张曙光：《威慑理论：美国国际战略学的一个重要领域》，载《美国研究》，1990（4）。

地区安全

通常情况下，国家层次的安全和国际层次的安全主导着国际安全分析的舞台，但国家层次并非是国际安全研究的理想层次。因为安全问题总是与外部威胁相联系，因此，没有哪个国家的安全问题是孤立的（self-contained）；同时，因为威胁的来源以及对威胁的感知与距离相关，所以，除了极少数的全球性大国以外，全球体系层次的安全问题也并非是大多数国家真正现实的安全关注点，而它们最主要的安全关注在它们所处的地区。因此，对于绝大多数国家而言，所在地区就成为其国际安全研究的最佳层次。

第一节 地区安全观

冷战结束后，两极格局的终结，为地区自主管理本地区安全事务提供了前提，为自主管理本地区安全事务提供了可能性和必要性。国际安全问题地区化成为冷战后国际安全中的一个重要特征和趋势，地区安全研究和地区安全建构即安全地区主义也逐渐成为国际安全研究的热点。

一、国际安全研究中的“地区”

（一）地区的定义

“地区意味着由地理上接近的国家构成的相互依存的经济政治体系。”① 地区首先强调的是地理上的邻近性，这是地区成立的一个必要条件。约瑟夫·奈将地区定义为“由于地理关系和一定程度的相互依赖而连在一起的国家”②。

国际安全研究中的“地区”，是指存在于一系列由地理上的接近性（proximity）以及因此而产生密切的安全相互依存而联系起来的国家间的安全次体系。该次体系的安全动力，亦即使地区内国家将最主要的安全关注放在本地区的所有力量集合，是这些国家在安全上的相互依存，包括积极相互依存和消极相互依存。积极相互依存也叫报偿的正协方

① 庞中英：《地区化、地区性与地区主义——论东亚地区主义》，载《世界经济与政治》，2003（11）。

② Joseph S. Nye（ed.），*International Regionalism*，Reading，Boston：Little Brown & Co.，1968，p. 5.

差，是指当A国发生了对其自身有利的变化，B国也随之发生对自己有利的变化。消极相互依存也叫报偿的负协方差，是指A国发生了对自身有利的变化，B国随之发生对自己不利的变化。国际安全研究中的地区内国家之间的安全相互依存，既可以是积极相互依存，也可以是消极相互依存。

（二）地区的基本特征

地区的基本特征包括五个方面：

第一，地理上的邻近，这是地区的自然属性。

第二，地区内国家间在安全上的相互依存关系，这是地区的社会属性。区域安全理论研究学者巴瑞·布赞强调，“地区的存在不仅在于它的自然属性，更在于它的社会属性，在于某些力量将地区内的国家联结在一起，使它们之间有特殊的互动关系，同时，使该地区在与地区外部世界的互动中体现出价值”①。比如中俄两国有着4 300多千米的边界线，但由于中俄两国相互没有把对方安全化，且俄罗斯最主要的安全关注在欧洲，中国最主要的安全关注在东亚，所以，中国和俄罗斯不属于同一个安全区域。

第三，处于同一个地区内的国家间的安全互动的相对稳定性，使地区表现出长期性和稳定性。

第四，在一个地区内，不一定所有国家间的安全相互依存都是直接的，处于该体系两端的国家未必有多少直接的接触，但它们往往被吸收到同一组联盟或者被卷入同一组危机中。因此，在安全关系上，地区表现出一种将整个地区卷入其中的完整性。

第五，作为安全研究中的次体系，地区还表现出自主性和独特性。一方面表现为地区安全关系相对于全球安全体系结构的自主性和独立性，另一方面表现为地区之间安全关系的相对独立性和独特性。

地区作为国际安全研究中的次体系，其形成和发展与国际政治体系的形成和发展有着不可分割的联系，而国际体系的形成和发展有着深刻的时代性，因此，国际安全中的地区也具有较强的时代性。地区的时代性体现在将地区内国家的最主要安全关注集中在地区的力量集合即地区安全动力的时代性上，其时代性与国际政治体系的时代性具有很大的同步性。

二、地区安全动力所经历的三个时期

在地理大发现以前，世界上的各个地区基本上是孤立的，包括中华文化圈、佛教文化圈、伊斯兰文化圈和基督教文化圈。它们彼此间为数不多的互动，不足以使它们形成一个体系，可以说在欧洲人的地理大发现以前，每个地区就是“一个世界”。然而，随着地理大发现以及随之而来的欧洲人在海外的扩张，将全世界逐步卷入其中的现代国际体系逐步形成，国家间在安全上形成相互依存关系的安全动力也逐渐有了体系层次的安全动力和地区层面的安全动力之分。

现代国际体系形成已经近400年，在这漫长的国际体系演变中，从地区安全动力的独

---

① Barry Buzan, “The Asia-Pacific: What Sort of Region in What Sort of World?”, in A. McGrew and C. Brook (eds.), *Asia-Pacific in the New World Order*, Routledge, 1998, pp. 70–73.

立性的变化来讲，大致经历了三个阶段：

第一阶段，1648 年—1945 年欧洲殖民世界及欧洲地区安全问题世界化的阶段。

在这一时期，随着欧洲人海外殖民化运动的拓展，多极的欧洲权力结构以及欧洲大国间的安全动力几乎外溢到全球的范围，全世界的主要国际安全问题几乎都是欧洲地区的国际安全问题的放大或者变种，世界是欧洲诸强之间的权力角逐场。到了 19 世纪末，美国和日本作为后来者，也加入了这场角逐。这一阶段，绝大多数地区内部各国之间的安全动力或者安全相互依存不具有独立性和独特性。

与此同时，国际关系理论也没有重视地区的独立性和独特性，特别是弥漫在两次大战期间的威尔逊主义认为，和平是不可分割的，全世界任何地方发生的侵略都应该遭到反侵略联盟即国联的所有成员的抵制。因此，在两次世界大战期间，地区依然没有受到国际安全研究的重视。

第二阶段，1945—1989 年的去殖民化（decolonization）和冷战阶段。

在这一阶段，各个地区的安全动力受到两极安全动力的严重影响和扭曲。去殖民化运动使得在非洲、中东、南亚、东南亚出现了一批新兴独立国家，属于各个区域的独特的安全动力开始形成并发挥作用。但这一时期，出于在全球范围内霸权争夺的需要，两个超级大国的地缘政治安排几乎波及全球的各个角落，使得刚刚形成或者刚刚获得独立的地区的安全动力的独立性和独特性遭到削弱、扭曲，甚至被美苏争霸所掩盖。所以，这一时期的各个地区的安全动力虽然不同于殖民时代，但是地区安全动力的独立性依然受到抑制。地区安全的主题常常是研究两个超级大国在各个地区的角逐。另外，受两极争霸的国际大背景的影响，地区自身的安全安排也常常呈现出传统的均势、大国协调以及集体安全等特征，它们在冷战时期的功能都集中在军事领域上，而不具备化解地区冲突的非军事功能。

这一时期的地区安全机制主要包括三类：一是美苏所主导的、服务于美苏争霸的地区组织和制度，比如巴格达条约组织、北约组织、华约组织等；二是以地区内的国家联合对抗超级大国对地区事务的干预的地区组织和制度，比如非洲统一组织、《特拉特洛尔科条约》（即《拉丁美洲禁止核武器条约》）等；三是为对抗地区霸权而形成的地区内国家联合，比如东南亚国家联盟。

这一时期的国际安全研究主要集中在国际体系层面，比如新现实主义对国际体系结构的关注，自由主义对国际机制、国际秩序的关注。

第三阶段，1990 年以来的后冷战时期以及国际安全地区化时代。

冷战时期，地区安全的特点在相当大的程度上被两极结构所湮没。冷战结束后，地区的自主性和独特性得以恢复。苏联解体、两极结构崩溃、冷战的终结以及随之而来的全球政治权力的重新分配进程，一方面消除了超级大国的对峙，另一方面也削弱了其对世界各个地区的安全相互依存关系的影响，尤其是它们对各地区内的国家间相互作用进程的压制与扭曲，使得各地区被全球性政治、军事竞争因素所分裂的局面逐步消失，地区的独立性、独特性以及整体性得以恢复。正如赫德利·布尔（Hedley Bull）所言，“只有冷战后的世界，才能成为更加地区化的国际体系”①。

---

① 转引自朱锋：《“区域性”特征与东亚安全研究》，载《当代亚太》，2008（2）。

冷战后，国际安全呈现出日益明显的地区化趋势。苏联解体，两极结构终结，冷战期间由两极尖锐对峙而导致的两个超级大国遍及全球的政治军事安排网络，被撕开了口子。这一方面使很多地区出现了权力真空，在一些地区，地区大国开始跃跃欲试，意欲主导地区事务，建立地区霸权；另一方面使原来被两极体系格局所"掩盖"的地区矛盾和地区冲突开始表面化和独立化，并主导着地区内国家间的安全相互依存，地区内原有的民族、宗教矛盾以及领土争端等不稳定因素不断地制造着地区热点。另外，一些国家的内部民族、宗教、政党等冲突和其他不稳定因素通过全球化带来的日益开放的边界"外溢"到邻近国家，尤其是经济、移民等新安全议题明显波及地区范围内，而现有的联合国安全机制、国际货币基金组织和世界银行以及世界贸易组织等彼此分离的全球机制和传统的均势、大国协调和集体安全等地区安全模式明显难以解决日益综合化的地区安全问题。

随着地区安全动力逐渐获得独立，以及解决地区安全问题日益紧迫，地区安全研究和地区安全建构也逐步成为国际安全研究领域中的重点，从地区本身回应和解决各种安全问题成为冷战后国际安全的一个重要趋势。

三、冷战后的地区安全和地区安全建构

二战后建立起来的管理国际事务的主要国际组织，是当时的国际体系内大国相互竞争和相互妥协的结果，没有反映出地区安全的特殊性，对地区安全问题的解决亦缺乏针对性。冷战后，地区安全问题的紧迫性和复杂性呼唤解决地区安全问题、建构地区安全的新思路。顺应这样的国际安全形势，国际安全地区化成为国际安全的重要特征，安全地区主义成为建构地区安全的一个重要选择。

（一）国际安全地区化

冷战后，由于地区安全动力获得独立，国际安全问题地区化的程度不断加大。国际安全问题地区化并不意味着所有的安全问题都被地区化，并不是对全球体系层次国际安全问题的否定，而是冷战期间被忽视的地区安全问题得到重视，并关注国际安全建构中的地区安全建构。国际安全问题地区化是对全球体系层次安全研究和安全建构的一个补充。

1. 国际安全地区化的基本内容

国际安全地区化就是国际安全的威胁来源、安全互动效应的范围、安全问题的解决和国际安全的建构被还原到地区内部。国际安全地区化的基本内容包括以下四个方面：

首先，威胁的主要根源来自地区内，或者来自地区外的威胁对本地区构成了整体上的威胁。这涉及地区安全的两层含义，即地区内的国家的安全和地区作为一个整体的安全。前者指的是地区内各个国家所处的安全环境，后者指的是地区作为一个整体的命运。地区内的各国或组织都将这样的威胁视作各自安全、地区稳定与和平的决定性问题，因而削弱甚至消除地区外威胁对本地区整体上构成的威胁，削弱甚至消除地区内部彼此之间的安全忧虑等，被置于这些国家或组织安全议程中的优先地位。

其次，是指地区安全互动的后果（代价或收益）更多地局限在地区的范畴之内，而非直接扩散到全球层面上去。地区内的安全相互依存关系，在地区社会内出现了"安全的外在性"，即由安全问题所产生的收益与成本、有利条件与压力不仅仅属于引发这些

安全问题的角色，其承受者是整个地区内的国家和社会。因此，促进和维护地区的稳定成为地区内所有国家的共同利益，也是地区内国家共同维系全球体系存续和良性运转的基本前提。

再次，是指在管理地区安全的战略与制度方面，主要是由地区内的国家或者通过力量的相互牵制，或者凭借集体协调与合作来处理所面临的地区安全挑战。当然，外部力量对地区安全事务的参与和影响是不能排除的，但安全地区化意味着外部力量不会成为地区安全与稳定的根本源泉。

最后，是指地区内国家有地区安全的认同，在地区未来的问题上有共识，各国意识到与它们的邻国在事实上已经结成了命运共同体。①

二战后的西欧，在威胁来源的判定、威胁影响的评估、地区安全管理、地区身份的塑造上，基本上遵循了国际安全问题地区化的运行模式。对二战后的西欧来说，它所面临的主要威胁有两个：一个威胁来自西欧内部的国家间对抗，这种对抗使欧洲自近代以来的300多年成为名副其实的“战国时代”。而且，这种源起于地区内国家间争端的冲突经常会将西欧所有国家卷入其中，因此，避免西欧重走战争路，成为西欧各国的共同安全关注。另一个威胁来自苏联的共产主义的威胁。建立基于这样的共同关注所建立起的西欧机制来管理地区政治、经济、安全事务，在欧洲各国之间建立起了一个相互依存的网络。与此同时，西欧各国学会了在相互关系中的互让（give and take），并在各国及其民众中间逐步培养出一种自主的“欧洲身份”的区域意识，使欧洲建构不仅是政治、经济领域的，更是一种共同体文化上的建构。

2. 国际安全地区化的意义

国际安全地区化，是将全球体系依据因地理关系而产生的安全相互依存关系的紧密性和独特性而进行的细化。一方面反映了冷战后国际安全问题的一个重要特征，另一方面也反映出从地区层面建构国际安全的趋势。从地区的视角来研究国际安全问题和建构国际安全，既可以充分关注地区安全问题的独特性和各地区间的差异性，有针对性地解决国际安全问题，也可以使在全球体系范围内作用不大的中小国家的地位得到充分的重视，让更多的国家及时地、有针对性地通过地区内部的合作来提供国际安全的公共产品，以提高维护地区安全的效率，成为全球体系结构提供公共产品的有益的补充。

（二）安全地区主义

所谓地区主义，是指同一地区内的各个行为体基于共同利益而开展地区性合作的全部思想和实践活动的总称。② 安全地区主义是地区安全建构的一种努力，即“在特定的地理范围内——一个建设中的地区，将包含国家之间和国家内部冲突关系的安全复合体转变为包含对外合作关系和内部和平的安全共同体的努力”③。地区不再仅仅作为安全关系现状的结果，也是地区安全互动的出发点，地区内成员在强调自身利益的同时，也强调地区作为一个整体的利益。安全地区主义能明确地表达出该地区的利益，以及地区安全建构偏

---

① 参见王学玉：《国际关系研究的地区主义视角》，载《当代世界社会主义问题》，2004（3）。

② 参见耿协峰：《新地区主义与亚太地区结构变动》，37页，北京，北京大学出版社，2003。

③ 郑先武：《安全区域主义：一种批判IPE——比约恩·赫特纳“新区域主义方法”述评》，载《欧洲研究》，2005（2）。

好。安全地区主义通常是由冲突结构的安全复合体出发，经地区安全机制，最终建立一个地区安全共同体。安全地区主义的外在体现是建立合作型地区安全机制，其本质是使成员国产生对地区身份认同的培养。冷战后呈现出更多的自主性的地区安全建构，大体上包括以下两个方面的内容：

1. 以合作型地区安全机制来实现地区安全公共产品的地区供给

无政府的国际体系之所以不是混乱的，而是存在一定秩序的，是因为体系中存在由体系中的霸权国或者国际合作提供的维护国际政治、经济、安全秩序的公共产品。

在现存的国际体系中，安全方面的公共产品是由以联合国安理会为代表的国际组织提供的。虽然不能否认联合国安理会在维护国际安全方面的重要作用，但是，一方面这种公共产品是针对全球体系建立的，对地区问题的独特性没有给予充分的关注；另一方面，联合国安理会是一种大国协调管理国际安全事务的机制，换言之，安理会是依附于国际体系权力结构的国际机制，这就不可避免地造成公共产品被超级大国或者大国“挟公共产品以令诸侯”现象的发生。

随着冷战的结束，地区安全问题凸显，解决地区安全问题，建构能够有针对性地、高效地解决地区安全问题的安全机制变得复杂而且紧迫。在这样的情况下，一方面，如果维护各个地区安全所需要的公共产品都由体系中心结构来提供的话，那么对于国际体系的中心结构来说，负担过多、过重；另一方面，对于处于体系结构中心的大国或超级大国来说，其向体系提供公共产品的动力，源自其可以获取收益，因此，为地区提供公共产品的主要出发点是获取利益，所提供的公共产品会最大限度地满足它们的利益需要，而不是最大限度地解决地区安全问题。如果一个地区的安全问题与这些大国或者超级大国的利益相关性较弱的话，它们提供公共产品的动力是不足的。比如，对国际社会介入地处中美洲的海地问题的解决，美国是很积极的，而对于遥远的苏丹达尔富尔问题，美国则没有表现出同样的积极性。冷战后，美国作为冷战遗产的唯一超级大国，在介入地区安全问题时，与冷战时期美苏角力中呈现的“不计成本”地介入地区安全的做法不同，而是有了更多的成本与收益的考量，以最大限度地降低自己维护霸权的成本。因此，作为冷战后的唯一超级大国，美国向不同地区提供公共产品的动力是有差异的。

公共产品从产生的方式上看，可以分为：霸权强制提供，比如苏联为华约组织成员国提供公共产品；大国协调提供，比如联合国安理会；合作提供，由所有成员国合作，使各个国家的安全都得到保证，比如欧盟。冷战后，安全地区主义所倡导的是以合作安全的方式，为地区安全提供公共产品，如果地区的公共产品能由地区内的国家通过地区合作来提供，不仅可以减轻全球体系中心结构提供公共产品过重的压力，更重要的是有利于地区安全问题的解决。既可以因为地区安全问题与地区内国家共同利益的相关性而调动地区内国家提供公共产品的积极性，也可以避免地区外的体系大国以“挟公共产品以令诸侯”的方式在地区安全问题上谋“私利”，还可以保证公共产品对地区的独特性的关注，能更直接地反映本地区内不同类型国家的需求，从而使其机制和制度更符合该地区稳定和发展的需要、更有针对性，使地区安全问题朝着逐步缓和、彻底解决的方向发展。

地区提供公共产品主要以地区组织、地区制度等形式，通过地区合作来提供维护地区安全的公共产品，可以有针对性地解决地区安全问题，促进世界和平。约瑟夫·奈在《局部的和平》中认为，地区性组织从五个方面促进了世界秩序的和平：

（1）地区性组织可以防止权力集中在体系霸权国。

（2）地区性组织可以把名义上具有主权地位的小国联合起来，抑制外来干涉和冲突的危机。

（3）地区性组织可以通过建立超国家以及限制国家主权的制度，减轻主权国家面临的传统安全威胁。

（4）地区性组织可以把国家纳入一个紧密的经济、社会和文化网络中，阻止本地区的国家走向战争。

（5）地区性组织特别有助于控制成员国之间的冲突，这一方面是由于它们把本地区同其他国际冲突隔离开来，另一方面是因为它们在理解本地区冲突的根源和解决冲突的条件时，比与本地区相距较远的全球性组织更具有优势。

总之，无论是全球体系结构提供公共产品还是地区提供公共产品，在功能上，它们都是维护国际体系的稳定，比如联合国安理会和各种地区安全组织都在维护地区稳定和世界和平方面做出了重要的贡献，因此，两种公共产品之间是相互补充的。同时，联合国宪章也对地区性组织的地位和作用给予了充分的肯定。

2. 以塑造“地区身份”来建构地区安全

安全地区主义的根本目标是建立地区安全共同体，安全共同体涉及的一个重要的内容就是“区域性”（regionality）。区域性，或曰地区意识（regional awareness）、地区认同（regional identity），即对某个地区共同体的归属感，是将一个特定的地理区域从消极的客观向积极的主观转变，并形成一个能够将这个兴起中的地区的跨国利益联结起来的进程。安全地区主义的定义者、瑞典哥德堡大学教授比约恩·赫特纳（Bjorn Hettne）认为，区域性是有层次的，区域性程度低的地区，成员对地区的共同体归属感不明显，而区域性程度越高，表明该地区的同质性、内聚力、行为能力尤其是解决冲突的能力就越高，随着“区域性”的日益提高，地区将成为拥有自己权力的行为主体。区域性的不同层次决定着安全地区主义发展的进程，从区域安全复合体开始通过有效的地区安全管理或者安全秩序建构，逐步走向区域安全共同体。紧张的地区安全复合体内通常面临着国家间和国家内部的冲突，而地区主义表明一个区域形式的行为主体所具有的明显的认同和能力，它可以通过地区层面的干预来预防和解决对整个地区安全构成的威胁。评价一个转变中的地区安全复合体内区域性层次的至关重要的标准，就是它在地区层次自主管理和解决冲突上的自主意识和制度化的能力。从这里，我们可以看出，建构安全地区主义的根本目标是对地区文化的建构，也就是地区内国家之间的认同的塑造，改变地区内国家之间的身份结构。

合作提供地区公共产品是自由制度主义在安全地区主义中的体现，而培养地区身份则是建构主义在安全地区主义中的体现。无论是从地区公共产品的地区供给的角度，还是从地区身份的建构的角度，国际安全研究中的地区主义从根本上是指作为国际安全次体系的地区从冲突关系经由竞争关系最后走向合作关系的进程，也就是使地区从冲突、竞争走向合作。

自由主义的安全地区主义，更关注的是地区安全问题的地区管理，也就是强调通过地区组织和地区制度等地区公共产品来管理地区安全事务。该主义认为，这样的地区制度安排会使区域内的国家间形成一系列的相互依存关系，逐渐降低这些国家之间发生武力冲突的可能性，促进地区合作。地理上的邻近和相似并不必然产生睦邻关系，比如二战前的西欧。然而，有意识的地区安全管理却可以激励地区内的国家及其民众逐步学会在相互关系中的互让，并且在这一过程中，逐步将共同利益深化为建构主义的地区安全主义所言的共同身份，比如二战后的西欧。而建构主义的安全地区主义强调"地区性"，即地区身份的塑造，但同时也肯定了地区组织和地区制度在管理地区安全事务过程中对身份塑造所起的作用。可见，自由主义的安全地区主义和建构主义的安全地区主义在本质上是相互补充的。

总之，冷战结束后，地区安全动力的相对独立性增强，使国际安全问题在很大程度上呈现出地区化的趋势。冷战后，各国谋求经济大发展需要一个和平稳定的周边环境，这调动了各个国家积极参与建构本地区安全的积极性，地区安全建构呈现出积极发展的形势，地区内国家间通过地区合作，联合起来共同生产、提供和维持本地区和平与繁荣所需要的各种公共产品，并在这一过程中，逐步孕育、培养、深化自己的"区域性"身份，而且这些安全建构的努力并没有对地区外的安全构成威胁。这些都是冷战后国际安全领域不争的事实。

第二节 区域安全复合体

区域安全复合体是一个在冷战期间被提出，但在冷战后才被广泛关注的区域安全概念。它是由对地区安全进行系统研究的巴瑞·布赞于 1983 年在《人民、国家与恐惧：国际关系中的国家安全问题》一书中第一次提出，以后又经过不断的丰富和发展，成为地区安全研究中解释力比较强的地区安全理论。因本书第一章中已对区域安全复合体理论的产生、内容及意义做出了较全面的解析，本节就区域安全复合体的现实发展及特征等情况进行阐述。

一、区域安全复合体的定义及其特征

（一）区域安全复合体的定义

关于区域安全复合体问题，布赞对其做了如下解释："在一个地理上多种多样的、无政府状态下的国际体系中，这种'安全相互依存'的常规模式是一种以地区为基础的集合，我们称之为安全复合体。较之于国家间外部关系，在国家内部，这种复合体'安全相互依存'明显地更为强烈。安全复合体是关于国家间安全关系相对强度的，它使得独具特色的地区模式通过权力分配和历史性友善与敌意关系这两者塑造而产生。"布赞将区域安全复合体定义为"一组国家，由于地理上的邻近使它们相互间最主要的安全关注紧密地联系在一起，以至于它们现实的国家安全不能现实地被彼此分开加以考虑"①，即地理上的

① Barry Buzan, *People, States and Fear: An Agenda for International Security Studies in the Post-Cold War Era*, 2nd ed., New York: Harvester Wheatsheaf, 1991, p. 190.

邻近使一些地理上邻近的国家之间在安全上存在高度的相互依存，同时，复合体内单元的安全也依赖于其所处次体系的稳定。他认为，一个安全复合体的一组国家，它们的主要安全认知和利害关系是被相互连接在一起的，它们的国家安全难题除非彼此远离，否则是无法被理性地分析或解决的——一种安全复合体形成的动力和结构，是由于这个复合体内国家安全认知的彼此互动而产生的。[①] 关于安全复合体中所指的"国家"概念，布赞后来将其修正为"单元"，它指的是行为主体构成的各种各样的次集团、组织、共同体，包括国家、民族、跨国公司。

从理论上讲，复合体内国家间的安全相互依存可以是积极的，也可以是消极的。高度的相互信任和友谊也能成为将一个地区的国家捆绑到一起的力量，比如欧盟，但在国际安全的现实中，由积极相互依存构成的区域安全复合体比较少。定义复合体的主要因素通常是两个或者更多个主要国家之间相互感到的威胁或者是恐惧，这些国家通常都是近邻，除非它们是全球性大国。但为了适应安全主体多元化和多领域化的国际安全研究趋势，1998年，布赞和维夫将复合体重新定义为"一组单元，它们安全化（securitisation）或者去安全化（desecuritisation），或者两者兼而有之，如此密切地联系在一起，以至于它们的安全问题不能被理性地分开加以考虑"[②]。以上关于区域安全复合体的这两个定义，从本质上讲差别并不大，以"单元"来代替"国家"，并不能改变国际安全研究中的国家中心主义，这不仅仅因为"国家比其他行为体支配着更巨大的军事资源，而且因为在法律和行政上政府具有合法使用武力的权利"[③]。只是1998年版本的定义中引入了国际安全研究中两个新的概念"安全化"和"去安全化"，并以此来进一步突出国际安全问题的"主体间性"。

（二）区域安全复合体的特征

巴瑞·布赞认为，区域安全复合体应该包含以下几个方面的特征：

第一，区域安全复合体处于无政府状态，即由两个或者两个以上的主权国家构成。区域安全复合体的形成源于"无政府结构及其导致的均势后果与地理上的邻近两大因素之间的相互作用"[④]。无政府是国际体系的一个基本特征，也是国际关系研究的一个基本前提。区域安全复合体将地区作为全球体系的一个个缩影，这样，地区和全球体系拥有一个共同特征，即处于无政府状态，每个复合体就是一个处于无政府状态的次体系。简言之，区域安全复合体和全球体系一样不是处于存在最高权威的等级状态下。在等级状态下，"不同类的单元相互作用"；而在无政府状态下，"各单元具有相似的功能"，"同类的单元共同行动"[⑤]。

第二，这些国家在地理上是邻近的。

第三，这些国家之间的关系在安全上是相互依存的，虽然这种相互依存既可以是积极

---

① 参见［英］巴瑞·布赞等：《新安全论》，16页，杭州，浙江人民出版社，2003。

② Barry Buzan，Ole Wæver，*Regions and Powers*：*The Structure of International Security*，Cambridge University Press，2003，p. 44.

③ 朱宁：《东亚军事安全动力分析》，载《太平洋学报》，2006（1）。

④ Barry Buzan，Ole Wæver，*Regions and Powers*：*The Structure of International Security*，Cambridge University Press，2003，p. 45.

⑤ ［美］肯尼思·沃尔兹：《国际政治理论》，138页，上海，上海世纪出版集团，2004。

的，也可以是消极的，但是这种安全关系必须在程度上强烈于其与区域外的国家之间的关系。也就是说，区域安全复合体是通过其内部相对密切的安全相互依存，以及其与周围其他单元在安全上的“冷漠”（indifference）而成为国际体系的次结构的。

第四，正是这种高度的安全相互依存，使得区域安全复合体具有排他性。也就是说，区域安全复合体不存在重叠的成员关系，一个国家不能同时属于两个或者两个以上的安全复合体，对于一个国家来说，其最主要的安全关注所在的地区就是其所属的安全复合体。比如俄罗斯，虽然在东北亚也有重要的安全利益，但其最主要的安全关注在欧洲，所以，俄罗斯属于欧洲安全复合体。

第五，复合体内国家之间相互依存的模式应该是深刻的，该模式虽非永久的，但必须是持久的，而非一次的互动。

从区域安全复合体的定义及其特征我们可以看出，区域安全复合体在本质上就是地区，而其价值在于其对地区安全的系统的、科学的界定和研究。

二、区域安全复合体基本结构的四个变量

安全复合体是一种有着重要地理范畴的持久的结构，它有内部的结构和外部的边界，通过这些可以监控（monitor）复合体的持续性（continuity）和复合体所发生变化的重要性。区域安全复合体基本结构包括四个变量：区域安全复合体的边界、区域安全复合体的无政府状态、区域安全复合体的权力结构、区域安全复合体的身份结构。其中区域安全复合体的权力结构和身份结构是区域安全复合体理论的核心研究变量。

（一）区域安全复合体的边界

复合体的边界将一个安全复合体与其周围其他安全复合体区别开来。确定区域安全复合体的边界就可以确定哪些国家属于同一个复合体，从而使国际安全研究中的地区变得更加清晰。区域安全复合体是“透过安全的透镜所看到的地区”①，它可能与文化的、经济的、历史的意义上的地区相同，也可能不同。比如波斯尼亚冲突是在同一个复合体内单元间的消极安全相互依存，但在《文明的冲突与世界秩序的重建》一书的作者塞缪尔·亨廷顿（Samuel Huntington）看来，这种“区域政治是种族的政治……是文明之间的冲突”②。复合体之间的边界是依据现实的安全互动实践模式判定的，是一种经验性的研究。复合体的边界的划定也是经验性主义的，主要包括：

（1）区域安全复合体的边界可以通过安全相互依存的密切程度来确定。比如伊朗和伊拉克之间高度的相互依存使它们处于同一个复合体中，而伊朗和巴基斯坦虽然为邻国，但双方最主要的安全关注都不在彼此，伊朗最主要的安全关注在中东，而巴基斯坦最主要的安全关注在南亚，所以，它们不属于同一个复合体。这是依据邻近国家彼此间在安全上的关切度和冷漠度来划分的。

（2）区域安全复合体也可以通过对战争的反应来判断。比如，二战后，南亚发生的多

---

① Barry Buzan, Ole Wæver, *Regions and Powers: The Structure of International Security*, Cambridge University Press, 2003, p. 43.

② ［美］塞缪尔·亨廷顿：《文明的冲突与世界秩序的重建》，7 页，北京，新华出版社，1999。

次战争对与其相邻的东亚和海湾地区来说没有什么直接的影响，而在东亚和海湾地区发生的战争对南亚也没有太大的影响，这种对周围发生的战争所表现出来的“绝缘”或曰“冷漠”是划分区域安全复合体的标志。

(3) 通过“绝缘地带”(insulator) 国家来划分。“绝缘地带”国家是指与周围各个国家缺乏足够的安全互动的国家。比如缅甸、土耳其，它们邻近两个或多个地区，但是它们不但没有将邻近的这些地区联结在一起，它们自身与周围各地区的安全互动也很弱。在“绝缘地带”处，邻近的几个地区的安全动力都是处于退缩（stand back to back）的状态，比如，缅甸与邻国中国和印度都不存在高度的安全相互依存，缅甸与两个邻国之间的安全动力不足以将它们裹挟到同一个安全复合体中，这使它成为东亚和南亚安全复合体的分界线。“绝缘地带”与“缓冲带”(buffer) 是不同的，从功能上讲，前者位于安全化的边缘，而后者位于强烈的安全化的中央。①

(4) 可以通过次区域组织来界定复合体的边界。比如，东盟创立之初是为了应对来自印支三国（越南、老挝、柬埔寨）共产主义意识形态的挑战，东盟和印支三国共同确定了东南亚安全复合体。

(5) 区域安全复合体也可以通过地理上的客观存在相区别。比如，广袤的沙漠、平原，难以逾越的高山或者被广大的海域所隔离开来的岛屿等自然地形、地貌，往往也可以成为国家间安全互动的重要制约因素。

需要特别强调的是，这些划分方法之间不是彼此排斥的，而是相互补充的。

区域安全复合体的边界是相对稳定的，但并非是恒常不变的，复合体内最主要的安全关注及其范围的变化等因素都可以引起复合体边界的改变。比如，冷战时期，印支国家的地区扩张是东南亚地区的最主要的安全相互依存关系；而冷战结束后，随着东盟逐步吸收印支国家加入，东南亚国家与中国的关系越来越重要。与此同时，随着冷战结束，中国在东北亚的安全压力有所缓解，而与东南亚国家关系的分量却有所提升。这样，冷战时期的东北亚和东南亚两个区域安全复合体逐渐合并成为一个东亚安全复合体。

（二）区域安全复合体的无政府状态

无政府是区域安全复合体的一个基本特征，也是区域安全复合体的一个重要研究变量。这是因为无政府不是一个同一、不变的状态，依照体系内部规范、制度的存在和运行情况，无政府状态构成了一个谱系（spectrum），这个谱系的两端分别是不成熟无政府（immature anarchy）和成熟无政府（mature anarchy）。成熟无政府会弱化无政府对国际安全问题的影响，不成熟无政府会强化无政府对国际安全问题的影响。作为全球次体系的缩影，每个复合体是一个处于无政府状态的次体系，但每个复合体的无政府状态的成熟程度是不同的。

在处于不成熟无政府的复合体中，每个国家都只承认自己的主权，而无视他国的主权，复合体内国家间的关系主要表现为不断地争夺地区主导权，这样的复合体几乎接近混乱状态，对地区主导权的争夺会不断地产生战争，国家的生存主要取决于它们在权力争夺过程中所取得的胜利。在这样的复合体内，军事力量是解决复合体内部成员间矛盾和冲突

---

① Barry Buzan, Ole Wæver, *Regions and Powers: The Structure of International Security*, Cambridge University Press, 2003, p. 41.

最常用、最直接、最有效的手段。比如今天中东的情形。在这样的复合体内，没有能够得到所有成员共同遵守的任何制度、规则方面的东西，在成员之间的关系中，占据主导地位的是恐惧、怀疑、仇恨、嫉妒、鄙夷、蔑视和冷漠，只有权力均势才能维持这样的次体系的稳定。

处于成熟无政府状态的复合体中会形成一种国际社会，“所有国家在相互交往中，都应该受到它们所组成的社会的规则和制度的约束”①，国家的主权和独立无须通过无休止的暴力、战争来维系；在这样的复合体中，国家在强化和巩固自身身份与合法性的同时，也承认并且接受其他国家的身份和合法性；而且，在处于成熟无政府状态的复合体中，军事力量不是作为解决复合体内部成员间矛盾和冲突的最有效、最直接、最常用的手段。在成熟无政府状态的复合体中，所有的国家都不应该是弱国（weak state），无论其权力状况如何，都应该是稳定的、发达的。较之不成熟无政府状态的复合体，成熟无政府的复合体也更稳定。

复合体内单元的安全也依赖于其所处地区的稳定。无政府既是区域安全复合体理论研究的前提条件，又是该理论研究的变量，即复合体内无政府状态如何直接影响着该地区的安全状况。

当前的各个安全复合体的无政府状态是千差万别的，既有处于成熟无政府的西欧，也有处于不成熟无政府的中东，但大多数复合体处于成熟无政府和不成熟无政府之间的某个状态，而一些成熟无政府的元素已经出现并且得到发展，体系的国际机制得到一定的承认和尊重，各个复合体内部也不同程度地出现了各种有利于维持复合体内秩序的常设地区性机制，以及对复合体内出现的具体危机进行专项管理的平台。比如，在东亚复合体中，虽然地区秩序主要是由均势来提供的，地区内主要国家之间的怀疑和恐惧在区域安全关系中占主导地位，但东盟地区论坛这一常设的官方安全论坛和六方会谈这一针对朝核问题而设立的对话平台等，都是东亚复合体中出现的成熟无政府元素，这些都有利于维持东亚地区的和平与稳定。

复合体的无政府状态如何，决定了一个地区国际社会的状态，也是地区安全管理和地区安全建构的起点。

（三）区域安全复合体的权力结构

权力结构反映的是安全复合体的权力关系。权力是国家维护利益的能力和方式，同时，也影响着国家利益的范围。权力结构是国家间相对力量的对比关系。布赞在区域安全复合体理论中借用了沃尔兹新现实主义理论的核心概念——“极”。不过，沃尔兹的“极”指的是全球性大国，而安全复合体中的“极”是以包括地区性大国在内的大国来定义的。地区性大国是指相对于一个地区的有限范围来说，拥有普遍利益和独立行事的能力的国家。② 复合体的权力结构反映的是地区内的物质权力的集中分布情况。

1. 区域安全复合体的权力结构类型

“极”反映的是复合体内国家权力的大小和权力关系。根据权力结构的状况，可以将

---

① ［英］赫德利·布尔：《无政府社会：世界政治秩序研究》，21页，北京，世界知识出版社，2003。

② 参见［英］马丁·怀特：《权力政治》，27页，北京，世界知识出版社，2004。

复合体分为以下三类：（1）标准安全复合体。该复合体中的“极”是由地区性大国定义的，可以是单极的、两极的或者多极的，复合体内的最重要的政治—军事安排都由这些“极”来主导。比如，在南部非洲复合体中，南非跟邻国相比，其权力是巨大的，所以，该复合体的权力结构就是由南非来定义的；再如，南亚的权力结构是由印度和巴基斯坦两个地区大国来定义的；又如，中东的权力结构是由沙特阿拉伯、伊朗和伊拉克来定义的。（2）中心化的安全复合体。中心化的安全复合体是指一个地区的权力集中（centralization）达到了一定的程度，以至于这个权力中心可以被看作全球安全格局（constellation）的一个参与者。中心化的安全复合体通常由地区内唯一的超级大国或者全球性大国而不是地区性大国来定义，构成复合体的单极，比如由美国来定义的北美洲复合体、由俄罗斯定义的独联体复合体。对于中心化的安全复合体中的超级大国或者全球性大国来说，一方面，它主导着复合体内的安全动力；另一方面，复合体内国家间的恐惧与关注不再处于其安全安排的主导地位。比如对于美国和俄罗斯来说，在其国家安全关注中，北美事务和独联体事务都不再处于主导地位。中心化的安全复合体也可以是地区一体化达到了一定的程度，使得地区可以作为一个整体来参与全球体系中的大国间的安全互动，比如欧盟。（3）大国区域安全复合体。复合体中包含两个或者两个以上的全球性大国。比如，二战以前欧洲的安全结构由英法苏德四个全球性大国来定义[①]；再如，今天的东亚是由中日两个大国来定义地区安全结构，地区内所有国家的安全关注几乎都与这两个国家有关。大国区域安全复合体内国家间的安全互动直接影响着全球的力量平衡，这是标准的安全复合体所不具备的功能。

2. 超级安全复合体和次安全复合体

超级安全复合体（super-complexes），是指由相邻复合体间的互动达到一定的强度形成的一种泛地区安全关系。因为全球性大国的权力影响范围和利益范围都会外溢出它所在的地区，所以，比起标准的区域安全复合体，大国区域安全复合体更容易产生较强的地区之间的互动，即复合体间的安全互动，形成超级安全复合体。因此，大国区域安全复合体可以被看作全球层次和地区层次的混合体。比如，中美日印几大国的安全互动，使得东亚复合体、南亚复合体和北美复合体间建立了一定的安全联系，从而使亚太这样一个泛地区概念成为国际安全研究的一个关注点。

次安全复合体是指在一个最主要的安全关注不能彼此分割的地区内，还存在一些其他的相对独立的安全相互依存关系的地区，这些从属于某个复合体但又有相对独立性的地区，就是该复合体的次复合体。例如，阿以问题这一中东地区最主要的安全关系将中东的伊斯兰世界联系在一起，但与此同时，中东地区的东地中海、波斯湾、马格里布等又存在其他相对独立的安全关系，这些相对独立的地区内安全关系没有裹挟着该地区的所有国家卷入其中，所以，东地中海、海湾地区和马格里布同盟可以被看作中东安全复合体的次复合体。另外，大国区域安全复合体的存在是由大国的影响和利益比较广泛造成的。在这样一个广泛的区域内，虽然各个成员国都与该区域内的大国存在高度的安全相互依存，但同

① 二战以后的欧洲，虽然英法乃至德国也都维持着全球性大国地位，但是由于美苏争霸，使得欧洲的安全动力，即欧洲的安全相互依存关系不再由英法德主导，而由美苏主导。所以，二战后的冷战期间，欧洲的地区安全结构不是由英法德定义的多极大国区域安全复合体。

时该区域内会存在一些非大国最主要关注的部分，这样的部分在安全上会具有相对的独立性，成为大国区域安全复合体中的次级复合体（sub-security complex)。比如，冷战后，东亚区域安全复合体的权力结构和身份结构是由地区内的中国和日本来定义的，东亚地区各国的安全问题都与这两个国家有着重要的联系，但复合体的两极——中国和日本的最主要的安全关注集中在东北亚，这样东北亚和东南亚具有了相对的独立性，东亚安全复合体在构成上存在东北亚和东南亚两个次复合体。

复合体内各个国家的权力大小是变化的，但复合体的权力结构是相对稳定的。只有当复合体内权力分布的变化达到一定的程度，使复合体内的“极”发生改变，复合体的权力结构才会发生变化。

(四) 区域安全复合体的身份结构

复合体内的物质权力因素通过构成单元之间的身份结构而发生作用，因此，“在分析地区安全时，必须在地区权力关系中加上国家间的敌对或友善关系模式”[①]。身份结构是区域安全复合体的社会结构，是区域安全复合体理论最主要的变量。身份关系是以友善和敌对为两端的一个谱系：友善关系包括真正的友谊，获得支持或者保护的期望；敌对关系是指由怀疑和恐惧所主导的关系；在友善与敌对的中间，或存在着广泛的持中立或者无关紧要的态度，或存在着敌对和友善参半的复杂关系。

敌对/友善关系模式的形成源于一系列无法从简单的权力分布而预知的问题，有积极的，也有消极的，如边界争端、种族利益、意识形态、历史恩怨等。敌对/友善关系模式比权力关系更为稳定，特别是有深刻历史渊源的敌对关系更是如此。比如希腊和土耳其、以色列和阿拉伯、朝鲜和日本之间的敌对关系。敌对/友善关系模式所反映出的地区安全关系，要比权力结构更加清晰、稳定。根据复合体内最主要国家间的敌对/友善关系模式的不同，复合体的社会结构可以分为冲突结构（敌人)、安全机制结构（竞争对手）和安全共同体结构（朋友)，这三种结构分别与霍布斯文化中的“所有人反对所有人”（all against all)、洛克文化中的“生存，允许生存”（be，and let be）和康德文化中的“所有人为所有人”（all for all）的观点相似。

1. 冲突结构的复合体

冲突结构的复合体处于不成熟的无政府状态。复合体内的最主要国家间利益、价值观取向和目标直接对立，具有直接对抗性和结果的零和性。在冲突结构的复合体中不存在那种相对稳定的、得到较好建构的安全机制来管理安全问题。冲突结构的复合体主要是通过权力均势来实现地区的和平，但这种原始的安全机制并不能改变国际关系冲突的本质。这种地区秩序的经典例子是19世纪的欧洲，虽然自1815年《维也纳条约》签订到1853年克里米亚战争爆发前，欧洲国家间并未发生大规模战争，但这种和平状态靠维持现状和均势原则来维持。当均势被打破，战争成为19世纪后半叶的欧洲的常态，如克里米亚战争、普法战争，以及随后形成的新的均势即三国同盟和三国协约，最终又导致第一次世界大战的爆发。

---

① Barry Buzan, *People, States and Fear: An Agenda for International Security Studies in the Post-Cold War Era*, 2nd ed., New York: Harvester Wheatsheaf, 1991, p. 189.

2. 安全机制结构的复合体

安全机制结构的复合体是指地区内的主要国家，利益既不完全协调又不根本对立的状态。依据国际通用的以及地区独特的国际组织、国际制度，对自己的行为加以控制，并有着对他者相似行为的假定和期望，以此来减弱彼此间的安全困境，从而管理冲突和危机，避免战争。

复合体中安全机制的形成需要一定的条件：首先，复合体中的大国必须想建立安全机制，并积极地参与安全机制的建立。比如二战后西欧联合过程中法德所做的贡献，再如今天东亚的东盟地区论坛中中日的积极参与。这是因为，一方面，区域安全复合体的权力结构和社会结构都是由地区内的大国来界定的。像南亚复合体安全结构的根本改变取决于印巴关系的变化，如果大国间矛盾和冲突得不到有效的管理，会导致整个地区关系的不稳定。另一方面，大国比小国拥有更广泛的利益和更丰富的资源，它们有能力为保障地区安全机制的有效性做出贡献，如中日韩三国在东南亚金融危机后在稳定地区货币机制中发挥的作用。其次，复合体中的主要国家，特别是大国，必须相信在地区安全合作这个问题上，复合体内的其他国家也同样尊重、遵守地区安全机制。安全机制一旦形成，对国家安全行为的影响具有连续性，在最初促发安全机制形成的条件减弱甚至消失的情况下，仍然会对国家行为起到约束的作用。

3. 安全共同体①结构的复合体

安全共同体结构的复合体处于成熟的无政府状态，它的安全状态与冲突结构复合体完全相反。在这样的地区，所有成员间的冲突解决都达到了这样的程度，即“没有哪个国家会感到恐惧或者时刻准备应付来自地区内其他国家对自己的政治攻击或者军事侵略”②。换言之，在安全共同体结构的复合体中，运用暴力手段解决冲突变得不可想象。比如，北美洲的美国和加拿大之间，欧盟成员国之间的安全关系模式都是如此。安全共同体必须建立在复合体内国家根本的、一致的、避免战争的、长期的利益汇合点上，并在此基础上形成地区的集体认同和共同利益。

敌对/友善模式规定着复合体内部安全关系的总体特征，这种模式的改变取决于复合体内已有争端的解决程度和新出现争端的程度和性质。对于两极区域安全复合体而言，这种关系模式的改变只能来自复合体的两极之间。如果这两个国家对敌对状态感到疲惫，并进而达成和解，或者是由于某一方取得绝对优势地位，对另一方形成威慑，就会改变该复合体的权力结构和安全相互依存模式。对于三极甚至多极区域安全复合体而言，“极”之间重要的双边关系的改善并不能改变整个复合体的安全关系模式。例如，埃及和以色列的和解并没有改变中东这个复合体的安全关系模式。

三、区域安全复合体的干预变量

区域安全复合体不仅定义了区域次体系内密切且相对持久的安全关系模式，而且引导

① 安全共同体这个概念是卡尔·多伊奇于 1957 年在 *Political Community and the North Atlantic Area: International Organization in the Light of Historical Experience* 一书中第一次系统阐述。

② Barry Buzan, *People, States and Fear: An Agenda for International Security Studies in the Post-Cold War Era*, 2nd ed., New York: Harvester Wheatsheaf, 1991, p. 219.

和塑造着复合体外大国对该复合体的影响。① 复合体外大国，尤其是全球性大国和超级大国，因为其所拥有的强大的权力和广泛的利益，经常成为多个地区安全事务的重要参与者，影响着除自己所在的地区以外的其他地区安全问题的发展变化。比如冷战时期的美苏和冷战后的美国，都积极地介入多个地区的安全事务。复合体外大国对区域安全复合体的影响主要是依据复合体的安全关系模式，特别是敌对模式对复合体的安全关系进行渗透影响。复合体外大国对地区安全问题的影响包括两种，即渗透和覆盖。

渗透是指复合体外大国依据复合体内的敌对/友善关系模式，对地区的安全问题施加影响，但渗透“不会使复合体外大国成为地区安全与稳定的根本源泉”。如冷战时期苏联和美国对南亚的渗透，并没有改变印巴敌对关系主导南亚安全复合体的安全模式。复合体外大国对区域安全复合体的安全模式影响，通常是加强，而不是转变该地区已有的地区安全模式，“一个早已存在、至今依然奏效的‘铁律’是，不论何种类型的冲突，大国如果不介入，冲突的强度就比较低……反之，冲突多且强度高”②。复合体外大国对复合体的权力结构的改变最直接的方式是通过与该复合体内的某个或者某些成员国建立结盟关系，或者对其提供军事援助；另外，也可以通过提供经济技术扶持、援助来提高复合体内某个或者某些成员国的发展速度来逐渐改变其在该复合体的权力结构中的位置。

覆盖是指复合体外大国的利益已经远远超过了渗透，而是主导了当地的安全事务，以至于当地的地区安全动力不再起作用。比如，冷战时期的欧洲的区域安全动力是美苏之间的竞争，而欧洲的英法德等国之间的安全关系是从属于美苏安全关系的。也就是说，被覆盖的安全复合体的安全动力是由该地区以外的大国而不是当地的国家利益和互动所塑造的。③ 这时，原来定义该复合体的安全动力已经不起作用，这意味着原来的安全复合体被解构了，也就不再适用区域安全复合体理论了。

从复合体外大国对区域安全复合体的影响可以看出，区域安全复合体理论不仅可以用来分析区域安全复合体，而且可用来分析大国介入区域安全复合体的原因，以及大国的介入对地区安全问题的影响。

第三节 地区安全一体化和安全共同体

如果一个地区内的国家之间的安全相互依存是积极的、密切的，并为参与国所重视，它就可能逐步转向一体化，亦被称作地区安全一体化。

一、地区安全一体化

地区安全一体化是地区内所有国家共同参与的结果。最初参加博弈的行为体数目不宜过多，因为参加博弈的行为体数目越多，合作性博弈的复杂性和困难就越大，困扰合作的囚徒

---

① Barry Buzan, *People, States and Fear: An Agenda for International Security Studies in the Post-Cold War Era*, 2nd ed., New York: Harvester Wheatsheaf, 1991, p. 223.

② 王逸舟：《当代国际政治析论》，292 页，上海，上海人民出版社，1995。

③ Barry Buzan, Ole Wæver, *Regions and Powers: The Structure of International Security*, Cambridge University Press, 2003, p. 63.

困境（prisoners' dilemma）、公用地悲剧（tragedy of the commons）、搭便车等问题就越难以解决。美国学者曼瑟尔·奥尔森（Mancur Olson）认为，小集团更容易促进成员间的合作。因此，地区一体化进程的最初起源应是少数国家构成的核心区，这个核心区是由一个或若干个较强、较高度发展以及在一些重要领域比其他地区更先进、更具有吸引力的政治单位构成的。预期中的一体化形成的较大政治体系的潜在核心地区的政府和政治精英，通常将作为积极的领导人、统一者，或是即将出现的一体化的政治体系的精英。[①] 欧洲一体化过程中法德及以舒曼为代表的政治精英所起的作用就是一个很好的例证。在一体化进程的早期，心理上的"非战"联合体的意识也需要得到强调和发展，即在未来的伙伴之间进行战争渐渐被视为非法，针对彼此的战争准备也不会再赢得民众的支持，即使在较大的国际事务中彼此立场相互对立时亦然，换言之，成员间拒绝相互作战。从 1950 年起，欧洲经济共同体各国尽管对于过去的许多战争仍旧记忆犹新，但它们之间就出现了此类心理上的非战联合体。[②]

专栏 3.1　　囚徒困境

囚徒困境是非零和博弈中的一个经典案例，反映的是合作中由于缺乏足够的沟通与互信，个体的理性行为导致集体利益的非理性后果。具体案例如下：两个嫌疑犯作案后被警察抓住，被分别关在不同的屋子里接受审讯。警察知道两人有罪，但缺乏足够的证据。对于这两个嫌犯来说，他们彼此间的合作行为是对警察抵赖，他们彼此间的不合作行为是对警察坦白。如果两人都抵赖，各判刑一年；如果两人都坦白，各判八年；如果两人中一个坦白而另一个抵赖，坦白的，被放出去，抵赖的，被判十年。于是，每个囚徒都面临两种选择：坦白或抵赖。然而，不管同伙选择什么，每个囚徒的最优选择是坦白：如果同伙抵赖、自己坦白的话，自己被放出去，不坦白的话，自己被判一年，坦白比不坦白好；如果同伙坦白、自己也坦白的话，自己被判八年，而自己不坦白的话，自己被判十年，坦白还是比不坦白好，因此，每个囚徒的理性选择是坦白。结果，两个嫌疑犯都选择坦白，各判刑八年，而如果两人都抵赖的话则会各判一年。在现实国际关系中的军备竞赛、关税战等领域会出现类似情况。

专栏 3.2　　公用地悲剧

公用地悲剧是用一个经典的寓言来解释，在缺乏有效治理和互信的情况下，为什么公共资源的使用往往会超出适度的水平。世界著名生态经济学家、加利福尼亚大学人类生态学荣誉教授加勒特·哈丁（Garrett Hardin）在 1968 年的《科学》杂志上发表了《公用地悲剧》一文，总结出一个著名的论断，即"公共资源的自由使用会毁灭所有的公共资源"。哈丁设想，古老的英国村庄有一片牧民可以自由放牧的公用地，但如果牧民的放牧数超过草地的承受能力，过度放牧就会导致草地逐渐耗尽，结果便是草地毁坏，牧民无法从放牧中得到理想的收益，这时便发生了"公用地悲剧"。所有的

① 参见［美］卡尔·多伊奇：《国际关系分析》，338 页，北京，世界知识出版社，1992。
② 参见上书，339 页。

牧民都能从在公用地放牧中获益，并且也知道其将为自己的过度放牧承担公用地退化所产生的后果。但是，由于各个牧民之间缺乏足够的沟通和互信，谁也不能排除别人过度放牧的可能性，自己如果循规蹈矩，那么，也仍需要承担别人过度放牧的后果——草场退化，因此，每个理性的牧民必然会做出的选择便是自己增加放牧，最终导致公用地悲剧的发生。在现实国际政治中像生态环境领域等是最容易产生公用地悲剧的。

作为一个政治过程，地区一体化在时间上有个“起飞点”，自此，它不再仅仅是一种理论上的探讨，而是成了比较广泛和比较协调的运动，并且受到一些重要力量的支持。地区一体化“起飞”前，一体化的建议只是一项理论；起飞后，它就成了一种力量。

地区安全一体化，主旨是和平，即基于和平管理与解决地区冲突。在这一过程中，必然产生一种新的、吸引人的处理冲突的方式，并伴之以对较好处理结果的共同期待；这些共同期待应该令人可信，并给予有关的民众和政治精英期待，至少产生某些展望和利益一致的潜在意识；同时，倡导地区一体化的政治精英必须登上政治舞台，这样，这些共同利益和展望在一体化的早期所表现出的不成熟会被视为当然，并将被作为新的政治行动的出发点。

在地区安全一体化的进程中，地区内的国家，特别是在一体化过程中起“火车头”作用的核心国家以及地区内的民众，必须逐步学会将其全部和大部分重要的关注及问题与一体化这一共同主张相联系，而不在太多其他竞争性主张上过度纠缠。欧洲经验证明，“火车头”的带动和民众的支持在地区一体化的进程中起着重要的作用。

地区安全一体化的结果是区域安全共同体的形成。

二、安全共同体

（一）安全共同体的定义和类型

安全共同体是地区安全一体化的结果。安全共同体是一种理想的地区安全秩序。安全共同体并不意味着成员国间没有利益冲突，而是共同体内人们已经拥有了和平管理冲突的意识、能力、习惯。卡尔·多伊奇将安全共同体定义为“一组一体化的人，通过一体化，在一定的领土范围内，达成一种足够强烈的、足够广泛的‘共同体’感觉、制度和惯例，以保证在较长的时间里，相互间有着可靠的、在其内部发生和平变化的期望”①。罗纳德·J·耶尔姆（Ronald J. Yalem）将安全共同体定义为“放弃以武力作为解决地区冲突手段的一种国家集团”②。也就是说，在共同体内，国家间已经达成了这样的共识，它们之间的安全问题必须而且能够通过和平变革的方式加以解决。这种和平变革是指通过“制度化的程序，而非大规模的物质力量”③，并且，这种和平解决彼此间安全问题的共识已

① Karl W. Deutsch, Sidney A. Burrell, *Political Community and the North Atlantic Area: International Organization in the Light of Historical Experience*, Princeton: Princeton University Press, 1957, p. 5.

② 转引自［加］阿米塔·阿查亚：《建构安全共同体：东盟与地区秩序》，23页，上海，上海人民出版社，2004。

③ Karl W. Deutsch, Sidney A. Burrell, *Political Community and the North Atlantic Area: International Organization in the Light of Historical Experience*, Princeton: Princeton University Press, 1957, p. 5.

经内化成人们的一种意识。

综合各派学者的观点，安全共同体可定义为，地区安全一体化达到了一定的程度的国家集团，在这样的国家集团内，成员间有着较强的“我们感觉”，在这样的区域认同的作用下，各成员国对彼此间关系的发展变化有着“和平变革”的可靠期望，战争手段也不再成为成员国间解决冲突的手段。

安全共同体包括合并型安全共同体（the amalgamated security community）和多元型安全共同体（the pluralistic security community）。合并型安全共同体是两个或者多个以前独立的单元合并成为一个较大的单元，在合并后有着或为一元的或为联邦的共同政府，即有着唯一的最高决策中心，如1765年后统一的北美13个殖民地。合并型共同体成员的最主要的政治目标不是对内维持彼此间和平，而是对外有更高的统一行动的能力。因为没有成功解决成员间的安全关系问题，所以，合并型安全共同体内部发生战争的可能性大于多元型安全共同体。多伊奇对历史上曾经出现过的多元型和合并型安全共同体内部成员间发生战争的情况做了一个比较，多元型安全共同体内成员间发生战争的有1例，即1814年维也纳会议后，同属松散的德意志联邦的普鲁士和奥地利于1866年发生了为期7周的战争。而合并型安全共同体内部发生战争的，有7例，如1861年美国的南北战争、1918年的奥—匈战争、1919年的英国—爱尔兰战争等。[①] 所以，从管理地区内安全事务、维护地区内部安全的角度出发，建构多元型安全共同体是优先选择。另外，合并型安全共同体因其具备了统一的最高决策机构，而具有了主权民族国家的特点，所以，通常意义上的安全共同体是指多元型安全共同体。

多元型安全共同体中各成员依然保留着各自的独立性和主权，有着多个最高决策中心。多元型安全共同体的最主要的目标是针对地区内部的，即维护成员间的和平，而不是对外的统一行动的能力。比如相互间实现边境非军事化的美国和加拿大，就是多元型安全共同体的一个典型代表。

（二）安全共同体的特征

（1）共同体内成员间实现了“去安全化”。这种去安全化包括两个方面：从主观上看，各成员的决策层不再把彼此间战争作为一个决策选择；从客观上看，以共同体内部成员为假想敌的军队在军事训练、动员、防御工事等处于极低的水平。共同体内各方都不再担心在彼此之间发生战争，共同体内没有针对其他成员国的大规模的、有组织的战争准备，共同体内部是和平与稳定的关系。换言之，安全共同体使该地区内部使用武力的合法性完全丧失，共同体内成员对相互间的安全问题有一种“可靠的预期”。这种可靠的预期来自“拥有共同的认同、其认同和利益由环境决定的行为体”[②]，这种预期使避免战争成为地区内的一种社会习惯。

（2）共同体内有一种共同体意识（sense of community），即“将自己作为一个团体或者‘群我’的一部分的意识”[③]。这种共同体意识不是对一些政治安全主张的口头赞成，

---

① Karl W. Deutsch, Sidney A. Burrell, *Political Community and the North Atlantic Area: International Organization in the Light of Historical Experience*, Princeton: Princeton University Press, 1957, p. 30.

② 郑先武：《安全区域主义：建构主义者解析》，载《国际论坛》，2004（4）。

③ Alexander Went, *Social Theory of International Politics*, Cambridge University Press, 1999, p. 224.

而是相互间的同情和忠诚，以及相互信任和相互体谅（consideration），对各个成员自我形象和利益的部分认同，对相互间行为的成功预测，以及据此而产生的合作行为。简言之，就是一种在相互关注、沟通、需要感知以及决策响应等长久的、动态的过程中表现出的一切。① 如果没有这样的共同体意识，共同体内部的“和平变革”是无法保障的。② 这种共同体意识能够缓解并逐步消除共同体内国家间的安全困境，能够建构并重新定义共同体内国家间的国家利益关系，推动共同体内成员间关系超越权力政治。

（3）共同体内有着广泛的、有效的机制来调整和规范其成员的行为，使成员间的广泛的联系和互动呈现出互惠性，使维护共同体的存在成为其成员的共同利益，以促进成员共同体意识的形成。

（4）安全共同体与联盟有本质的区别。安全共同体表明了以地区为空间范围的国家集团内部的一种和平与稳定关系，对如何集体地与外部行为体联系，不做任何考虑；而联盟不受地理条件的限制，主要思考如何应对外部行为体，这是安全共同体与联盟的最本质的区别；安全共同体否定了在其内部使用武力的合法性，从而使其从根本上区别于集体安全。

（三）安全共同体建构的过程

安全共同体是地区一体化的结果。安全共同体的建构过程也就是地区安全一体化的过程。不管是由大国还是小国构成的国家集团，都能够建构安全共同体。

由一些国家集团构成的地区从非一体化到一体化要经历一个广泛、模糊、连续的过程。在这一过程中，要完成地区性制度、规范的建立以及集体认同的建构。这是建构安全共同体的关键。安全共同体的建构大体上包括以下三个阶段：

初始阶段：由一些激发机制推动安全共同体的建构“起飞”，包括对地区安全现实的新解释和对外部威胁的认知等。比如，两次世界大战使西欧对彼此之间以战争来解决争端感到疲惫和厌恶，美苏的争霸也使西欧承受沉重的地区外的环境压力，这都是激发欧洲走向一体化的重要因素，甚至有学者将欧洲的一体化称为“作为冲突解决制度的一体化”；再如，古巴导弹危机激发了拉丁美洲国家建立拉美无核区的努力；又如，亚洲金融危机、“非典”危机以及朝核问题也都是激发东亚共同体建构的历史机遇。

这一阶段往往发端于某个核心区特别是地区内的大国，地区内某些核心国家有意识地倡导建立地区性机制来解决相互间的安全问题，促进地区成为合作型的地区，维护地区的整体利益。发端于核心区的地区一体化会吸引地区内其他国家的积极参与。比如，法德作为西欧最主要的两个国家，在欧洲一体化的过程中就起到了这样的核心区的作用，成为欧洲一体化进程中的“双火车头”，倡导欧洲机制的逐步建立，来解决地区内部成员间的问题，在协调地区内部成员利益的同时，还塑造和维护地区的整体利益。发端于以法德为核心所推动的五国欧洲一体化，不断吸引欧洲其他国家的加入，截至2016年已经达到了27个成员国的规模。

上升阶段：在这一阶段，地区性安全机制得以建立和完善，并在决策层面和民众层面都有了与此相适应的政治思维和政治行为习惯。安全共同体是通过互动建构起来的，实现

---

① Karl W. Deutsch，Sidney A. Burrell，*Political Community and the North Atlantic Area：International Organization in the Light of Historical Experience*，Princeton：Princeton University Press，1957，p. 36.

② Ibid.，p. 86.

安全共同体的路径是建立成员间的沟通与交往。多伊奇认为，地区一体化能够促使相关的国家共同建立各种制度、规则和组织，以保证地区秩序和关系的和平调整与变革。地区安全一体化起步后，由核心区倡导和主导，并由逐步建立起来的地区性机制以密切的相互协调来减轻地区内成员相互间的恐惧，地区性机制的保障可以使相关的政治单元对彼此行为做出可靠的预期，并能在不诉诸武力的情况下对彼此间的需要、信息、行为做出快速、适当的反应，这样就可以鼓励成员期望和依靠和平变革，从而减轻地区内的安全困境，带动地区内更多的多边互动，使地区一体化进入一个自我加强的过程，开始向互助性过程和集体认同的认知转化。地区一体化是一个社会学习的过程，会带来政治精英与民众社会心理的转变，逐步培养出相关政治单元的政治决策主体，并促进价值观的相容性，这些价值观并非抽象的概念，而是与地区性机制相一致的政治制度和政治行为习惯，这为集体认同的建构奠定了基础。

成熟阶段：在这一阶段，地区的集体认同和地区的共同利益的建构得以完成。地区以较高的制度化、高度的信任为主要特征，使地区内以非军事手段解决冲突成为可能，培养出地区内和平的行为习惯、成员国相互间的反应以及它们对地区事务反应的趋同。成熟阶段可以是松散结合的，也可以是牢固结合的。松散结合的安全共同体本质上是极其简单的，这种安全共同体是主权国家构成的跨国界区域，区域内的人们保持对和平变革的可靠预期，这些人群不希望彼此之间存在武力威胁，而是希望都遵守自我约束原则。如由美国和加拿大构成的安全共同体。牢固结合的安全共同体有更为严格的标准，包括一个能够提供集体的、合作的、努力相互帮助并联合解决共同问题的互助社会，具有超国家主义的一些特征，或一种后主权体系。① 如一体化程度不断深化的欧盟。

经过上述三个阶段，地区可以实现从霍布斯所认为的丛林法则下的无政府状态到安全共同体的转变。

第四节　亚太安全体系

亚太地区通常是指亚洲环太平洋地区，地理范围广阔，东起美国西海岸，西至俄罗斯东部边界，北临北冰洋，南至新西兰。从国际安全关系的角度看，亚太地区安全问题主要集中在东亚部分，但东亚以外的一些大国在东亚有着重要的战略利益，而且这些大国也有在东亚争夺和维护其安全利益的能力，因此，它们较深地介入东亚问题，使东亚区域安全复合体与域外很多地区存在很强的安全互动，成为亚太超级区域安全复合体。亚太地区国家众多，各国实力悬殊，经济发展水平不均衡，民族、历史、文化和宗教千差万别，政治制度和意识形态迥异，地区内领土、领海主权争端多。主要的争端包括：俄罗斯和日本之间的北方四岛之争；日本与韩国之间的竹（独）岛之争；朝鲜半岛南北统一问题；中国台湾问题；中国与日本之间的钓鱼岛、东海大陆架之争；中国与越南之间的海洋边界问题（中越两国 1999 年 12 月 30 日签订《中华人民共和国和越南社会主义共和国陆地边界条

① 参见［加］阿米塔·阿查亚：《建构安全共同体：东盟与地区秩序》，47～48 页，上海，上海人民出版社，2004。

约》；2009年2月23日，两国陆地边界的勘界工作完成。自此，中越陆地边界问题圆满解决）；中国与越南、文莱、马来西亚、菲律宾之间的南沙群岛问题；越南与印度尼西亚之间有关南中国海大陆架划界问题；越南与柬埔寨之间的边界问题；越南与马来西亚之间海岸划界问题；马来西亚与菲律宾之间沙巴省及其毗邻海域问题；马来西亚与新加坡之间贝德拉布兰卡岛问题；马来西亚与印度尼西亚之间关于斯巴岛、塞巴迪岛和里其丹岛问题；马来西亚与泰国之间关于暹罗湾海域划界问题；泰国与老挝之间的边界问题；泰国与缅甸之间的边界问题等。

冷战的结束给亚太地区安全带来了深刻的影响，以大国对抗为主旋律的局部战争不断发生的局面结束，亚太安全呈现出相对稳定的局面。但是，这并不意味着亚太地区冷战后新的安全结构和安全秩序已经形成。

冷战结束后，亚太地区安全形势总体上走向缓和，但影响地区安全的不稳定因素依然存在。安全领域的冷战结构并未因冷战的结束而消失，一些地区热点问题虽然降温，但并未最终解决，还存在升温或重新爆发的可能。区域内国家间缺乏信任，安全观念上的冷战思维影响着区域内国际关系的正常发展，对抗的秩序特征并没有随着冷战的结束而完全消失。① 亚太秩序的基本结构直到20世纪末21世纪初才开始出现变革的趋势，建构新的地区安全机制开始得到广泛的倡导和关注，但这些新的安全机制和安全秩序的建构是缓慢的、渐进的。

一、亚太地区的冷战遗产

（一）美国的亚太联盟体系得到强化

在亚太地区，冷战的结束留给亚太和美国的最大遗产是由美国主导的、广泛的联盟体系，主要包括美日、美韩、美澳新、美菲、美泰五组联盟，这个联盟体系的不对称性使美国在联盟中起主导作用，构成了以美国为“轮轴”、以各个联盟为“轮辐”的“轮轴—轮辐”模式。这个几乎涵盖了亚太所有军事战略要地和热点地区的联盟体系，不仅没有随着冷战的结束而自行解体，反而呈现强化态势。其原因一方面是它符合美国遏制亚太地区那些所谓的“地缘战略棋手”的需要，另一方面也符合美国盟友因“中国威胁论”而引起的平衡中国的安全需要。所以，美国“在欧洲的北约东扩与亚洲联盟体系的强化，至少在客观上造成两大联盟体系遥相呼应的现实，构成了对欧亚大陆中心地带的钳制之势”②。

专栏3.3　“地缘战略棋手”

所谓“地缘战略棋手”，是指“有能力、有民族意志在其国境之外运用力量或者影响去改变现有地缘政治状况以致影响美国利益的国家”。控制欧亚大陆是美国取得并维持其全球主导地位的基础。在欧亚大陆西端，美国已经通过主导北约改革以及北约东扩，逐步挤压欧亚大陆西端的地缘战略棋手俄罗斯的战略空间，实现了对欧亚大陆西端的控制。

---

① 参见潘忠岐：《冷战后亚太地区秩序的变革》，载《教学与研究》，2007（9）。
② 王帆：《美国的亚太联盟》，134页，北京，世界知识出版社，2007。

对于欧亚大陆东端的亚太地区，疆域辽阔、人口众多、经济迅速崛起的中国，成为美国全球战略防范中的地缘战略棋手。美国认为中国作为一个重要大国的兴起造成一个非常重要的地缘战略问题，美国利用其在亚太的冷战遗产，以巩固亚太双边联盟体系的方式在欧亚大陆东部构筑了“一个相当于在欧亚大陆西端的一个协调的地缘政治结构”。

简言之，在后冷战时代，美国在亚太的联盟体系虽然失去了冷战联盟赖以存在的基础，但却找到了新的存在根据。这些联盟关系依然在亚太安全事务中发挥重要作用，既符合美国冷战后的全球战略需要，又能满足美国亚太盟友心理上的安全需要。

（二）朝鲜半岛问题和台湾问题的“悬而未决”

朝鲜半岛问题和台湾问题的核心都是国家、民族的统一问题。作为冷战的重要标志，朝鲜半岛问题和台湾问题非但没有像柏林墙的倒塌那样，成为冷战结束的序曲；相反，在冷战结束二十多年后，依然没有彻底解决，而且持续成为地区安全关系中的热点问题。

在朝鲜半岛，韩朝双方在军事上的对峙依然严峻，“在仅有 22 万平方千米的半岛土地上竟然集中了 180 多万现代化的部队，其中 70%的精良部队部署在军事分界线——北纬 38 度线两侧的前沿阵地，半岛已经成为当今世界兵力部署最集中最密集的地区”①。而且双方由军事演习、武器试验等各种原因引发的危机层出不穷，包括停战协定危机、潜艇事件、三八线冲突事件、试射危机、北方渗透事件、黄海危机、天安舰事件、延坪岛炮击事件等。其中 1997 年发生的三八线冲突事件是双方自 1970 年以来在军事分界线附近发生的第一次冲突。② 但是，冷战后随着南北双方交流意愿的增强，韩国自金大中政府时期开始连续 10 年推行对朝“阳光政策”，朝方在推行经济改革过程中与韩方的有限合作，美中韩朝四方会谈的推动，使朝鲜半岛在 20 世纪 90 年代中期以来出现了缓和的趋势，使得双方在危机发生的时候，能保持冷静与克制，以免破坏来之不易的缓和局势。不过，朝鲜半岛的局势在很大程度上还受南北双方国内政治的影响。一方面，实行多党政治的韩国，执政党的更迭常常会导致韩国对朝鲜政策的不连续性，比如韩国李明博政府上台以来，韩国放弃自金大中政府以来持续 10 年的对朝“阳光政策”，转而实行对朝强硬的立场，也使得 2008 年以来朝鲜半岛的局势骤然紧张；另一方面，朝鲜的“先军政治”模式以及朝鲜核问题，特别是 2006 年、2009 年、2013 年、2016 年四次核试验，以及与核武器技术密切相关的发射活动，都为半岛局势增添了变数。

台湾问题本是中国内战中遗留下来的内政问题，但随着 1950 年 6 月 25 日朝鲜战争的爆发，随即美国总统杜鲁门下令将美国第七舰队部署在台湾海峡，台湾地区就被纳入美国亚太地区战略体系，成为美国战略中的在亚太地区永不沉没的航空母舰。台湾问题被国际化，美国成为阻碍台湾问题根本解决的最重要的国际因素。台湾问题也成为中美关系中的最重要、最敏感的核心问题。

冷战期间，台海地区爆发过 1954 年、1958 年两次台海危机，但随着中美关系的发展

---

① 陈峰君：《亚太安全析论》，262 页，北京，中国国际广播出版社，2004。

② 参见上书，264～265 页。

与改善，台海地区进入了和平对峙与向缓和过渡的阶段。1978 年，中共十一届三中全会决定实施改革开放政策，同时也制定了和平统一祖国的战略方针。1987 年，台湾开放民众赴大陆探亲，两岸的人员与经贸往来日益密切。在两蒋时期，海峡两岸都坚持一个中国的原则，台湾问题从本质上是国共两党执政理念和意识形态之争，涉及的只是国家统一方式的问题，不涉及国家的分裂问题。但自 1988 年李登辉上台以后，台湾当局开始奉行“一中一台”“两个中国”政策，台海自 20 世纪 70 年代以来的缓和局势被打破。1995 年 6 月，李登辉获准访问美国，触发了第三次台海危机，台海安全进入紧张僵持阶段。直到 1998 年台湾海峡交流基金会（海基会）董事长辜振甫率团访问大陆，具有实质意义的两岸政治对话启动，两岸关系得到缓和发展。但民进党上台后，推行渐进式“台独”，两岸关系时常陷入紧张状态。2008 年台湾“大选”，国民党在野 8 年之后，重新上台，陆续实现：开通大陆民众赴台旅游，两岸包机常规化；“5・12”大地震中台湾社会各界对大陆灾区进行援助；台湾地区新任领导人马英九公开否认两岸关系为“国与国的关系”，而是大陆地区与台湾地区的关系；在“一个中国”原则下达成的“九二共识”基础上，海基会和海协会两会会谈重新启动并机制化运作，并签署了两岸海运、航空、邮政、食品安全四项协议，两岸在非政治领域的合作得到深入发展，两岸关系发展呈现出积极的态势。但是，台湾与大陆政治分裂的持久性以及政党与民间往来的不畅，使两岸政治关系的核心已经远远超越了内战的遗产问题。在台湾岛内，绿营政党及其支持者对两岸关系缓和的抵制，为台湾问题的根本解决增添了很多不确定的因素。

尽管朝鲜半岛问题曾出现过缓和，这种缓和甚至在第二次朝核危机发生期间依然延续，而自 2008 年国民党再度取得台湾地区领导权起，台湾问题也出现了缓和且两岸关系在经贸、旅游、文化交流等各领域发展迅速，但这两个问题的缓和不是建立在最核心的内容——国家、民族的统一得到解决的基础之上的，而是建立在搁置统一问题的基础上，而且，这两个问题都与唯一的超级大国美国密切关联，这无疑增加了解决问题的难度。所以，在相当长的时间内，这两个问题仍然是亚太地区稳定的潜在威胁。

（三）亚太地区的主要双边安全关系模式没有发生根本的变化

作为冷战的遗产，亚太地区的双边安全关系模式深深植根于冷战时期。冷战结束后，虽然在国际合作的国际背景下，亚太地区的一些双边关系不同程度上都朝着积极的方向发展，比如中韩关系、俄韩关系、俄日关系等，但是一些国家间的根本利益分歧没有得到解决，导致这些存在根本利益分歧的国家间的双边关系模式的发展和演变与冷战期间的安全关系模式有很大的延续性。

中美关系：作为亚太地区最重要的双边关系，中美关系不仅事关中美各自的国家利益，也关系到整个亚太地区乃至整个世界的发展与稳定。中美关系的核心问题是台湾问题，美国是影响两岸统一的最重要的国际因素。中美两国在台湾问题上的根本利益是不同的，中国的根本利益是实现祖国的统一，而美国的根本利益是维护其亚太战略体系的连续性和完整性。冷战结束后，美国台海政策的重点是抑制战争风险，奉行的是维持台海现状的台海政策，“维持现状的实质是控制危机或缓和危机，而不是根本解决危机”①。这样一

① 朱立群、王帆主编：《东亚地区合作与中美关系》，239 页，北京，世界知识出版社，2006。

方面可以维护既得利益，另一方面可以避免被拖入战争。

冷战结束后，亚太地区是大国关系最复杂、最不确定的地区。美国的战略重点也由欧洲转向亚太，防止亚太地区出现能够挑战美国地位的力量，为此，美国把中国视为战略对手，加强对中国的预防性遏制。这种遏制既包括军事上的，也包括经济上的。在军事上，一方面，通过推行“亚太再平衡”战略，计划到 2020 年将美国海军 60%的舰艇集中于亚太地区，包括 11 艘航空母舰中的 6 艘，将部署在本土之外的空中力量的 60%集中到亚太地区；另一方面，以亚太地区热点问题为切入点，提升美国与其亚太传统盟国日本、韩国、澳大利亚、菲律宾、泰国的合作水平，深化与新加坡、越南、印度尼西亚等东南亚国家间的安全合作。在经济上，美国大力推动由其主导、众多亚太国家和地区纷纷参与的“跨太平洋伙伴关系协定”（TPP），以遏制中国经济规模的快速增长。然而，美国对华的双重遏制无法回避的现实是中美经济相互依存度不断提高，双方利益的交汇点不断扩大，中美很难全面“交恶”，特别是“9·11”后，中美在反恐、防扩散以及维持东北亚的和平与稳定等国际问题上存在合作的需要，中美合作的空间进一步扩大。总之，冷战后的中美关系跌宕起伏，充满了不确定性，这是美国对华政策在遏制与接触、防范与合作之间摇摆不定的结果。

专栏 3.4　“亚太再平衡”战略

所谓“亚太再平衡”战略，是指奥巴马政府对美国全球战略的反思和调整，冷战期间美国将全球战略重心放在欧洲，冷战结束后美国又身陷阿富汗战争和伊拉克战争，致使亚洲未得到充分重视，为此美国将全球战略重心转移至亚太地区，以平衡中国在亚太地区的崛起。美国的“亚太再平衡”战略包括三个维度：首先是安全维度，将军事重心转向亚太地区，以增加美国在亚太地区的军事存在为既定目标，加强在亚太地区的前沿部署；其次是外交维度，加强与亚太地区的盟友、伙伴甚至以前曾被美国冷落的国家（如老挝、缅甸等）之间的关系；最后是经济维度，极力推销旨在将中国排除在外的跨太平洋伙伴关系协定。

中日关系：作为世界第二经济大国和第三经济大国的中日两国关系对亚太安全的重要性是不言而喻的。中日关系是复杂的，既有纠结着不可忽视的民族情感的历史问题，也有现实的领土、领海和大陆架争端，还有因为日本与美国结盟以及该联盟的调整而产生的复杂的利益分歧，同时也有现实的高度的经济相互依存，并且这种相互依存逐渐趋向对称。中国、日本互为最主要的贸易伙伴，且经济相互依存度不断增强，2006 年中日双边贸易额突破 2 000 亿美元，2011 年这一数额创下 3 400 亿美元的新高，此后虽受国际经济衰退、汇率等因素的影响而出现小幅下滑，但 2012 年、2013 年这一数额达 3 100 亿美元以上。可以说中日互为最重要的经贸伙伴。

尽管经济上的相互依存达到如此程度，但从安全关系上，中日双边关系比较冷淡，很长一段时间处于经热政冷状态。冷战结束后，历史问题成为中日关系中的一个重要的症结，没有得到彻底解决，中日政治关系一直相对冷淡。而伴随着日本亚太战略的重要调整，即“争夺在亚太地区的主导地位，力图使日本由经济大国跻身于世界政治大国和军事大国的行列”[1]，谋求建立以日美同盟为基轴的亚太地区安全新秩序，并防止中国成为亚太地区主导性大国，21世纪日本“最重要的课题就是如何对付中国”[2]。日本把中国当作中长期主要防范对象，依靠美日同盟，对付中国潜在的威胁。经热政冷的中日关系模式在冷战后不断加强，中日政治安全关系处于持续的不和状态。

特别是21世纪以来，日本政治右倾化色彩日渐浓重，主要表现在以下几个方面：一是参拜靖国神社。小泉纯一郎任首相期间（2001—2006年）六次参拜供奉包括东条英机在内的14名二战甲级战犯的靖国神社；2012年自民党再度执政，首相安倍晋三于2013年其执政1周年之际参拜靖国神社。这些极大地伤害了中国、韩国以及亚洲其他战争受害国人民的民族情感。二是日本宣布“国有化”中国领土钓鱼岛。2012年，日本宣布“国有化”中国领土钓鱼岛，中日两国元首自恢复邦交以来就钓鱼岛问题达成的“搁置争议”这一共识被日本单方面打破。中国为维护主权和领土完整，公布钓鱼岛及其附属岛屿的领海基点基线，并对钓鱼岛海域、空域进行常态化巡航。这样中日间关系的紧张度因日本“国有化”钓鱼岛而升级。三是日本解禁集体自卫权，架空日本和平宪法。2014年7月1日，日本政府召开内阁临时会议，通过了修改宪法解释、解禁集体自卫权的内阁决议案，这使日本和平宪法第九条被架空。日本政治右倾化色彩的日益严重，使日本与亚洲国家间所存在的争端被进一步安全化。

美朝关系：在东北亚安全关系中，朝鲜虽然不是一个大国，美国也不是一个地理上的东北亚国家，但是二者却在东北亚安全较量中扮演着重要的角色，特别是冷战后，韩朝双方实现了有限的缓和，朝鲜半岛的安全问题的重点是美朝关系。冷战后，美朝关系的发展，包括半岛安全问题、外交承认、金融制裁、经济援助等，都是围绕着朝核问题展开的。

冷战后，朝鲜半岛依然分裂，南北双方的敌对态势并没有发生根本逆转，但朝鲜半岛的安全格局发生了重大的变化，“冷战时期二元对立的结构变成一种犬牙交错的网状结构”[3]。一方面，由韩美日构成的“南三角”关系继续存在，并且三国的政治、经济、军事实力都不断增强；另一方面，由朝中苏构成的“北三角”已经不复存在，苏联和中国分别于1990年和1992年与韩国建立了外交关系，中苏韩三国走出了冷战的阴霾，中国和苏联的继承者俄罗斯也分别进行了政治经济体制改革，开始以积极的姿态融入全球政治、经济、金融体系中。无论是俄罗斯还是中国，因为朝鲜半岛问题与美国、日本陷入全面对抗的可能性都大大降低，而“北三角”中的朝鲜不但独自与南方势力集团保持对峙，面临着严峻的国家安全威胁，而且面临严重国内经济困难的朝鲜还依然被孤立在一体化程度不断加深的国际政治、经济和金融体系之外，国家的经济发展举步维艰。

在朝鲜半岛安全格局发生变化的情况下，核问题是朝鲜谋求通过核武装来增强自身实力并以此与国际社会特别是美国进行讨价还价的一种努力，以期使自己能够获得安全保证、外交承认、经济援助，并逐渐融入国际经济圈，使国家摆脱安全和经济上的困境。换

① 陈峰君：《亚太安全析论》，97页，北京，中国国际广播出版社，2004。
② 同上书，98页。
③ 任晓：《六方会谈与东北亚多边安全机制的可能性》，载《国际问题研究》，2005（1）。

言之，发展核武器是朝鲜求生存谋发展的一项重要权力资源。但朝鲜改变国际核秩序的努力不但会改变朝鲜半岛的核秩序，也会诱发东北亚的核竞赛，改变东北亚的核秩序，使东北亚地区成为世界上核力量最集中的地区，这必然引发国际社会的反对，特别是美国的强烈反对。因此，朝鲜发展核武器的努力成为一个国际安全问题——朝核问题，美朝双方围绕朝核问题的较量不断，朝核问题两度升级为核危机。本书第六章将涉及朝鲜核问题，在此就不再展开阐述了。

二、冷战后亚太地区安全机制的兴起和发展

冷战结束后，亚太各国都把积极发展经济作为各国国内政策的核心和对外政策的出发点，促进和维护亚太的和平与稳定成为各国的共同利益，各国积极参与各种地区或者次地区多边安全机制来促进地区稳定与合作。

亚太地区安全机制是多渠道、多层次、多方向的，既包括涵盖整个亚太地区的官方渠道——东盟地区论坛（ARF）、半官方的东北亚合作对话会（NEACD）以及民间的（二轨道）亚太安全合作理事会（CSCAP）等常设机制，也包括为推动韩朝缓和的四方会谈，以及为解决朝核问题而举行的六方会谈这样的专门磋商机制。这些安全机制在不同程度上为缓和地区安全局势、促进地区安全合作做出了重要的贡献，使亚太地区安全秩序的基础由冷战时期单一的传统联盟变为传统联盟与多边安全磋商并存。另外，这些地区安全机制调动了亚太地区特别是东亚地区国家积极谋求一体化、增加地区的自主性、增强地区的凝聚力和竞争力的热情，众多的政治精英和学术精英经常探讨如何推进地区一体化，建构东亚共同体，这些努力对建构、培养地区认同有着积极的作用。

（一）东盟地区论坛在亚太地区安全机制建设中的地位

由东盟发起并主导的东盟地区论坛是目前亚太地区最重要的、涵盖范围最广的地区安全对话机制，尤其重要的是东盟地区论坛是亚太地区唯一包含了中美日俄等所有大国参与的常设地区安全合作框架。截至 2016 年，东盟地区论坛共有成员 27 个，包括东盟 10 国和 10 个东盟对话伙伴（澳大利亚、加拿大、中国、印度、日本、新西兰、韩国、俄罗斯、美国和欧盟），以及孟加拉国、朝鲜、蒙古国、巴基斯坦、巴布亚新几内亚、斯里兰卡和东帝汶。东盟地区论坛被称为“构筑冷战后亚洲安全新格局的基石，制定亚太安全新秩序和安全合作的新框架”①。因为发起并主导东盟地区论坛，东盟成为东亚一体化的“核心区”。东盟主导亚太安全新秩序建构的重要原因是，东亚最主要的两个大国中国和日本没有像二战后法德那样实现和解，在两大国“交恶”的状态下，两国无法成为共同主导东亚一体化的“双火车头”，更无法接受任何一方单独主导东亚一体化进程。另外，中国和日本在历史上都曾主导东亚秩序的历史包袱也制约了它们在东亚一体化中发挥主导作用。因此，一个由中小国家组成的东盟发挥主导作用成为东亚一体化的最佳选择，与欧洲一体化的“大国合作领导小国”不同，东亚是“小国合作领导大国”。

东盟地区论坛于 1994 年成立，其目的是使亚太各国培养起就共同感兴趣的政治与安全问题进行建设性的对话和协商的习惯。东盟地区论坛倡导的合作领域主要包括建立信任

---

① 阎学通：《中国与亚太安全》，189 页，北京，时事出版社，1999。

措施、核不扩散、维和、交换非机密军事情报、海上安全和预防性外交、探讨冲突解决的方式等。东盟地区论坛致力于在非军事框架中寻求地区安全方案，本着东盟主导、平等协商、求同存异、循序渐进、协商一致、照顾各方舒适度的原则进行地区安全对话与合作。东盟地区论坛成立以来，推动了成员方在安全问题上的对话，在一定程度上增进了成员间的相互信任，缓和了存在争端国家之间的紧张关系。尽管如此，东盟地区安全论坛在效率上仍存在一定的局限性。

首先，亚太各国对地区安全新秩序的主张差异很大，这使东盟地区论坛所奉行的“循序渐进、协商一致”的安全合作方式效率不高。东盟地区论坛最主要的功能是提供了一个官方对话平台，并没有建立完善、严格的规章制度和机构来保证地区秩序和关系的和平调整与变革，因此，东盟地区论坛不是强有力地化解地区危机、管理地区冲突、维护地区安全的安全机制。

其次，东盟是一个东南亚的次地区组织，由东盟发起并主导的东盟地区论坛所关注的范围主要局限在东南亚。东盟建设和发展的核心是东南亚，2006 年 5 月 11 日，东盟吉隆坡国防部长会议宣布在 2020 年之前成立一个旨在和平解决地区安全问题的“东盟安全共同体”，会议还暗示将来可能设立一个包括中日韩在内的“10＋3”防长会议，以确保本地区各国彼此之间以及与世界其他国家的和平共处。而对于与东盟国家安全关系不密切的朝鲜问题、台湾问题，东盟地区论坛很少涉及。

最后，东盟地区论坛对地区内安全事务，特别是地区内大国间的安全事务管理能力不足。地区安全机制的建立和地区安全一体化进程需要地区内大国积极、有效地参与，这种参与并非是口头上的，而是落实到在地区一体化进程中。这是因为，地区的权力结构和安全关系模式都是由地区内的大国来定义的，地区内的中小国家的安全也直接或间接与大国有着重要的联系，大国间的安全关系得不到有效的管理，会使得整个地区安全关系的不稳定。亚太地区的大国也集中在东北亚，大国关系复杂，且各大国亚太安全战略差异很大，比如朝核问题和台湾问题，都集中体现着大国安全战略安排，其中的战略利益分歧是东盟地区论坛很难解决的。作为东亚一体化的核心区，东盟是由小国构成的，这与由地区大国法德构成一体化核心区的欧洲不同，其影响力需要大国的积极支持。如果没有大国的积极助推的话，东盟这个“火车头”很难拉动东亚一体化这列火车。

（二）六方会谈和东北亚安全机制的倡导与孕育

从国际安全研究的角度看，作为一个区域安全复合体，东亚安全复合体是冷战后东南亚和东北亚两个复合体因在安全互动上的不断加强而逐渐融合形成的。但由于该复合体的构成区域广泛，国家众多，从对复合体内安全问题关注的密切程度上看，东南亚和东北亚在安全关系上又存在相对的独立性，所以，东南亚和东北亚就成为东亚区域安全复合体内的两个次区域复合体。冷战后东南亚的安全秩序转变已经完成，地区安全组织东盟吸收了越南等原来共产主义意识形态阵营的国家加入，并以安全共同体为东盟的发展目标，东盟地区论坛以及“10＋3”机制等都成为东南亚常设的安全机制。相比之下，东北亚则还没有形成常设的官方安全机制，不能对地区安全问题进行及时有效的沟通、协调。但 2002 年第二次朝核危机的爆发以及中国为解决朝核问题而倡导的六方会谈，使人们看到东北亚安全机制形成的希望，可以说，朝核问题是“在东北亚建立多边安全机制的催化剂”[1]，它以危机的形式从负面促使人们关注东北亚安全机制的建立。

2002 年 10 月第二次朝核危机爆发后，针对朝核问题东北亚出现了多个多边安全对话机制，比如由中、美、朝参加的三方会谈，以及由中、美、朝、韩、日、俄参加的六方会谈，其中最重要的是六方会谈。自 2003 年 8 月第一轮六方会谈至今已经举行六轮会谈，这将朝核问题的解决纳入外交轨道，使朝美双方能够坐到同一个谈判桌上，并在双方陷入僵局的时候，挽救了几度险些失控的危机。

2005 年 9 月 19 日，第四轮六方会谈发表《共同声明》，即“9・19 共同声明”。“六方一致重申，以和平方式可核查地实现朝鲜半岛无核化是六方会谈的目标”；朝鲜承诺“放弃一切核武器以及现有核计划，早日重返《不扩散核武器条约》，并回到国际原子能机构保障监督”；美国确认“美国在朝鲜半岛没有核武器，无意以核武器或常规武器攻击或入侵朝鲜”；各方承诺“通过双边和多边方式促进能源、贸易以及投资领域的经济合作……愿向朝提供能源援助……六方同意，根据‘承诺对承诺、行动对行动’的原则，采取协调一致步骤，分阶段落实上述共识”。“9・19 共同声明”是第四轮六方会谈取得的实质性突破。落实“9・19 共同声明”成为解决朝核问题的目标。2007 年 2 月 13 日，第五轮六方会谈第三阶段会议达成《落实共同声明起步行动》共同文件，即“2・13 共同文件”。文件称：“以最终废弃为目标，朝方关闭并封存宁边核设施，包括后处理设施。朝方邀请国际原子能机构（IAEA）人员重返朝鲜并进行 IAEA 和朝方同意的一切必要的监督和验证。朝方与其他各方讨论共同声明所述其全部核计划清单……根据共同声明这些核计划应予放弃。朝方与美方将开始双边谈判，旨在解决悬而未决的双边问题并向全面外交关系迈进。美将启动不再将朝列为支恐国家的程序，并将推动终止对朝适用《敌国贸易法》的进程。”“2・13 共同文件”还涉及朝日双边对话的启动以及各方向朝提供经济、能源以及人道主义援助的实施等方面的问题。另外，为实施起步行动，全面落实共同声明，六方还同意成立五个工作组，包括：朝鲜半岛无核化工作组、朝美关系正常化工作组、朝日关系正常化工作组、经济与能源合作工作组、东北亚和平与安全机制工作组。朝核问题的解决进入“行动对行动”的起步阶段。2007 年 10 月 3 日，第六轮六方会谈第二阶段会议达成《落实共同声明第二阶段行动》共同文件，即“10・3 共同文件”，在确认“2・13 共同文件”规定的起步行动落实情况的基础上，就落实“9・19 共同声明”第二阶段行动达成共识，朝方同意“2007 年 12 月 31 日以前完成对宁边 5 兆瓦实验性反应堆、后处理厂（放射化学实验室）以及核燃料元件制造厂去功能化……于 2007 年 12 月 31 日前对其全部核计划进行完整、准确的申报……美将按照朝美关系正常化工作组会议的共识，根据朝行动并行履行其对朝承诺”。共识的达成使朝鲜核问题朝着根本解决迈出了重要的一步。但由于朝美双方积怨已久，加之双方互信程度极低，在对共同文件落实的过程中，朝美双方分歧不断，使共同文件的落实一波三折。比如对“10・3 共同文件”的执行被延迟，本应 2007 年底完成的宁边核设施的去功能化，直到 2008 年 6 月 27 日才开始被部分执行，即朝鲜炸毁了宁边核设施的冷却塔，艰难启动的宁边核设施去功能化，也因朝美双方在对落实共同文件的理解上的分歧于 2008 年 8 月 14 日停止作业。总之，朝鲜核问题的解决之路是坎坷的，但

---

① Pang Zhongying, “Building Regional Security System”, *China Daily*, March 26, 2004.

通过外交途径解决最符合各方利益，所以在朝核问题升级时各方必定会努力在六方会谈的框架内找到缓和危机推动朝核问题的解决办法。

为推动六方会谈的进行，在六方会谈之外的多边与双边会谈也积极进行。在朝鲜核试爆之后，布什政府在加强对朝鲜制裁的同时，也强调外交解决。在中国的积极推动下，“2006年11月29—30日，中、朝、美三方在北京举行会谈，就恢复六方会谈及相关条件进行了朝鲜核试验之后的第一次三边磋商，会谈至少确立了重启六方会谈的共识”①。在中国的斡旋和努力下，2007年1月美朝双方举行了柏林会谈，美朝双方达成了协议，“美国同意取消对朝金融制裁，同时开展美朝关系正常化的相关谈判，而朝鲜则同意宁边核设施的去功能化，接受核查和对朝鲜境内全部核计划做出详细报告”②。在美朝柏林协议的基础上，2007年2月13日，第五轮六方会谈第三阶段会议在北京达成了落实“9·19共同声明”的“2·13共同文件”，成为自“9·19共同声明”签署以来六方会谈取得的又一个重大进展。

2009年，朝核问题的升温使朝核问题似乎又回到原点。但是，联合国安理会主席声明在谴责朝鲜的发射活动违背了1718号决议的同时，也强调重启六方会谈和朝鲜半岛内部对话。③ 美、俄、日、中、韩各方纷纷强调六方会谈对解决朝鲜核问题的重要性。之后，美国白宫就安理会通过的主席声明说，“美国将继续在六方会谈框架下同盟友和伙伴一道努力，以可验证的方式实现朝鲜核计划的废止，缓解朝鲜半岛的紧张局势。美国国务院副发言人伍德就朝鲜宣布退出六方会谈当天敦促朝鲜重返六方会谈”④；在朝鲜宣布退出六方会谈后，俄罗斯决定派外长拉夫罗夫于4月24日开始对朝鲜半岛南北双方展开为期两天的访问，劝说朝鲜重返六方会谈，这是在朝鲜发射火箭并宣布退出六方会谈之后，六方会谈与会国中第一个派遣外长前往平壤的国家⑤；就联合国安理会通过的主席声明，中国外交部新闻发言人姜瑜说，“中方希望有关各方着眼大局和长远，保持冷静和克制，共同维护半岛和东北亚地区和平与稳定，共同致力于不断推动六方会谈和朝鲜半岛无核化进程向前发展”。而朝方也没有完全将和谈的大门关死。美国国务院副发言人罗伯特·伍德在例行记者会上表示，“我们与朝鲜进行了对话，并将我方立场传达给了朝方”。可见，在危机升温之际，朝美双方的沟通渠道还是存在的。另外，朝韩之间的沟通也没有完全中断。在宣布退出六方会谈之后，朝方主动提出4月21日与韩方就开城工业园进行讨论。2009年中朝建交60周年之际，国务院总理温家宝对朝鲜进行友好访问期间，朝方表示希望通过朝美双边会谈，朝美之间的敌对关系转变为和平关系。朝方愿意视朝美会谈情况，进行包括六方会谈在内的多边会谈。这表明朝鲜虽宣布退出六方会谈，但并未将六方会谈的大门关死。朝核问题的关键方是朝鲜和美国，因此，这一问题的最终解决还要取决于朝美双方的让步程度。从目前朝美双方就朝核问题的表态来看，朝鲜是有条件地重回六方会谈，而美国则是有条件地启动美朝双边会谈。

---

① 朱锋：《国际关系理论与东亚安全》，341页，北京，中国人民大学出版社，2007。

② 同上书，342页。

③ “Security Council Condemns DPR Korea's Recent Launch”，http://www.un.org/apps/news/story.asp.

④ 《国际纵横：朝鲜宣布退出六方会谈》，见 http://gb.cri.cn/27824/2009/04/15/2945s2484643.htm，2009-04-15。

⑤ 参见《外媒称俄外长24日将访平壤 劝朝鲜重返六方会谈》，见 http://news.cctv.com/world/20090417/104419.shtml，2009-04-17。

作为一个因朝核问题而形成的安全机制，虽然六方会谈历经六轮谈判所取得的成果看似因朝鲜退出六方会谈以及 2009 年、2013 年朝鲜的第二次、第三次核试验而前功尽弃，但是六方会谈所达成的意见仍得到了国际社会的普遍重视和尊重。2015 年 3 月 21 日，在首尔举行的中日韩三国外长会议上，“三国外长重申坚决反对在朝鲜半岛发展核武器，一致认为联合国安理会有关决议和‘9·19 共同声明’所规定的国际义务和所做承诺应得到切实执行，决定继续共同努力，恢复有意义的六方会谈，争取在半岛无核化方面取得实质进展”①。

不管怎样，六方会谈为难以突破的朝核问题提供了一个由东北亚多方展开安全合作与对话的平台，将与朝核问题安全利益相关各方汇集到一个谈判平台，就各方共同关心的地区安全问题的解决进行磋商、协调，这为东北亚建立制度化的地区安全机制以解决地区安全问题提供了一定的经验，是东北亚安全合作的一种尝试。在六方会谈的框架下，朝核问题和平解决的进展也让越来越多的人开始思考以此推动建立东北亚安全机制问题。这使东北亚安全机制的建立问题正式提上了政治议程，为解决东北亚地区安全关切问题提供一个制度化的平台成为学界和政界的共同关注。

地区安全关系的发展和安全机制的建立最终取决于地区内的大国，东北亚的地区大国是中国和日本，美日同盟是日本在东亚安全问题上主要的权力资源，另外由于美日同盟在冷战后的美国战略安排中位置的提升和美日同盟的强化，美国在东北亚安全中有着举足轻重的地位。因此，东北亚安全机制的建立取决于东北亚各国特别是中美日三国的合作意愿和主张。从各方一致同意在“2·13 共同文件”中规定建立东北亚和平与安全机制工作组这一点上看，东北亚安全利益各方在六方会谈的框架下建立东北亚安全机制是存在共识的。但东北亚的安全关系复杂、意识形态迥异、战略利益不同，安全机制的建立应该更多地建立在利益协调基础之上而不是建立在认同的基础上。各方一贯强调六方会谈在解决朝核问题中的地位和作用，是因为和平解决朝核问题符合各方的安全利益。“形成多边主义合作的本质力量并非是单纯的‘制度设计’，而是利益的推动。多边主义合作的制度形式是由需要推动的利益的复杂性和能够产生的通过多边方式协调利益的重要性所决定的。”②利益重合度是建构东北亚安全机制的重要基础，东北亚各国特别是中美日三国在地区安全问题上既有利益重合也有利益分歧。维护地区的和平与稳定，防止地区热点问题升级，符合各方的安全利益，这应该成为东北亚安全机制的出发点。“东北亚安全问题有两类：冷战遗产问题和未来秩序竞争问题。”③ 在防止地区热点问题，如台湾问题和朝鲜半岛问题升级上，各方是有着共同利益的，但对于这些问题的根本解决各方又存在根本的利益分歧。东北亚的冷战遗产还包括美日同盟和美韩同盟，对于这些同盟的发展方向，中国与各方特别是与美日存在着巨大的战略利益分歧。这些问题的解决直接牵扯到东北亚的安全秩序的转变，各国都希望在地区安全机制的建立过程中掌握主动，以提升自己在东北亚安全

---

① 《第七次中日韩外长会联合新闻稿》，见 http://www.fmprc.gov.cn/ce/cese/chn/wjdts/t1247475.htm，2015-03-21。

② 朱锋：《六方会谈与朝鲜弃核：多边主义为什么能发挥作用?》，载《国际政治研究》，2007 (4)。

③ 金熙德：《“东北亚地区安全形势评估与展望”笔谈之“东北亚安全结构与中国的应对”》，载《世界经济与政治》，2007 (9)。

秩序中的地位，这些都是东北亚各国在地区安全上的战略利益差异。这些差异决定了未来的东北亚安全机制不会具有较强决策力和执行力，而是一种类似东盟地区论坛那样的松散的官方论坛，能够为地区安全问题的磋商提供一个平台，使各方在磋商过程中进行利益协调，找到利益的平衡点，增加互信，开展预防性外交，为孕育更成熟的地区安全机制奠定基础。

三、亚太地区安全合作的前景

（一）在认可传统同盟的基础上，重视推动多边安全合作进程

目前，亚太的安全是依靠势力均衡和多边协商、对话机制来维持的，旧有的矛盾并未得到解决，新的问题又层出不穷。亚太地区的安全秩序是由美国的亚太联盟，以及东盟地区论坛、“10＋3”机制、“10＋1”机制等共同保证的。从本质上看，两种安全模式体现了两种安全观念的较量，即“强调部分国家安全的传统权力均衡模式和倡导共同安全的新安全模式”①。与此同时，地区内3个核心的热点问题都没有得到彻底解决。亚太安全秩序的建构必须在承认亚太安全现状的基础上展开，即在认可并保留亚太地区已有的同盟合作关系的同时，充分建设和完善已有的各类非同盟安全合作机制。

目前，亚太地区各国的共识是促进亚太地区的稳定，这是维护各方战略利益的起码条件，为各国通过对话解决争端提供了可能，也使地区安全建构进程能够继续下去。而亚太安全合作和东亚安全共同体建设的关键正是进程的推动，这意味着有的时候保持进程的延续性比取得立竿见影的效果更为重要。进程孕育、普及规则和规范，进程培育集体身份，进程导致角色结构和观念结构的变化。② 东亚一体化进程始于东盟，中日韩三国加入其中后，东亚地区主义面临的一个挑战就是如何保持地区主义的势头与活力；这个进程就是要把正在形成的规则和规范普及到地区的几个大国中，要求大国接受并遵守规范。

（二）优先发展次地区多边安全合作机制，实现对地区安全问题有针对性的管理

考虑到亚太地理范围广阔，各个次地区的安全问题复杂程度不一，短时期内很难形成有效管理和解决整个地区安全问题的机制，加之亚太地区已有的包括东盟地区论坛在内的多边组织的主要功能都在次地区，所以，亚太地区安全机制的建立和完善，应该以次地区为主，这样的安全机制对次地区的安全问题有高度的针对性，与各个成员国的利益相关性更高，更能调动成员国的参与积极性，同时涉及的成员国也相对较少，利益协调相对更容易，成员国之间的互信也更易实现。在此基础上逐步形成集体认同，进而形成安全共同体，并以此为中心吸收更多的成员融入共同体。另外，在次地区安全机制充分完善的基础上，对各个次地区组织进行整合，使其涵盖整个亚太地区。

第五节　欧洲安全结构

冷战时期，欧洲安全格局由美苏对抗、德国分裂、大量核武聚集以及美国在欧洲的前

---

① 王帆：《东亚安全模式：共存、并行还是置换?》，见 http://www.neat.org.cn/chinese/xsdt/contentshow。

② 参见秦亚青：《东亚共同体建设进程和美国的作用》，载《外交评论》，2005（6）。

沿军事存在四个方面构成，整体上呈现出两大对抗军事集团的对峙和冷战。

在安全问题上，冷战留给欧洲的遗产主要包括三个方面：一是以美国为主导的美欧多边同盟体系——北约，二是西欧完成了安全共同体的建构，三是对泛欧安全问题进行全面协调的欧安组织。

一、北约

北大西洋公约组织（North Atlantic Treaty Organization，NATO）简称北约。1949年4月4日，美国、加拿大、英国、法国、比利时、荷兰、卢森堡、丹麦、挪威、冰岛、葡萄牙、意大利12国外长在华盛顿举行《北大西洋公约》签字仪式。1949年8月24日，各国均按照本国的法律程序完成了对加入该条约的批准手续，至此，条约正式生效。该条约执行的是集体防御战略，条约第五条规定“对北约任何一个成员国的武装进攻，将被视作是对所有成员国的冒犯，各方可以采取其认为必要的措施来恢复和维护北大西洋地区的安全”。履行《北大西洋公约》义务的需要直接推动了相应的政治和军事组织的诞生，即北约组织。北约是美国以苏联为主要假想敌而建立的军事集团，是美国以西欧为遏制苏联前线的战略工具。冷战期间，北约经历了三次扩大：分别于1952年将希腊、土耳其，1955年将联邦德国，1982年将西班牙吸收入北约组织。冷战后，北约已经完成了三次东扩。截至2016年，北约成员国已达28国。目前，北约的常设机构包括最高权力机构北大西洋理事会（部长理事会）、防务计划委员会、常设理事会、国际秘书部、军事委员会、北大西洋议会，以及欧洲—大西洋伙伴关系委员会（原名为北大西洋合作委员会，即北合会）。

对威胁的认识是联盟战略的基础。1989年下半年东欧发生剧变，东欧国家纷纷改弦更张，倒向西方阵营。1991年3月31日，华约组织的军事机构被取消；7月1日，华约组织首脑在布拉格举行会议，会议决定解散华约组织。东欧剧变以及苏东集团的瓦解，使北约原有的以苏联为威胁的存在基础发生了改变，北约需要为自身的继续存在寻找理由，也需要重新定位其与原苏东集团各成员国的关系。东欧剧变后，东欧地区的民族、种族、宗教、领土争端、恐怖主义、民族主义等因素引发的社会动荡以及华约组织的解散使东欧出现力量真空，使北约有机会在更大的地理范围内发挥比单一的军事对抗更多的作用，而北约原有的以重点防范苏联全面进攻的前沿防御战略及其以北大西洋区域回归线以北的防务范围，都限制了北约的发展。因此，无论是从存在基础上，还是从发展前途上，北约都需要对自己进行重新定位。针对上述问题，北约及时对自身做出了各种调整。

（一）北约组织职能和活动范围的扩大

1990年，北约伦敦首脑会议决定将北约由军事政治组织转变为政治军事组织，以此来发展和强化北约的政治功能，由原来的与苏东集团对抗转变为同原苏东集团国家的政治军事合作。1991年11月，北约罗马首脑会议决定，除了集体防御外，北约可以执行联合国所赋予的任务，可以与其他国际组织合作，北约的目标由“单向”转向“多向”[①]。1992年7月，在欧安组织赫尔辛基首脑会议上，北约还取得了在欧安会的授权下进行维和

---

① 方连庆等主编：《战后国际关系史》，833页，北京，北京大学出版社，1999。

与危机处理行动的权利。这样，通过联合国或者欧安会授权，北约基本解决了北约在北大西洋以北回归线以外的区域行动的合法权的问题。1992 年，北约奥斯陆部长理事会决定北约的任务扩大到除西欧以外的欧洲维和使命，北约的防区扩大到 53 国。1993 年，在联合国的授权下，北约在波黑地区执行域外维和行动，这是冷战后北约的第一次域外行动。自 20 世纪 90 年代至今，北约逐渐致力于在欧洲区域之外的反恐及其他威胁等新的安全挑战。由于这些威胁带有全球性且具有超越传统防务区域的特色，因此，北约的活动区域也正逐渐向全球范围发展，北约在亚洲的阿富汗及非洲的达尔富尔等地的军事活动对此予以鲜明的揭示。

（二）北约军事战略的转型

尽管 1990 年伦敦首脑会议将北约定义为一个政治军事组织，但由于自成立之日起的半个世纪里，北约一直是一个军事组织，拥有较强的军事力量，因此，冷战后其军事战略的确立和发展是至关重要的。1991 年 11 月，在北约罗马首脑会议上，北约通过了《联盟新战略概念》，针对欧洲安全威胁的综合性和不确定性，对北约的军事战略进行了重要的改革，即由重点防范苏联全面进攻的前沿防御战略转向全方位应付危机的快速反应战略，联盟主要围绕着保卫和平、处理危机和防止战争三个方面组建军事力量。1994 年，北约东扩战略开始启动以后，北约的布鲁塞尔首脑会议决定，北约的战略任务由单纯的集体防御扩大到维持欧洲安全、承担欧洲安全组织的责任，它将在维持和平、人道主义救援等方面发挥更大的作用。北约现有战略思想发表于 1999 年，其认为联盟在冷战后面临的安全威胁是“多方向的，难以预测的”。联盟的根本安全任务被界定为以下几个方面：（1）作为欧洲大西洋区域稳定的基石；（2）作为安全议题磋商的论坛；（3）威慑或反对侵略任何一个北约成员国的威胁；（4）推动有效地阻止冲突以及积极展开危机管理；（5）推动更大范围的与欧洲大西洋区域其他国家的伙伴关系、合作与对话。1999 年战略思想的结论是：战略环境将继续沿着积极方向发展，北约与其他组织一道在加强冷战以来的欧洲大西洋安全方面发挥着重要的作用，这有助于在欧洲与大西洋地区保持稳定。

自 1999 年战略思想公布以来，尤其是在 2001 年“9·11”事件后，北约的聚焦点逐渐集中于来自恐怖主义与失败国家的威胁。在 2002 年 11 月的布拉格峰会上，北约采纳了以加强联盟反对恐怖主义及其他新安全威胁能力的主张。反对恐怖主义的防务新思想被批准。与伙伴国之间展开合作的“反对恐怖主义的行动方案”（Action Plan against Terrorism）被采纳，目的在于交换情报，改进国内反对可能的化学、生物或者放射性物质等针对平民攻击的力量，并帮助处理此类威胁带来的后果。

（三）军事指挥与合作结构进一步完善

在指挥结构的改革方面，2002 年 11 月的布拉格峰会确定了一个重要的行动方针。各国领导人一致支持建立一个更富效率的、易于部署的军事指挥结构。它包括两个战略司令部：一个负责行动，另一个负责其他功能。新的指挥结构确立了更小、更灵活的原则。北约也建立了快速反应部队，从而拥有一支具有高技术的、能快速部署的、各国部队可相互协作的持久性力量，使得北约更适于冷战后日益多元化的军事新使命。同时，北约建立“布拉格能力承诺”（Prague Capabilities Commitment）规划。根据此规划，单个盟国做出庄重公开的承诺来对关键军事能力进行改进，并且有明确的实现承诺的时间表。关键的能力区域包括战略控制以及海上运输、部署战斗支援与战斗服务部队、完善指挥控制与交通系统、加强空中对地面的侦查、提高战斗有效性等。加强防务能力要求将联盟的防务预算重新优化，例如将资源转向设备的现代化。同时，探讨应对防务能力缺陷而节省成本的方法。例如，汇集军事能力，增加各自功能的专业化，在设备及多国资金的获得方面进行合作。由此，北约的欧洲成员国，尤其是新加入北约的国家可以迅速提高自身军事实力，得以逐渐降低对美国的依赖。

（四）北约的渐进式东扩

苏东集团的瓦解，为北约东扩提供了历史性机会，北约也将东扩作为其重要的战略目标。但是北约激进的东扩必定会招致俄罗斯的坚决抵制，为了实现东扩而又不招致俄罗斯的坚决反对，以美国为首的北约走出了一条渐进式东扩的道路。

1991 年的罗马首脑会议提出要与原苏联各共和国及东欧各国成立北大西洋合作委员会，以此与前华约集团成员国保持定期的安全磋商与合作，以北约为中心建立更广泛的欧洲安全合作体系，逐步把这些国家纳入北约的框架下。到 1992 年，北合会的成员达到 36 个，包括北约 16 国、波罗的海 3 国、中东欧 6 国、独联体 11 国。

1994 年，北约在布鲁塞尔举行首脑会议，这是苏联解体后北约的第一次首脑会议。会议签署和平伙伴关系计划，对参加这一计划的各国提出一系列要求，并正式提出东扩战略，宣布欢迎欧洲其他民主国家加入北约，北约的大门是为伙伴关系国敞开的，和平伙伴关系计划可以作为最终加入北约的准备阶段，但无加入的日程表和具体标准。该计划一经提出，立刻引起了很多原华约成员国的兴趣，并为加入北约做着积极的准备，北约已经进入实质东扩阶段。1997 年 5 月，在北约马德里首脑会议召开前夕，北约成立欧洲—大西洋伙伴国家委员会，取代了北合会，该委员会共有 44 个国家，即 16 个北约国家、27 个和平伙伴关系计划的成员国和塔吉克斯坦。

1997 年 7 月，北约马德里首脑会议决定接纳捷克、匈牙利、波兰三国加入北约；2009 年 4 月，北约又接纳了阿尔巴尼亚和克罗地亚两国。截至 2016 年，北约成员国已由冷战结束时的 16 国扩大到 28 国。

总的来看，北约的使命更加多元，解决复杂议题的方法更为灵活与务实。北约的结构日益扩展，涵盖了欧亚大陆的众多国家，其本身已超越了防务性联盟的性质，正力图以与以往对手合作的方式在整个欧亚大陆乃至全球范围内构建以其为主导架构的安全格局。

（五）科索沃危机和北约战略新概念

1993 年的波黑维和虽然是一次比较成功的维和，但也让北约认识到域外行动需要获得授权，这束缚了北约的域外行动能力。1998 年南斯拉夫境内发生了科索沃危机，1999 年 3 月 23 日，北约秘书长索拉纳指示欧洲盟军总司令对南联盟实施空中行动，这是一次未经联合国安理会授权的域外干预行动，“这突破了 90 年代北约所有重要文件的规定”①。危机期间，北约领导人试图通过两个借口为北约行动寻求合法性，即人道主义干预和捍卫西方共同价值观。尽管如此，毕竟北约的此番行动缺乏合法性，因此，解决北约域外行动的自主性成为北约的一个重要任务。科索沃危机催生了北约战略新概念的诞生。对民主、自由、人权和法治等价值观念的强调，表明北约的职能在集体防御的基础上加上了推行西方

① 朱立群：《欧洲安全组织与安全结构》，99 页，北京，世界知识出版社，2002。

的价值观念，兼具防御与采取主动军事行动的进攻性，这些在北约对南联盟发动的战争中都有所体现。1999 年的北约华盛顿会议将北约战略新概念以法律文件的形式固定下来。

1999 年 4 月纪念北约成立 50 周年的北约首脑会议在华盛顿召开，会议发表了九个文件，其中最重要的是新的《联盟战略概念》。与 1991 年的北约文件相比，新文件在北约的战略目标、安全挑战与威胁的界定、北约的任务和手段三个方面做出了新的解释，包括集体防御和捍卫西方的价值观念，制止和防范新威胁以及处理由各种威胁引发的地区性危机，北约的成员国范围也将向全部欧洲国家敞开大门，行动的范围将扩大到成员国范围以外。这样，新文件“将北约变成一个具有扩张性和进攻性的军事组织。北约的任务、机构和成员国都在扩张，北约从过去的防御外部的大规模武装侵略，变成了主动在域外采取军事行动的组织；西方的价值观和人权标准成为北约判断地区安全形势的重要标准，也成了北约指导维和行动和危机处理的行动方针”①。但这并不意味着北约在域外行动上的随心所欲。北约是在美国主导下建立的，联合国也是在美国的倡导下建立起来的，是当前管理国际事务最有效的组织，所以，北约在有关域外行动的文件中，还是表现了对联合国的尊重。“北约将寻求在其他组织合作的情况下预防冲突，一旦危机爆发，将在与国际法保持一致的情况下对危机的有效处理做出贡献……支持个案基础上的、与其自身程序相一致的、有联合国安理会授权的或者是欧安组织负责下的维和与其他行动。”② 可见，在冷战后危机处理和维和等问题上，北约并不能够随心所欲。

根据冷战后欧洲安全形势的新变化，北约对其战略、职能、防务范围等各个方面做出调整，“北约职能和任务的扩大使北约不仅解决了生存危机，而且通过适应性变化表现出了新的活力，使影响力大增”③，成为一个突破防区限制的快速反应和快速部署的工具。这样，北约在欧洲安全体系中的地位不断地被巩固和加强。

冷战后北约联盟战略的适应性调整以及北约东扩为冷战后的欧洲安全结构定了型，形成以北大西洋联盟为中心的中心—外围结构，外围国家包括申请加入北约的国家、参加北约和平伙伴关系计划国、欧洲—北大西洋伙伴关系委员会。北约还针对其外围地区的情况分别制定了北约地中海政策、北约东南欧计划、北约高加索工作小组等。这样，北约通过各种机制与政策安排，在欧洲建立了一种北约化的安全制度网络。

二、欧安组织

欧洲安全与合作组织（Organization for Security and Co-operation in Europe，OSCE）简称欧安组织，其前身为欧洲安全与合作会议（简称欧安会），是在苏联等华约组织成员国倡议及推动下召开的。欧安会于 1995 年 1 月 1 日正式更名为欧洲安全与合作组织。欧安会发端于 20 世纪 70 年代初，其初始动力来自苏联谋求对中东欧国家的控制和联邦德国试图通过推行“新东方政策”为东西方缓和寻求一个稳定的基础这两种愿望的结合。在古巴导弹危机之后，军事安全再次成为欧洲各国最为关注的敏感问题，欧洲需要在两大军事

---

① 朱立群：《欧洲安全组织与安全结构》，102 页，北京，世界知识出版社，2002。

② 同上书，103 页。

③ 同上书，104 页。

集团之外建立一种信任与合作的机制。美国在陷入越南战争的泥潭之后，也迫切需要在欧洲进行战略收缩，因此，美苏关系趋向缓和，美国接受了苏联有关建立泛欧安全合作体系的建议。1975 年在赫尔辛基召开了“欧洲安全与合作会议”，会议通过了《赫尔辛基最后文件》，标志着欧安会的诞生。

1975—1990 年是欧安会的诞生和发展阶段。在此期间，冷战的阴影笼罩着欧洲，军事安全问题是欧安会关注的重点，也是其发展的原始动力。欧安会充当了冷战中东西方缓和的工具。作为一种外交机制，它摈弃了冷战的对抗思维，为推动各方建立军事上的信任与合作发挥了一定的作用。

1990—1994 年是冷战结束后初期的过渡阶段。这一时期，虽然两极对抗的格局在欧洲不复存在，美俄关系出现短暂的缓和，但欧洲地区民族矛盾、地区性冲突不断升级，安全形势面临着新的挑战。欧安会在挑战中寻找契机，加紧组织和职能建设，积极介入东南欧安全真空地带的事务，在某种意义上成为一种新的缓冲力量，推进欧洲实现军事、战略的平衡，在实践中也得到持续的发展。1992 年赫尔辛基峰会着手确定欧安会的定位问题，认为欧安会应介入与欧洲安全相关的预防性外交、危机处理、冲突后重建等专门领域，趋向于实现组织化的安全合作。1994 年布达佩斯峰会最终完成了欧安会的组织建设与角色定位，规定从 1995 年 1 月 1 日起，欧安会正式更名为欧洲安全与合作组织。

从 1995 年至今，欧安组织的建立强化了欧洲安全建设，与欧盟、北约共同组成欧洲安全的三大支柱，但它的机制和作用也面临着空前的挑战。欧安组织活动的领域主要在早期预警、冲突预防、危机处理与和平重建过程中的民事活动方面。活动的范围集中在东南欧、中亚和高加索地区。同时，美俄两国关系在经历了冷战后初期的短暂蜜月后，进入了互有攻守的阶段。俄罗斯希望建立以欧安组织为核心、以独联体为依托的新欧洲安全结构。西欧国家则希望加强欧盟的力量与作用，使之成为欧洲安全与防务的核心。美国则谋求改造和扩展北约，使之成为欧洲安全体系的核心。这样，大国之间围绕着建立怎样的欧洲安全体系展开了激烈的争夺。由于冷战后美国力量的不断扩张，北约东扩的势头相当强劲，导致欧安组织日益受到排挤。此外，欧安组织自身也面临着许多问题，其组织内的决策机制、机构效率堪忧。它可以提供预防性外交和安全准则，但缺乏一把“惩戒的尺”；它一直没有发展独立的军事力量，财力、人力也严重不足。进入 21 世纪后，伴随北约东扩和欧盟的不断扩大，以及美俄分歧与矛盾的日趋增多，欧安组织的作用不断被边缘化。

另外一个不容忽视的现实是由大国主导欧洲安全结构和安全组织是欧洲安全的一个传统，比如由苏联主导的华约、由美国主导的北约、由法德主导的西欧联盟。欧安组织的前途要看有关各大国及其主导的安全组织的脸色。随着北约在波黑维和、1998 年科索沃危机以及 1999 年对南联盟的军事打击等域外行动的展开，欧安组织不可避免地被边缘化。北约职能的调整以及北约东扩的逐步展开，使其在维和等方面拥有比欧安组织更大的决策力和执行力，使其行动范围几乎已经扩大到“欧洲—大西洋地区内部以及周边”范围了，这无疑会对欧安组织的地位和作用产生影响，使欧安组织在维和方面能发挥作用的余地相当有限，其活动的领域主要是在早期预警、危机处理和和平重建过程中的民事活动方面。1999 年 11 月，伊斯坦布尔欧安组织首脑会议通过《欧洲安全宪章》，对欧安组织的上述危机处理功能做了进一步的肯定，强调要加强欧安组织在预防冲突、解决冲突以及战争和冲突后的社会重建方面的能力，但同时强调欧安组织在提供培训服务、改造准军事力量、防止警察采取歧视性政策等与民事警察事务相关方面发挥作用。这一方面强化了欧安组织的维和功能，也是对欧安组织只能发挥民事作用的一种固定①；另一方面，随着冷战后北约功能调整的完成，欧安会的作用正在慢慢地被忽视。从 1999 年 11 月伊斯坦布尔峰会至今，欧安组织已经多年没有举行首脑会议，欧安组织的功能被进一步弱化、边缘化。

三、欧洲自主防务之路——从布鲁塞尔条约组织到欧洲联盟

（一）布鲁塞尔条约组织的建立

英、法、荷、比、卢于 1948 年 3 月 17 日组建的布鲁塞尔条约组织，"其主要特征是任何一个成员国在欧洲遭到武装进攻时，各方有相互防御义务（commitment to mutual defense）"②。将联邦德国整合到西欧安全结构中是该条约组织的一个重要任务。1952 年，西欧联盟拟定了成立包含法国、比利时、意大利、卢森堡、荷兰以及联邦德国在内欧洲防务共同体（European Defense Community）计划，但该计划于 1954 年 8 月在法国被议会否决。

（二）西欧联盟取代布鲁塞尔条约组织

1954 年 9 月，布鲁塞尔条约组织国家和美国、加拿大、联邦德国、意大利在伦敦举行会议，会议决定吸收联邦德国和意大利加入布鲁塞尔条约组织；10 月，该决定以《巴黎协定》的形式被正式化，《巴黎协定》修改了《布鲁塞尔条约》，建立了一个新的国际机构即西欧联盟，取代布鲁塞尔条约组织，并吸收联邦德国和意大利加入；1955 年 5 月 6 日，《巴黎协定》生效，西欧联盟正式成立。西欧联盟的最高决策机构是部长理事会，总部最初设在伦敦，1993 年 3 月 1 日迁至布鲁塞尔。到 2000 年，西欧联盟的成员国达到 10 个，包括比利时、德国、法国、荷兰、卢森堡、葡萄牙、西班牙、意大利、英国、希腊。

从 1954 年到 1973 年，西欧联盟在推动战后西欧各国的磋商与合作方面发挥了重要的作用。主要包括：将联邦德国的力量整合到北约的框架中；推动西欧诸国之间的互信；解决萨尔问题；在英国加入欧共体之前促进双方的磋商等。从 1973 年到 1984 年，西欧联盟作为政府间组织的功能逐渐弱化，在安全事务中，北约在西欧发挥主导作用，西欧联盟处于一种经常被忽视的尴尬境地，功能性渐渐弱化，部长理事会也时常不按期召开。

在 20 世纪 80 年代美苏中程核武器谈判中，作为美苏核对抗和核谈判的主战场，欧洲的利益被忽视，使西欧意识到加强欧洲自身防务密切磋商的必要性。为此，法国率先采取主动行动，并得到了联邦德国的积极支持。为了规避欧洲政治合作不能超越经济安全问题的局限，西欧联盟重新被重视，两国决定加强军事合作，重振西欧联盟，推动西欧防务联合。1984 年正值西欧联盟建立 30 周年，10 月，西欧联盟外交部长和国防部长联席会议通

---

① 参见朱立群：《欧洲安全组织与安全结构》，194 页，北京，世界知识出版社，2002。

② www.weu.int.

过了《罗马宣言》，部长们意识到“不断加强西欧安全的必要性，充分利用西欧联盟不仅有利于西欧，而且可以推动大西洋联盟所有国家的共同防御”，这是二战后西欧第一次在没有美国参加的情况下讨论欧洲的安全和防务问题。1987 年 10 月，西欧联盟部长理事会在海牙举办了“欧洲安全利益讲坛”即“海牙讲坛”（the Hague Platform），在强调大西洋联盟安全的不可分割性的同时，表达了加强大西洋联盟的欧洲支柱的决心，认为欧洲一体化如果不将防务和安全领域纳入其中，那么欧洲的一体化将是不完整的。[①] 这次会议还启动了西欧联盟扩大的进程，会议决定公开探讨吸收葡萄牙和西班牙加入西欧联盟。1990 年 3 月，葡萄牙和西班牙正式加入了西欧联盟。1991 年，西欧联盟外长会议在欧共体马斯特里赫特首脑会议期间草签了《西欧联盟与欧洲联盟和北约关系的宣言》，强调西欧联盟将成为欧洲联盟的防务组成部分，并强调作为北约中的欧洲支柱，西欧联盟将负责制定并执行欧盟共同防务政策，以此在欧共体范围内强调西欧防务的自主性。1992 年西欧联盟九国外长和国防部长联席会议通过了《彼得斯堡宣言》，决定从成员国常规部队中抽调部分部队组成“西欧联盟军队”，执行西欧联盟领导的人道主义救援、维和、危机处理和恢复和平等军事行动。为此，1995 年 5 月和 1996 年 3 月，西欧联盟分别决定组建陆海多国部队，以在欧洲南部地中海地区执行维和任务；组建多国多兵种联合特遣部队，对外实施维和和人道主义救援等行动。1998 年，西欧联盟正式成立了军事委员会，负责制定联合演习计划，并就相关军事问题向部长理事会提出建议。至此，冷战后的西欧联盟朝着实体化的方向迈进了一大步。西欧联盟逐渐成了真正意义上的欧盟的“武装臂膀”以及北约“欧洲支柱”的双重角色。

总之，在法德的直接推动下，西欧在防务合作、军工合作等方面取得了很大的发展，执行能力也有了很大的提高，成员国的数量也由最初的 6 国逐步扩大到 10 国，涵盖了西欧的各主要国家。但西欧防务主要还是在北约框架内的防务，独立防务和北约的欧洲支柱的目标还远没有实现。毕竟，二战后欧洲的防务一直是在北约框架内，总体上，北约为欧洲提供了有效的防务，所以，欧洲防务很难摆脱北约，西欧联盟也意识到了这一点。1996 年西欧联盟马德里部长理事会就在北约框架内以西欧联盟为基础建设欧洲支柱达成共识。

20 世纪 80 年代后期以来，西欧联盟在国际维和等方面起到了重要的作用。比如，两伊战争期间波斯湾被放置大量水雷，两伊战争后，西欧联盟组织联合行动，清除了自霍尔木兹海峡起的 300 英里范围内的水雷，确保了国际水路的安全，这是西欧联盟的第一次协调行动（concerted action）；东欧剧变后，在动荡的中东欧局势中，西欧联盟也在地区局势的稳定等方面发挥了重要作用，1992—1996 年在南斯拉夫冲突中，西欧联盟参与监督在亚德里亚海地区对前南斯拉夫联盟的禁运，向前南斯拉夫联盟的莫斯塔尔（Mostar）地区派遣警察分遣队；1997—2001 年，参与在阿尔巴尼亚、克罗地亚、科索沃等地的危机管理等。

（三）西欧联盟并入欧盟

1989—1991 年，欧洲政治、安全形势发生了深刻的变化，东欧剧变、两德统一、苏

---

① Reactivation of WEU, from the Rome Declaration to the Hague Platform (1984—1989), www. weu. int.

联解体、前南斯拉夫联盟危机等，这些剧烈的政治变革极大地刺激了欧共体在安全事务上的合作。1991 年 12 月，欧共体马斯特里赫特首脑会议达成了欧共体历史上里程碑式的条约——《欧洲联盟条约》，也叫《马斯特里赫特条约》（简称《马约》）。《马约》将欧共体外交事务上的合作机制提升为共同外交与安全政策，欧共体由一个经济实体向政治、经济与防务实体方向发展。马斯特里赫特首脑会议期间草签的《西欧联盟与欧洲联盟和北约关系的宣言》确定了西欧联盟在欧洲联盟防务方面的地位，即通过西欧联盟来突出欧洲防务的自主性。1997 年 6 月，欧盟阿姆斯特丹首脑会议通过了被称为"《马约》第二"的《阿姆斯特丹条约》（简称《阿约》）。就防务方面，《阿约》强调西欧联盟将发挥更大的作用，欧盟同西欧联盟建立更密切的关系，并探讨合并的可能性。1997 年 7 月，西欧联盟部长理事会特别会议通过了《关于西欧联盟作用以及与欧盟和北约关系的声明》，并将该声明附入欧盟《阿姆斯特丹条约》；11 月，在西欧联盟下半年部长理事会上，西欧联盟进一步强调西欧联盟是欧盟的"武装臂膀"、是北约的"欧洲支柱"的双重角色。科索沃危机使欧盟充分认识到自身在管理欧洲安全事务上的"心有余而力不足"，欧盟虽力图按照自己的利益和战略意图来应对科索沃危机，但由于能力有限，最后还是由以美国为首的北约出面进行有效的武装干预，这使欧洲看到了积极推动欧洲共同防务的紧迫性。1999 年 6 月，欧盟科隆首脑会议决定，西欧联盟于 2000 年底前，作为"武装臂膀"并入欧盟，会议通过的《加强欧盟共同安全和防务政策的声明》中第一次提出了"欧盟共同安全和防务政策"的概念。1999 年 12 月的欧盟赫尔辛基首脑会议决定建立欧盟防务决策指挥机构，于 2003 年前组建一支 5 万～6 万人的欧盟快速反应部队。该部队具有可以在 60 日内完成部署，并在任务区至少维持一年的军事行动的能力。① 2000 年 5 月，西欧联盟春季部长理事会在波尔图举行，会议发表了《波尔图声明》，宣布将包括危机处理在内的西欧联盟有关机构和权限并入欧盟，从而为两个联盟的合并迈出了重要的一步。2000 年 11 月，西欧联盟在马赛召开秋季部长理事会，这是西欧联盟的最后一次部长理事会，会议发表的《马赛宣言》称，从 2001 年起欧盟将正式接管西欧联盟的军事职能机构。自此，体现欧洲防务自主性的西欧联盟正式并入欧盟。西欧联盟摆脱了其在欧盟与北约的夹缝中求生存的尴尬境地，以欧洲一体化的重要组成部分而存在。

随着西欧联盟正式并入欧盟以及欧盟的共同外交与安全政策的不断推进，欧盟在共同防务方面已经取得了实质性的进展，包括已经获准通过的《欧洲宪法》中对成立欧洲军备署以整合欧盟各国的军火工业等方面的规定②，为欧盟在欧洲安全事务中的地位奠定了法律基础；2003 年 12 月欧盟布鲁塞尔首脑会议通过了欧盟安全战略，这是欧盟走向独立安全战略的重要一步。战略界定了欧洲所面临的主要威胁，即恐怖主义、大规模杀伤性武器扩散、地区冲突、失败国家和有组织犯罪等。面对新的安全威胁，欧盟安全战略目标是应对多种威胁、维护周边地区安全以及建立有效多边主义为基础的国际秩序。近年来，欧盟的决策指挥机构和快速反应能力等方面又有了新的发展。"2003 年 1 月 1 日，欧盟警察部队正式接替联合国在波黑执行为期 3 年的维和任务，这是欧盟宣布实施共同安全和防务政

---

① 欧盟快速反应部队已经于 2003 年前建成，并于 2003 年 3 月接替北约在马其顿执行维和任务。

② 参见刘立群、孙彦红：《德国教授谈欧盟共同外交与安全政策》，载《欧洲研究》，2004（6）。

策后的首次具体行动，标志着欧盟共同安全和防务政策进入实施阶段。”① 近年来，欧盟参加的维和行动也不断增加，包括向波黑地区派遣总兵力达 7 000 人的维和部队、向印度尼西亚地区派遣军事观察团、向苏丹达尔富尔派遣维和部队等。特别是向印度尼西亚地区派遣军事观察团，使欧盟的活动范围远远超越了欧洲，成为一支世界范围内的维和力量。

随着 2007 年 1 月 1 日保加利亚和罗马尼亚加入欧盟、2013 年 7 月 1 日克罗地亚加入欧盟，欧盟的成员国数量已经达到 28 国，体现欧洲防务特性的共同外交与安全政策的影响范围也在逐步扩大。但与此同时，必须认识到一个不容忽视的问题，欧盟在外交与安全事务上合作的时间毕竟只有十几年，不像在经济方面的合作已经有半个世纪，虽然有着较长时间安全合作的西欧联盟的主要机构并入欧盟，但毕竟西欧联盟的成员国只有 10 国，在目前的欧盟 28 国中，绝大多数国家在共同外交与安全方面缺乏合作的经验和认同。因此，欧盟内部，特别是新加入欧盟的中东欧国家，对于国家主权与超国家权利之间关系的认识并非完全一致，以及各国在安全利益上的需求不同，具体如对于欧盟的共同外交与安全战略，各方所持的态度存在很大的差异。欧盟的共同外交与安全政策遭遇的最大挫折是欧盟成员国就 2003 年美国发动伊拉克战争问题发生的分裂。目前，欧盟所能做到的仅仅是介入局部危机管理这样的“小事”，而对于欧盟的集体防御等“大事”，还是要靠北约。

防务联合是欧洲一体化建设不可或缺的一部分，也是欧洲政治一体化建设的重要目标和根本保障，没有共同防务的支持，欧洲就无法摆脱对美国的依赖。当前，“欧洲防务仍处于‘联合’或‘合作’阶段，尚未形成真正的‘共同防务’或‘防务一体化’，欧洲独立自主的防务仍然任重而道远”②。在较长的时间内，欧洲安全的基石还是北约。

四、冷战后欧洲安全结构的特征

二战以前的欧洲是一个多极的大国安全复合体，欧洲和平依赖于多极均势或者集体安全。经历了两次世界大战，欧洲传统强国都遭到了严重的削弱，欧洲的力量平衡需要借助外力。战后欧洲迅速分裂，以分裂的德国为边界形成的北约集团和华约集团，使得同盟安全机制成为欧洲的保障。两大集团的对峙在欧洲构成了势力均衡，为欧洲各国提供了安全。特别是美国在欧洲的卷入，是战后两极格局下同盟安全机制发挥有效作用的关键因素。欧洲是美国对抗苏联的前线，出于两极对抗的需要，冷战结束前，美国在欧洲的驻军高达 35 万人，70%以上的美国海外军事设施和军事基地在欧洲。至此，形成了“将苏联挡在外，将德国压在下，将美国拉进来”的冷战时期欧洲安全格局，这也使欧洲安全丧失了欧洲特性。虽然强调欧洲防务特性的声音自 20 世纪 40 年代起就响起，并以布鲁塞尔条约组织、西欧联盟等形式呈现，但在冷战时期，毕竟欧洲安全的主角不是欧洲各国，西欧和中东欧的集体防御分别由北约和华约保证，由欧安组织提供泛欧安全磋商，所以，冷战时期的欧洲防务特性没有显现出来。

冷战后，国际形势的剧烈变化推动了欧盟防务自主性的发展，欧洲安全结构也出现了

①② 张林初：《试析曲折发展中的欧洲防务联合》，载《欧洲研究》，2006（3）

新的特点。

首先，多边主义成为欧洲地区安全结构和安全建构的一个重要特征。目前，欧洲主要的安全组织都是多边的，这不同于亚太地区以双边同盟为基础的体系。

其次，北约和欧盟构成了欧洲安全结构的两个中心，两者相交而不重合。中国学者将这种结构称为“复合中心圆”结构。前者是硬实力中心，向盟国提供集体防御，通过伙伴关系等合作手段与中心外围国家建立军事政治联系，凸显军事职能；后者是软实力中心，作为安全中心的功能更多地从“软安全”的角度体现出来。两个中心是欧洲安全结构的领导力量。从作为保障安全的最终手段仍然是军事手段的角度说，北约力量中心是两个力量中心中居于主导地位的力量，占据结构的核心。①

再次，欧洲重视地区安全规范和规则的建设。无论是欧盟还是北约，都针对冷战后的欧洲形势从制度上做出适应性调整，包括战略调整、机构调整，以此保障欧洲安全建构和安全管理的目标能够有效达成；同时，有效的制度还可以促进欧洲身份的建构和维持。当然，不可否认的是，一方面，这些“规则和规范是由中心国家确定的，体现的是中心圆地区的意识形态和价值观念；另一方面，它还是中心圆对周边地区控制和干涉的借口和手段，是掌控中心圆扩张步伐的有效工具”②。

最后，欧洲安全结构兼具开放性和模糊性。冷战后，北约和欧盟都启动了东扩进程，这使得冷战后的欧洲安全结构呈现出扩张性与开放性。复合中心圆以核心组织为中心逐渐向外延伸：以北约为中心，经和平伙伴关系国，延伸到欧洲—北大西洋伙伴关系委员会，再到欧安组织形成一个大的同心圆；以欧盟为中心，向外扩展到正在举行入盟谈判的国家，再延展到申请入盟的国家，形成一个大的同心圆。这样，因为不断地接纳新成员，欧洲安全结构就呈现出开放性；同时，外围的广阔性又使欧洲安全结构的边界呈现出模糊性。

欧洲安全结构的这种开放性和模糊性为其东扩提供了机会，但是，也给欧洲安全带来了严峻的挑战。一方面，北约的不断东扩使其内部负担不断加重，北约新老成员在立场上的差异、在能力上的差异、在安全需要上的差异都困扰着北约。另一方面，北约已经完成的三轮东扩已经将俄在冷战时期的势力范围挤压殆尽，正在酝酿的第四轮东扩的目标是独联体地区，这是俄罗斯国家安全的“红线”，触及这条红线必将引发美欧与俄罗斯之间的矛盾升级，而这种矛盾也会激化某些北约东扩目标国固有的民族矛盾，甚至造成这些东扩目标国的撕裂，这将给北约的扩张带来巨大挑战。比如乌克兰和格鲁吉亚的亲西方性，加之 2008 年 4 月北约布加勒斯特峰会上北约承诺将吸收乌克兰和格鲁吉亚加入北约，因此而激化的俄欧角力使这两个国家内在的民族矛盾被激化，持亲俄立场的乌克兰的克里米亚和格鲁吉亚的南奥塞梯分别于 2014 年和 2015 年并入俄罗斯。这种撕裂与并入不但是北约东扩目标国的“国殇”，更是让“东扩”的边界是否应该有“边界”这个问题浮出水面。假如无“边界”地东扩，势必触动俄的安全红线，而这引发的后果不是北约所乐于见到的。

---

① 参见朱立群：《北约、欧盟“双扩”与欧洲新安全结构》，载《国际问题研究》，2002（6）。

② 朱立群：《欧洲安全组织与安全结构》，234 页，北京，世界知识出版社，2002。

专栏 3.5　　克里米亚问题

克里米亚半岛是黑海北部的一个半岛，扼守亚欧两大洲的战略要冲，也是基督教和伊斯兰教的地缘分界，自古以来便是兵家必争之地。俄罗斯与克里米亚之间“天然的联系”始于克里米亚在某种程度上是俄罗斯民族信仰的起点，即公元998年基辅大公弗拉基米尔在克里米亚接受了传自拜占庭帝国（东罗马帝国）的基督教作为国教，使俄罗斯人告别了多神教的信仰，自此俄罗斯成为一个统一的民族。1783年，沙俄叶卡捷琳娜二世宣布兼并克里米亚，俄治下的克里米亚地区的居民是以信奉伊斯兰教的鞑靼人为主，但斯大林时期，由于少数族裔遭到流放，俄罗斯族人成为克里米亚人口的主体。赫鲁晓夫时期，克里米亚被作为“礼物”并入作为苏联加盟共和国的乌克兰。由于俄罗斯族人口占多数，所以在苏联解体之后，克里米亚倾向于回归俄罗斯，克里米亚问题成为俄乌关系中的难题。克里米亚问题也随着俄乌关系的变化而起起伏伏。2013年底，亲西方的政治势力依靠街头政治推翻了亲俄的亚努科维奇政权。在乌克兰的政治动荡中，2014年3月，俄罗斯族裔占多数的克里米亚议会宣布脱离乌克兰，并通过全民公投赞成加入俄罗斯。2014年3月20日，俄罗斯批准了克里米亚加入俄罗斯的条约。

专栏 3.6　　南奥塞梯问题

南奥塞梯问题是俄格关系的焦点之一。苏治下的南奥塞梯自治政府与苏联的加盟共和国格鲁吉亚政府之间基本上处于和平状态，但是，苏联解体之后，随着格鲁吉亚脱离苏联独立，南奥塞梯自治政府议会宣布南奥塞梯从格鲁吉亚独立，引发格政府的武装干预，造成流血冲突。之后，虽然俄罗斯、格鲁吉亚、南奥塞梯达成了停火协议，但是，格鲁吉亚奉行亲西方并意在加入欧盟和北约的战略而南奥塞梯奉行亲俄路线，这样，民族矛盾与大国间的地缘政治博弈相互加强，并于2008年8月北京奥运会期间再度爆发。格发起了收复南奥塞梯的军事行动，结果遭到俄罗斯的强力反击，俄格战争致使格遭到重创并失去了对南奥塞梯的控制权，俄格关系陷入冰点。格鲁吉亚宣布与俄断交并退出独联体。俄罗斯国会通过议案要求总统承认南奥塞梯和阿布哈兹为独立国家，时任俄总统梅德韦杰夫签署相关议案，承认南奥塞梯和阿布哈兹为独立国家。2015年3月18日，普京在莫斯科与南奥塞梯领袖提比罗夫签订为期25年的条约，规定南奥塞梯军队、情报机构、执法部门等与俄方合并。

第六节　中东安全问题

中东不是一个自然地理概念，而是一个政治地理概念。近代欧洲殖民者向东进行殖民扩张时，欧洲人按距离欧洲的远近划分成近东、中东、远东，有关三者的地理范围的确定存在模糊性和多样性。尽管对中东的定义具有多种，但国际安全研究中的地区是以安全相互依存关系来划分的，“所有穆斯林是兄弟的观念使整个伊斯兰世界视自己为一个命运共同体”①，“阿以关系将从摩洛哥到伊朗这一广阔范围内的国家长时期裹挟到一起，这是从国际安全上确定中东地区范围的依据，中东包括所有的阿拉伯国家以及伊朗和以色列，从对阿以问题的关切程度上看，中东不包括塞浦路斯、苏丹、非洲之角国家、阿富汗和土耳其，阿富汗是中东与南亚的分界线，土耳其是中东与欧洲的分界线”②。简言之，国际安全关系中的中东包括东地中海地区、海湾地区以及马格里布国家。

从地理位置上看，中东地跨亚、欧、非三大洲，比邻地中海、红海、阿拉伯海、里海，控制着欧亚非三人洲的交通要冲。另外，中东地区蕴藏着丰富的油气资源，截至2006年底，中东已探明的石油储量达7 420亿桶，占世界已探明储量的61.5%；中东石油产量占世界石油总产量的31.2%；另外，中东地区天然气探明储量为73.74万亿立方米，占世界总储量的40.5%。③ 总之，中东在国际政治体系中具有重要的战略价值。

一、国际安全问题中的中东次体系性质

依据布赞的区域安全复合体理论，中东地区是一个典型的处在不成熟无政府状态的冲突结构的区域安全复合体。

中东尽管拥有悠远灿烂的文明史，包括犹太人、阿拉伯人、罗马人在内的很多民族都曾在此创造过辉煌，但历史上该地区多次被征服，其中犹太人的命运是最悲惨的。公元135年，罗马征服使得犹太民族流亡近2 000年。1897年，犹太复国运动代表大会召开，大会通过的纲领规定，犹太复国运动的目标是实现犹太人在巴勒斯坦建国。第一次世界大战后，巴勒斯坦地区成为英国的委任统治地，在委任统治期间，英国支持犹太复国主义者在巴勒斯坦建国的主张。1917年，英国外交大臣贝尔福宣称“英国政府赞成在巴勒斯坦建立犹太民族之家，并将为此尽最大努力”，这就是著名的《贝尔福宣言》。1918年，英国的这一政治主张得到了美国的认可。自此，大批犹太人开始移民巴勒斯坦，阿以两大民族恩怨由此开始酝酿。二战后，中东开始了去殖民化的进程，逐渐融入现代意义的国际体系。在中东本身存在着深刻、复杂的民族和宗教问题的情况下，以色列在巴勒斯坦建国，必定使中东的地区安全形势进一步恶化。因此，中东地区在孕育现代国际体系的同时，也孕育着暴力和战争，这个体系自形成至今，暴力是其“永恒的”特征。“‘永恒的’战争这一特征，使中东地区成为一个典型的以政治—军事安全为主要领域的区域安全复合体。”④

作为一个国际安全次体系，中东是一个比较原始的威斯特伐利亚国家体系。以色列在巴勒斯坦建国以后，曾长期主导着中东地区的安全关系的阿以问题基本上可以归类为不成

① 《伊斯兰革命领袖谈巴勒斯坦问题》，见 http://irib.ir/worldservice/chinese//rahbri/rahbri.htm。

② Barry Buzan, Ole Wæver, *Regions and Powers: The Structure of International Security*, Cambridge University Press, 2003, p. 187.

③ 参见《BP公布中东地区最新石油储量》，见 http://www.oilgas.com.cn/news/newsitem。

④ Barry Buzan, Ole Wæver, *Regions and Powers: The Structure of International Security*, Cambridge University Press, 2003, p. 217.

熟无政府状态下的国家间安全问题。最初阿以问题表现为以主权国家构成的阿拉伯国家联盟之间的冲突。解决巴勒斯坦问题一度成为以实现阿拉伯统一为宗旨的泛阿拉伯民族主义运动的一部分，巴勒斯坦地区的阿拉伯人并非对抗以色列的主要力量，而阿拉伯国家联盟才是对抗以色列的主要力量，阿以冲突表现为以色列与多个阿拉伯国家之间的冲突。但1967年“六五战争”以后，在解决阿以问题上，以纳赛尔为标志的阿拉伯民族主义时代宣布结束。20世纪70年代末，在美国的推动下，埃及与以色列单独媾和，阿拉伯对以的统一立场即“不承认以色列、不与以色列谈判、不与以色列实现和平”的“三不”立场趋于瓦解。随着阿拉伯诸国对以色列统一立场的破裂，巴勒斯坦地区的阿拉伯人成为对抗以色列的主要力量，国际社会也逐步认可巴勒斯坦是拥有主权的行为体。1969年，阿拉法特领导的法塔赫接管了巴解组织，以实现巴勒斯坦民族解放为主旨的法塔赫成为解决巴勒斯坦问题中的阿方主要力量，这意味着巴勒斯坦地区的阿拉伯人成为解决巴勒斯坦问题的主角。1974年，阿拉伯首脑会议宣布巴解组织为巴勒斯坦人唯一合法代表。1988年，巴勒斯坦发表《独立宣言》，宣布成立独立的巴勒斯坦国。巴勒斯坦问题的主角成为以色列和巴勒斯坦，尽管巴的建国问题至今仍未彻底完成，而且当时这是一个没有领土的国家，但它却逐渐获得了广泛的国际承认。“一个民族以合法的机构执行对外政策，就构成了国家，它的代表（agents）也就是这个国家在国际事务中的代表（representative）”①，以法塔赫为代表的巴解组织逐渐被国际社会接受为巴方代表，特别是在中东和平进程启动后，巴在一定程度上解决了自己的生存空间，1994年，巴建立了巴勒斯坦民族权力机构，初步具备了内部政权的规模，更使其具备了一个民族国家的基本特征。虽然2006年在立法委选举中获胜的哈马斯有着浓重的宗教色彩，其政治主张与法塔赫差异很大，但其在巴勒斯坦问题上的主张也逐步转向务实和妥协。2004年12月，哈马斯西岸分支领导人哈桑·尤斯福坦言，“与以色列长期休战的条件是基于1967年边界上的约旦河西岸和加沙地带建立一个巴勒斯坦国”②，也就是在中东和平进程已经取得成就的基础上完成建国，这与巴勒斯坦民族权力机构长期以来的立场相近。特别值得一提的是，2011年5月，经埃及的斡旋，巴勒斯坦伊斯兰抵抗运动（哈马斯）与巴勒斯坦民族解放运动（法塔赫）签署和解协议，结束了自2007年以来哈马斯与法塔赫之间的冲突和对峙。2011年12月22日，包括巴解组织、哈马斯在内的巴勒斯坦各政治派别就改革巴解、吸收包括哈马斯在内的10个巴勒斯坦政治派系加入巴解组织等议题在开罗进行对话，对话同意“激活和重建”巴解组织。③ 哈马斯领导人哈立德·迈沙阿勒形象地将这一对话称为“哈马斯加入巴解组织”。这为巴勒斯坦作为一个国家形成统一的国家立场和国家力量提供了保障。总之，从整体上讲，巴勒斯坦的各派政治力量都以在中东和平进程已有成就的基础上完成建国目标。现在巴勒斯坦虽然没有取得联合国会员国的资格，但已有100多个国家承认巴勒斯坦国家，包括中国在内的很多国家已经与巴勒斯坦建立外交关系。2012年11月29日，在第67届联

① Hans J. Morgenthau，*Politics among Nations：The Struggle for Power and Peace*，5th ed.，New York：Alfred A. Knopf，1973，p. 108.

② 转引自韩晓婷：《浅析1948年来巴勒斯坦民族主义运动的阶段》，载《西安文理学院学报（社科版）》，2008（2）。

③ 参见《求和解，哈马斯走上加入巴解之路》，见 http://news.xinhuanet.com/mrdx/2011-12/24/c_131324916.htm，2011-12-24。

大会议上，巴勒斯坦取得了联合国观察员国地位。2015 年 1 月 7 日，联合国方面确认巴勒斯坦申请加入《国际刑事法院罗马规约》等国际公约和条约的文件符合要求，巴勒斯坦将于 2015 年 4 月 1 日如期加入国际刑事法院。所以，巴勒斯坦在国际关系中可以被视为一个拥有主权的行为体。中东区域安全问题中的以色列与巴勒斯坦的冲突，我们可以将之定性为民族国家间冲突。以色列与其他阿拉伯国家之间的矛盾冲突的发生和解决也都是在主权国家框架下进行的。

中东地区其他主要安全问题也是主权国家间的安全问题。两伊战争虽然反映着穆斯林什叶派与逊尼派的宗教裂痕，但两伊争夺地区主导权是这场战争发生的根本原因。海湾阿拉伯国家对区域安全问题的关注也集中于对区域霸权的担忧，包括出于对霍梅尼革命之后的伊朗的担心；海湾阿拉伯国家在两伊战争中选择了支持伊拉克，出于对伊拉克建立地区霸权的担忧，海湾阿拉伯国家“抱团取暖”成立了将同是海湾阿拉伯国家的伊拉克排除在外的海湾阿拉伯国家合作委员会；1990 年，伊拉克入侵科威特，使海湾其他阿拉伯国家对伊拉克区域霸权的担忧加深，寻求域外庇护即寻找美国的安全庇护成为海湾不少阿拉伯国家的选择；2003 年的伊拉克战争使伊拉克的政权结构发生了逆转，与伊朗有着千丝万缕联系的什叶派政党体系执政，这使得海湾阿拉伯国家对伊朗的区域霸权再度感到担忧。中东地区的这些传统安全问题都是中东地区的主权国家间安全问题。此外，非传统安全问题也被纳入已有的国家间竞争和冲突当中，比如，以色列、叙利亚和约旦是不会将它们关于水资源的争论与将彼此关系恶化的意识形态和权力之争割裂开来的。

但同时，这个体系处于不成熟无政府状态，或者说是霍布斯状态，地区内最主要的生存法则是丛林法则。处于成熟无政府体系中的各个国家的政权应该是稳定的，而对于在中东安全问题中扮演重要角色的很多中东国家来说，它们的领导力量是不稳定的。首先，巴勒斯坦各派系对巴以问题的立场曾存在巨大的分歧，这种分歧导致巴勒斯坦的政治主张出现波动，这种无谓的内耗对巴勒斯坦造成了不小的拖累；在以色列也存在同样的问题，工党和利库德集团对巴建国的态度是不同的，这些无疑会影响中东和平进程的连贯性。其次，伊拉克战争以后的伊拉克国家领导阶层也仍处于不成熟状态，2011 年以来发生在中东多国的“阿拉伯之春”政治变局更是使叙利亚等中东多国陷入国内政治动荡。对于这些国家来说，“政权建设（state building）才是当务之急”①。在这样的情况下，地区内国家普遍接受的机制很难形成并发挥作用，国家安全主要依靠增强自身军事力量或者结盟来保证。所以，这是一个处于霍布斯状态的国际安全次体系。

二、中东地区的安全结构

如前文所述，对阿以问题的关注是国际安全研究中界定中东区域范围的依据，因此，阿以问题长期以来一直在中东地区安全问题研究中占有核心地位。尽管在伊拉克战争以后，阿以问题渐渐被边缘化，但由于这一尚未解决的问题牵动着阿拉伯民族乃至整个伊斯兰世界的情感，所以，它常常成为中东其他问题安全化的动因。然而，除了泛区域层面的

---

① Barry Buzan，Ole Wæver，*Regions and Powers*：*The Structure of International Security*，Cambridge University Press，2003，p. 217.

阿以问题之外，还有次区域层面的海湾问题和马格里布地区问题。这些问题既体现着中东地区复杂的领土、民族、资源争夺问题和宗教纷争，也包含着世界大国在中东地区的利益争夺。中东的宗教纷争，既包括基督教、犹太教、伊斯兰教对耶路撒冷的圣城之争，也包括伊斯兰教内部什叶派和逊尼派两大主要教派的纷争。在阿以问题上，伊斯兰教是阿拉伯世界团结的力量，但内部教派之争也是阿拉伯世界不和睦的根源。资源争夺问题也是中东安全问题的重要组成部分，中东地区丰富的石油资源常常成为各方争夺的焦点；另外，中东地区严重缺乏淡水资源，“雨季只在冬季到来，但雨水很快就会被干渴的土壤吸干……河流就成了这一地区农业和人口的生命线……上游国家对水资源的开发利用会急剧改变下游国家的水流量，因而，随着人口的增长，农业的开发和工业利用，该地区国家日渐卷入了对有限水资源的争夺”①。全球性大国对地区安全事务的介入，也是影响中东地区安全形势的重要因素，比如，美苏出于霸权争夺介入阿以问题、两伊问题。冷战后，这些问题有的得到缓解，有的则进一步加剧。

（一）东地中海的阿以问题

1. 阿以双方在巴勒斯坦建国问题

阿拉伯人和以色列人原本同源，它们都是闪米特人（Semite）的后裔。据《圣经》记载，犹太人和阿拉伯人都是亚伯拉罕的后代。阿拉法特自己也曾说过，“我也是亚伯拉罕的子孙”。但本是同根生的两大民族，却在第二次世界大战后成为对立、对抗最为激烈的民族。两大民族围绕在巴勒斯坦建国问题的冲突是中东地区持续时间最长、最难解决的安全问题。

“犹太人最后一次被迫离开巴勒斯坦地区是罗马帝国公元 135 年的驱逐，从公元 7 世纪起，当巴勒斯坦归入阿拉伯帝国时，留居巴勒斯坦的犹太人不足 50 人，直到 19 世纪初，巴勒斯坦的绝大多数民族仍是阿拉伯人，犹太人只有不到 3 000 人”②。历史客观地讲，犹太人所经历的千年流亡之苦与阿拉伯民族没有直接的关系。但始于 19 世纪末的犹太复国主义运动，即“在巴勒斯坦为犹太民族建立一个有公共法律保障的国家”③ 这一有组织的世界性民族主义运动，使犹太人回归家园却在客观上侵占了巴勒斯坦地区阿拉伯人的土地。所以，阿以冲突并非两大民族的先天文化冲突，其关键和实质是阿以两个民族的领土之争，阿以冲突所表现出的文化对抗的根源依然是领土问题。阿拉法特也曾经说过，“巴勒斯坦问题的根源，不是由于两种宗教或两个民族主义之间的任何冲突，也不是邻国之间的边界冲突，它的根源是一个民族被剥夺了自己的家园，被驱散和灭绝了，大部分人住在难民营里，过着流亡的生活”。

1947 年 11 月 29 日，联大通过第 181 号决议，即《巴勒斯坦将来治理（分治计划）问题的决议》，规定在巴勒斯坦建立阿拉伯国（面积 1.12 万平方公里）和以色列国（面积 1.49 万平方公里）。犹太人同意该决议，并于 1948 年 5 月 14 日宣布建立以色列国，这样，以色列完成了在巴勒斯坦建国问题。阿拉伯国家反对该决议，所以在巴勒斯坦没有实现阿

---

① 付吉军等编译：《中东水资源之争》，载《水利天地》，1994（1）。
② 熊坤新、马守途：《阿以冲突的历史由来及对人们的启示》，载《世界民族》，2005（2）。
③ 青觉、马守途：《阿以冲突的四大症结》，载《国际资料信息》，2005（7）。

拉伯国的建立。反对以色列建国的阿拉伯国家于 5 月 15 日对以色列宣战，自此阿以大规模武装冲突的大幕正式拉开，阿以问题成为界定中东的最主要的安全关系。冷战时期，阿拉伯人与犹太人之间的战争是中东冲突的主旋律，包括 1948 年、1956 年、1967 年、1973 年、1982 年一连串的战争，以及数不清的低烈度武装冲突和暴力事件。冲突以以色列为一方，另一方为以色列的近邻，包括埃及、叙利亚、黎巴嫩、约旦等阿拉伯国家以及巴解组织、哈马斯、真主党等非国家组织。离以色列较远的伊斯兰国家，包括伊拉克、伊朗、沙特、科威特、利比亚、突尼斯等，也通过向阿拉伯阵营提供外交的、经济的、军事的支持而卷入其中。阿以冲突成为二战后持续时间最长、影响最为深远的地区冲突之 。在这一系列战争中，以占领了阿拉伯大量的领土，特别是 1967 年中东战争中，以色列占领了加沙、约旦河西岸、西奈半岛（1982 年归还给埃及）、叙利亚的戈兰高地等，这些阿拉伯被占领土问题成为日后阿以问题中的重点。

经过多次中东战争，以色列实际控制的领土面积不断扩大。1967 年第三次中东战争以后，以色列不仅控制了整个巴勒斯坦，而且势力不断壮大，阿拉伯国家开始正视现实，由过去意欲消灭以色列转变为有条件地承认以色列。这样，以色列在巴勒斯坦不仅完成了建国、加入联合国（1949 年），而且获得了包括部分阿拉伯国家在内的广泛承认，其合法性得到解决。对于以色列来讲，巴勒斯坦问题是一个实现安全与和平的问题，而对巴勒斯坦人来讲，巴勒斯坦问题则是在巴勒斯坦实现建国问题。几次中东战争以后，巴勒斯坦人失去了联大分治方案中阿应有的领土份额，被迫流浪到各阿拉伯国家。几十年来，巴勒斯坦人故土沦丧、颠沛流离，对于整整一代已经长大成人的人来说，许多人不知道难民营以外的生活。自 1964 年巴勒斯坦解放组织即巴解成立以来，在巴勒斯坦建立自己的国家一直是全体巴勒斯坦人最大的梦想。1988 年，巴勒斯坦通过《独立宣言》，宣告成立巴勒斯坦国，但这只是一个政治上的国家，因为这是个没有领土的国家。冷战结束之后的中东和平进程也只是部分地解决了巴勒斯坦的领土问题，所以，重返家园，恢复民族权利，成为巴勒斯坦人的奋斗目标。这样，最初由以色列在巴勒斯坦建国而引发的阿以问题，演变成为如何实现巴勒斯坦人在巴勒斯坦建国的问题。虽然目前包括以色列和美国在内的国际社会对巴勒斯坦建国问题没有太大的分歧，但巴建国必要的领土问题仍没有彻底解决。

2. 阿以问题中的耶路撒冷

根据 1947 年联大巴勒斯坦分治方案对耶路撒冷地理范围的界定，“包括现有耶路撒冷市和郊区的城镇，最东为阿布迪斯，最南为伯利恒，最西为艾因·卡里姆，最北为舒法特”，按照这一界定，当时整个耶路撒冷的面积只有 21 平方公里。

如果说阿以冲突的核心是巴勒斯坦问题的话，那么巴勒斯坦问题的核心则在耶路撒冷。耶路撒冷在希伯来文和阿拉伯文中分别是“和平之城”“尊贵的圣城”的意思，这是一座文化名城，是犹太人、基督徒、穆斯林心目中的圣城，但这座千年古城在闪耀着多种文化之光的同时，也成为多种文化之争的焦点。

对于犹太人来说，一部希伯来圣经，将自公元 135 年被罗马人赶出巴勒斯坦、流浪到世界各地的犹太人紧紧地团结起来①，犹太人“在思想上从未遗忘过圣殿，一直同耶路撒

① Joseph S. Nye, *Soft Power: The Means to Success in World Politics*, New York: Public Affairs, 2004.

冷保持着精神上的联系”①。对于伊斯兰教徒来说，耶路撒冷是先知穆哈默德“夜行驻马登霄”的圣地，耶路撒冷还有阿萨克清真寺、岩石清真寺，以及各种伊斯兰教古迹200多处。总之，耶路撒冷是10亿多穆斯林的一个主要精神归宿，是继麦加和麦地那之后伊斯兰教的第三大圣地。对于基督徒来说，耶路撒冷是耶稣传教、受难、复活和升天的地方，因此，耶路撒冷也就成了基督教教徒心目中的圣地；《圣经》中提到的很多人物、地点和事件都和耶路撒冷有关；耶路撒冷也有很多基督教的文化圣地，比如圣墓教堂、苦路等。这样，作为三大宗教的圣地，耶路撒冷成为文化必争之地。以巴勒斯坦为故土的阿以双方都坚持各自在耶路撒冷不可放弃的文化上的权利和利益，经过了宗教改革的基督教虽然在耶路撒冷问题上的立场没有阿以那么强烈，但依然希望保持耶路撒冷的开放性。1947年联大将耶路撒冷国际化的决议，在一定程度上反映着基督教国家的宗教权利和利益要求。

鉴于耶路撒冷问题的敏感性和复杂性，1947年联大的巴勒斯坦分治方案宣布耶路撒冷及其郊区由联合国管理，使耶路撒冷成为一个独立的国际化的城市，以使其保持一个多宗教圣地的开放性，满足包括犹太教教徒、基督徒和穆斯林的宗教文化需求。

但联大将耶路撒冷国际化的方案并未得到双方的遵守。1948年第一次中东战争以后，耶路撒冷处于约以分治的局面。在第一次中东战争后，根据约以停战协议，按照双方对耶路撒冷的实际控制，耶路撒冷以绿线为界被分为东西两个部分，但绿线是阿以双方在耶路撒冷的停战线，而非国际边界。绿线以西的西耶处于以色列的实际控制之下，绿线以东的东耶处于约旦的实际控制之下。1950年，以色列宣布被其占领的西耶为其首都。1967年第三次中东战争以后，以色列实现了对整个耶路撒冷的控制。在以色列的控制下，耶路撒冷发生了很大的变化，其中仅西区就先后扩展了四次，面积由1952年的17.7平方公里扩展到1993年的53平方公里，包含老城在内面积不到3平方公里的东耶，也扩展到70平方公里。耶路撒冷的变化，为此后彻底解决耶路撒冷问题增加了难度。1980年，以色列以国内立法的形式宣布耶路撒冷为其永久的、不可分割的首都，然而，以色列的这一做法并没有得到国际社会的普遍认可。1980年8月20号，联合国安理会通过478号决议，谴责了以色列企图吞并东耶的做法，并号召联合国会员国从耶路撒冷撤出外交代表团，已经与以色列建交的100多个国家几乎都把使馆建在特拉维夫。2006年8月，哥斯达黎加和萨尔瓦多的使馆撤离耶路撒冷后，没有国家在耶路撒冷设立大使馆。不过，美国、英国、意大利、希腊4个西方国家在耶路撒冷设有总领事馆。尽管1995年美国通过国内立法的形式要求将美驻以使馆迁至耶路撒冷，但总统出于安全考虑有权每隔6个月推迟一次驻以使馆的搬迁工作。美国总统不断地行使这一权力，推迟使馆搬迁工作，因而，至今美国驻以使馆依然在特拉维夫。对于以色列立法定都耶路撒冷这一做法，阿拉伯—伊斯兰世界一直坚决反对，它们坚持耶路撒冷是伊斯兰的圣地，必须完全归还给巴勒斯坦人，1988年巴勒斯坦全国委员会第19次特别会议通过的《独立宣言》宣布耶路撒冷为新成立的巴勒斯坦国的首都。但随着以色列对耶路撒冷实际控制的增强，阿拉伯世界也采取了比较务实的立场，1982年的非斯阿拉伯国家首脑会议只强调归还东耶的必要性。

冷战后，中东和平进程启动，巴勒斯坦在耶路撒冷问题上的立场有所缓和，但巴勒

① 青觉、马守途：《阿以冲突的四大症结》，载《国际资料信息》，2005（7）。

斯坦依然坚持对耶路撒冷东区的权利，三大宗教的文化圣地老城核心部分恰恰位于东耶，而以色列已经通过国内立法的形式将耶路撒冷的地位固定。所以，耶路撒冷之争被普遍认为是巴以问题中的最难解之结。

3. 阿以问题的现状及未来

中东地区极具地缘战略价值，历来是大国争霸必夺之地。二战后，美苏两个超级大国取代英法开始在中东进行地缘战略上的争夺，这样，阿以问题在大国干涉的背景下，冷战期间一直热战不断，是超级大国角力的竞技场。

冷战结束后，由超级大国幕后支持的阿以激烈对抗得到缓和，同时，海湾局势骤变使得美国中东战略重点由巴勒斯坦转向波斯湾。另外，为了赢得阿拉伯世界对其海湾行动的支持，以及在中东地区建立符合美国愿望的和平秩序，美国承诺推动阿以问题的和解。1991 年 10 月 30 日，马德里中东和平会议召开，在经过 40 多年的对抗后，以以色列为一方，以巴勒斯坦、约旦、叙利亚以及一些相对边缘的阿拉伯国家为另一方的阿以双方终于坐到了谈判桌旁。马德里和平进程的最终目标是实现阿以全面和平，包括巴以和平，实现巴勒斯坦建国，并与以保持和平，以及实现以色列与主要阿拉伯国家尤其是与其邻近的阿拉伯国家之间的和平，建立正常的外交关系。和平进程在马德里的简单开幕式后，很快进入以色列与各阿拉伯国家的双边谈判，包括叙以、黎以、约以、巴以谈判。

中东和平进程促成了一系列协议和原则，其中最重要的就是“土地换和平”原则，即以色列通过归还它在历次中东战争中占领的阿拉伯领土，来换取与周围阿拉伯世界的和平共处。1993 年 8 月，巴以双方草签了巴以协议，即《奥斯陆协议》，并于 1993 年 9 月 13 日在华盛顿正式签约。巴以协议是个原则宣言，也是中东和平进程的里程碑，因为巴以双方实现了相互承认对方在巴勒斯坦地区生存的权利，结束了巴以双方誓不两立的敌对状态。为落实巴以协议，巴以双方都做出了一定的努力，确立了加沙和约旦河西岸的自治地位。到 2005 年，以方拆除了加沙地带的全部 21 个犹太人定居点和 4 个位于约旦河西岸的定居点，但在约旦河西岸还有 120 多个经以色列政府批准的“合法”犹太人定居点没有拆除，那里住着 30 多万犹太人。定居点问题成为巴以关系中的又一症结所在。

“9·11”以后，由于美国在中东的战略重点转向反恐和伊拉克战争，所以，中东和平进程放缓。2005 年，在小布什的第二任期内，巴勒斯坦问题再次被提上议事日程，但由于以色列总理沙龙强行参观阿萨克清真寺而引发的新一轮暴力冲突使中东和平进程再次受挫。2008 年 11 月，奥巴马当选美国总统，他曾表示要立即重启中东和平进程，但 2008 年 12 月底以色列军队对加沙地带展开军事行动，使奥巴马的重启中东和平进程主张尚未开始便增添了变数。2009 年 3 月，在巴以问题上持强硬立场的本雅明·内塔尼亚胡当选以色列总理，这使中东和平进程的重启变得更为艰难。

虽然，冷战后启动的中东和平进程艰难地推动着阿以的和解，其中约旦已经完成了与以色列的双边和解谈判，但中东和平进程的目标还没有真正实现。第一，阿拉伯国家并没有实现与以色列的全面和解，到目前为止与以正式建交的阿拉伯国家也只有埃及和约旦；第二，最重要的问题是真正的巴勒斯坦国毕竟还没有建立，发生在双方的各种低烈度的武装冲突和暴力事件也持续不断。目前，包括美国和以色列在内的国际社会对巴勒斯坦人应该有自己的国家这一问题没有太大的分歧，但围绕巴勒斯坦建国的巴以边界问题、耶路撒冷问题、犹太人定居点问题（即以色列在历次战争所占领土上建立的犹太人定居点的拆除问题）、巴勒斯坦难民问题（即因历次中东战争而被迫背井离乡的巴勒斯坦人返回原住所亦即今天以色列境内的问题）、安全控制、巴未来军队的规模、巴以关系等都是阿以问题全面解决过程中极为棘手的问题。

目前，巴以力量对比中巴勒斯坦处于不利的状态：两伊战争造成的伊斯兰世界的分裂；苏联解体造成阿失去了重要的幕后支持力量；海湾战争造成的阿拉伯世界的分裂；伊拉克战争导致中东的权力结构发生了不利于巴勒斯坦的局面，即美国旨在推倒萨达姆政权的伊拉克战争使中东原有地区权力结构均势被打破，随着亲伊朗的什叶派政党联盟“伊拉克团结联盟”在伊拉克执政，伊朗在中东的地区权力结构中崛起；约旦已故国王阿卜杜拉曾指出，从伊朗经伊拉克南部、叙利亚到黎巴嫩南部形成了以伊朗为核心什叶派势力新月地带，约旦、埃及、沙特则应组成逊尼派三角加以应对，至于巴勒斯坦问题，逊尼派阿拉伯国家更关注地区权力结构消长给本国安全带来的压力；而伊朗以色列间的紧张关系，使以伊朗为核心的新月派力量对以色列立场相当尖锐，而这将无助于巴勒斯坦问题的解决；2011 年以来，一场被西方媒体统称为“阿拉伯之春”的政治变局运动席卷了中东地区多国，多国陷入国内政治动荡甚至内战，这些都使中东地区的阿拉伯国家将主要关注点放在了本国的政权安全和社会安全上，巴勒斯坦问题被进一步边缘化。这些都使巴勒斯坦在巴以问题上变得越来越形单影只。

与巴勒斯坦力量的削弱形成对比的是以色列的相对权力和绝对权力都在增强。首先，与巴勒斯坦的势单力孤形成对比的是以色列一直得到美国的支持和庇护。冷战时期以色列的盟友美国，出于战略利益的需要以及犹太院外集团在美国中东政策上的强大压力，直到今天依然坚定地支持以色列，并在国际组织中偏袒以色列。截至 2004 年 10 月，美国共在联合国动用过 29 次否决权来否决联合国和安理会对以不利的决议，这占到美国在联合国动用的全部 80 次否决权的 36%；冷战后，“美国在联合国安理会常任理事国公开会议上使用的 15 次否决权中 9 次是有关包括巴勒斯坦问题在内的中东局势，4 次是关于被占阿拉伯领土问题的”①；2011 年 9 月 23 日，阿巴斯以巴勒斯坦国总统的身份向联合国提交《巴勒斯坦国关于加入联合国会员国的申请》，寻求成为联合国正式会员国，也因美国和以色列的反对而未能获得联合国会员国的身份。这些都是美国在国际社会偏袒以色列的表现。其次，经过五次中东战争和建国近 70 年来的发展，以色列已经确立了在中东地区的军事优势，堪称中东区域权力结构的“一极”。在伊斯兰世界陷入各种纷争、力量大减的时候，以色列的国力大增。在国际社会的默许之下，以色列已经成为中东的核国家，在中东“独步天下”，对阿拉伯世界构成核威慑。

这样，在“以强阿弱”力量对比失衡的情况下，中东和平进程的主动权掌握在以色列手中，没有国际社会的介入，巴的合理主张很难得到以的认同。

另外，阿以两个民族的历史宿怨毕竟已近百年，其中有着重要的宗教文化因素，所

① http://www.un.org//chinese/documents/veto/index/html.

以，巴以双方内部各派别对巴勒斯坦问题的立场差异很大。以色列方面，是以色列以工党为代表的温和派与以利库德集团为代表的极右翼势力之间立场上的对立；巴勒斯坦方面，则是巴勒斯坦的哈马斯和法塔赫之间的对抗，这种对抗消耗了本来就处于弱势的巴勒斯坦力量，特别是2006年激进的哈马斯（伊斯兰抵抗运动）通过大选登上政坛，它拒绝接受国际社会（联合国、美国、欧盟、俄罗斯）对其提出的“放弃暴力、承认以色列、接受以往巴以协议”的三个条件，这在一定程度上使中东和平进程所取得的成果大打折扣。不过可喜的是，在埃及的斡旋之下，2014年哈马斯和法塔赫在开罗通过谈判达成和解，这为巴方内部形成统一阵线铺平了道路，不过，巴方内部的这种和解的稳定性仍有待观察。简言之，巴以内部温和派和激进派的立场差异，使得中东和平进程起伏不断，为巴以真正意义上的和解增加了阻力。

总之，巴以的和平进程要取得突破性进展是非常艰难的。所以，巴勒斯坦问题的彻底、全面、合理的解决，实现两个民族的全面和解，绝不是一朝一夕能实现的，既需要巴以双方在承认现实基础上做出适当的妥协，也需要国际社会公正的介入。

（二）海湾次区域安全复合体

中东地区除了阿以这一核心安全问题外，还存在一些次区域的安全问题，比如海湾的地区性大国权力争夺、马格里布不稳定的国家间关系，这些都构成了次区域地区，即次区域安全复合体。冷战期间，海湾地区安全问题集中在伊朗、伊拉克以及以沙特为首的海湾阿拉伯国家间的三角竞争关系，这种竞争既有世俗的权力争夺、边界冲突，也有教派冲突。

1980年9月爆发了持续八年之久的两伊战争，作为对两伊战争的反应，包括沙特、科威特、巴林、卡塔尔、阿联酋以及阿曼在内的海湾阿拉伯国家出于对两伊的恐惧组成海湾阿拉伯国家合作委员会，这是除了伊拉克以外的海湾阿拉伯国家形成的一种战略伙伴关系。① 1988年8月，筋疲力尽的两伊接受了联合国的停火决议，两伊战争结束。

1990年，因为石油利益问题，伊拉克发动了旨在吞并科威特的战争，这直接导致了以美国为首的多国部队对伊发动战争，这场战争恢复了科威特的独立，也将遭到严重削弱的伊拉克长期置于严厉的国际制裁之下。除了削弱伊拉克的地区权力和影响外，这场战争还有另外两个直接后果：一是造成了阿拉伯世界的分裂。自二战以后，阿以矛盾是中东问题的核心，也正是阿以矛盾使阿拉伯世界团结在一起，但海湾战争使阿拉伯世界发生了分裂，分为反伊派和亲伊派，阿拉伯世界的团结遭到根本性的削弱。② 二是海湾战争加强了西方国家特别是美国在中东的地位，使海湾阿拉伯国家合作委员会国家更加清晰地处于美国保护国的地位，这在某种程度上弱化了海湾阿拉伯国家对巴勒斯坦问题的立场和关切度。海湾战争使美国实现了对两伊的双重遏制，这也进一步提高了在海湾地区大国因素的分量③，从根本上改变了海湾地区大国干预的特征，即由两极竞争性干预转向单极干预。

---

① Barry Buzan, Ole Wæver, *Regions and Powers: The Structure of International Security*, Cambridge University Press, 2003, p. 192.

② 参见宫少朋等主编：《冷战后国际关系》，255页，北京，世界知识出版社，1999。

③ Barry Buzan, Ole Wæver, *Regions and Powers: The Structure of International Security*, Cambridge University Press, 2003, p. 201.

美国对阿以问题的介入及其对两伊的遏制，使波斯湾和东地中海两个次区域的联系强化。“9·11”恐怖袭击后，美国对两伊的双重遏制更加严厉，伊朗和伊拉克双双登上美国的“邪恶轴心”名单。2003 年 3 月 20 日，美国发动了以推倒萨达姆政权为目标的伊拉克战争，推翻了萨达姆政权，力图将伊拉克打造成中东民主的样本。“倒萨”之后，伊拉克非但没有成为中东地区“民主的样板”，反而使党派矛盾、教派矛盾、民族矛盾尖锐化，特别是美国从伊拉克撤出作战部队之后，“基地”组织伊拉克分支、“伊斯兰国”（IS）频频发力，不可小觑。“基地”组织趁着 2011 年“阿拉伯之春”的政治变局运动在多国所造成的混乱局势，向也门、叙利亚等国渗透扩张，与当地的“基地”组织之间形成联动，“基地”组织在中东有着蔓延之势。“伊斯兰国”自 2014 年 6 月以来，在伊拉克攻城略地，大有将伊拉克撕裂之势。这样，伊拉克战争后遗症加上“阿拉伯之春”并发症，使海湾地区的非传统安全问题日趋严峻，它的威胁范围已经远远超出了海湾地区。2015 年 1 月发生在法国的《查理周刊》遭袭击事件以及之后发生在法国的多起恐怖主义事件，便是一个警钟。

伊拉克战争结束之后，特别是美国从伊拉克撤军后，在海湾地区，美国、以色列与伊朗关系骤然紧张，伊朗核问题成为继伊拉克大规模杀伤性武器问题之后的又一个海湾热点问题。伊拉克战争以后，美国、以色列与伊朗间的对立似乎正取代阿以问题成为中东安全问题的核心。伊朗核问题与后伊拉克战争时期什叶派伊斯兰在中东的坐大相互加强。伊拉克战争改变了中东地区伊朗、伊拉克、沙特、以色列之间复杂的平衡关系，使伊朗在地区权力结构中的优势得以提升，伊朗在中东的影响力也随之提升。在中东结构性安全关系中，美国一如以往地保持着对干预中东地区安全事务的主导权，以色列、伊朗成为中东地区对抗的主角，伊朗前总统内贾德曾扬言要将以色列从地图上抹去，而以色列也一度确立了对伊朗核设施的打击计划。以伊对抗使得阿拉伯世界的分裂进一步加剧，埃及、约旦、海合会国家坚持亲美立场，对以立场温和，而叙利亚、伊拉克什叶派力量、黎巴嫩真主党、巴勒斯坦哈马斯则站在伊朗一方。

这样，无论是陷入各种纷争的伊拉克、日趋坐大的伊斯兰极端势力，还是伊朗核问题，都将继续给海湾地区带来更多的安全风险。

（三）马格里布次区域安全复合体

二战后，马格里布次区域安全复合体的形成主要源于利比亚、突尼斯、阿尔及利亚以及摩洛哥之间不稳定的关系，这是一组独立于中东其他地区的安全关系。但因为马格里布国家在阿以问题上与阿拉伯世界坚定地站在一起，所以，马格里布成为中东区域安全复合体的一部分。

海湾战争造成了阿拉伯世界的分裂，马格里布国家基本上持中立的立场，既非亲伊也非反伊；在美国主导的中东和平进程开启后，马格里布国家也基本上处于被边缘化的状态，这样马格里布国家与阿拉伯问题的联系，在冷战后不断弱化。尽管在宗教和文化上与中东其他地区的联系依然存在，但是，安全上的相互依存关系已经弱化。马格里布国家更关注的是与欧盟的关系。

面对在经济上对欧盟的高度依赖，1988 年，利比亚、突尼斯、阿尔及利亚、毛里塔尼亚以及摩洛哥改善了以前冲突不断的多边和双边关系，将关注点集中在欧洲，并于 1989 年建立马格里布联盟，即马盟。马盟的成立是针对 1986 年欧盟的《单一欧洲法案》（Single European Act，SEA），期望加强与马格里布国家间的合作，使它们能够作为一个整体成为欧盟特别是欧盟南部四国（葡萄牙、西班牙、法国、意大利）的对话伙伴。

2011年前后，一场规模浩大的反政府运动在中东地区多国展开，使多国政治发生剧变。首当其冲的便是马格里布国家突尼斯和利比亚。2010年底，突尼斯爆发了“茉莉花革命”，它推翻了执政长达23年的本·阿里政权。2011年2月，马格里布国家利比亚发生了旨在推翻执政长达42年之久的穆阿迈尔·卡扎菲政权的武装冲突，这场武装冲突引发了阿盟、联合国安理会的介入，以法国、英国、美国为主的西方国家对利比亚进行了海空封锁和空中打击，卡扎菲政权倒台，卡扎菲本人也死于非命。然而，“利比亚战争引致的混乱局势和武器流散给恐怖主义的发展和壮大提供了有利的环境……‘基地’组织伊斯兰马格里布分支积极利用利比亚战争壮大力量，介入利比亚事务和马里危机等地区事务”①。这样，进入21世纪的第二个10年以来，政局动荡、骚乱、猖獗的恐怖主义以及外溢到欧洲的种种非传统安全问题，成为马格里布新的安全标签。

总之，冷战结束后中东总的安全形势是阿以冲突仍然保持着政治上和象征意义上的中心地位，但中东和平进程的启动却使其不再是该地区暴力的震中（epicentre of violence），海湾地区成为中东新的武装对抗中心。不过，与阿以问题不同的是，海湾地区的对抗呈现的既是超级大国对中东区域性霸权力量的遏制，也是中东地区既有的权力结构变革中的冲突。

中东安全问题，特别是阿以问题有着深刻的域外大国干预的背景，冷战期间大国干预的主要表现是美苏对中东地区的两极干预，冷战后则表现为美国对中东问题的单边性干预，但是大国对该地区的干预的最主要的动力是利益驱动。对于冷战后的美国而言，其在中东的战略是“西促和谈，东遏两伊”，但是美国的利益重点是遏两伊，美国的中东战略重点由巴勒斯坦转向海湾。“9·11”后，美国总统布什认定的三个“邪恶轴心”伊拉克、伊朗和朝鲜，有两个在海湾地区。随着伊拉克战争的结束，朝鲜表现出解决半岛核问题的意愿，美国也已启动将朝鲜从“邪恶轴心”名单上删除的程序，这样，伊朗在相当长的时间内会成为美国的关注重点。特别是伊朗在核问题上表现出的强硬立场更加剧了美国对伊遏制的政策。

正如阿以矛盾的产生和发展与外部势力的卷入息息相关一样，阿以矛盾的解决也离不开国际社会的努力。在目前以强阿弱的格局下，仅仅依靠阿以双方自身的努力，难以达成全面和平。正是在国际社会的积极推动下，阿以启动了中东和平进程，巴勒斯坦建国也取得了有限的进展。美国是中东地区最主要的外部介入力量，但毕竟当前美国的战略关注重点在海湾，彻底解决巴勒斯坦地区问题不是美国短期内的战略重点。加之“美对以色列的偏袒，使得美难以取信于阿拉伯国家。所以，中东和平进程需要更多的国际力量的介入。目前，由欧盟、美国、俄罗斯和联合国的中东特使设立的四方会谈机制是调节阿以冲突的重要平台”②。这里需要强调的是，中国自2002年开始派出中东问题特使，多次前往中东地区，与欧盟、美国、俄罗斯和联合国的中东特使不定期会晤，致力于解决中东棘手问

① 刘中民：《中东变局以来中东恐怖主义的新发展及其根源》，载《西亚非洲》，2014（6）。

② 余国庆：《伊拉克战争后的中东嬗变与阿以冲突》，载《阿拉伯世界》，2005（6）。

题。通过派遣特使的方式，中国更加积极地参与到国际热点问题的处理中。

思考题

1. 评析亚太地区安全机制的作用。
2. 如何理解冷战后欧洲各主要安全组织的调整和转型？
3. 冷战后中东安全局势发生了怎样的改变？
4. 伊拉克战争给中东地区安全形势带来了怎样的影响？

国际安全体系

所谓国际体系，是指各种国际行为体相互作用、相互影响而形成的统一整体。国际安全体系是国际体系的重要组成部分，是其核心内容。它指的是国际体系中的行为体以维护国家和国际和平、安全为目的所进行的互动，并形成特定的行为规则和运行机制的一个整体。① 国际体系的不同力量结构是影响体系稳定与变迁的重要因素。

第一节　国际安全体系的形态

国际力量对比及其互动模式是国际安全体系的基本结构，国际格局则是国际安全体系的外在表现形态。人们通常用“极”来表示这一概念，通常分为“单极”“两极”“多极”。

一、单极体系

单极体系（unipolar system）是由一个超级大国主导国际社会的国际体系，亦称霸权主导体系。其理论依据是西方的霸权稳定论。欧洲中世纪历史中出现过的罗马帝国和中国历史上的周王朝与诸侯国的关系，英国在 1588 年打败西班牙的无敌舰队并通过三次英荷战争打败“海上马车夫”荷兰成为海上霸权国家，拿破仑在 1804—1815 年建立起的法兰西第一帝国称雄欧洲大陆，这些都被西方国际关系理论学者看作单极体系的实例。一般来讲，构成单极体系的霸权国家应拥有超强的经济实力、军事实力和政治文化影响力，可使某些国家自愿搭车，或迫使别国屈从霸权国家意志，服从霸权国的战略。推行“单极世界”战略的霸权国家损害别国的主权与利益，构成对国际社会的威胁。霸权国家往往遭到主权被损害、安全被威胁的国家的反对，或受到主张“多极世界”国家的牵制，最终走向自己的反面。冷战结束后，美国曾提出霸权稳定论，为其“单极世界”战略服务。美国前国家安全事务助理赖斯 2003 年 7 月在伦敦国际战略研究所提出，以西方国家价值观为主导的“单极世界”有利于国际安全。美国虽依据强势军事力量和经济实力连续发动海湾战

① 参见杨洁勉主编：《国际体系转型和多边组织发展——中国的应对和抉择》，北京，时事出版社，2007。

争（1991 年）、科索沃战争（1999 年）、阿富汗战争（2001 年）和伊拉克战争（2003 年），试图建立以美国为主导的单极世界，但最终陷入政治困境和军事困境，遭到包括西欧的法、德，以及俄、中和阿拉伯国家联盟、伊斯兰国家组织在内的世界多数国家和国家组织的强烈反对。从历史上看，单极世界在某一时期对国际安全有积极作用，但随着国际力量对比的变化和新兴大国的崛起，主导单极世界的大国或集团终将被新的国际力量所取代，这不可避免地威胁到国际安全体系的稳定。

二、两极体系

两极体系（bipolar system）是指两个实力相当的超级大国吸引其他国家形成的相互对立的国际体系。第二次世界大战结束后，美英苏在大战期间形成的同盟关系破裂，在冷战背景下形成了以两个军事同盟和两个世界市场为特征的、社会制度与意识形态完全不同、相互对峙的两个阵营的国际体系。两极体系源于第二次世界大战后同盟国关系破裂和美国冷战政策的出台。1947 年杜鲁门主义的出台和 1948 年的柏林危机标志着两极体系正式形成。该体系的特点是两个阵营分别以美、苏两个超级大国为首，分别依托北大西洋公约组织和华沙条约组织，经济上形成以马歇尔计划为纽带的资本主义统一市场和社会主义国家间的经互会市场，都拥有把对方摧毁多次的核武器，美苏两个超级大国对自己阵营内部的成员有一定的控制力。欧洲被一分为二，成为美苏两个超级大国争夺的重点。但美苏也加强了在亚洲、非洲和拉丁美洲的争夺，并打了多场代理人的战争。两极体系把世界置于两个超级大国对抗和争夺激烈的“恐怖平衡”和“冷和平”之中。由于美苏双方都有对对方第二次核打击的能力，相互形成核威慑，因此对危机处理和局部战争都保持一定的克制，并通过一定渠道保持对话、沟通，寻求体面解决。虽发生两次柏林危机（1948 年、1958 年）、朝鲜战争（1950—1953 年）、五次中东战争（1947 年、1956 年、1967 年、1973 年、1982 年）、古巴导弹危机（1962 年）等，但这些战争和冲突都控制在局部范围内，没有发展为两个集团之间的世界大战。国际关系危机也往往通过谈判、讨价还价，最终以相互退让妥协得以解决。

两极体系的瓦解源于战后各种力量对两极体系的冲击和两大阵营内部的量变，特别是东欧国家的演变和苏联的解体。1989—1991 年，随着东欧剧变、两德统一、苏联解体，两极体系最终瓦解。在两极体系下，世界虽然保持了核恐怖下的和平，但局部战争和冷战始终威胁着国际安全体系。

三、多极体系

多极体系（multipolar system ）是由三个或更多国家主导的国际体系。近代国际关系以来的多极国际体系有 1648 年的威斯特伐利亚体系、1815 年的维也纳体系、第一次世界大战后的凡尔赛—华盛顿体系、冷战结束后的“一超多强”的世界多极化进程。多极体系的特点是，国际关系由多个大国主导而形成大体势力均衡的力量结构。这种力量对比往往在大的战争结束后确立，通过签订国际条约确定力量对比和国际关系准则，缔约后允许战败者重新回到国际体系。但这种相对力量均势的国际体系，往往由于各国各自从本国安全与利益出发制定军事政策和外交政策，因此发生相互冲突与危机的概率较大。为寻求对他国的军事安全优势，一些国家往往寻求结盟国家，并向集团政治体制转变。法国大革命前、普法战争至第一次世界大战前的国际关系史都证明，多极体制本身虽有各主要国家相互制衡的作用，但缺乏权威机构的协调和国际法原则的约束，大国之间的力量均势结构并不能保证国际社会的安全。冷战后世界进入“一超多强”的多极化历史进程，尽管大国之间的力量不平衡，特别是对霸权主义不能形成有效约束，国际关系基本准则仍受到单边主义和霸权主义的挑战，但由于有以联合国为中心的国际安全机制，世界保持总体和平的趋势没有改变。

第二节　国际安全体系的历史变迁

自近代以来，国际安全体系经历了1648年欧洲三十年战争（1618—1648年）之后确立的威斯特伐利亚均势体系、1815年拿破仑战争结束后确立的维也纳协调体系、两次世界大战之间形成的凡尔赛—华盛顿体系、第二次世界大战后形成的雅尔塔两极体系、冷战结束后出现的“一超多强”的世界多极化进程等多种形态。国际安全体系一般形成于大规模战争或重大历史事件之后，反映战胜国的利益与要求和主要战胜国的政治主张，通过召开国际会议，确定力量对比和利益的划分，确认领土变化后的新国家的主体地位，以签订国际条约的形式确定大国关系的变化和国际关系准则。

一、威斯特伐利亚体系

威斯特伐利亚体系是欧洲三十年战争后形成的、以欧洲民族主权国家为基轴的国际均势体系，因在德意志的威斯特伐利亚的两个城镇——明斯特（天主教派使节）和奥斯纳布鲁克（新教教派使节）签订结束三十年战争的《威斯特伐利亚和约》而得名。三十年战争是打着宗教旗帜进行的争夺欧洲霸权的战争，最终以法国和瑞典获得胜利，奥地利、西班牙战败而宣告结束。

1648年签订的《威斯特伐利亚和约》确认法国获得阿尔萨斯的大部分和梅斯、土尔、凡尔登，以及在菲利普斯和部分莱茵河右岸的永久驻防权，取得在欧洲的优势地位。瑞典获得整个西波美拉尼亚和东波美拉尼亚的德意志部分、维斯马城及不来梅和费尔登两个主教区，控制了波罗的海和北海沿岸的最重要港口，成为波罗的海强国。勃兰登堡—普鲁士获得哈尔伯斯塔特、卡明、明登主教区和东波美拉尼亚，成为与奥地利一起称雄德意志的强国（1701年改称普鲁士王国）。瑞士和荷兰获得独立。德意志神圣罗马帝国内部的路德教、加尔文教取得与天主教平等的地位和权利。德意志的选帝侯、各邦君主享有他们自古以来就有的权利、特权、自由、优惠、自由行使领土权、缔约权、宣战权和结盟权，从而确认了德意志各诸侯国的主权，而哈布斯堡家族统治的奥地利和西班牙的权利与领土遭到削弱。

该体系开创了通过召开国际会议结束国际战争的先例，确认了德意志数百个诸侯国的国家主权和诸侯之间势力均衡原则，确认了荷兰和瑞士的独立地位，打破了欧洲原来的一个皇帝（德意志神圣罗马帝国皇帝）控制世俗世界、一个教皇（罗马天主教皇）控制精神世界的局面，破除了以罗马教皇为中心的统治西欧国家的神权政治体制，确立了主权平等和独立的民族国家的国际社会，形成欧洲诸强制衡格局，标志着中世纪国际关系转入近代国际关系。在西欧开始确立常驻外交代表机关制度。国际法上的条约必须遵守、对违背条约的国家可实行集体制裁的原则也得到确认。

三十年战争后，法国、瑞典、奥地利、普鲁士、西班牙、尼德兰（荷兰）、英国、俄国在近代欧洲的国际关系中的地位凸显。法国在三十年战争后推行在欧洲的扩张政策，寻求天然边界，遭到法国周边国家联合起来反对，发生遗产继承战争（1667—1668 年）和奥格斯堡联盟战争（1688—1697 年，又称九年战争）。英国资产阶级革命（1640—1649 年）完成后，推行对外扩张政策，颁布《航海条例》，与海上大国荷兰发生三次战争（1652—1654 年、1665—1667 年、1772—1774 年），严重打击了荷兰的海上贸易和殖民扩张，取代了荷兰的海上地位。俄国与瑞典为争夺波罗的海控制权而发生北方战争（1700—1721 年），夺得波罗的海出海口，开始从大陆蚕食体制向海洋扩张转变。为争夺黑海出海口，俄国与衰落的奥斯曼土耳其帝国数次发生战争，夺得黑海北岸的土地和克里米亚半岛，成为黑海国家。黑海不再是奥斯曼帝国的内海后，出黑海进入地中海的博斯普鲁斯海峡和达达尼尔海峡战略地位凸显。普鲁士在三十年战争中实力增强后，与奥地利争夺德意志的领导权，发生奥地利王位继承战争（1740—1748 年）和七年战争（1756—1763 年）。英法之间争夺殖民地的斗争贯穿 18 世纪，在西班牙王位继承战争（1701—1714 年）、波兰王位继承战争（1733—1738 年）和七年战争中多次较量，英国夺取了法国在海外的大部分殖民地。法国在北美的殖民地发生革命后，与美国结成同盟，打击英国。在法国大革命发生后，英国资助反法联盟国家，组织七次反法联盟，打击拿破仑称霸欧洲的政策。1806 年，神圣罗马帝国宣布解体，该体系不复存在。

欧洲近代国际关系的历史说明，威斯特伐利亚的均势体系在维护国际安全方面是相对的，随着欧洲各国力量对比彼此消长和扩张野心，不断发生战争，欧洲均势态势也不断被战争打破，欧洲安全名存实亡。

二、维也纳体系

维也纳体系又称欧洲协调，是 1815 年维也纳会议确立的欧洲国际体系，是第六次反法联盟国家在打败拿破仑的法国后，为划分欧洲疆界、恢复欧洲封建秩序，通过签订《最后议定书》确立的。维也纳会议确立了"正统主义原则"和"补偿原则"，即欧洲恢复法国大革命前各封建王朝的统治，用拿破仑帝国统治下的附属国及其殖民地来补偿战胜国的要求。路易十八派出外交大臣塔列兰为法国代表出席会议。在维也纳会上，塔列兰利用英、俄、普、奥四国围绕俄国军队占领的波兰和萨克森的归属问题上出现的矛盾，与英、奥缔结了反对俄国与普鲁士的秘密同盟条约。拿破仑发动百日政变加速会议达成妥协，对波兰—萨克森问题做出如下处置：在华沙大公国大部分领土上成立波兰王国，作为受俄国保护的附属国，波兰王国的国王由沙皇兼任，作为领土补偿，普鲁士获得波兹南，奥地利获得加利西亚，克拉科夫成为自由市；萨克森被分为两个部分，2/5 划给普鲁士，3/5 仍归萨克森国王统治。

会议确立恢复各国的封建王朝统治。德意志成立了一个由奥地利首相梅特涅任主席的松散的德意志邦联。英国保留了在战争期间从法国和荷兰获得的海外重要殖民地，包括开普敦、锡兰、特立尼达、圭亚那一部分和马耳他，巩固了海上霸主地位。俄国获得芬兰、比萨拉比亚，并取得波兰王国的保护权。奥地利收复的里雅斯特、伊利里亚、达尔马提亚、提罗尔，恢复在意大利北部的伦巴底、威尼斯的统治权。法国用正统主义原则最终保住了 1790 年的疆界（原确定恢复到 1792 年的历史疆界，拿破仑发动“百日政变”后将法国的疆界确定为 1790 年的疆界），法国本土没有被瓜分。为防止法国东山再起，比利时划给荷兰，组成尼德兰王国。普鲁士得到莱茵河左岸和威斯特伐利亚的五个省。瑞士确定为永久中立国。撒丁王国收回了萨伏依和尼斯，重新控制阿尔卑斯上的重要山口。反法联盟的战胜国为了保住胜利果实、维护维也纳体系的稳定和防止革命再起，由俄、普、奥发起并成立了神圣同盟，之后，又与英国缔结英、俄、普、奥《四国同盟条约》。

神圣同盟是打着宗教旗号，以维护欧洲封建秩序、维护大国利益、镇压各国革命运动。为镇压欧洲各地发生的革命，神圣同盟相继召开协调会议。但这种用召开会议协调各国立场、处理彼此利益冲突的方法只维持了七年时间。英国率先同神圣同盟国家政策决裂，法国、俄国等也相继放弃正统主义原则。在正统主义旗帜下，允许战败国法国恢复波旁王朝的路易十八封建政权，重新回到欧洲的国际体系。维也纳体系是确立英国、俄国、普鲁士、奥地利、法国的均势体系，并将维护欧洲各国封建统治的正统主义作为处理国家关系的原则，进而提出对发生革命的国家进行“干涉”的原则。从法国大革命时期提出的不干涉原则，到 1815 年维也纳会议后确立欧洲协调的“干涉原则”；从法国大革命涤荡欧洲的封建秩序，到 1815 年恢复欧洲各个封建王朝统治的“正统主义”原则；从满足战胜国的要求出发，提出“补偿原则”，用拿破仑帝国曾经统治过的地区、建立的附属国或同盟国进行领土补偿，而不顾民族传统——这些都是历史的倒退。

尽管如此，法国大革命和《拿破仑法典》对欧洲封建秩序改造的影响是不可能消除的。因此，欧洲在维也纳会议后，相继在德意志、意大利、西班牙、希腊发生革命。1818 年至 1822 年，按照《四国同盟条约》，英、俄、普、奥相继召开亚琛会议、特罗波—莱巴赫会议、维罗纳会议，通过会议外交，大国协调立场，以共同镇压意大利、西班牙、希腊发生的革命运动。维也纳体系随着 1830 年比利时脱离荷兰的革命和 1848 年欧洲革命的冲击而受到重大冲击。欧洲安全的协调机制维持不下去。围绕对奥斯曼帝国领地的争夺，神圣同盟的发起国俄国同英国、法国、奥斯曼帝国、撒丁王国之间爆发了 1853—1856 年的克里米亚战争，农奴制的俄国战败，沙皇俄国从欧洲霸主地位跌落下来。19 世纪 60 年代的德意志和意大利的民族统一运动则是对维也纳体系的更大打击。

1871 年普法战争结束后，欧洲中部四分五裂的地缘政治状况结束，德国统一在普鲁士王朝的领导之下，成为一个欧洲中部的强国。1871 年德法签订的《法兰克福和约》将阿尔萨斯和洛林割给德国，法国赔款 50 亿法郎，德国在法国境内驻军，使德法关系处于紧张对立的状态。法国复仇主义力量的上升，以及法国通过发行公债，提前偿还战争赔款，使得统一的德意志帝国首相俾斯麦清醒地看到了法国对德国的复仇情绪和民族主义力量。俾斯麦担心如果德国与其他国家发生战争，法国肯定都会站在德国的敌国一方，发生不利于德国的力量变化。为了防止法国复仇，避免两面作战，俾斯麦欲将法国可能的潜在盟国都争取过来。他主要争取的对象是沙皇俄国和奥匈帝国，因此在 1873 年首先缔结《三皇同盟条约》。俾斯麦利用法国的扩军案和洛林主教号召洛林回归法国两件事，分别拉响两次战争警报，欲给法国再一次军事打击。但俾斯麦的意图遭到俄、英、奥的明确反对，由此证明三皇同盟是不可靠的。与此同时，俾斯麦不满足于缔结政治同盟，于 1879 年利用俄奥矛盾，缔结直接针对俄国、间接针对法国的《德奥同盟条约》；1882 年利用意大利和法国争夺突尼斯的矛盾，缔结《德奥意三国同盟条约》；1883 年又利用罗马尼亚和俄国在比萨拉比亚问题上的矛盾，签订《德奥罗三国同盟条约》；1887 年在德、俄、奥三国同盟到期后，同俄国签订《再保险条约》；1887 年，德国推动意大利、奥地利同英国缔结分别针对法国和俄国的两次《地中海协定》，但英国没有承担明确的军事义务。英国坚持实行“光辉孤立”政策，拒绝与德国签订同盟条约，以保持行动自由。1890 年 3 月，俾斯麦因与德国皇帝威廉二世政见不合下台，标志德国放弃俾斯麦的大陆结盟政策，转向争霸世界的政策。俾斯麦的大陆结盟政策推动德奥军事同盟的形成，德奥军事同盟又朝德奥意三国同盟发展。

俾斯麦对普法战争之后的法德矛盾的判断是清醒的，防止德国未来两线作战的方针也是正确的。但俾斯麦建立在寻求本国绝对安全目标基础上的大陆结盟政策，反过来也推动法国缔结针对德国的军事同盟。在德俄关系发生破裂、俄国准备货币改革向德国借款遭到拒绝时，法国趁势允许俄国在法国发行巨额公债，两次共计 24 亿法郎。法俄经济上的紧密联系奠定了法俄政治同盟的基础。1891 年，法俄缔结政治协定。1892 年，两国军事部门签订军事条约。至 1894 年 1 月两国批准军事条约，法俄同盟终于形成。

随着德国同英国在全球争夺海军优势和殖民地矛盾的发展，英国调整了同法国、俄国在争夺亚非殖民地、半殖民地上的矛盾，1904 年签订《英法协约》、1907 年签订《英俄协约》。最终在第一次世界大战爆发前十年形成“三国协约”与“三国同盟”两个对立军事同盟集团，孕育了更多、更大的战争危机，并预示战争将朝着更大规模发展，为凡尔赛—华盛顿体系的形成开辟了道路。

三、凡尔赛—华盛顿体系

凡尔赛—华盛顿体系是指第一次世界大战后，帝国主义各战胜国根据新的力量对比，经过斗争和妥协调整彼此之间的关系，从而形成的新的国际体系。这一体系以对战败国的肢解、分割、掠夺和人为地制造欧洲一些国家与民族的不平等地位为基础。1919 年巴黎和会签订了包括《国际联盟盟约》在内的《凡尔赛和约》及其他条约，以法律形式调整了列强在欧洲、北非和西亚的利益，确定了战后欧洲国际关系的新体系，即凡尔赛体系。此后不久，在远东太平洋地区的 1922 年华盛顿会议签署了《四国条约》《限制海军军备条约》《九国公约》等协定，调整和重新确定列强在远东太平洋地区的关系，在新的实力对比基础上形成暂时均势。华盛顿体系在承诺维持列强在亚太存在的现状和共同瓜分中国的基础之上，在一定程度上抑制日本独占远东太平洋的势头，加强了美国在远东太平洋扩张的地位。

1914—1918 年的第一次世界大战是资本主义体系矛盾长期发展的结果。这场战争对 20 世纪国际格局的演变产生了深远影响。第一，俄国十月革命胜利后建立了世界上第一个社会主义国家，从而打破了单一的资本主义体系，在国际关系中出现了新的因素——社会主义制度与资本主义制度的矛盾。第二，欧洲中心的国际体系衰落。传统的欧洲旧帝国体系崩溃，沙皇俄国、奥匈帝国、德意志帝国、奥斯曼帝国相继解体。英国虽然赢得了战争，却失去了霸权。尽管它依然是最大的殖民帝国，拥有最强大的海军优势和保持传统均势政策的外交影响，但在经济上失去了作为世界金融中心的统治地位。法国遭受了严重的破坏。德国作为战败国承受着巨大的惩罚。与之相伴的是以民族独立、民族自决为主题的民族运动兴起。第三，美国从西半球崛起成为世界大国。美国利用战争的机会，扩大贸易市场和经济实力，成为最大的债权国，世界金融中心由伦敦转移到纽约。美国加入协约国阵营参加第一次世界大战使美国放弃传统孤立政策卷入欧洲纷争，成为改变欧洲均势的决定力量，美国总统威尔逊还提出"十四点计划"，宣告了美国的理想主义和战后世界秩序构想。美国凭借强大的综合国力，成为欧洲本土之外对欧洲均势产生决定性影响的力量。走上世界政治舞台的美国企图按照美国的价值观建立一个理想主义的世界秩序。第四，第一次世界大战引起亚洲太平洋地区的力量结构变化。日本在一战期间对中国大陆的扩张和在太平洋海上的军备竞赛，取得突出进展。一战前，英、俄、日、德、美、法六国在远东角逐。一战后，苏俄政权弃绝沙俄侵略政策，德国战败，法国将欧洲安全作为政策优先，远东霸权的争夺集中在美、英、日三家，在对中国的独占控制权与太平洋海上霸权的争夺中，日美矛盾上升。凡尔赛—华盛顿体系反映了政治经济发展不平衡是主要资本主义国家之间关系的内在规律。

凡尔赛—华盛顿体系下国际安全体系的突出特点是脆弱性和不稳定性。第一，这个体系的目的是最大限度地满足两大帝国主义集团中战胜国一方一己的私利，而忽视现实的经济基础和政治基础。一战后，欧洲经济处于停滞倒退境况，而传统经济联系又中断，在此形势下，战胜国企图从德国榨取巨额赔款来找出路，不仅使战败国陷入困境，战胜国之间不同的利害冲突更加剧了这种困境。第二，压制战败国，无视殖民地国家人民的意志，使这一体系从一开始就是建立在战败国与战胜国、殖民地与宗主国、被压迫民族与压迫民族矛盾的火山口上。《凡尔赛和约》改变了欧洲的政治地图，按照战胜国的意志人为地建立起许多新的国家，并任意交换、割让土地，这使得分裂、迁徙民族达 1 681 万人。当时的英国首相劳合·乔治承认，在欧洲原来只有一个阿尔萨斯—洛林问题，新的边界确定以后，反而出现了几十个类似的问题。这就埋下冲突的种子，也滋生了极端的挫折感和复仇主义。第三，这个体系所依赖的均势既不可靠又十分短暂。如法国虽然通过《凡尔赛和约》确立了在欧洲大陆的优势，但没有安全保障；英国战后依照传统均势思想执行扶德抑法政策；美国参议院拒绝批准《凡尔赛和约》和《国际联盟盟约》，美国不承担这两项条约所设计的集体安全的义务，这使得国际联盟从一开始就不具备普遍性，也不是一个有效和权威的安全机制。在远东和太平洋地区，五国《限制海军军备条约》与其说是促进军备稳定，不如说是刺激新一轮海军军备竞赛；《四国条约》非但未能"冻结"列强在亚太存在的现状，反而为日本谋求优势地位提供了机遇。

1929—1933 年的经济危机席卷了整个资本主义世界，引起国际社会的激烈震荡。在危机的冲击下，德、意、日法西斯建立独裁体制，通过国民经济军事化和侵略扩张进行战争准备，企图推翻凡尔赛—华盛顿体系形成的脆弱均势。以美国为代表的一些资本主义国家则采取了国家干预经济和社会生活的政策，走调节改良、保持民主政体等挽救危机的道路。与此同时，苏联社会主义经济也按其自身的逻辑取得发展。法西斯主义、民主主义、社会主义构成 20 世纪 30 年代国际政治舞台的三种主要力量。法西斯主义既定的侵略目标和西方民主国家的绥靖政策，最终导致第二次世界大战的爆发和凡尔赛—华盛顿体系的瓦解。

四、雅尔塔体系

雅尔塔体系是第二次世界大战后至苏东剧变期间的国际体系，由于其表现出鲜明的两极结构特征，通常又被称为两极体系。早在二战结束前，苏美英三大国根据战争的军事进程形成了新的力量对比，它们出于彻底清算法西斯势力、防止侵略国再起、维护国际和平与安全的迫切需要，也出于各自利益范围的现实考虑和战后世界秩序的长远考虑，通过 1945 年雅尔塔会议及其前后召开的一系列重大国际会议的较量、妥协和交易，达成了若干对战后国际关系产生全局性、持续性、制度性影响的公开和秘密的协议。这些协议具有美苏合作与划分势力范围的双重特征，从而为以后美苏两极格局的形成奠定了基础，人们称之为雅尔塔体系。从狭义上讲，雅尔塔体系包括盟国对战后德日法西斯及其仆从国的处理办法、联合国组织的设计、战后欧洲的安排，特别是波兰和南斯拉夫的政治选择、对华政策与战后远东的安排达成的谅解、妥协与势力范围的划分。从广义上讲，雅尔塔体系成为冷战和美苏对抗的长时段的标志。冷战的形成强化了这个体系中的对抗，而核武器的出现导致了两极体系下的僵化"恐怖均势"。

从历史的进程看，雅尔塔体系是二战后国际力量调整组合的结果。首先，以欧洲大国均势为中心的国际体系的瓦解和伴随军事进程产生的欧洲地缘政治与意识形态方面的分裂，使得欧洲成为美苏争夺的重点。其次，美苏两极形成。二战奠定了美国战后称霸世界的基础。在战后世界秩序设计上，美国力图通过国际制度的安排，将美国的军事、经济实力转化为制定国际规则的影响力、控制力，从而确立美国的领导地位。苏联经历了残酷的战争洗礼，显示出坚定的政治意志和强大的军事能力，赢得了国际威望，这也为它追求大国地位、致力于确保东欧的势力范围与建立"安全带"奠定了基础。因此，冷战是二战后特殊历史时期以美苏争夺为中心，以军备竞赛、经济竞争、政治对抗、意识形态征讨为主要内容的长期的全面较量，是一种既非战争又非和平的紧张状态。1947 年，作为冷战开始的标志的杜鲁门主义明确提出遏制战略，意图在阻止苏联扩张上施加强压，力求最终搞垮对手。美国以遏制苏联建立联盟为托词进行全球扩张，通过复兴西欧的马歇尔计划及建立北约和亚洲的同盟体系，加强前沿基地，提供大量军事和经济援助，建立起西方联盟并充当自由世界的领导。苏联则与东欧一些国家成立了共产党和工人党情报局、社会主义国家经互会和华沙条约组织，从而组成以苏联为首的社会主义阵营。

雅尔塔体系的特点是：第一，美苏两个超强国家拥有军事实力、经济资源及政治控制力，对全球事务起着支配作用；第二，系统的平衡机制在两极自身，双方的相互核威慑是战略平衡的基础，地区的常规威慑构成均势的子系统；第三，以美苏为盟主的意识形态和社会制度对立的两大阵营组成对立的军事集团，并在各自势力范围和分界线对峙，在中立地区和国际化地区保持默契；第四，互视对方为主要敌手和威胁，保持高度紧张与敌意，两极竞争的零和性质决定双方对威胁的反应迅速、及时、适度，在战争边缘上保持克制；第五，对中间地带展开激烈争夺，力图将其纳入两极对抗的轨道。

20世纪60年代以后，世界力量经历大动荡、大分化、大改组，东西方两个阵营出现分化，波匈危机、中苏关系的破裂、苏联入侵捷克斯洛伐克等历史事件的发生，宣告社会主义阵营走向解体。在美国深陷越南战争导致霸权地位衰落和社会动荡的同时，西欧和日本经济的崛起、戴高乐主义的提出以及法国退出北约军事一体化机构、欧洲共同体的建立等事件反映了西方阵营的分化。第三世界的兴起更促进了国际格局的变化。雅尔塔体系的核心标志是两极力量的对抗和欧洲的分裂。20世纪80年代后期，随着苏联内部改革失控造成的巨大震荡，雅尔塔体系进一步走向瓦解。1989年东欧剧变是雅尔塔体系瓦解的首要标志，1990年德国的统一是雅尔塔体系瓦解的第二个标志性事件，1991年苏联解体则成为雅尔塔体系瓦解的最终标志。

第三节　国际安全体系转型与中国的国际安全观

冷战结束后，由于世界旧格局彻底瓦解，新格局尚未形成，国际安全体系进入转型期，即由过去的美苏两极对峙转入"一超多强"和多极竞争的过渡阶段。在新的国际安全形势下，冷战虽然结束，但原来在两极格局掩盖下的民族矛盾、种族纷争和宗教冲突接连不断，地区分治、民族分裂主义不断抬头，国际恐怖主义肆虐世界，国际体系中的"无政府状态"似乎比以前更加明显。有学者认为，冷战结束后的世界"比起东西方核武器、意识形态的对抗突然结束时人们估计的危险得多"①。一般而言，这些问题的出现是国际安全体系转型中不可避免的，也是新旧体系交替中的必然结果。从宏观而言，当前国际安全体系中的"一超多强"和多极化发展、经济全球化引发的国家互动交往进程，以及国际关系行为规范和维护合作、协商机制的不断完善，都有利于国际安全体系的和平过渡或转型。

一、国际安全体系转型的主要原因

当前，国际安全体系转型与历史上国际安全体系形态转换最主要的标志是，本次转型是在世界保持总体和平的形势下进行的，它超越了国家权势变动这一周而复始的维度，正朝向更为深刻的全新的国际社会的秩序发展。② 出现这一过程主要源于以下三个方面：

第一，全球化和世界相互依存关系深化的推动。冷战结束后，世界最明显的变化就是全球化的迅猛发展。全球化加深了人类的相互依存性和相互关联性。虽然全球化始于经济，但随着经济全球化的发展，逐步延伸到政治、安全、外交、文化、教育等各个方面。伴随全球化发展而出现的全球性和跨国性问题正日益成为影响国际安全体系稳定的主要因素，从而凸显了全球性问题在国际安全体系中的地位。由此，国际安全体系中的合作，特别是大国协调合作的空间变得更大、更迫切，合作共赢的思想、合作协调的机制、全球治理的理念，甚至强于压倒传统的大国利益竞争，使得竞争对手与合作伙伴代替了敌对关

① Erskine Childers, Brian Urquhart, "Renewing the United Nations System: The International Civil Service", *Development Dialogue*, No. 1, 1994, p. 11.

② 参见俞正梁、阙天舒：《体系转型和中国的战略空间》，载《世界经济与政治》，2006（10）。

系，国家间博弈“非零和”愿望越来越强。全球化要求国际安全体系从制度、观念和实践上施惠于国际社会，促进国际社会的稳定与安全。

第二，国家主权的绝对性发生变化，国际安全中的合作、共管意愿更加凸显。在以往的国际安全体系中，国家主权及其权力是国际安全构成的最重要元素，国家主权安全是国际安全的最重要内容。冷战后，在全球化的推动下，国际安全体系中的国家主权性质尽管没有发生根本性变化，但从更深层和更宏观的历史角度看，转型发展中的国际安全体系，是自现代国际体系建立以来正逐步从一个“强主权制度”向“弱主权制度”曲折发展的重要阶段。国家主权的刚性开始软化，国家主权及其权力可以自主地限制和让渡，国家权力开始多向转移。① 加之国际安全威胁也日益散化与泛化，战争已经不再是解决国际安全问题的有效手段，使得国际安全与国家内部安全的结合越来越紧密，国际安全的国内动因越来越多，国家的安全边界已经超越了国家边界安全的范畴。这既对传统的重视权力的国际安全观构成严重冲击，也为促进国际安全的合作、协商和共管提供了动力与可能。

第三，要求国际制度、机制改革与完善的呼声更加高涨。在转型期的国际安全体系中，由于全球化发展和全球性问题的凸显，国际社会对国际规范、规则、准则、法律等国际制度和机制的改革、建设与完善的要求和共识不断增强，对国际安全体系的构建和有序发展的认识不断提高，从而推动国际社会加速国际制度、机制的改革与调整，重视国际条约、规则、规范以及潜规则的运用，更加强调国际社会的有序互动。这既能促进多边主义的有效实施，防止单边主义和强权政治对国际安全的破坏，又能推动国际制度完善、机制建设、秩序改革的深化和功能提高，使传统的维护国际安全的方式向加强“全球治理”以应对全球化时代的挑战转变。

二、国际安全体系转型的主要特点

由于全球化的发展，国际关系的主体、方式、形式乃至性质都在发生着变化，使得国际安全体系的构成要素也显现出新的特征，这就不可避免地体现出国际安全体系转型的特点。主要表现在以下方面：

第一，国际力量对比发生重大变化，有利于新型国际安全体系的构建。力量对比是国际安全体系的基础和主要表现形态。国际安全体系的权力结构又是国际安全的核心要素。目前国际安全体系转型的总体趋势是国际力量的多极化和国际关系的民主化。美、欧、日三大力量中心虽然仍保持优势地位，但是，它们越来越受到其他国际力量的挑战；俄罗斯在走出困境之后，全面调整了对内、对外政策，其实力和潜力日趋显现；中国和印度这两个发展中的大国越来越受到国际社会的关注；“金砖五国”“VISTA 五国”等新兴经济体进入人们的视野。概言之，新兴市场及其他发展中国家地位的上升在十多年间表现得最为突出。美国尽管依然是世界上唯一超级大国，自以为“拥有无与伦比的军事实力”，但美国运用军事力量掌控世界事务的能力正在削弱，尤其是 2008 年金融危机之后表现得更为突出。国际力量对比的变化既影响大国关系的走向和调整，更有利于新型国际安全体系的形成，并推动国际安全局势发展。

---

① 参见赵可金、倪世雄：《中国国际关系理论研究》，130～132 页，上海，复旦大学出版社，2007。

第二，行为主体呈多样化趋势，加大了国际安全体系承载体的功能和作用。在主权国家仍然是国际安全体系主要行为体的同时，行为主体向多元、复合化方向延伸发展，一方面使得国家主权趋弱化，另一方面国际组织、国际机制和地区组织机制的发展等国际安全体系主要承载体的功能作用日益明显。除了联合国等世界性实体组织正在进行新的调整和改革，以适应新的国际安全形势和应对新的挑战外，全球性“弱体”组织，“77 国集团”“20 国集团”“8 国集团”“8＋5 对话”以及联合国气候变化大会等在维护全球安全方面正发挥着日益重要的作用。冷战后，地区组织的发展尤为引人注目，并正在向制度化、正规化和全面性方向发展，如欧盟、非盟、东盟、上合组织等在维护地区安全方面发挥着重要作用。从某种意义上说，地区组织弥补了全球性组织的缺失。尤其是为解决朝核问题的六方会谈这一由中国倡导和参与下的非正式组织，为全球防扩散机制的建设提供了实践经验。

第三，国际安全领域的核心内容正日益多元复杂，规范行为主体互动模式的原则和理念不断变化。冷战后，尤其是进入 21 世纪以来，由于全球化和国家相互依存关系的深化，安全要素正从国家主权安全的单一向度向多元复合向度拓展，诸多非传统安全要素进入国际安全领域和议题，因此，国际安全体系中的行为体的互动模式呈现多元趋势，安全结构也随之日趋多元复合。在国际安全体系转型中，尽管传统的“均势”“联盟”等模式没有退出历史舞台，但在目前的国际安全体系中，突出防御性的“软均势/平衡”和“战略防范”正成为主流。[①] 解决国际安全领域中的冲突与矛盾，将更多地转向采用和平、合作、协商、共赢的方式和手段。

第四，国际社会在构建国际安全体系进程中虽有分歧和斗争，但在共有价值观方面的共识在提高。二战后直到冷战结束，国际安全体系的主流意识形态和价值观呈二元对立状态。20 世纪 90 年代初，以冷战胜出者和世界唯一超级大国自居的美国，在意识形态上表现出咄咄逼人之势，企图将自己的价值观普世化，建立一个由美国领导的新世界。在国际安全体系中，美国要求巩固与扩大自由、民主、政治多元化、市场经济，要清除阻挡民主价值观的种种障碍。[②] 小布什政府上台后公开宣布“我们寻求创造一种有利于人类自由的均势”[③]，还提出了“大中东计划”和“大中亚计划”，并以此推动新的国际安全体系的建立。但国际社会在主流价值观方面并没有完全按美国和西方规划的线路前行。大多数国家认为，国际安全体系的构建既要在根本问题上达成主流价值观共识，以便扩大合作、协商的空间，而且也必须尊重世界的多样性，承认多元化。按照这一指导思想，在国际社会的共同努力下，2005 年联大会议通过了《世界首脑会议成果文件》。文件指出，各国元首和政府首脑承诺将致力于增进世界各地的人类福祉、自由进步，鼓励不同文化、文明和人民之间的包容、尊重、对话与合作。世界各国取得的这些共识既为国际安全体系构建共同价值观创造了和谐条件，又进一步推动了国际安全局势的稳定与和平。

第五，联合国在国际安全体系中发挥重要作用，但以联合国为核心的集体安全机制面

① T. V. Paul, James J. Wirtz, Michel Fortmann (eds.), *Balance of Power: Theory and Practice in the 21st Century*, Stanford University Press, 2004, pp. 1－22.

② 参见方连庆、刘金质、王炳元主编：《战后国际关系史（1945—1995）》，811～812 页，北京，北京大学出版社，1999。

③ The White House, The National Security Strategy of the United States of America, September 2002.

临新挑战。冷战后，联合国在国际维和、地区战后重建、防扩散以及消灾、减困、促进和发展与人权有关的安全领域方面的参与力度和功能得到进一步加强，在维护国际安全方面发挥了重要作用。但是，面对当前国际安全威胁多样化的新现实，如何增进成员国对新时期国际安全的共识，扩大集体安全应对新威胁的功能，提高集体行动能力，有效排除强权政治和单边主义的干扰，加强联合国安全机制的改革等，是联合国在国际安全体系中提高影响力面临的主要挑战。

三、中国的国际安全体系观

新中国成立以来，由于受当时国际条件和环境的限制，以及我国对内对外政策“左”的思想的影响，中国在很长一段时间内游离于国际体系之外，对国际体系持反对的态度。改革开放后，尤其是冷战结束后，中国实行了社会主义市场经济，加入了世界贸易组织和许多国际、地区组织以及国际条约，从国际体系外的、挑战型的、革命性的国家，逐渐变成了认同并主动融入现存国际体系并在其中发挥重大作用的现状性的国家。① 中国不仅成为当代国际体系的参与者、维护者，而且随着综合国力的不断增强和国际地位的持续提升，中国已经成为国际社会“负责任”的大国和国际体系的建设者。

由于中国参与国际体系的时间不长，在国际体系中的身份定位和责任还不完全被国际社会所接受，对国际安全体系的认识和观念还在形成与发展中；加之制度、观念、价值观差异和某些大国的“冷战思维”作祟，以及新的国际安全环境对中国参与国际安全治理形成的挑战，因此不可避免地与西方大国还存在分歧。但中国的国际安全体系观在积极主动参与国际安全事务的实践中正逐步走向成熟，并得到国际社会的认同和支持。可以说，国际安全体系中的中国身份和中国声音日益受到国际社会的关注与赞誉。中国国际安全观的基本内容主要包括以下几个方面：

第一，在国际安全体系的主体及其关系上，中国政府强调，主权国家和联合国等国际组织是国际安全体系的主要和基本的行为体，单极倾向和多极趋势是当前国际安全体系的基本特点，通过世界多样性发展和文明对话构建国际安全体系的主流价值观，推动建设持久和平与共同繁荣的和谐世界是中国国际安全体系观的终极目标。为此，中国主张国际安全不仅要实现国家安全和相互安全，而且要实现共同安全。中国主张的共同安全的基本逻辑是：对手之间的安全关系也不总是此消彼长的“零和关系”；以威胁和核威慑手段获得的单边的相对安全既难以维持，也不得人心；各国在相互保证共同生存、维护自身安全利益的同时，也要认同和支持对方的合法安全。为此，中国积极推动与其他国家建立和促进多边安全机制，通过这些机制进行协商与合作，通过建立信任措施和预防性外交等手段缓和紧张局势，更有效地管控争端或冲突，实现真正意义上的和平与稳定。

第二，在国际安全体系的议题上，中国政府强调要全方位、多维度统筹维护传统安全与非传安全领域的安全，实现国际体系的综合安全。综合安全具有内外兼顾和统筹的特征，适应了国际安全问题在当今全球化形势下的弥散性需求，国际社会的任何成员都需要在实现综合安全上加强合作，才能促进和实现国际体系的共同安全。中国政府高度重视传

---

① 参见秦亚青：《国家身份、战略文化和安全利益》，载《世界经济与政治》，2003（1）。

统安全和非传统安全在国际安全体系中的地位与影响，并警惕两者在某些场合下相互转化的可能。随着全球化深入发展，国家之间相互依赖加深，以及国际安全中的非传统安全威胁具有明显的扩散性和跨国性等特点，世界各国在应对传统安全与非传统安全过程中都面临着一荣俱荣、一损俱损的局面。在此种形势下，国际体系的成员必须同心协力、综合统筹，共同应对面临的安全威胁，才能保障国际体系的安全与稳定。

第三，在互动方式上，中国政府强调超越国家安全与联盟安全，更加重视集体安全与合作安全。集体安全与合作安全是国家寻求集体的力量以保障国家和国际安全的重要机制。集体安全体现了国家希望增强彼此的安全信任，通过和平和外交手段解决彼此的分歧与争端，依靠集体的力量解决共同面临的安全问题。随着冷战后国际安全形势的变化，中国积极推动合作安全促进和改善本国的国际与周边安全环境。中国的合作安全的目标是全球或地区有关国家通过在综合性和共同性的安全领域开展协商而非对抗、透明而非秘密、相互依存而非单边主义、包容而非排斥的合作，使所有国家的安全都得到保障，从而维护地区和世界的和平稳定。中国既是集体安全与合作安全的倡导者，又是积极的推动者和建设者。中国一再声明："中国坚定地维护世界和平，是国际体系的参与者、维护者和建设者。中国参加了100多个政府间国际组织，签署了近300个国际条约。"① 中国政府认为：联合国在国际事务中的作用不可或缺。作为最具普遍性、代表性和权威性的政府间国际组织，联合国是实践多边主义的最佳场所，是集体应对各种威胁和挑战的有效平台，应该继续成为维护和平的使者、推动发展的先驱。②

中国政府重视国际安全中的合作，并提出一系列推动安全合作的政策主张和应对措施。中国一贯主张并积极实践实现地区安全的多边主义建设，大力倡导在合作、协商、对话、求同存异中建立共识，以多边合作应对全球性问题，以多边主义手段进行全球治理。在当前处于转型期的国际安全体系中，中国政府主张和号召包括中国在内的诸多国家与地区发挥更大的政治、经济、军事、文化等全方位的影响力。"逐步改革和完善现行国际体系和秩序，使之朝着更加公正合理的方向发展。"③ 这一国际安全体系要以集体乃至全球社会和全人类利益为取向，以建立综合性而非单一性秩序为目标，坚持互利合作、共存共赢，实现和平稳定、和谐发展、共同繁荣的国际安全体系。

第四，在地区安全建构上，中国政府提出了共同、综合、合作和可持续的亚洲安全观。亚洲幅员辽阔，人口众多，在全球政治经济格局中占据重要地位。亚洲区域经济合作方兴未艾，应对安全挑战的需求更加迫切，地区安全合作不断发展，在中国力量和地位不断上升的形势下应通过亚洲国家自身加强合作来处理面临的安全挑战，实现本地区的安全稳定与发展。习近平同志在2014年5月的亚信第四次峰会上全面阐述的亚洲安全观包含着深刻的安全新理念。其深远的现实意义在于，亚洲安全观是基于共同发展的新型安全观，既不同于以实力和均势为基础的安全观，又在处理国家安全关系问题上强调共同性和

---

① 温家宝：《坚持走和平发展道路 促进世界和平与繁荣——在澳大利亚总理霍华德举行的欢迎宴会上的演讲》，载《人民日报》，2006-04-04。

② 参见俞新天等：《国际体系中的中国角色》，11页，北京，中国大百科全书出版社，2008。

③ 胡锦涛：《全面推进中美建设性合作关系——在美国友好团体举行的晚宴上的讲话》，载《人民日报》，2006-04-21。

可持续性，反对谋求绝对安全的霸权理念。新安全观强调，发展是安全的基础，安全是发展的条件。要聚焦发展主题，夯实安全根基，以可持续发展促进可持续安全。中国倡导的建设“亚洲命运共同体”和“一带一路”战略，既是合作、开放、互惠、共赢的国际发展战略，更是和平、包容、可持续的维护国际安全战略。中国的新安全观是中国新一届政府在综合研判国内、国际两个大局基础上，科学把握国际安全的新形势新变化，把传统安全观上升为共同、综合、合作、可持续的新型安全观。这种宏观、崭新的安全观，完全不同于零和博弈旧时代的冷战思维，是进一步促进国际安全合作、开创安全合作新局面、夯实国际安全基础、构建稳定的国际安全架构的新思路新战略，也是增强国际社会对中国坚定走和平发展道路信心的重大举措。

思考题

1. 近代以来，国际安全体系经历了怎样的演变?
2. 当前国际安全体系发生了怎样的变化，其原因是什么?

第五章

国际安全机制

随着国际关系理论中自由制度主义的兴起，国际安全机制的研究成为安全研究的核心议题。所谓安全机制，指的是在安全领域内，国家基于相信其他国家能够采取互惠行为而克制自我行为的原则、规则、规范和决策程序。① 国际安全机制一般由一系列的条约、组织、单边或双边协定以及多边的核查机制组成。它是国家之间为减小对安全的威胁，增进信赖，创建对话和合作框架的一种架构。

国际安全机制在一定的条件下形成，并随着国际安全格局变化而调整。国际安全机制形成的基本条件是在特定的国际安全环境下主要国家有合作的需求和意愿，通过认知和学习过程产生合作的预期，对利益的汇合达成共识。国际安全机制有不同的类型。按照其作用范围可分为全球性安全机制、地区性安全机制和双边安全机制。如联合国的机制是全球性的集体安全机制，欧洲安全与合作组织是地区性的安全机制。按照其性质可分为集体安全机制（如联合国）、联盟与集体防御机制（如北约）、合作安全机制（如军控机制、核不扩散机制、危机管理机制和冲突预防机制等）。按照其制度化和强制程度，安全机制可分为正式安全机制和非正式安全机制以及自愿的、具有政治约束力的和法律约束力的机制。根据制度化程度，我们可以将安全机制分为正式程度高且预期汇聚程度也高的“经典”安全机制、正式程度高而预期汇聚程度低的“徒有虚名”的安全机制，以及正式程度低而预期汇聚程度高的“心照不宣”的安全机制等不同类型。②

国际安全机制可起到提供信息、降低交易成本、使相互间期望变得稳定的基本作用。按照自由主义的观点，它可使国家之间得以进行安全协作，提高共同安全和促进国际秩序稳定；现实主义认为它可使国家之间进行安全协调和制约，摆脱安全困境，给不同国家带来不同安全利益。霸权国家也可利用安全机制建立霸权主导地位和霸权秩序。建构主义则强调它可影响和改变决策者对国际安全环境与国家安全利益的认知，有利于生成共识，获

① 本章部分内容参考赵丕主编：《中国军事百科全书·国际军事安全学科分册Ⅰ》，2版，北京，中国大百科全书出版社，2008；Robert Jervis，“Security Regimes”，*International Organization*，Vol. 36，No. 2，Spring 1982，p. 357。

② 参见唐永胜、徐弃郁：《寻求复杂的平衡》，9页，北京，世界知识出版社，2004。

得集体身份和建构安全共同体，对政策产生影响。

冷战后国际安全机制的发展出现两个趋势：一是对联合国集体安全机制在促成与维持和平、预防性外交和冲突后建设和平方面的需求增加，联合国不仅要面对传统安全问题，也要应对非传统安全问题，并制定长期战略和有效措施。联合国需要重新界定安全威胁且达成对安全观念的共识，塑造一种更为广泛的新型理念，创建一个有效益而又公平的集体安全体制。二是地区安全结构中合作安全机制在不断创新。在亚洲，探索通过渐进的途径发展多形式、多渠道、多层次的多边合作性安全机制，通过官方论坛、第二轨道非正式对话、安全磋商、谈判等建立信任与合作。在欧洲也发展了一些制度化的早期预警、预防冲突和危机管理的机制。在非洲地区，非盟领导下的地区安全机制也取得了长足的发展。

根据国际安全机制的外在表现形式，本章将从国际安全组织、国际安全条约和国际安全合作机制等方面对国际安全机制加以阐述。

第一节　国际安全机制中的安全组织

从严格国际法意义上讲，国际安全组织指若干国家为特定的安全目的以条约建立的一种常设机构；从广泛的一般意义上讲，指两个以上国家或其政府、人民、民间团体基于特定安全目的，以一定协议形式而建立的各种机构。

19 世纪现代国家体系的形成是现代国际安全组织诞生的前提条件。拿破仑战争后，在欧洲出现了一个“欧洲协调”时期。从 1815 年的维也纳会议到第一次世界大战爆发的 100 年间，欧洲主要国家召开过 30 多次大型国际会议，不定期地就处理紧迫国际问题进行多边政治磋商。尽管这些会议没有定型的常设机构，但已初步形成一种相对连续和比较稳定的协商制度，并根据实际需要形成若干议事规则，这种制度与规则对国际组织的形成和发展作用颇大。20 世纪两次世界大战的惨痛教训和维护国际和平、制止侵略的共同愿望，促成国际联盟和联合国这一类世界性国际安全组织的诞生和集体安全机制的建立，与此同时，也出现了区域性国际安全组织，如美洲国家组织、阿拉伯国家联盟等。

国际安全组织的权力来源于组成该组织的成员国，它以政府间协议作为其存在的法律基础。这种协议是有关组织建立机构、开展活动的基本文件，有盟约、公约、协定、条约、宪章等形式，内容一般包括组织的宗旨、原则、组织结构、职权范围和活动程序及成员的权利和义务等规定。国家是国际安全组织的主体，国际组织的成立和活动以主权国家之间彼此同意并签订国际协议为前提，成员国根据有效的国际协议相互承担国际义务。国际组织不能凌驾于国家之上，不能违反国家主权原则干涉本质上属于任何国家国内管辖的任何事项。国际安全组织建立在成员国主权平等原则基础之上，各成员国无论大小、强弱，也不论其社会、政治与经济制度如何，在国际法上的地位应一律平等。国际安全组织多由大会、理事会和秘书处三个机构组成。大会由所有成员国代表组成，一般为该组织的权力机构和政策制定机构，按章程定期召开会议，必要时召开特别会议；理事会一般为执行机构（也有不设理事会的国际组织），理事国多由选举产生，定期改选和轮换；秘书处为日常办事机构，并与各成员国保持日常的联系和交换情报。

国际安全组织的积极作用在于促进国际合作与国际协调，增加控制冲突与和平解决国际争端的可能性，有助于减少国际环境的不确定性。国际安全组织的制度、规范建立在成员国共同接受和遵循的基础上，具有权威性，可以调整国际行为体的收益分配，促进共同利益。国际安全组织也为国际社会提供了坚持国际关系基本准则、伸张国际正义、达成国际共识的多边舞台。一方面，区域性国际安全组织通过促成区域内国家合作，共同遏止和化解冲突、平衡区域内国家间发展进程的差距，可以保障区域的稳定；另一方面，在关乎人类安全的全球性问题领域，国际安全组织正在促进国家和非国家行为体的合作与治理。然而，国际体系的基本权力结构制约着国际安全组织作用的发挥。从现实看，国际安全组织多由霸权国主导建立或由主要大国协调建立，主要反映大国尤其是霸权国的利益，容易受到大国或主要成员国的政策与相互关系的影响，具有局限性和脆弱性。在新的历史时期，倡导以互信、互利、平等、合作为核心的新安全观，并以此为建立国际安全组织的政治基础，仍须做出长期不懈的努力。

国际安全组织可以根据建立组织的"目的"分成两种类型：一类是行为体为了应对威胁（threat），另一类则是行为体出于预防风险（risk）的需要。在无政府的国际社会里，由于每个行为体都具有伤害他者的能力，而且彼此意图也存在不确定性，因此导致了国家的被威胁感，例如国家间联盟的建立就是为了应对威胁。然而，在某些情况下，例如防守型军事技术占优的体系中，或者知悉对手的意图仅仅是维持现状，那么国家的安全担忧可能就并不严重，建立国际组织只是出于预防未来可能的风险，或者是基于人们对和平交往与和平共存的问题做出协调反应和限制并缓解直至消除在政治和军事领域中的冲突的需要，例如外交会议等。

国际安全组织还根据成员资格划分为两大类：一类是包容性的安全组织，另一类则是排外性的安全组织。这两类组织是截然不同的。包容性的安全组织如集体安全体系是为了增进成员之间的安全，减少彼此之间的冲突爆发。它们的目标是影响组织内成员的行为、意图或者能力。相反，排外性的安全组织是为了提高组织内成员的安全，而组织外成员则被看作实际或者潜在的威胁。

依据这两种分类方法，我们可以将安全组织分类如下（见表5—1）：

表5—1　国际安全组织的类型

	应对威胁	预防风险
包容性	集体安全组织（如联合国）	安全管理组织或者外交会议（如欧洲安全与合作组织）
排外性	联盟（如北约）	地区联合体（如独立国家联合体）

下面根据这种分类方法，从理论与实践相结合的角度介绍当前具有代表性的国际安全组织。

一、集体安全组织

基于联合国的普遍性和权威性，联合国是集体安全组织的核心。区域性安全组织都要在《联合国宪章》指导下协调各国集体行动。区域性安全组织成员国由于疆域相邻，交往频繁，既有共同利益，又有利益冲突和竞争，需要建立睦邻关系和确定一些共同遵循的行为准则。《联合国宪章》肯定了区域组织在联合国维持世界和平与安全的国际安全体系中的存在，同时规定区域组织的基本职能是以区域行动来维持国际和平与安全，区域组织的存在不得违反联合国的原则和宗旨，这些规定成为区域安全组织活动的准则。

区域性的集体安全组织在包容性上不如联合国，目的却是和联合国一样，都是为了应对威胁，维护和平与安全，其地域特点明显，历史较为悠久，如美洲国家组织。冷战后新建的代表性的集体安全组织有集体安全条约组织等。

集体安全条约组织起源于 1992 年 5 月俄罗斯、乌兹别克斯坦、哈萨克斯坦、吉尔吉斯斯坦、塔吉克斯坦和亚美尼亚 6 国签署的《集体安全条约》。2002 年，根据俄罗斯的提议，该条约的签字国在最大程度继承《集体安全条约》内容的基础之上，在摩尔多瓦首都基希讷乌签署了成立集体安全条约组织的协议及组织章程，建立了集体安全条约组织。集体安全条约组织的成员为俄罗斯、白俄罗斯、哈萨克斯坦、吉尔吉斯斯坦、塔吉克斯坦和亚美尼亚 6 国。

集体安全条约组织是独联体范围内的一个发展最快、结构清晰、由各国共同拨款的旨在制定实际军事计划及措施的组织。该组织的成员国最先受到国际恐怖主义的直接威胁，并向国际社会提出了对国际恐怖主义进行集体打击的问题。其宗旨是，通过协调对付国际恐怖主义、武器及毒品走私、团伙犯罪、非法移民和其他紧急情况的措施，来保障各成员国的国家安全、领土完整和主权不受侵犯。其组织机构为：（1）集体安全理事会为最高机关，负责协调各成员国的联合行动，由集体安全条约组织国家的政府首脑组成。（2）协商及执行机构分别是外交部长理事会（负责协调外交政策问题）、国防部长理事会（负责军事政策和军队建设问题）、安全会议秘书理事会（负责各国家机关共同协作，抵制对国家、地区及国际安全的挑战与威胁的问题）。（3）常务理事会由集体安全条约组织各成员国元首任命的全权代表所组成，负责协调各成员国在实施该组织决定时的合作行动。

为了保障地区和国际安全，集体安全条约组织成员国制定了众多措施。2003 年 4 月 28 日，在塔吉克斯坦首都杜尚别，亚美尼亚、白俄罗斯、哈萨克斯坦、吉尔吉斯斯坦、俄罗斯、塔吉克斯坦 6 国总统为了加强地区及国际安全，举行了集体安全理事会杜尚别会议。在国际法准则基础上通过的杜尚别会议决定具有重要意义，该决定就该组织框架内的军事和政治合作机制达成一致，为集体安全条约组织的发展打下了坚实的法律基础。

集体安全条约组织的军事领域合作也有所发展。莫斯科会议和杜尚别会议通过了一系列强化这一领域内积极合作的重要决定。军事与军事技术合作及相应的地区部队的组建工作都在积极进行。集体安全条约组织联合司令部已于 2004 年 1 月 1 日开始运作，组建了中亚地区集体快速部署部队。通过了为部队增加空中力量（部署在坎特基地）的决定，并与吉尔吉斯斯坦共和国领导人就此达成协议。2009 年 7 月，集体安全条约组织成员国领导人齐聚吉尔吉斯斯坦旅游胜地伊塞克湖畔，出席该组织第二次非正式峰会。会议围绕内部合作和打击地区极端主义、恐怖主义等议题展开了“坦诚而富有建设性”的对话，以期加强各成员国间相互信任，实现该组织由单一“安全”职能向多功能方向拓展的转型。与会各国首脑决定在俄罗斯建立信息安全技术中心。2012 年 5 月，集体安全条约组织成员国领导人会议在莫斯科召开。会上通过了多个重要文件，就进一步密切各成员国之间的军事合作、共同防范外部威胁等问题达成了共识。由此可以认为，集体安全条约组织国家正不断发展和加深在政治及军事领域内的合作。它已经成为遏制地区及国际各种威胁的重要因素，成为保障原苏联地区和平与稳定的一个最重要地区安全组织。

二、联盟

联盟或联盟体系是国际关系中一个重要的特征，不仅具有历史范畴的属性，还具有极强的现实性。根据奥利·霍尔斯蒂（Ole Holsti）的定义，“联盟显然是政治单位之间关系的永恒组成部分”①。

传统的联盟理论认为，联盟是两个或多个主权国家之间为维护成员国的安全或扩大其权势而做出的关于相互间进行军事合作的正式或非正式的安排。不过目前由于安全化导致安全范围的纵向和横向拓展，联盟也呈现狭义和广义之分。本章的联盟主要是狭义上的联盟，主要是指两个或两个以上主权国家针对军事安全领域而展开合作。联盟合作具有特殊的目标和针对性，针对的目标可能是现实的威胁也可能是并未明确认定的潜在威胁。联盟的形成主要基于利益、权力、威胁平衡等考虑，联盟体系的形成不是单一因素促成的偶然事件，而是多种复杂合力相互作用的结果，归纳起来，具有如下几个特点：

一是寻求平衡或追随。当面临重大外部威胁时，各个国家通常采取两种选择：寻求平衡或追随（balance or bandwagon）。② 寻求平衡是指与其他国家结盟共同对付所面临的威胁，追随是指与危险源结盟。无论是联合抵制外部威胁还是与危险源结成同盟，从而解除自身的威胁，其心理动因只有一个，那就是最大限度地减少或消除外部威胁带来的压力。结盟的目的，从正面讲是为了实现能力上的相互补充，从负面讲是减轻敌对势力影响的一种方式和手段。

传统的均势理论的核心是各个国家结成联盟以防止实力更强的国家控制它们。根据这种观点，各个国家结盟的目的在于保护自己不受实力占优势的国家或同盟的威胁。如果这些国家不去抑制一个潜在的霸权，致使它发展到势力过于强大，它们就会面临威胁。为了安全起见，它们应该选择加入它们认可的联盟一方以形成一种合力，同时也防止被它们所不愿接受的国家所控制。然而，大量的历史事实反映实力才是吸引其他国家加盟的证据。一个国家的实力越强，这种实力的表现越明显，其他国家就越有可能与之结盟。

总体而言，在寻求平衡和追随这两大动因中，前者的倾向性要大于后者。因此，出于均势目标结成的联盟更为普遍，实力越强的国家越是谋求通过制衡来谋取有利的安全利益，而弱国更倾向于与强国结盟以达到均势的目的，尤其在面临另一强国威胁时更是如此。

冷战后，美国的联盟政策开始以地区均势作为其保持全球优势的基础。近来有中国学者开始引入霸权均势的概念，认为霸权均势可能成为美国在新世纪调整和提升联盟的动因。“总体上，美国试图维持创造地区均势，尤其是欧亚大陆均势状况，以使美国处于最有利于行使霸权的优势地位。”③ 美国的联盟战略实际上就是制衡权力，防止出现潜在的挑战大国或联盟。

二是威胁认同和意识形态的相近。如果说单纯的军事同盟的动因在于面临无法应对的

---

① Stephen M. Walt，*The Origins of Alliances*，Ithaca and London：Cornell University Press，1987，p. 1.

② Ibid.，pp. 17-21.

③ 倪世雄、王义桅：《霸权均势——冷战后美国的战略选择》，载《美国研究》，2000（1）。

威胁，那么政治军事同盟则更强调意识形态的认同。

意识形态的一致性是指具有共同的政治文化或制度特征。联盟理论认为，两个或两个以上国家的意识形态越接近，它们结盟的可能性越大。原因可以归结为以下几点：第一，与政治制度相近的国家结盟被视为是维护本国政治原则的一种途径。无论如何，如果政治家们认为自己国家的政治体制好，那么保护体制相类似的国家就是一种自然的选择。第二，特征相近的国家彼此的顾虑会小一些，因为它们认为与自己国家拥有相近体制的国家不会攻击自己。第三，弱小国家加入同类国家的联盟能够表明自己是这一体制的一部分，从而增强该政权的合法性。第四，意识形态本身就决定了联盟的形象，比如北约和华约的不同特性。实际上，冷战中所形成的两大联盟体系，基本上是以意识形态划界的。

但是，必须看到共同的意识形态虽然可以加强和促进联盟的运转，但它并不能维系成员国利益的一致。因此，在联盟形成的过程中，安全总是比意识形态更为重要，因而当涉及更为实际的利益时，以意识形态为基础而形成的联盟很难继续存在下去。由此可以得到以下结论：在联盟形成的过程中，安全因素比意识形态因素更为重要，不过意识形态在联盟维持中的重要性正在上升。

此外，共同的威胁认识也被认为是同盟体系迅速形成的原因之一。"共同的威胁认识和广泛的不安全的态势是军事联盟形成的最普遍的动因，但这并不是联盟形成的充分条件。"① 归根到底，联盟理论认为结盟国家共同的利益需求才是关键。"利益需求反映的是结盟的必要性，利益越重大、越相同，形成联盟的必要性就越充分。结盟国家间的战略企图和目标越一致、越相近，形成联盟的必然性和联盟的可靠性就越强；结盟国家的实力越雄厚，地缘关系越密切，联盟的有效性就越大。"②

三是援助与依赖。根据联盟理论，提供经济、军事支援能够促成联盟的形成，因为提供援助表达了一种支持的意愿，激起受援国的感激之情，或者由于受援国对援助的依赖从而加强了受援国与援助国的关系，彼此之间形成"安全—自主"交易关系。援助国由于提供经济、军事援助可对受援国产生举足轻重的影响。纵观历史，许多国家都曾提供某种形式的援助来吸引盟友，各种各样的外援是建立联盟过程中的重要一环。但并不能据此认为，提供援助是形成联盟的主要原因。提供或接受经济、军事援助是基于双方共同的利益基础之上的，尤其是实力不同的国家对付同一威胁的一种方法。因此，衡量经济、军事援助对联盟形成的重要性时，既要考虑该援助对受援国影响的程度，又要考虑增强其影响的条件。外援只有在以下条件下才能对受援国产生影响：（1）能够提供重要的独家物资；（2）存在不平衡的依赖关系；（3）动机的差异，即在其他条件相同的情况下，如果受援国更关心一个特定的问题，援助国对受援国的影响力就因此而降低。

总之，如果援助国能够控制所提供援助的水平，那么该国将拥有更强的控制力。由此可见，援助只有在特定条件下才会发生作用，有时还可能带来相反的影响。比如援助国由于担心受援国"随机应变"，有时会进行高额投资以避免失去对援助国自身安全不可或缺的盟友，

---

① K. J. Holsti, *International Politics: A Framework for Analysis*, New Jersey: Englewood Cliffs, 1987, p. 102.

② 余起芬主编：《国际战略论》，305页，北京，军事科学出版社，1998。

这反而增加了受援国讨价还价的可能性，降低了外援的影响力。再比如，随着受援国实力的增长，它将更有能力抗拒援助国施加的压力，这就进一步削弱了外援的影响力。

关于依赖性问题，一国对于联盟的依赖性取决于与其他方式获得收益的比较。除了军事安全之外，一国可能在很多方面都依赖于联盟——国际威望、国内稳定、对跨国公司的支持等。如果一个国家能以其他方式实现上述价值，如通过其他联盟或与敌国和解等外交途径，则该国的依赖性就会减小。当然，依赖是相互的。

上述种种情况表明外援在联盟形成中起相对次要的作用，它只在某些特定情况下发生作用，如受援国过于弱小、依赖性过强，因而不得不顺从援助国的意愿，使援助国产生影响力。具有讽刺意味的是，外援往往在控制那些无关紧要的国家时起作用。①

四是扶持和抑制。扶持和抑制是联盟主导国的双重目标。联盟主导国为了壮大联盟的总体实力，需要扶持弱小的盟国，使之在全球安全布局和地区安全构建方面发挥更大影响和作用，增加成本的投入，维持地区平衡。同时，外交与内政相连，联盟与盟国需要密不可分。对于弱小的盟国而言，联盟有时还发挥着强化虚弱的政权为国内政治目标服务的作用。比如冷战时期的菲律宾和韩国的执政者借助同美国结盟来达到维持国内统治的目的。对于美国而言，维持一个稳定的对其友好的政权是它推行国际安全政策的关键，尤其在所谓“共产主义扩张”十分强盛的时期，对亲美政权的支持是它全球遏制政策的组成部分。同时，抑制和约束盟国的一面也不容忽视：扶持和支持的力度不能超越联盟主导国认可的界限，即必须符合主导国的全球霸权需要，将盟国的发展纳入全球霸权的轨道，为主导国的最大利益服务，避免盟国自行其是。“联盟增强了其成员国的安全感。安全感增强之后，冒险的可能性减小，对敌国做出让步的可能性增加。”② 联盟使其成员国在某种程度上产生依赖性。联盟的形成会带来心理上及政治上的后果，使盟国担心失去联盟的代价大于参与其中的代价，因而不得不经常为了适应联盟需要而做政策上的调整。

五是地缘特征与战略构想相适应。地理特征与联盟的形成具有相关性。虽然并不是邻近或是具有某些地形上的特征就能够形成或维持联盟，但自18世纪起，即有与敌国的邻国结盟的法则，在现代联盟中避免两线作战也是联盟考虑的目标之一。1939年希特勒与苏联签署《苏德互不侵犯条约》是为了防止苏联与西欧国家结盟，以使其能够对英法开战而不必担心苏联从东线进攻。20世纪50年代，美国国务卿杜勒斯将美国的防务范围固定在中国和苏联的边境一线。通过《北大西洋公约》《东南亚集体防务条约》《巴格达条约》《澳新美安全条约》以及与台湾地区和日本的互助条约，杜勒斯希望创立一条环绕整个共产主义世界的军事包围圈。与苏东阵营地理上的接近是选择联盟伙伴的重要因素。

综上所述，我们可以看出，在传统联盟理论的解释中，增强联盟成员国的安全感、消除或抑制威胁是联盟形成的主要动因。意识形态对于联盟的形成只有在一定条件下发挥影响，却并不具有决定作用。援助不足以根本维系联盟的影响力和控制力。地缘环境也会对战略布局发生影响，形成联盟特定的合作特色。

随着国际环境和威胁源的改变，联盟延续和发展的动力及联盟内部的协同性都会出现

---

① Stephen M. Walt，*The Origins of Alliances*，Ithaca and London：Cornell University Press，1987，p. 49.

② Glenn H. Snyder，*Alliance Politics*，Ithaca，N. Y.：Cornell University Press，1997，pp. 320-321.

变化，甚至影响到联盟的存续。因此，在联盟的演变和沿革中，始终存在着不断调整的问题。如何协调盟国之间由于利益层次差异和分歧带来的矛盾，如何加强同盟的凝聚力，如何摆脱相互约束的困境在组织扩展与内部职能强化方面达成一致，如何在直接威胁弱化的情况下增强灵活性和适应性……都是联盟面临的复杂课题。在现有联盟的发展演变过程中，多次出现过盟国间信任危机和组织形式上的松懈，不过一些联盟经过调整又克服了离心倾向达到联盟职能和组织范围的强化与扩展，实现了联盟转型，其根本原因在于联盟双方的决策者均强调利益的相互促进大于它们之间的利益分歧。同时，也出现了个别成员由于利益认识出现无法调和的矛盾而实质上脱离联盟组织的案例。下面将美国的亚太联盟作为案例以加深对联盟的理解。

美国在亚太地区军事存在的显著特征之一就是美国的军事联盟，这些军事联盟与美国在欧洲的军事联盟不同，亚太地区多为双边，且分布地域较广，相对稳定。这些联盟的存在涵盖了亚太地区绝大多数军事战略要地和热点地区，它们从 20 世纪 50 年代开始形成，经历了从冷战至冷战后两个发展阶段，至今仍是美国对外军事安全战略的重要组成部分，也是亚太力量对比和区域对抗的直接反映。

第二次世界大战后，美国倡导组建以大国合作为主要形式、以联合国为核心机构的集体安全体系，但很快发现联合国不足以为其霸权战略服务，因而放弃了战时联盟和大国合作模式，开始组建地区联盟体系，并以此作为与对手抗衡的重要组织模式。在随后长达 40 多年的冷战进程中，美国与从前的盟友苏联形成了严重对立，并据此作为形成联盟和发展联盟的重要动因。

亚太联盟的形成是对欧亚边缘地带实施遏制政策的体现。北约的成功为美国沿着苏东集团的边缘实施其对外政策提供了蓝本。针对 1950 年爆发的朝鲜战争（尤其是美国卷入战争和中国被迫入朝参战），美国提出了对远东的遏制政策。朝鲜是第一个美国利用联合国制裁“共产主义扩张”的国家。朝鲜战争后美国加快了组建军事联盟的步伐，强化了军事联盟政策的实施，在更大范围内推动其联盟战略的展开，以强化遏制态势。如同在欧洲一样，对中国实行遏制政策的主要手段就是组建在亚太地区的联盟。从根本上说，美国向亚太地区拓展联盟，实现了从计划到实施的飞跃，并把美国核威慑战略置于其与盟国的关系之中。① 为此，美国与亚太地区的韩国、中国台湾、日本、菲律宾分别建立了双边联盟，与澳大利亚和新西兰建立了美澳新联盟。1954 年，在法国从东南亚败撤之后，联盟的影响扩及东南亚。美国、英国、法国、澳大利亚、新西兰和巴基斯坦等国签署《东南亚集体防务条约》。该条约的适用范围主要是“泛南亚地区”，其中包括一些非条约国，如南越、老挝和柬埔寨等。②

这些条约的军事意义并不是美国组建联盟的唯一目标，当国际政治出现两极格局、世界进入核时代之后，联盟不仅仅服务于军事目的，同时也为政治安全需要服务。这些盟国对美国的主要价值是它们的战略地位——依托这些国家的基地，美国可以将其军事力量投

① 在核时代来临后，考虑到核战略平衡问题，美国将亚太地区作为其核保护范围，也就是将核威慑原则扩大到这一地区，对其盟国实施核保护，任何对其盟国的核威胁与核打击，美国都将做出反应。

② Robert E. Osgood, *Alliance and American Foreign Policy*, Baltimore and London: Johns Hopkins Press, 1968, p. 77.

射到中国或苏联的前沿。同时，这些条约还具有明显的针对性条款，可以划分出一个清楚的区分敌友的意识形态界限。美国的亚太联盟首先是支持美国反对“共产主义扩张”的威慑战略；其次是构筑一个“地区安全力量”的政治框架，反对外部威胁，制约联盟成员的对外政策。①

美国的亚太联盟虽以双边协约为主，但在美国的战略中，仍是以整体或体系的形态为目标的，即环绕大陆边缘形成一个“岛屿锁链”。总体而言，美国的亚太联盟体系在地理分布和战略上具有明显区别于其他地区的特征：首先，从地理上看，它的跨度极大，覆盖南北两个半球的亚洲和大洋洲的主要地带，囊括从东北亚、东南亚到西南太平洋的大片区域，西抵印度洋；其次，基本上为美国与岛国的联盟，可称为海洋联盟；最后，从战略上看，体现的是海洋国家对大陆中心地带的遏制和包围，战略核心为美国的御敌于本土之外的远洋战略。在整个冷战期间，战略焦点集中于陆海交汇的半新月形（或称扇形）边缘地带。

冷战后，亚太地区的安全结构发生深刻变化。经济的高增长率和相互依存程度的提高使传统的安全关系结构和体系受到极大的冲击。面对转变中的亚太安全秩序，美国认为其亚太安全政策能否随行就市确保其在亚太的领导地位，成为后冷战时代美国亚太战略重要的一环。尤其是在冷战后权力内涵多元化的趋势下，美国更加强调应对其在亚太的领导地位面临的挑战。②

冷战后，美国对其亚太安全政策进行了多次调整，但联盟政策一直受到特别关注。美国在亚太地区主要的利益目标包括：促进亚太区域经济的自由化、各国政治的民主化，以及建立一个基于力量平衡和以美国为主导的区域安全体系。在此利益基础下，美国冷战后的亚太安全战略经历了合作性戒备、太平洋共同体、新太平洋共同体和新世纪战略等阶段。1990 年 4 月，美国提出“合作性戒备”安全战略，其联盟政策主要是建立一个以美国为核心、以多组双边关系为基础、具有较强适应力和灵活性的亚太地区安全与合作体系。1991 年底，美国提出了建立“太平洋共同体”的战略构想，这个共同体是以北美为基点，以双边安全联盟为支柱，日本—韩国—菲律宾—澳大利亚构成弧形的“扇形结构”，并据此形成“扇形战略”，折扇的扇骨是美日联盟，向北伸展是美韩联盟，向南伸展是美与菲、泰、澳等国的联盟，连接各扇骨的是共同的经贸利益。③ 布什政府的扇形战略是将美国在亚太地区的经济伙伴与安全盟国结合成利益共同体，以便对外连接“北美自由贸易区”，促进全球市场经济的整合。在亚太区域内，逐一地将中国、越南、朝鲜、泰国及缅甸等国纳入自由市场体制内，并促使这些国家进行政治民主化的转型，解决亚太地区潜在的军事威胁。克林顿入主白宫后，美国提出了“新太平洋共同体”概念，突出了经济安全在美国亚太安全政策中的重要性，并第一次提出要在亚太地区构筑多边安全机制，实现美国亚太安全政策的重大调整。④ 为此，美国的联盟政策主要以建立伙伴关系为核心，应对各种安

---

① Robert E. Osgood, *Alliance and American Foreign Policy*, Baltimore and London: Johns Hopkins Press, 1968, p. 79.

② 这正是强调以双边联盟为核心、支持多边合作政策的由来。

③ James A. Baker, III, “America in Asia: Emerging Architecture for a Pacific Community”, *Foreign Affairs*, Vol. 70, No. 5, Winter 1991/1992, p. 15.

④ Remarks by president Clinton to student and faculty of Waseda University, http://www.mofa.go.jp/region/n-america/us/archive/1993/remarks.html.

全威胁，要求盟国做出积极贡献，同时加强相互间合作；在军事上通过平时加强前沿军事存在保持地区稳定，一旦危机发生，通过与盟国和友邦的军事伙伴合作来慑止危机进一步恶化。[①] 根据该安全战略，要求增强美国的盟友间既有的安全合作关系，特别是美国和日本的安全关系更是此安全防卫体系的主轴。美日关系是美国在亚太最重要的双边关系，是其保障太平洋区域安全和达成全球战略目标的基础。在以美日安全为首的区域战略框架下，美国和其他国家双边安全关系的重点分别是：（1）美国与韩国的安全联盟是确保东北亚稳定的主要力量，其防卫结构是基于1953年的《韩美相互防卫条约》、联合作战部队与年度安全磋商三大要素。（2）澳大利亚是美国在亚太另一难以估量的盟国，其不仅提供基地设施为美国前沿军力使用，在许多区域及全球的组织中也采取和美国共同的安全立场，是自二战以来美国历次对外战争的参与者。（3）东盟不仅不是美国在亚太区域的权力竞争者，而且，成员中的菲律宾与泰国还与美国签有协防条约，一些东盟成员也是美国的安全伙伴。因此，美国正寻求扩大与东盟国家双边安全合作的关系，强化彼此应对威胁的能力。（4）新西兰虽然加入了1951年的《澳新美安全条约》，但自1984年新西兰立法禁止携带核武器的船只进入其港口后，美国也于1986年暂停对新西兰的安全义务。不过，双方从1994年起已提升政治与军事的接触，美国希望此接触能持续发展至恢复《澳新美安全条约》框架内联盟关系，近年来更是在情报、反恐等领域加强了安全合作。

在“新太平洋共同体”安全战略框架下，1997年8月，美国将“参与扩展”战略调整为“塑造、反应与准备”战略，将威胁进一步确定为：地区性冲突、不对称挑战、跨国危险以及“不可知因素”；强调作为一个拥有全球性利益的世界强国，美国必须拥有慑止和击败在相距遥远的两个战区爆发的、时间上相互重叠的大规模战区战争的能力。该战略在继承前两大战略的基础上，又有一系列重大发展：首先是确立了美军面向2015年的发展方向；其次是面对新的更加不确定和复杂多变的安全挑战，美在强化其亚太驻军和安全联盟关系等基本战略措施的同时，对其意义和使用范围进行了有针对性的扩展，比如修改美日防务指针，给予美日联合军事行动更为灵活的行动空间；最后，放弃了原有的三阶段逐步撤军计划，保持并加强在亚太地区的前沿军事存在。

新世纪安全战略以2001年版《四年防务审查报告》为标志，确立了美国新世纪的联盟政策，在要求美国必须确定慑止和战胜依靠突然袭击、欺骗和非对称性作战来达成目标的对手所需要的能力基础上，美国仍突出强调盟友和伙伴的重要性。“美国在世界上的安全作用是独一无二的。这种作用是建立各种联盟和友好关系的基础，可提供对经济繁荣至关重要的普遍的稳定与信心感。”[②] 美国在履行国际义务时，必须做到：（1）保护盟友的安全与繁荣；（2）防止敌对力量主宰关键地区。除了原来强调的欧洲、东北亚、中东和西南亚之外，该报告特别指出一个新的地区概念，即东亚滨海区，指从日本以南到澳大利亚，再到孟加拉湾这一地区。[③] 这是一个将南亚安全包括在内的安全概念。

奥巴马就任美国总统后，视亚洲为战略重点之一。2009年4月，国务卿希拉里·克林

---

① 美国的联盟概念在战略中的体现是一脉相承的，在三大参与构想中，每一项均直接或间接与联盟战略相关。

② 美国国防部：《四年防务审查报告》，5～6页，北京，军事科学出版社，2001。

③ 参见上书，5～6页。

顿第一次出访即首访亚洲，奥巴马在上任第一年即实现对亚洲包括中国、日本的首访，说明美国对亚洲的重视。美国对东亚峰会和APEC组织等高度重视，加强了与亚太盟国的关系，奥巴马政府的亚洲政策也被称为“重返亚洲”“亚太再平衡”战略。

美国的亚洲政策仍然是延续大于调整，美国的政策基调是以联盟体系为基础，同时发展与其他发展中大国的合作。随着朝鲜半岛局势的变化以及韩国李明博总统推行对朝强硬政策，美韩同盟进一步得到加强。不过，随着中韩关系的全面发展，韩国会更加游离于中美之间，寻求大国平衡。虽然日本鸠山政府提出“东亚共同体”新主张，在一定程度上疏离与美国的关系，但基于防范共同威胁的需要，美日同盟的战略基石地位仍将得到维持。因钓鱼岛争端导致中日矛盾加剧，美日同盟近期更是实现强化。此外，澳大利亚等国伴随着“亚太再平衡”的步伐，也会强化与美国的战略合作，美澳新同盟的安全合作正在恢复与发展。

总之，美国的亚太联盟是美国安全的基石。美国在建立亚太联盟方面取得了巨大的成就。面对21世纪新的多重威胁，美国在组织临时国家联盟以应对反恐、核扩散等特定挑战方面，也赢得了重要经验。这些安全协议与临时联盟是现实和潜在能力的强力黏合剂，可使美国及其伙伴致力于共同的事业，营造战略环境，保护共同利益和促进稳定。

美国亚太联盟的未来走向与总体趋势是：以双边联盟为主，以多边合作为辅，以亚太盟国间的多边合作促进双边联盟在职能和范围上的协调与强化。但“亚太版北约”难以成型。未来美国亚太联盟将呈现出民主联盟、海洋联盟、多边协作联盟等多种态势。但美国亚太联盟强化也并非线性发展，还面临着战略契合、经贸摩擦、民主波动、民意薄弱、风险加剧五大难题。这将对中美关系、亚太安全产生重要影响。①

三、安全管理组织

具有代表性的安全管理组织是欧洲安全与合作组织。它的前身是欧洲安全与合作会议，是一个讨论欧洲地区政治安全对话、经济合作与社会文化交流的国际论坛性组织。总部设在奥地利的维也纳，组织结构包括首脑会议（两年一次）、部长理事会（至少每年一次会议）、议会、高级理事会、常设理事会、安全合作论坛、秘书处、民主制度与人权办公室、少数民族问题高级专家署、调查小组10个机构，实行轮值主席制。欧安组织的成员国也由20世纪70年代的34国②扩大到包括全部欧洲国家、中亚国家、美国、加拿大在内的57国，是世界上最大的区域安全组织③，覆盖了从北美洲的范库弗峰（Vancouver）到符拉迪沃斯托克（海参崴）的广阔区域。

欧安组织的形成经历了漫长的发展历程。1954年，苏联以及东欧国家倡议召开欧洲集体安全会议的初衷是企图建立一个欧洲集体安全组织代替北约，但这既有损美国的战略利益，也不符合西欧诸国的现实安全需要，因此，西方国家拒绝了苏联的建议。最终，苏联做出妥

① 参见凌胜利：《冷战后美国亚太联盟的强化：趋势与问题》，载《美国问题研究》，2012（2）。

② 欧洲的阿尔巴尼亚当时宣布不参加赫尔辛基会议，1991年6月，阿被正式接纳为第35个成员国。

③ “Organization for Security and Co-operation in Europe”，http://www.osce.org/about/13131.html.

协，同意美国和加拿大参加会议，并在西柏林问题上做出重大让步——苏与美英法签订《西柏林协定》（又叫《四大国协定》），彻底解决了苏联以限制和封锁西柏林与联邦德国之间的交通来要挟美英法的问题，为欧安会的召开消除了最后的障碍。由欧洲诸国及美、加共35国参加的欧安会的赫尔辛基进程于1972年11月正式启动，会议讨论了欧洲边界问题、加强互信措施问题以及人员和思想自由交流等问题，并于1975年在首脑会议上达成《欧洲安全与合作会议最后文件》（也叫《赫尔辛基最后文件》，以下简称《最后文件》）。欧安会的召开以及《最后文件》的签署，是东西方缓和的产物，使冷战时期的东西方缓和达到了顶峰，与会各方正式承认了二战后欧洲的边界现状，推动了欧洲在政治、经济、文化和人员等各个方面的交流与合作。《最后文件》规定了会议参加国今后举行进一步的会议以讨论《最后文件》实施的进展情况，“正是这一规定为欧安会后来成为一个进程奠定了基础”①。可以说，“欧安会进程是东西方冷战孕育出的一个副产品”②，是冷战时期欧洲的安全论坛，其职能涵盖了全欧范围，为欧洲就安全问题对话提供了一个平台，促进了欧洲的缓和。在1975年赫尔辛基会议后的十几年里，欧安会先后举行了贝尔格莱德续会（1977年10月—1978年3月）、马德里续会（1980年11月—1983年9月）、维也纳续会（1986年11月—1989年1月）、赫尔辛基续会（1992年3月—7月）四次续会③，逐步建立起其程序规则。

1. 冷战后欧安会（组织）职能和范围的调整

冷战后至今，欧安会（组织）共召开了五次峰会，即从欧安会第二次峰会到欧安组织第六次峰会。1990年11月，在欧洲安全政治形势发生剧烈变化、欧洲新的格局问题日益突出的情况下，欧安会在巴黎召开第二次首脑会议，这次会议是欧安会发展过程中的里程碑，参加会议的共有34国（因为两德在此次峰会前合并，所以，欧安会的35个成员国变成34国）。各国首脑签署了《新欧洲巴黎宪章》，宣布“欧洲对抗和分裂的时代已经结束”。《新欧洲巴黎宪章》的一个关键决议是，从次年开始，与会国外长每年举行理事会，并在布拉格设立秘书处，在华沙设立自由选举办公室（后更名为民主制度和人权办公室），在维也纳设立冲突预防中心，这使欧安会开始了制度化、机构化进程，其为对抗中的两大集团提供对话平台的功能也有所改变，由“冷战时期的安全论坛向着通过合作谈判预防冲突的安全组织转变”④。

1991年6月南斯拉夫内战爆发后，欧安会将工作的重点转向危机处理和维和行动上。欧安会在维和方面的作用受到各国重视。1992年赫尔辛基首脑会议指出，“欧洲共产主义政权的更迭带给欧洲的并不是和平而是巴尔干残酷的武装冲突……这是几十年来欧安会议区首度面对战争，而且以武装冲突和大规模使用暴力的方式来谋求霸权与领土扩张的事情可能还会继续出现”，为此，会议决定与会国建立一个新的安全合作论坛，并加强维也纳冲突预防中心的功能。此轮首脑会议文件确定了欧安会的维和使命，从而为欧安会在冷战后的生存和发展奠定了基础。1992年欧安会作用得到重视，是多方面因素共同作用的结果：“其他欧洲安全组织还没有为维和做好准备，而这个任务迫切地提上了欧洲安全的议事日程，再加上北约需要从联合国和欧安会获得域外行动的合法性授权，这些因素共同促

①② 赵怀普：《欧安组织及其在冷战后欧洲安全中的作用》，载《国际论坛》，1999（6）。

③ 参见 www.osce.org。

④ 宫少朋等主编：《冷战后国际关系》，161页，北京，世界知识出版社，1999。

使各欧洲主要力量为欧安会进一步赋予重要的使命。”①

1994年12月的布达佩斯欧安会峰会决定，从1995年1月1日起，欧安会正式更名为欧安组织，使其成为一个“涵盖范围从北美洲的范库弗峰到海参崴的安全组织”。1996年里斯本峰会强调建设一个和平的欧安组织区的重要性。1999年伊斯坦布尔峰会颁布了《欧洲安全宪章》等文件，意在加强欧安组织预防冲突、解决冲突以及冲突后重建的能力。

冷战后，欧安组织涵盖的范围以及原则上具有的功能都有所扩大。从涵盖的范围上看，由全欧加上美国、加拿大，扩大成一个包括57国在内的泛欧国际安全组织；从1992年起，日本也列席欧安会。从功能上讲，欧洲安全论坛也由冷战时期关注安全、经济、科技、环境合作以及人道主义等方面的问题，转变到关注促进民主化、保护少数民族权利、防止冲突以及冲突后重建等方面的问题。

2. 欧安会（组织）自身的不足

冷战后，尽管欧安会（组织）顺应国际形势的变化，对自身的职能和范围进行了适应性调整，但该组织本身仍存在着许多严重的缺陷：

首先，缺乏有效的决策机制和机构，致使其决策效率不高。成员国众多的庞大组织往往在决策上都是困难的，特别是像欧安会（组织）这样拥有多个存在利益冲突的大国的组织更是如此。同时，欧安会（组织）没有有效的专门决策机构，而是以全体一致原则为基础，奉行“一致减一”（consensus minus one）决策机制，所有成员国减去1个当事国的庞大决策机制使得决策困难。1993年12月，欧安会在维也纳成立常设委员会，以此改善其日常决策难以满足维和任务的问题，但是仍没有解决欧安会的决策效率问题。

其次，欧安会（组织）的行动能力有限。欧安会（组织）的预防外交主要依靠劝说和调节来推动政治对话与谈判，使欧安会（组织）的决定不具备法律约束力。因此，它的预防性外交的结果往往具有不确定性。

再次，欧安会（组织）的经费不足，人才短缺，已经成为制约欧安会（组织）正常运转和发挥作用的一个严重障碍。欧安会（组织）需要将高素质的人才组成调节使团前往出事地点。2005年，欧安组织的全部预算约为1.68亿欧元②，这个数目较其所承担的使命来说远远不够，经费不足以及欧安会（组织）并非欧洲安全的核心组织等原因都影响欧安组织招聘到高素质的人才。

最后，欧安（会）组织对成员国的法律约束力不足。欧安组织的基础是其前身欧安会的《赫尔辛基最后文件》，它是一份共识性文件，只具有政治、道德约束力，不具有法律效力。欧安组织形成和运行的法律依据不充分，成员国的权利和责任不明晰③，因此，欧安组织不是一个完全意义上的国际组织。

四、地区联合体

独立国家联合体是苏联解体后由12个新独立的国家组成的松散的经济、政治联合组

---

① 朱立群：《欧洲安全组织与安全结构》，184页，北京，世界知识出版社，2002。

② “Organization for Security and Co-operation in Europe”，http://www.osce.org/documents/osce/2005/05/14484 en.pdf.

③ 参见张法定：《欧洲安全与合作组织现状、问题及前景分析》，载《外交评论》，2006（4）。

织，1991 年 12 月 21 日在阿拉木图宣布成立。最初只有 11 国，格鲁吉亚和波罗的海三国（拉脱维亚、立陶宛和爱沙尼亚）没有参加。1993 年，格鲁吉亚加入。在苏联民族矛盾尖锐、各加盟共和国宣布独立的背景下，1991 年 12 月 7 日，俄罗斯总统叶利钦、乌克兰总统克拉夫丘克、白俄罗斯最高苏维埃主席舒什克维奇在白俄罗斯别洛韦日森林中的政府官邸维斯库里进行秘密磋商，达成宣布苏联解体、成立独立国家联合体的协议，并做出向美国通报、与哈萨克斯坦总统纳扎尔巴耶夫协调立场、向戈尔巴乔夫摊牌的决定。12 月 8 日，他们返回明斯克，正式签署《明斯克协议》，宣布苏联作为国际法主体和地缘政治现实停止存在。这使得戈尔巴乔夫建立新的联盟的计划流产，原定的“4＋1”（俄、白、乌、哈四国领导人与戈尔巴乔夫）会谈没能举行。12 月 21 日，11 个国家（俄罗斯、白俄罗斯、乌克兰、摩尔多瓦、哈萨克斯坦、吉尔吉斯斯坦、土库曼斯坦、乌兹别克斯坦、塔吉克斯坦、阿塞拜疆、亚美尼亚）的领导人在阿拉木图友谊宫签订《阿拉木图宣言》《关于建立独立国家联合体协议的议定书》《独立国家联合体关于协调机构的决定》《关于对核武器采取共同措施的决定》，正式宣告独联体的建立和苏联停止存在。在同年 12 月 30 日召开的明斯克独联体首脑会议上，还签订了《独立国家联合体国家元首理事会和政府首脑理事会临时协定》《独立国家联合体成员国关于战略力量的协定》《独立国家联合体元首理事会关于武装力量和边防军的协定》。由于乌克兰反对建立统一军队，会议兼顾各方立场，达成妥协，同意沙波什尼科夫继续留任临时武装力量总司令，俄罗斯和中亚国家建立统一军事力量，允许成员国建立独立军队。独联体成立之初是新独立国家在政治独立后试图保持原苏联军队的统一和经济联系的统一空间，向欧共体的方向发展。独联体的宗旨是为各成员国进一步发展和加强友好、睦邻、族际和谐、信任和互利合作服务。成员国在国际安全、裁军、军备监督和军队建设方面实行协调政策。主要组织机构包括：（1）国家元首理事会和政府首脑理事会。国家元首理事会是独联体最高机构，通常每年召开两次会议；政府首脑理事会通常每年召开四次会议。（2）跨国议会大会、跨国经济委员会和支付联盟以及外交、国防等部长级理事会。（3）协调协商委员会。独联体常设执行和协商机构，每个成员国派两名全权代表常驻该委员会。

独联体的发展历程表明，独联体既不是新的基础上的国家实体，也不是超国家的、朝着一体化方向发展的统一经济政治实体，而只是维系新独立国家联系的论坛性组织。虽然独联体的元首理事会、首脑理事会和部长级理事会每年开会，达成许多协议，但多数不能落实。在划分原苏联财产、军队、债务等问题上，各国之间的矛盾很大。“独而不联”的趋势成为主导方向，各国最终建立起自己本国的军队。由于对独联体国家内的热点处理、债务、军队、疆界划分的争端，在独联体内部出现了多种力量组合。1997 年 10 月 10 日，乌克兰、格鲁吉亚、阿塞拜疆、乌兹别克斯坦、摩尔多瓦成立“古阿姆”集团。2002 年 5 月 14 日，俄罗斯与亚美尼亚、吉尔吉斯斯坦、哈萨克斯坦、塔吉克斯坦、白俄罗斯在莫斯科会议上决定，将 1992 年签署的《集体安全条约》发展为集体安全条约组织；2003 年 5 月 12 日签订军事同盟条约，将集体安全条约组织升格为军事同盟，被称为独联体内的“小北约”。1997 年，在俄罗斯与白俄罗斯共同体基础上建立俄白联盟。俄白在独联体内双边政治、经济、文化关系最为紧密，在统一关税、货币、海关都取得重大进展，并建立两国议会的合作机制，制定联盟宪法。但目前两国还处于统一的十字路口，看不到成为一个联合国家的前景。普京于 2000 年当选总统以后，为维护俄罗斯的安全利益，将对独联体国家的政策作为俄罗斯外交政策最优先方向，加强了在尊重独联体国家主权基础上的俄与独联体国家的双边关系，加大反对美国对独联体渗透的斗争。但美国以北大西洋公约组织为机制，推行东扩政策。1994 年就开始推行对东欧与独联体国家的“和平伙伴计划”。1999 年吸收波兰、捷克、匈牙利为北约新成员国。2004 年吸收波罗的海三国等 7 国加入北约。在 2001 年“9・11”事件后，美国的军事存在已经深入中亚。2003 年末，格鲁吉亚完成权力交替。2004 年乌克兰总统大选，亲西方的尤先科当选后，加快了加入欧盟和北约的进程，2014 年，因克里米亚加入俄罗斯，乌克兰退出独联体。此外，新独立国家对俄仍有疑虑，特别担心俄损害它们的独立和主权。乌兹别克斯坦和阿塞拜疆强调两国“不参加独联体内部的任何联盟”。土库曼斯坦实行中立政策。乌克兰因与俄在分割黑海舰队、划界、石油管道等问题上的分歧，宣布“不加入独联体的军事结构”，而申请加入北约。独联体成立以来，已签署大量政治、经济、军事等领域的条约和协议，但总体来看，具体落实不多。而以美国为首的西方国家对俄的独联体一体化持否定态度，对独联体国家加强渗透。古阿姆集团的国家把克服本国经济危机寄希望于美国等西方国家。但俄拥有原苏联 4/5 的领土、一半多的人口和国民生产总值，仍拥有强大的军事实力和经济、科技潜力。独联体的前景在很大程度上取决于俄的走向。俄致力于以独联体国家为依托，构筑以俄为主体的军事政治联盟，重振俄大国地位。但独联体国家出于各自的利益考虑，对政治和军事一体化的立场差别很大。独联体朝着欧盟方向发展的经济一体化进程将是一个步履维艰而又缓慢的过程，而结成新的政治军事联盟更是难以实施的意向。总体上，俄罗斯依然保持对独联体国家的传统文化、经济优势和地缘政治优势。

第二节　国际安全机制中的安全条约

国际安全条约是指两个或两个以上国际法主体作为缔约方依据国际法在相互关注的安全领域确定相互间权利和义务的文件。比较常见的国际安全条约名称有条约、公约、协定、议定书、宪章、盟约、规约、换文、文件、宣言或声明、谅解备忘录、联合公报。根据国际法院的判决，以上不同名称的条约都“具备了条约约定的性质”，具有同等法律效力。

一、国际安全条约的历史沿革、性质、职能和种类

国际安全条约的历史悠久，古代国家的条约往往与建立同盟、划定疆界、战后恢复和平有关。埃及第 19 王朝法老拉美西斯二世和赫梯国王哈吐什尔缔结了同盟条约且刻在石碑上流传至今，被认为是迄今所发现的最古老的条约之一。针对三十年战争所遗留的重大问题，1648 年欧洲国家在威斯特伐利亚和会上签订了《威斯特伐利亚和约》，奠定了以主权国家为基本行为体的近代国际体系。此后出现一系列基本以双边条约为主的安全条约，如媾和条约、同盟条约、割让条约等。1713 年西班牙王位继承战争后的《乌特勒支和约》，在国际关系历史上第一次将“均势原则”正式写进条约，确立了欧洲新的权力均衡。1815 年拿破仑战争后，维也纳会议签订的《最后议定书》开始具有多边条约（或集体条约）的雏

形。到了1856年克里米亚战争结束签订《巴黎和约》时，现代多边条约的方式基本上发展成熟，逐步出现一系列造法性国际安全条约。1899年第一次海牙国际和平会议产生了《和平解决国际争端公约》等3个公约和3个宣言，1907年第二次海牙国际和平会议产生了17个公约。20世纪人类经历了两次世界大战的浩劫，在探索维持和平、避免战争的历程中，国际法体系趋于完备，国际安全理念、制度有所创新，国际安全条约的形式和内容也日益增多。第一次世界大战后，《国际联盟盟约》《非战公约》体现了集体安全的理念，《洛迦诺公约》是欧洲主要大国安全政策协调的产物，五国《限制海军军备条约》则反映了主要大国在远东和太平洋海上力量的角逐。

第二次世界大战后，在吸取国联失败教训和反法西斯同盟的历史经验的基础上，《联合国宪章》确立了国际法和国际关系中的基本准则，成为判定国际安全条约合法性的基础。联合国在维护国际和平与安全的实践中，通过安理会、大会和专属机构的条约、公约、协定、宣言、决议等一系列文件，对解决现存的或潜在的争议或纠纷、在国家之间开辟新的安全合作和协作的领域、发展和丰富国际法起了推动作用。二战后，区域性多边国际安全条约和组织有了很大的发展。如1945年《查普特佩克议定书》对加强美洲国家体系以及同即将成立的联合国这一世界性组织联系做出明确规定；1947年《里约热内卢条约》规定了美洲国家间互助义务；1945年《阿拉伯国家联盟公约》的宗旨包括捍卫独立与主权，全面考虑阿拉伯国家的事务和利益，成员国间和平解决争端，不得诉诸武力等。在冷战特殊的历史时期，一些国际安全条约以集体自卫为名，却明显具有结盟与对抗的烙印，如1949年的《北大西洋公约》、1955年的《华沙条约》等。美苏双方在各自发展了超强摧毁能力的核武库之后，为防止无法承受的核战争也缔结了一系列具有约束力的军备控制与裁军条约，如《部分禁止核试验条约》《不扩散核武器条约》《反导条约》《中导条约》等。冷战后，鉴于国际安全形势的变化和各地区、国家寻求和平、发展与稳定的需要，建立在合作安全理念上的国际安全条约应运而生，如《上海合作组织宪章》《东南亚友好合作条约》等。21世纪以来，联合国为应对新的安全威胁与挑战，在防止大规模杀伤性武器扩散、打击恐怖主义、打击跨国有组织犯罪等领域通过了一系列安理会决议和国际公约，形成了新的安全共识、安全责任与制度。

国际安全条约作为法律文件须经批准方可发生效力。条约是否须经批准，通常在条约中载明。各国国内法对批准条约有不同规定。条约的生效具有两层意义，即条约在国际法上对缔约方产生法律效果，条约约束各缔约方；条约在各缔约方国内法上产生法律效力，成为各缔约方国内法。双边条约生效的方式为多种：自签字之日起生效，自批准之日起生效，自批准书交换之日或之后若干天起生效。多边条约生效的方式为：自全体缔约方批准或各缔约方明确表示接受条约约束之日起生效；自一定数目的缔约方交存批准书或加入书之日或在此之后若干日起生效；自一定数目的国家，其中包括某些特定的国家交存批准书后生效。条约生效后，有关缔约方应遵守条约的规定。1969年《维也纳条约法公约》第26条规定，凡有效之条约对其各当事国有拘束力，必须由各该国善意履行。善意履行是指诚实和公平地履行条约，要确认缔约各方在达成协议时所取得的谅解，确认缔约各方在谈判过程中相互妥协所达成的共识，而不能单方、片面地解释自己所承担的义务，应按照条约真实的含义予以履行。条约必须是合法缔结的，只有合法的条约才是应该遵守的。在条约当事各方的关系中，国内法的规定不能优于条约的规定，这是一项普遍接受的国际法原则。在适用法律规则时，各国应遵循惯例和理性对自己进行自我约束。《维也纳条约法公约》第 27 条规定，条约的当事方不得援引其国内法或组织内部规则为理由而不履行条约。然而，国际安全条约的遵守也受到强行法规则和情势根本变更的限制。

常见的国际安全条约主要有以下几种：（1）按缔约方的数目，可以分为双边条约、有限制的多边条约、一般性的多边条约。（2）按缔约方的性质，可以分为国家间条约、国家和国际组织间缔结的条约或国际组织相互间条约。（3）按缔结条约程序，可以分为复杂缔约程序和简单缔约程序。比较复杂的缔约程序包括谈判、签署、批准、交换批准书、公布。简单的缔约程序只需经过谈判和签署。（4）按条约的法律性质，可以分为造法性（或立法性）条约（law-making treaty）和契约性条约（contractual treaty）。前者通常指缔约方有创立以后相互间必须遵守的共同行为规则的目的，即创立法律的目的，这类条约大多是一般性多边条约，如《国际联盟盟约》《联合国宪章》；后者指的是契约方为了解决当前某个或某些具体问题而规定具体行为规则的条约。（5）按条约的有效期限，可以分为无限期条约和有限期条约。前者通常规定除非再订新约，否则该条约一直有效。有关边界的双边条约一般是无限期条约。有限期的条约有效期满时，或按条约规定另订协议予以延长，或自动失效。（6）按缔约国可否扩大，可以分为开放性条约（open treaty）和非开放性条约（non-open treaty）。

二、国际安全条约类型

国际条约有多种类型，按其法律性质可分为契约性条约与造法性条约。契约性条约是两个国家间为处理具体事项而达成的双边协议，只规定两国对特定事项的权利和义务。造法性条约是由多数国家参加的、规定或修改国际法规范的多边协议。这种条约被认为创造了国际法原则和规则，故名造法性条约。从条约是否接纳新成员方面，可以分为开放性条约和非开放性条约。开放性条约指允许未在条约上签署的国家加入的条约，非开放性条约则相反。造法性条约是开放性条约，契约性条约往往是非开放性条约。

1. 造法性条约

《联合国宪章》（以下简称《宪章》）是一个造法性条约。它是联合国组织的根本法。1945 年 6 月 26 日在旧金山会议上签署，同年 10 月 24 日生效。1947 年 10 月 31 日，联合国大会决定将宪章生效周年纪念日定为“联合国日”。

《宪章》由序言和 19 章组成，共 111 条。主要内容有：（1）关于联合国的宗旨与原则。《宪章》序言及第 1 条指出，联合国的宗旨是维护国际和平与安全，发展国家间的友好关系，解决国际经济、社会、文化和人道主义问题，促进对人权的尊重。为实现这一宗旨，《宪章》规定了联合国及其会员国应予遵行的 7 项原则，即会员国主权平等、忠实履行《宪章》规定的义务、和平解决国际争端、不得以武力相威胁或使用武力、对联合国依据《宪章》所采取的行动应尽力协助、确保非会员国在联合国维护国际和平与安全的必要范围内遵行上述原则、不干涉任何国家的内部事务。（2）关于联合国 6 个主要机构的组成、职能和工作程序。《宪章》规定，联合国大会由所有会员国组成，负责审议为维护国际和平与安全进行合作的一般性原则，可以向会员国和安全理事会提出建议，并提请安全理事会注意可能危及国际和平与安全的局势；联合国安全理事会由 5 个常任理事国和 10 个大会选举的非常任理事国组成，负责维护国际和平与安全，有权依据《宪章》规定做出全体会员国都有义务接受并执行的决定；经济及社会理事会由 54 个理事国组成，负责协调联合国以及各专门机构的经济与社会工作；托管理事会由安全理事会常任理事国、托管地管理国及大会选举的会员国组成，负责监督管理国对托管地的管理；国际法院由大会和安全理事会选举的 15 名不同国籍的法官组成，负责审理当事国提交的一切案件以及《宪章》和现行条约或公约中特别规定的一切事项；秘书处由大会委任的秘书长及若干官员和工作人员组成，负责为联合国其他机构提供服务并执行这些机构赋予的任务。(3) 关于维护国际和平与安全的具体规定。《宪章》第 6 章规定，争端当事国应首先通过和平手段解决争端，如未果可提交安全理事会或国际法院裁决。《宪章》第 7 章规定，在安全理事会断定存在威胁和平、破坏和平或侵略的行为，且所采取的武力以外的办法不足以制止时，可以决定采取必要的集体军事行动（第 41 条、第 42 条）；设立军事参谋团，协助安理会维持国际和平与安全、拟定军备控制与裁军方案，对安理会支配的军队实施战略指导（第 47 条）；在联合国任何会员国遭到武力攻击时，安全理事会采取必要办法加以制止前，该会员国可以行使单独或集体自卫的自然权利（第 51 条）。《宪章》第 8 章规定，在不违背联合国宗旨与原则的前提下，安全理事会鼓励采用区域办法或由区域机构解决地方争端。

《宪章》作为联合国组织的根本法律文件和多边国际条约，因其某些条款确认和发展了公认的国际法准则，故也被认为是当代国际关系和国际法的重要文献。《宪章》中关于主权平等、忠实履行国际义务、和平解决国际争端、禁止武力威胁或使用武力、不干涉内政等项条款，系国际社会普遍接受的原则，对世界各国均产生极大的约束力。因此，许多重要的国际文件都载有尊重《宪章》宗旨与原则的明确规定。然而，某些大国从自身的战略利益和霸权野心出发，打着联合国的旗号，对别国内部事务横加干涉，这是对《宪章》宗旨与原则的公然践踏。

2. 契约性条约

《集体安全条约》是一个契约性条约。它是独立国家联合体中部分国家为保障集体安全而缔结的军事条约。1992 年 5 月 15 日由亚美尼亚、哈萨克斯坦、吉尔吉斯斯坦、俄罗斯、乌兹别克斯坦和塔吉克斯坦 6 国在塔什干签署。阿塞拜疆、格鲁吉亚和白俄罗斯先后于 1993 年 9 月、10 月和 1994 年 1 月加入该条约。

《集体安全条约》有 11 条正文。主要内容有：(1) 缔约国确认承担在国家间关系中不使用武力和以武力相威胁的义务，保证以和平方式解决相互间及与其他国家间的一切分歧，不加入军事联盟，不参加任何国家集团以及针对其他缔约国的行动。(2) 缔约国将就所有涉及其利益的国际安全的重大问题进行磋商并协调立场；当一个或几个缔约国的安全、领土完整和主权或世界和平与安全受到威胁时，将立即启动共同协商机制，以协调立场，采取措施，消除威胁。(3) 如一缔约国遭到他国或国家集团之侵略，将被视为对所有缔约国之侵略；任何一缔约国遭受侵略时，其他缔约国都应对其提供包括军事援助在内的必要援助，并依据《联合国宪章》第 51 条规定提供全力支持。(4) 组建由缔约国首脑和独联体联合武装部队总司令组成的集体安全理事会，该理事会及其组建的机构承担协调和保障缔约国共同行动的工作。(5) 动用武装力量反击侵略的决定由缔约国首脑做出，在缔约国境外动用武装力量只限在为维护国际安全并严格遵循《联合国宪章》和缔约国法律的情况下实施。该条约的签署是独联体国家逐步走向政治、经济和军事一体化的一个重要步骤，对加强缔约国之间的相互信任和维护其内部及外部安全有一定作用。

1999 年，《集体安全条约》又一次延期 5 年。在 2000 年 5 月的集体安全委员会会议上，批准了使该条约适应新的地缘政治现实的一揽子原则性文件，其中还特别增加了反对恐怖主义的内容。2001—2002 年，完善该条约体系的工作继续进行。2002 年 5 月，在莫斯科召开的独联体集体安全条约理事会会议上，该条约独联体的 6 个缔约国——俄罗斯、白俄罗斯、哈萨克斯坦、亚美尼亚、吉尔吉斯斯坦和塔吉克斯坦一致决定建立“独联体集体安全条约组织”，并决定共同组建快速反应部队，加强各成员国间的军事技术合作，从而应对新的挑战和威胁。上述决定具有重要意义，它使成员国在共同努力维护独联体地区以及亚太地区的和平与稳定方面，提高了《集体安全条约》的影响和威望。

3. 开放性条约

《东南亚友好合作条约》（以下简称《条约》）是一个开放性条约。它是东南亚国家联盟基础性政治文件，被视为东南亚国家相互关系的行为准则。《条约》于 1976 年由马来西亚总理侯赛因·奥恩、菲律宾总统马科斯、泰国总理克立·巴莫、新加坡总理李光耀和印度尼西亚总统苏哈托在印度尼西亚巴厘岛举行的东盟第一次首脑会议时签署。《条约》包括序言和 5 章共 20 项条款。主要内容为：(1)《条约》的宗旨是促进缔约国人民之间的和平和持久友好合作，以加强他们的力量、团结和密切关系。(2)《条约》规定了各方处理相互间关系的基本原则是相互尊重独立、主权平等、领土完整和民族特征；各国都有权保持其民族生存，不受外来的干涉、颠覆或压力；互不干涉内政，用和平手段解决分歧或争端；放弃使用武力或以武力相威胁；在缔约国内部实行有效的合作。(3) 缔约国应当为发展经济和互相援助而采取适当的地区性战略，并争取在最广泛的范围内实现最紧密的经济社会发展和安全等方面的合作。(4) 缔约国应对地区和国际问题保持定期接触与磋商，以协调各自的看法、行动和政策。(5) 由缔约国各出一名部长级代表组成高级理事会，负责受理已经出现并有可能破坏本地区和平与和谐的争端或情势。(6)《条约》对东南亚其他国家开放。1987 年 12 月 15 日和 1988 年 7 月 25 日，东盟先后通过《条约》的两个修改议定书，规定了东南亚以外国家加入《条约》的程序。联合国于 1992 年 10 月通过决议承认该条约的宗旨和原则。文莱、巴布亚新几内亚、越南、老挝相继加入。1998 年以来，东盟多次呼吁中国加入《东南亚友好合作条约》，以促进彼此友好与建设性关系。2003 年 10 月 8 日，中国正式加入《条约》及两个修改议定书。印度、日本、韩国、俄罗斯、新西兰也相继加入。2009 年，美国也宣布加入该条约。

4. 非开放性条约

《阿拉伯联盟宪章》又称《阿拉伯国家联盟公约》，是一个非开放性条约，只有阿拉伯国家才可以加入。1945 年 3 月 22 日，在埃及的倡议下，叙利亚、约旦、伊拉克、沙特阿拉伯、黎巴嫩、埃及、也门 7 个阿拉伯国家的代表在埃及首都开罗举行会议订立该宪章，1945 年 5 月 10 日生效，阿拉伯国家联盟正式成立，简称阿拉伯联盟或阿盟。截至 2016 年，阿盟共有 22 个成员国。2011 年 11 月 27 日，阿拉伯国家联盟在埃及首都开罗召开外长会议后决定，立即对叙利亚实施经济制裁，并于11月中旬中止了叙利亚的成员国资格。2013年3月26日，阿拉伯国家联盟决定将叙利亚在阿盟席位授予叙利亚反对派“全国联盟”，但尚未落实。

《阿拉伯联盟宪章》由20条正文和3个附件组成。主要内容有：(1)阿盟由签订本宪章的、独立的阿拉伯国家组成，每一个独立的阿拉伯国家都有权加入阿盟。(2)阿盟的宗旨是密切成员国之间的关系，为了实现彼此间的合作而协调彼此间的政治活动，捍卫阿拉伯国家的独立和主权，全面考虑阿拉伯国家的事务和利益。各成员国在下列事项中紧密合作，同时注意各成员国的政治结构和一般情况。这些事项是：经济和财政事项，交通、文化事项，卫生事项，社会福利事项，有关国籍、护照、签证、判决的执行以及引渡等事项。(3)阿盟成立由成员国代表组成的理事会，每一个成员国只有一个投票权，为了实现阿盟的宗旨并监督执行成员国所缔结的协定，理事会有权决定阿盟与国际组织的合作方法。(4)依照阿盟的宗旨，成立一系列特别委员会，各成员国应派代表参加，其他阿拉伯国家的代表可以参加此类委员会，理事会决定此类代表参加的情况以及代表权的根据。(5)彼此之间的争端不得诉诸武力解决，如果争端不涉及一国的独立、主权或领土完整，而且双方请求理事会解决此争端，则理事会的决议有效且必须遵守。理事会应调解两成员国或一成员国和另一国家间可能导致战争的争端，使双方取得和解，有关仲裁和调解的决议取决于多数。(6)当一国侵略某一成员国或有侵略的威胁时，受侵略或受威胁的一方应要求理事会立即召开会议，理事会应决定采取必要措施击退侵略，其决议应取得一致同意。(7)经一致通过的理事会的决议应对阿盟全体成员国有约束力，由多数票通过的理事会的决议仅对赞成国有约束力。(8)成员国相互尊重国家的政治制度，并承认现行的政体为这些国家的权利之一，同时保证不采取改变此项政体的任何行动。(9)成员国可以在彼此间缔结所愿意的任何协定，成员国与第三国缔结的任何条约和协定对其他成员国无约束力。(10)阿盟总部的永久地址为开罗，理事会可在其他选定的地点开会。(11)阿盟理事会应于每年3月和10月召开例会各一次，必要时，经两会员国的请求召开非常会议。(12)设立常设秘书处，由秘书长一人、助理秘书长若干人和相当数目的官员组成。(13)秘书长准备阿盟预算草案，于每个财政年度前提交理事会批准。(14)阿盟理事会会员、各委员会委员以及内部组织中所指定的官员在执行职务时应享有外交特权和豁免。(15)理事会由阿盟秘书长召集，各成员国代表轮流担任理事会主席。(16)对于有关官员的事项、预算的批准、理事会内部组织、各委员会和秘书处、各届会议的结束等，理事会的决议只需多数通过就有效。(17)成员国与他国（不论是否为阿盟成员）缔结的一切条约和协定的副本交存秘书处。(18)如果某成员国要退出阿盟，应在退出生效前一年通知理事会；理事会以全体会员国一致通过的决议，使不履行宪章义务的国家退出阿盟。(19)此宪章经阿盟2/3的成员国同意可以修改；为了加强相互联系，设立阿拉伯法院负责调整国际组织与阿盟之间的关系。(20)宪章及其附件应依照每一缔约国的宪法规定批准。

《阿拉伯联盟宪章》规定，阿盟总部的永久地址为埃及首都开罗。由于埃及与以色列签订和约，1979年3月31日，阿拉伯国家外交和经济部长会议决定，将阿盟总部由开罗迁至突尼斯。1990年10月31日，阿盟总部迁回开罗。《阿拉伯联盟宪章》强调尊重各成员国的主权，促进了阿拉伯民族解放运动，是阿拉伯民族团结、联合道路上的一个重要里程碑。

第三节　国际安全合作机制

国际安全合作（international security cooperation）是指国际社会中各国家行为体在国际安全领域中通过协调彼此的政策，使它们的行为适应其他国家行为体安全利益的预期的行为，是国家寻求和平与安全保障、避免安全困境的有效尝试。合作与和谐、纷争不同。和谐指的是行为者的政策会自动地促进其他行为者目标的获得，不需要对政策进行调整。纷争指的是各国政府视彼此的政策为达到它们目标的障碍，并认为各自对政策协调上的限制因素都负有责任。合作是在博弈双方存在利益纷争的情况下，避免由于双方都采取己方的占优战略而导致双方都得到最坏的结果的一种有效途径。所以，合作要求每一方在决策时，都必须考虑对方的需求，寻求共赢。国际安全合作的内容包括预防性外交、建立军事力量领域中的信任与安全措施（比如国防部长定期会晤商讨重大安全问题、相互交换国防政策文件、联合军事训练或联合武器采购计划、边境地区非军事化或相互裁减军事武装力量、重大军事演习互派观察员、有关部队调动和军事部署事先通知对方、通过双边与多边等方式进行有效的裁军与军控等）、联合军事演习、联合作战计划、情报资源共享、开展军事交流与合作、提供军事援助、军事一体化、缔结军事同盟等。国际安全合作的形式有双边形式和多边安全合作形式、机制化的国际安全合作形式和灵活松散的论坛形式等。冷战时期，国际安全合作受到两极格局的严重制约，带有明显的冷战色彩。冷战后，大国军事对抗程度的减弱为开展国际安全合作提供了有利条件。国际社会积极探索建立新的地区安全机制并取得明显进展。越来越多的国家逐步认识到建立新的地区安全机制的紧迫性，并积极探索安全合作的途径和方法。双边和多边的军事合作成为推动国家间关系发展与地区稳定的重要因素。建立信任措施受到广泛重视，并被视为防范军事冲突、确保地区安全的重要措施之一。安全机制不断创新，对话磋商机制有所发展。随着冷战后非传统安全问题的凸显，国际安全威胁日趋多元化，国际安全合作的领域和空间不断拓展。

上海合作组织①和东盟地区论坛集中体现了冷战后国际安全合作机制建设与发展的轨迹。下面将对上海合作组织和东盟地区论坛的安全合作做简要介绍。

一、上海合作组织的安全合作

上海合作组织的前身是“上海五国”会晤机制，最初是为解决边界问题而创立的安全合作机制。

“上海五国”会晤机制源于1996年4月26日中国与俄、哈、吉、塔四国在上海签署《关于在边境地区加强军事领域信任的协定》。该协定是中方为一方，俄、哈、吉、塔为另

---

① 上海合作组织是中国、俄罗斯、哈萨克斯坦、吉尔吉斯斯坦、塔吉克斯坦和乌兹别克斯坦六国于2001年6月15日在上海宣布成立的永久性政府间国际组织，是亚欧大陆新的区域性多边国际组织，在“上海五国”基础上发展而来。成员国总面积3 018.93万平方千米，占欧亚大陆面积的3/5。上海合作组织的工作语言为汉语和俄语。秘书处设在北京，反恐中心设在塔什干。截至2015年7月，观察员国有蒙古国、巴基斯坦、伊朗、阿富汗、白俄罗斯、印度，对话伙伴国有斯里兰卡、亚美尼亚、尼泊尔、阿塞拜疆、柬埔寨、土耳其。2004年12月，上海合作组织获得了联合国观察员地位。

一方签署的双边政治军事协定。该协定规定：双方部署在边境地区的军事力量互不进攻，双方不进行针对对方的军事演习，限制军事演习的规模、范围和次数，相互通报边境 100 千米纵深地区的重要军事活动情况，彼此邀请观察实兵演习，预防危险军事活动，加强双方边境地区军事力量和边防部队之间的友好交往，等等。此后，1997 年在莫斯科签署《关于在边境地区相互裁减军事力量的协定》，1998 年在阿拉木图、1999 年在比斯凯克、2000 年在杜尚别分别签署总结性文件。2001 年 6 月 15 日，哈萨克斯坦共和国总统纳扎尔巴耶夫、中华人民共和国国家主席江泽民、吉尔吉斯斯坦总统阿卡耶夫、俄罗斯联邦总统普京、塔吉克斯坦总统拉赫莫诺夫和乌兹别克斯坦总统卡里莫夫 6 国国家元首在上海会晤，发表联合声明，吸收乌兹别克斯坦加入"上海五国"，之后正式签署了《上海合作组织成立宣言》，宣告将"上海五国"提升为上海合作组织，乌兹别克斯坦作为创始国加入。

上海合作组织的宗旨是：加强各成员国之间的相互信任与睦邻友好；鼓励各成员国在政治、经贸、科技、文化、教育、能源、交通、环保及其他领域的有效合作；共同致力于维护和保障地区的和平、安全与稳定；建立民主、公正、合理的国际政治经济新秩序。上海合作组织遵行的原则是：（1）严格遵循《联合国宪章》的宗旨与原则。（2）遵守和平共处五项原则。各成员国相互尊重独立、主权和领土完整，互不干涉内政，互不使用或威胁使用武力，平等互利，通过相互协商解决所有问题，不谋求在相毗邻地区单方面的军事优势。（3）奉行不结盟、不针对其他国家和地区以及对外开放的原则，愿与其他国家及有关国际和地区组织开展对话、交流与合作。上海合作组织是开放性组织，在协商一致的基础上，吸收认同该组织的合作宗旨与任务、承认本宣言的原则的国家加入，能促进实现这一合作目标，则为上海合作组织的新成员。

2002 年 6 月 7 日，上海合作组织成员国元首会议在圣彼得堡召开，签署了《上海合作组织宪章》《上海合作组织成员国关于地区反恐怖机构的协定》《上海合作组织成员国元首宣言》三个文件。文件宣布：尽快完成本组织宪章和本组织地区反恐怖机构协定的批准程序。本组织成员国决心积极合作，打击恐怖主义、民族分裂主义、宗教极端主义三股势力。在对待恐怖主义方面，反对实行双重标准，认为有必要在联合国和安理会的核心协调作用下建立应对新威胁和挑战的全球体系。2003 年 5 月 29 日，上海合作组织成员国元首会议在莫斯科召开。会后发表的宣言表示，上海合作组织将通过共同努力，全面发展六国伙伴关系，开展政治、经济、人文各领域的合作，以应对新的威胁和挑战，并要求各国要树立和实践互信、互利、平等、协作的新安全观。

上海合作组织实现了从边界睦邻友好信任机制到反对恐怖主义、极端宗教势力和分离主义势力的合作，再向地区安全的军事合作和经济贸易的一体化方向深化发展。安全合作是该组织框架内合作的基本方向和首要任务。在实践中，首先以打击"三股势力"为动力，推进多边安全合作制度化进程，并通过成员国联合反恐军演的机制化，提高成员国的反恐能力。2004 年 6 月，总部设在塔什干的地区反恐怖机构执行委员会正式启动。2005 年中亚遭受"颜色革命"的浪潮冲击后，上海合作组织签署了一系列重要文件，基本形成在反恐领域开展多边合作的制度框架，既有法律依据和组织机构，又制定相应的规范和决策程序以及设立阶段性的合作目标，以确保合作的有效性。与此同时，通过推动成员国之间的双边和多边军事演习增强各方打击"三股势力"的手段与能力。自 2002 年中吉首次开展联合反恐军事演习开始，上海合作组织每年都举行多次军事演习。这不仅加强了成员国之间在军事领域的互信和协同作战能力，而且有效震慑了中亚地区的恐怖主义。① 上海合作组织在安全领域加强协调的同时，还加快了能源合作、经贸合作与人文合作的步伐，签署了政府间的多边经贸合作纲要措施计划，启动了一批具有重要影响的双边和多边合作项目，有力地促进了地区经济合作进程，有效维护和促进了本地区的安全稳定。2004 年 9 月，比什凯克总理会议通过《上海合作组织成员国多边经贸合作纲要》落实措施计划，涵盖贸易投资、海关、金融、能源等领域。2007 年 6 月 29 日，上海合作组织能源部长会议在莫斯科召开，与会五国代表同意成立上海合作组织能源俱乐部并达成《上海合作组织能源俱乐部章程》，加速推动组织内部能源合作。2013 年 11 月，上海合作组织政府首脑理事会第十二次会议联合公报表示，要切实落实《上海合作组织成员国多边经贸合作纲要》落实措施计划。2014 年 9 月，习近平主席出访中亚，务实合作是重点，也将是上合组织的亮点和新增长点，“丝绸之路精神”与“上海精神”对接，将推动上合组织务实合作跨越式发展。②

上海合作组织的成功经验，归结到一点，就是坚定不移地倡导和实践互信、互利、平等、协商，尊重多样文明，谋求共同发展的“上海精神”。“上海精神”已植根于各成员国的对外政策、价值观念和行为准则之中。

二、东盟地区论坛的安全合作

东盟地区论坛③是亚太地区官方多边安全对话机制。它以《东南亚友好合作条约》为宗旨，主要目的在于推进区域政治和安全问题的磋商，通过对话，消除可能存在的分歧，增进相互了解和信任，进而促进区域和平和稳定。1994 年 7 月 25 日，第一届东盟地区论坛会议在泰国曼谷举行。会议确定论坛是磋商性的，目的是就亚太地区政治安全问题开展建设性对话。会议决定，在建立信任措施、核不扩散、维和、交换非机密军事情报、海上安全和预防性外交六大领域展开对话与合作。在论坛的运行方式上采取正式的官方轨道和非正式的第二轨道。1995 年，第二届东盟地区论坛会议确定论坛分三阶段发展，即促进建立信任措施、推进预防性外交和探讨对待冲突的方式。会议同意召开设立建立信任措施辅助小组会议、地区维和与海上搜救等官方的会议，以及非正式轨道的指导原则研讨会。1996 年，第三届论坛外长会议同意继续在安全对话、军事交流和国防政策报告、加强军界高层接触、培训军事人员、交换军事演习信息、探讨在维和行动以及抢险救灾等方面的合作。2001 年 7 月，第八届东盟地区论坛外长会议通过了《东盟地区论坛预防性外交概念和原则》《加强 ARF 主席作用》《ARF 专家名人职权范围两主席文件》等文件，标志着东盟地区论坛在由建立信任措施向预防性外交过渡方面取得实质性进展。2005 年，第十二

---

① 参见张蕴岭主编：《构建和谐世界：理论与实践》，303～307 页，北京，社会科学文献出版社，2008。

② 参见凌胜利：《地缘关系变动与上海合作组织的发展》，载《战略决策研究》，2015（2）。

③ 东盟地区论坛是讨论亚太地区安全问题的多边官方论坛。1993 年 7 月在新加坡举行的第 26 届东盟外长会议期间，东盟 6 个成员国、7 个对话伙伴国、3 个观察员国和 2 个来宾国共 18 方外长一致同意于 1994 年在曼谷建立东盟地区论坛，就地区政治安全问题进行非正式磋商。截至 2015 年 5 月，论坛共有 27 个成员：印度尼西亚、马来西亚、泰国、菲律宾、新加坡、文莱、越南、老挝、缅甸、柬埔寨、中国、日本、韩国、朝鲜、印度、巴基斯坦、蒙古、俄罗斯、美国、加拿大、澳大利亚、新西兰、巴布亚新几内亚、孟加拉国、斯里兰卡、东帝汶和欧盟。

届地区论坛外长会议讨论了朝鲜半岛核问题、反恐、防扩散、海上安全、缅甸局势等地区安全问题。2014 年 8 月，第二十一届东盟地区论坛外长会在缅甸内比都举行。中方倡导各方应践行共同、综合、合作、可持续的亚洲安全观，努力走出一条共建、共享、共赢的安全之路，得到了亚洲国家的广泛认同和支持。

东盟地区论坛创造了一种安全合作的对话机制，在提高各国政策的透明度和行动的可预测性、加深各国间的相互了解、培养信赖关系从而加强共同安全方面发挥了积极作用。

第四节　联合国的集体安全机制

联合国是 20 世纪人类创造的宝贵财富。它产生于第二次世界大战反法西斯战争胜利的重要历史时刻。联合国的存在和发展为当代国际关系注入了新的因素，有 193① 个成员国的联合国是迄今世界历史上出现的最具普遍性和权威性的国际组织。联合国强大的生命力首先来源于联合国是依据主权国家平等的原则和符合时代精神的《联合国宪章》建立的，同时来源于在 70 余年的联合国发展历程中的探索与改革。

联合国是国际安全组织的规范。联合国的集体安全机制具有典型性，可将其界定为：由《联合国宪章》确定，并在联合国实践中补充和发展了的维护国际和平与安全的机制。联合国的集体安全机制既包括关于维持国际和平与安全的一般原则、关于集体安全的义务的规则及法律规范，也包括关于制止威胁和平、破坏和平及侵略行为的规则和程序，以及联合国安全系统职权责任的划分及运作机制。

一、《联合国宪章》确立的国际安全原则与宗旨

《联合国宪章》是联合国的根本大法，它确立了当代国际关系的一些基本原则。《联合国宪章》确定联合国的四项宗旨是：(1) 维护国际和平与安全。采取有效集体办法，以防止且消除对于和平之威胁，制止侵略行为或其他和平之破坏；以和平方法且依正义及国际法之原则，调整或解决足以破坏和平之国际争端或情势。(2) 发展国家间以尊重人民平等权利及自决原则为根据之友好关系。(3) 促进国际合作，在解决经济、社会、文化和人道主义方面的国际问题中进行国际合作，促进人权和基本自由。(4) 成为协调各国行动之中心。为保证实现联合国的宗旨，《联合国宪章》规定联合国的七项基本原则是：(1) 所有会员国主权平等；(2) 各会员国应善意履行《联合国宪章》义务；(3) 以和平方式解决国际争端；(4) 各会员国在其国际关系上不得使用威胁或武力，不得侵害任何会员国或国家之领土完整或政治独立；(5) 集体协助联合国行动，所有会员国全力支持联合国依据《联合国宪章》采取的行动，对于被联合国采取预防性或强制性行动的国家不得给予援助；(6) 不干涉内政原则，联合国不得干涉在本质上属于任何国家国内管辖之事务；(7) 保证非会员国遵守《联合国宪章》原则。这些原则是联合国集体安全机制有效运行的前提和保证。对《联合国宪章》的认同和履行《联合国宪章》规定的义务是联合国会员国的起码要求，否则联合国就会失去存在的意义。

《联合国宪章》确立了联合国集体安全的范式。集体安全机制包括和平解决争端机制

---

① 截至 2016 年 5 月的数据。

和强制机制。和平解决国际争端是优先选择。《联合国宪章》第 6 章明确指出，“任何争端之当事国，于争端之继续存在足以危及国际和平与安全之维持时，应尽先以谈判、调查、调停、和解、公断、司法解决、区域机关或区域办法之利用，或各该国自行选择之其他和平方法，求得解决”①。其中“尽先”是个关键词，它限定了联合国处理国际安全问题的运作程序中和平方法是首选，谈判、调停等都是和平方法的具体选择。

《联合国宪章》也明确规定，如果国际争端在当事国间得不到和平解决，而且已发展到威胁和平、破坏和平甚至出现侵略行为时，安理会可做出采取强制行动的决定，并促请会员国执行，实行集体制裁。《联合国宪章》第 7 章规定，安理会为应付破坏和平及侵略行为可采取“经济关系、铁路、海运、航空、邮、电、无线电及其他交通工具之局部或全部停止，以及外交关系之断绝”等武力以外的制裁办法来维持或恢复国际和平与安全。如认为上述办法还不足或已证明为不足时，“得采取必要之空海陆军行动，以维持或恢复国际和平及安全。此项行动得包括联合国会员国之空海陆军示威、封锁及其他军事举动”。②《联合国宪章》还就安理会决定使用武力计划和会员国执行军事义务、军事参谋团的设置及任务等问题做出了原则规定。

冷战后，在全球化的推动下，根据国际安全出现的新特点、新情况、新模式，《联合国宪章》的根本原则是否继续有效，主权平等和不干涉内政的原则是否可以被“主权相对论”和“人权高于主权论”所取代，和平解决国际争端是否作为联合国维护国际和平与安全的优先选择的争论尤为突出。

所谓“主权相对论”强调国家主权正在被全球化和国际合作的力量重新界定。“主权和疆界的重要性逐渐消失，民族国家已不再是提供保护和各种福利的唯一来源，它越来越受到共同的标准和国际行动的约束”，“有几个世纪之久的绝对的、排他的主权不复存在，我们时代的理智需求是重新考虑主权问题”③。而“人权高于主权论”则宣称“人的尊严、人不可剥夺的权利，这些不归国家所有”④。人权问题不再被认为本质上属于国内管辖的事项。有的国家甚至提出，建议联合国进一步排除不干涉内政原则。为了增强干涉的“正义性”，往往把干涉的对象定为另类，扣上“失败国家”“反民主国家”“流氓国家”的帽子。这种做法完全违背了《联合国宪章》的精神。《联合国宪章》序言开宗明义申明，“欲免后世再遭今代人类两度身历惨不堪言之战祸，重申基本人权、人格尊严与价值，以及男女与大小各国平等权利之信念”，从而确定了尊重人权和主权平等的两项基本原则。一方面，充分实现和享受人权是全人类追求的共同理想，促进和保护人权是各国政府的职责；另一方面，各国主权平等和相互尊重主权，互不干涉内政，尊重各国人民的自主选择仍然是现代国际关系的基本准则，也是国际和平与安全的基本前提。国家主权与保障人权不是相互对立的，而是相辅相成的。

关于联合国如何履行维护国际和平与安全之责任的争论主要是联合国的安全机制如何运

① 《联合国宪章》第 6 章，第 33 条，转引自许光建主编：《联合国宪章诠释》，223 页，太原，山西教育出版社，1999。

② 参见《联合国宪章》第 7 章，第 39 条、第 41 条、第 42 条，见许光建主编：《联合国宪章诠释》，691 页，太原，山西教育出版社，1999。

③ ［埃］布特罗斯·布特罗斯·加利：《加强联合国》，载《外交》（美国），1992（1）。

④ 布什 1992 年在联合国安理会首脑会议上的发言。

作的问题。《联合国宪章》明确规定，在联合国安全机制中，和平解决国际争端是优先选择。而海湾战争、科索沃战争、伊拉克战争所体现的是面对国际格局的深刻变化和复杂、不确定的国际环境，美国和以美国为首的北约有一种将强制措施作为解决危机和争端的优先考虑，扩大其适用范围，动辄使用武力和制裁的倾向。这种强制措施越来越频繁地用于干预国内事务。在探讨新的安全概念时也出现认为国内冲突“理所当然地涉及国际安全问题”，主张通过联盟“和平行动”进行军事干预的论点。这显然不是新世纪联合国应有的安全概念。在联合国千年首脑会议上，中国领导人提出“营造共同安全是防止冲突和战争的可靠前提。应彻底抛弃冷战思维，建立以互信、互利、平等、合作为核心的新安全观。一切国际争端和地区冲突都应通过和平方式解决”①。这种新安全观符合《联合国宪章》的国际安全原则，更有利于联合国安全机制运作，同时也对霸权主义和强权政治形成制约。

二、维持国际和平与安全的决策机制

安理会、大会、秘书长构成联合国维持和平与安全的决策机制。安理会处于决策核心，秘书长发挥协调作用，大会有辅助责任。

安理会的领导作用。在联合国的安全机制中，安理会处于核心，是最具权威性和合法性的机构，由5个常任理事国和10个非常任理事国组成。《宪章》确定其履行维护国际和平与安全的主要责任并赋予它特定权力，规定“为保证联合国行动迅速有效起见，各会员国将维持国际和平与安全之主要责任，授予安理会”。安理会可以调查任何争端或可能导致国际冲突的任何局势，可以建议以适当程序和调解方法和平解决。如果安理会断定存在对和平的威胁、对和平的破坏或侵略行为，为防止情势恶化，它可以提出建议促请关系当事国遵行安理会所认为必要或合意之临时办法。它还可以采取强制措施，使用包括武力在内的一切必要手段来维护或恢复国际和平与安全。

安理会的运作特别是表决程序是安理会行动的迅速有效的保证，鉴于历史上国际联盟在实质性决议上实行一致通过原则，在解决争端和维护和平的重大问题上软弱无力，不能形成有效决议的教训，联合国安理会的表决程序有重大革新。在实行一国一票原则基础上，关于程序性事项的决议需要9个理事国的赞成票通过；关于非程序性事项的决议，需要9个理事国的赞成票，其中包括5个常任理事国的同意票，方可通过。这就是常任理事国的否决权，也是决策过程中大国一致原则。这个原则是为保障大国之间的合作和强调大国对国际和平与安全的责任而赋予常任理事国的特权。但这项特权是有严格限定的。《联合国宪章》规定了对于程序性事项之外的其他一切事项之决议的大国一致原则，同时规定了对于安理会有关和平解决争端诸决定，如果理事国包括常任理事国是争端当事国就不得投票，但在实施强制措施上每一个常任理事国都有否决权。因而，五大国的利益和意志制约安理会的决策。安理会的决议具有法律效力。安理会投票是政治决策，安理会成员国各自可做出赞成、否决和弃权的选择。一旦形成决议，会员国对于安理会的决定，只有接受和执行的义务。

安理会决议特别是有关解决地区冲突原则和实施方案的决议具有指导意义。它包括：维和行动的部署、延期和结束及对一国采取强制性制裁行动均须安理会做出决定和表明立

---

① 江泽民：《在联合国千年首脑会议上的讲话》，载《人民日报》，2000-09-07。

场。一些决议可以视为和平里程碑。如安理会第242号决议，规定实现中东公正和持久和平所应遵循的原则，奠定和平解决中东问题的基础；安理会第687号决议规定了恢复海湾地区和平与安全的条件等。“9·11”事件后，面对国际恐怖主义的威胁，安理会通过一系列决议，建立反恐机制，协调国际反恐合作。安理会第1373号决议要求各成员国将恐怖主义活动定罪，惩罚犯有恐怖主义罪行的人员，防止和制止资助恐怖主义行为，不为恐怖主义分子提供庇护，并决定设立反恐委员会，协助监督第1373号决议的执行。2004年，安理会第1540号决议要求各成员国不向非国家行为者提供核生化武器，加强国内管制，防止和制止核生化武器的扩散。

为保证安理会迅速处理任何可能发生的危及国际和平及安全的情势，《联合国宪章》规定，安理会应持续不断行使职权，各理事国在安理会设有常驻代表。根据安理会的暂行议事规则，安理会有常会会议和定期会议，常会会议频繁召开。除在联合国总部外，会议可在最能便利工作的其他地点举行。安理会讨论分为公开会议和秘密会议。提请安理会讨论的事件或问题常常具有突发的性质，因此，安理会会议经常在紧急情况下召开。

为行使职权，安理会还建立处理某些经常性问题的常设委员会、处理单独的具体问题的特设委员会（如反恐委员会）以及其他辅助机构。根据安理会决议的工作任务，要通过安理会委派到冲突地区的委员会、小组委员会或特使来完成。在建立执行维和使命的辅助机构时，往往授权秘书长负责现场行动安排和“采取必要的措施”。

二战后，在美苏对立的冷战时期，安理会同样是大国政治角逐的战场，难以形成大国一致。冷战后，随着东西方对立的消解和地区冲突与非传统安全挑战的凸显，会员国期望联合国发挥作用。1992年1月31日，安理会召开首次首脑会议，提出如何在《联合国宪章》的框架和条款的范围内加强联合国进行预防性外交、建立和平与维护和平的能力效率的课题。此后，联合国秘书长加利向安理会提交了《和平纲领》(An Agenda for Peace)，提出了预防性外交、建立和平、维持和平、冲突后缔造和平（post-conflict peacebuilding）四个领域的行动，对冷战后联合国维和行动的演变产生重大影响。由于美国企图利用联合国实现霸权领导，联合国本身对新一代维和行动缺乏规范和在维和行动中偏离《联合国宪章》原则的倾向，联合国维和遭受一些挫折。在国际社会反思维和行动的基本原则、重申安理会实行通盘的政治领导时，美国却选择抛开安理会，并与北约单方使用武力，进行科索沃战争。这种否定安理会的领导作用、绕过安理会的行为将导致国际安全机制的破坏和国际事务的混乱。2000年9月，安理会第二次首脑会议通过的决议和宣言重申安理会在维护国际和平与安全方面负有首要责任，并提出一些加强联合国维和行动的指导原则和措施，包括：要加强联合国筹划、设立、部署和进行维和的能力；维和要通过明确的、可靠的、可实现的和适当的授权；解决冲突和争端的最终责任方在于当事方自己，旨在帮助实施一项和平协议的维持和平行动只能在有关各方对实现和平做出真正和持久承诺的情况下才能成功。这体现了安理会将维和引导到正确轨道上来的领导作用。在中国的倡议下，2000年9月7日，安理会五个常任理事国举行历史性首脑会晤，一致表示要维护安理会的权威，“在确保联合国有能力应付它所面临的挑战方面，安理会特别是其常任理事国有长远的利益。因此，我们有责任加强联合国在这方面的行动能力”。这是一种庄严的承诺，也是现实的选择。

为加强联合国的作用，安理会的改革势在必行。其核心是扩大安理会组成和使安理会决策民主化。安理会扩大问题涉及扩大类型、扩大规模、席位分配、推选方式、任期等诸多方面。关于安理会决策民主化方面涉及限制否决权的使用以及增加透明度、扩大参与、信息公开与通报以及加强协商等。在安理会扩大的原则和常任理事国的条件两大最关键问题上，发达国家与发展中国家形成鲜明对立。广大发展中国家认为扩大安理会的基本动因是发展中国家的崛起，国际社会的扩大使安理会现有的席位分配和成员数目缺乏代表性，不能反映国际力量对比的变化；强调大小国家一律平等，反对只接纳一两个经济发达大国作为常任理事国，将安理会变成“富国俱乐部”；强调接纳新成员要按地域均衡分配。发达国家关心大国地位和权力结构的变化，日本、德国渴望成为安理会常任国，它们强调实力与财政贡献。1992 年，第 47 届联大通过关于《安全理事会席位公平分配和成员数目增加的问题》的决议，开始正式审议安理会改革。第 48 届联大后，成立了一个不限名额的安理会改革工作组，许多国家政府、政府间国际组织和非政府组织提出了数十种改革方案，反映了不同的利益和考虑。1997 年，安南秘书长提出革新联合国的一揽子改革方案，2004 年 12 月，由安南任命的 16 人小组在《一个更安全的世界：我们的共同责任》报告中提出扩大安理会的 A、B 两个方案。① 2005 年 3 月第 59 届联大会议上，联合国秘书长安南向大会提交《大自由：实现人人共享的发展、安全和人权》的工作报告，在有关扩大安理会的建议中吸收了上述两个方案，但各国对此存在重大分歧。

中国一贯坚持安理会改革应遵循地域公平和优先增加发展中国家代表的原则、效率原则和广泛协商一致原则。② 2005 年 6 月 7 日，中国政府在《中国关于联合国改革问题的立场文件》中提出，安理会改革的原则应是提高安理会的权威和效率，优先增加发展中国家代表性，让更多中小国家有更多机会轮流进入安理会参与决策，坚持地域平衡原则并兼顾不同文化和文明的代表性，一些国家倡导的地区轮任原则值得重视和考虑，应坚持协商一致，反对人为设时限，以及反对强行表决尚有重大分歧的方案。③ 总而言之，安理会改革不是简单的数量变化，而是权力结构的变化和运行程序的调整，因而将是一个长期和渐进的过程。改革的目的是要使安理会以更高的效率、更充足的行动能力应对 21 世纪的挑战。

秘书长的地位与协调职能。作为联合国的首席行政官，秘书长在使联合国“构成一协调各国行动之中心”方面起重要作用，拥有作为行政首长采取主动和执行联合国机构“所托付之其他职务”的固有权力，也是唯一能对外作为联合国组织整体的代表。《联合国宪章》第 97 条至第 101 条从总体上规定了秘书长的地位和职能。在政治安全事务方面，有关“秘书长得将其所认为可能威胁国际和平及安全之任何事件提请安理会注意”的规定，赋予秘书长特别政治权力，使其在联合国的安全机制中发挥作用。秘书长还拥有广泛的处置

---

① A 方案为“6+3”模式，即增加 6 个没有否决权的常任理事国和 3 个经选举产生的非常任理事国，具体分配是亚太和非洲地区各增加两个常任理事国席位，欧洲和美洲地区各增加一个常任席位；B 方案为“8+1”模式，即 8 个任期 4 年、可以连选连任的准常任理事国和一个非常任理事国，具体分配是亚太、非洲、欧洲和美洲各增加两个可以连选连任的理事国席位。

② 参见中华人民共和国外交部政策研究室编：《中国外交（1999 年版）》，561 页，北京，世界知识出版社，1999。

③ 参见《中国政府发布关于联合国改革问题的立场文件》，载《人民日报》，2005-06-08。

权，包括调查考察权、非正式的外交权（包括不同形式的幕后协商、调解、斡旋、接触等）以及人事委派权。《联合国宪章》第101条规定秘书处人员由秘书长委派，除此之外，秘书长有委派秘书长的代表执行专门任务的权力，参加联合国维持和平行动的人员也由秘书长委派。此外，秘书长还要更多参与提出维持国际和平与安全的新理念的工作。

秘书长具有不同于主权国家的独特地位，这是秘书长履行职责的保障。《联合国宪章》第100条明确规定，秘书长“不得请求或接受本组织以外任何政府或其他当局之训示”，“联合国各会员国承诺尊重秘书长及办事人员责任之专属国际性，决不设法影响其责任之履行”。可以说，秘书长只对联合国组织负责，不受任何个别国家权力与利益驱动。秘书长的产生过程和候选资格也有助于维护其独立性。依照《联合国宪章》的规定，秘书长人选要经过安理会会议的秘密讨论和秘密投票做出推荐决定，由安理会主席将推荐决定正式函告大会主席，由大会进行秘密投票并以多数票通过任命决定。同时，为保证秘书长的公正和忠于《联合国宪章》，在实践中形成了安理会常任理事国的国民不担任秘书长的惯例。正因为如此，秘书长可以起到主权国家所不能起的作用。秘书长可以协调各国行动，化解冲突，促进协议的达成，也有根据情况权宜行事的机动余地。维持和平行动的创立就是秘书长对《联合国宪章》第40条提出的采取“必要或合宜之临时办法”的成功探索。①

根据《联合国宪章》和安理会议事规则，秘书长的维持和平行动受安理会节制。秘书长不能擅自采取强制性的军事行动，安理会的主导作用和主要责任在任何时候都是不可动摇的。如果安理会意见分歧，秘书长就难以发挥作用。在安理会的授权下，秘书长发挥的主动性就有较大活动空间。冷战后，随着联合国在国际和平与发展事业中地位的上升和介入维持和平行动的广度与深度的加强，秘书长行使政治性质的职能增加，处于活跃的地位，并在执行安理会的维和项目中发挥关键性作用。1995年，加利在《和平纲领补编：秘书长在联合国50周年提出的立场文件》中，将维和行动中的指挥权和控制权概括为：通盘政治领导属于安理会；执行领导与指挥，由秘书长负责；实地指挥，由秘书长委派的现场代表包括特使、部队司令、军事观察团长等负责。② 也就是说，秘书长被授予维和行动的指挥权。在和平解决争端和预防性外交领域，赋予秘书长的权力和责任更是联合国历史上前所未有的。秘书长以预防性“悄悄外交”等方式对许多旷日持久的地区冲突和争端进行调解与斡旋，取得突破性成果。在对有关争端或局势的事实调查方面，1991年12月9日，联合国大会通过的决议指出，“秘书长应特别注意在早期阶段使用联合国调查能力”，“秘书长应主动或根据有关国家的请求，考虑就争端或局势派遣调查团”，“在决定委托何人进行事实调查时，安全理事会和大会应优先选择秘书长”，明确了秘书长拥有对事实调查的主要责任。

大会的辅助作用。《联合国宪章》也赋予大会广泛的权力，规定大会得考虑关于维持国际和平与安全之合作之普通原则并向安理会及会员国提出建议。大会可以提请安理会注意足以危及国际和平与安全的情势；可以讨论关于维护国际和平及安全之任何问题，并做出决议（须由到会及投票之会员国2/3多数通过）。《联合国宪章》授权大会不

---

① 参见李铁城主编：《世纪之交的联合国》，272～289页，北京，人民出版社，2002。

② 参见上书，286页。

仅可以直接对争端或情势的当事国发出呼吁，而且可以在协调联合国各主要机关为防止冲突与和平解决争端或情势的活动方面发挥重要作用。《联合国宪章》同时又对大会和安理会的职权做了限定，要求安理会及时向大会通知关于维持国际和平与安全工作的进展；明文规定安理会应将常年报告，必要时将特别报告，提送大会审查。大会在联合国的集体安全机制中的重要性表现为：大会提出的原则和通过的决议体现成员国的主动性和意志，具有规范性和约束力；大会可以配合并支持安理会的工作；大会对安理会有监督作用。

三、维持和平机制与预防性外交机制

由于联合国和平解决争端机制的薄弱，加之战后东西两大集团的对立和美苏两个超级大国的争夺，联合国难以发挥作用。国际危机与冲突是客观存在的，对于美苏势力范围内的冲突，联合国无能为力。但对于缓解发生在势力范围之外的冲突，防止其蔓延，防止大国插手加剧冲突方面，联合国面临多方面的需求，维持和平行动应运而生①，并在实践中逐步成为联合国安全机制的不可缺少的环节。

1. 维持和平行动

维持和平行动是联合国在应付国际危机的实践中创造的。它既不同于《联合国宪章》第 6 章规定的和平解决争端手段，也不同于第 7 章的强制措施，它是介于两者之间的一种行动，旨在遏止冲突，为最终和平解决争端创造条件，同时又避免使用武力，哈马舍尔德称应将其列为《联合国宪章》“第 6.5 章”。在 1988 年以前，联合国维和行动通常是对付有可能威胁国际和平与安全的区域性冲突，或“由于非殖民化过程而出现的权力真空状态”发挥“公正而客观的第三者”的作用，帮助建立政权并维护停火，在冲突国家之间形成缓冲地带。它基本上是某种“拦网”，旨在制止或遏制冲突中的战斗行动，同时进行协同的努力，使交战各方都坐到谈判桌上来，或以其他方式促成和平解决的条件。在长期实践中，这种传统的维和行动形成了一些基本原则和成功的基本条件，包括主权国家同意、非强制性、中立性、任务明确并确实可行、各方合作、安理会持续的支持等。维和行动部署的前提一般是在有关冲突各方表示出和平意愿或出现和平的可能性时进行。虽然在冷战的国际环境中，联合国维和行动受到极大制约，作用有限，但它在维护《联合国宪章》、和平解决冲突方面仍是一种有益的手段和创造。1988 年，联合国维持和平部队获得诺贝尔和平奖。到 2015 年，联合国维和行动已经历了 60 多年发展历程。

冷战结束后，随着东西方对立的缓解和地区冲突的凸显，1992 年 1 月 31 日，联合国安理会举行首脑会议，会议声明指出，国际社会在寻求和平时面临新的挑战，所有会员国都期望联合国在这个紧要关头发挥关键作用。会议决定请秘书长就如何在宪章的构架和条款的范围内，加强联合国从事预防性外交、促成和平、维持和平的能力与效率提

① 联合国维持和平行动始于 1948 年第一次中东战争。为了监督以色列和阿拉伯国家之间的停战，安理会通过决议建立联合国巴勒斯坦停战监督组织，开创了联合国维护国际和平的新形式。1956 年第二次中东战争期间，首次紧急特别联合国大会通过决议，向埃以边境地区派出第一支联合国维持和平部队，监督停火、撤军和隔离冲突双方。

出分析和建议。6月17日，秘书长加利提出《和平纲领》，认为联合国的行动应包括四个组成部分，即预防性外交、建立和平、维持和平、冲突后缔造和平。预防性外交包括防止两方发生争端，防止现有的争端升级成为冲突，并在发生冲突时限制冲突的扩大等一系列行动。建立和平是介于预防冲突和维持和平两种任务之间的一种责任，是设法使冲突双方以和平方式达成协议。维持和平是阻止冲突升级，并在和平实现之后保持和平。冲突后缔造和平是更为长期的挑战，即采取行动，查明并支持足以加强与巩固和平的结构，以避免再度爆发冲突。这是维和的理念和运作方面的创新，很大程度上扩大了联合国和平行动的职能与范围，增加了对联合国的期望值，联合国维和行动也进入一个新的发展阶段。在联合国维和行动已走过60年发展历程时，联合国主管维和行动的副秘书长让-马里·盖埃诺在《联合国维和行动：基本原则与指导方针》的文件中指出："过去60年间，联合国维和行动已成为国际社会应对威胁国际和平与安全复杂危机的主要工具之一。"①

维和行动经过多年的实践和反思，其经验教训和出现的新特点值得重视，主要表现在：

（1）冷战后世界发生冲突更多的是在国内而不是国家之间，联合国维和行动范围已逐步转向以介入国内冲突为主②，往往面对缺乏中央权威的无政府状态和不确定的危险局势。

（2）维和行动的手段与强制行动的界限严重混淆。维和部队曾一度频繁地在人道主义救援的授权下使用武力。维和的基本原则，如各方同意、中立公正和除自卫外不得使用武力受到挑战。特别是在冲突继续的情况下实行人道主义救援、设定安全区和强迫冲突各方加快和解任务时，强制使用武力日益频繁，维和部队的装备由轻型武器转向重型装备，甚至还有空中和海上力量支援。

（3）维和行动的任务不断扩展。面对新挑战，多功能维和行动正在成为联合国维和行动的主要模式。除了执行传统的维和行动任务外，还承担着推动和平进程、建立合法有效的治理机构、协调有关部门及国际组织的工作、安置前武装人员、改革安全机构、筹备和监督大选、恢复社会稳定、发展经济等协助战后重建的多项任务。多功能维和行动有成功，也有严重挫折。联合国驻柬埔寨过渡时期临时机构、联合国纳米比亚过渡时期援助团、联合国驻海地支助团是较为成功的范例，而联合国索马里行动和联合国在前南斯拉夫的行动则使联合国声望受到沉重打击。

（4）联合国与区域组织合作，维和形式呈现多样性。《联合国宪章》第8章明确了联合国安全机制与区域组织的关系。③ 冷战后，一些区域组织加强了维和作用。1994年，秘

① 中国联合国协会编：《联合国与和谐世界》，34～35页，成都，四川人民出版社，2008。

② 联合国秘书长加利在《和平纲领补编》中指出，1988年初，联合国既有的5次维和行动只有1次涉及国内冲突（占20%），而1988—1994年实施的21次维和行动有13次涉及国内冲突（占62%），其中1992—1994年11次维和行动有9次涉及国内冲突（占82%）。

③ 《联合国宪章》第8章第52条规定，《联合国宪章》的任何规定并不排除旨在维护国际和平与安全而适宜于区域行动的事项的区域办法或区域机关的存在，但此等办法或机构及其工作，须与联合国的宗旨和原则相符合。第53条规定，区域组织还应协助安理会实施强制行动，此等行动必须以安理会的授权为限，如未经授权，不得采取任何强制行动。第54条规定，区域组织已采取或正在考虑之行动，不论何时应向安理会充分报告。

书长召开了与联合国合作建立和平与维护和平的几个区域组织的首长会议。第49届联合国大会第49/57号文件通过《关于增进联合国与区域办法或机构之间在维持国际和平与安全领域的合作的宣言》，《和平纲领补编》则对新形势下联合国与区域合作的方式和应遵循的原则进行了阐述。联合国与区域组织合作有五种方式：一是协商。包括正式的协议和向大会的报告以及非正式的交换有关冲突的观点。二是外交支持。区域组织参与维和行动并通过外交主动或提供技术性援助支持维和。三是行动支助。如北约支持联合国保护部队（简称联保部队）的空中行动。四是共同部署。如联合国与西非共同体在利比里亚、独联体在格鲁吉亚的分工模式，由区域组织承担主要责任，联合国部署少量力量。五是联合行动。如在海地的行动，联合国与美洲国家组织共同承担人员安排、指挥和财务。2007年7月，安理会通过第1769号决议，决定在苏丹达尔富尔地区实施联合国/非盟"混合行动"，由联合国提供主要资源，与非盟共同部署维和行动，创立了联合国加强非盟能力建设的一种新模式。

鉴于各区域组织维和的能力、所拥有的资源以及各组织的结构和决策机制千差万别，它们与联合国的关系很难有单一模式，但仍有可遵循的原则。第一，必须建立一致同意的协商机制，但不一定要正式的；第二，必须尊重《联合国宪章》规定的联合国优先的原则，尤其是区域组织不得插手联合国不予支持或成员国不予批准的安排；第三，联合国与区域组织处理同一冲突时必须明确分工，以避免重复和机构上的竞争；第四，在处理共同关心的问题，如维和行动的标准时，地区组织与联合国要保持一致。坚持这些原则，区域组织可以分担和配合安理会的工作，还有助于加深对国际事务的参与、协商一致和民主化意识。但区域组织抛开联合国的统一指挥，利用联合国的授权推行自己的政治和战略目标，这既违背《联合国宪章》的原则，也会给地区带来更大的冲突，加剧紧张和动乱。

（5）维和行动的机制逐步健全与完善。随着维和行动复杂程度的上升，需要确立统一有效的协调机制。联合国建立建设和平委员会，其主要职能是应对在国际和平重建方面缺乏战略性规划及一致性问题。2006年，该委员会正式运作，获得授权管理建设和平基金，并开始针对特定国家制定和平重建综合战略。2007年，联合国秘书长潘基文对联合国维和行动机构进行了调整。原来的维和行动事务部专门负责制定维和政策和进行战略管理，新组建了维和行动支援部，专门负责任务区的行政管理与后勤保障。为保证维和行动有较充足的人力和物力资源，建立了联合国维和行动待命安排机制，有80多个国家参与并承诺在规定时间内向联合国维和行动提供所承诺的人员和装备。

2. 预防性外交

冷战后在联合国的安全机制中，关于联合国早期介入和积极干预的预防性外交，尤其是关于预防性外交的广义解释对联合国维和行动的性质与方向产生了极大的影响。预防性外交的用语较早正式出现在联合国秘书长哈马舍尔德1960年的年度工作报告的序言中。他提出，联合国组织"必须关注集团势力分歧之外的新发生的冲突。在这种情况下预防性行动必须首先旨在填补这个真空，使其不致引起来自任何主要大国一方的行动"，"联合国在它不对任何大国集团承担义务的基础上的参与，可以在可能的程度上提供一种关系到所有各方的保障，反对来自另一方的先发制人。对这一特殊的需要和特殊的可能性，我称之为预防性的联合国外交"①。在冷战时期，预防性外交是在特殊和有限的条件下开展的，主要是控制两大对立集团势力范围以外的冲突，避免该冲突纳入集团对立与争夺。冷战后，预防性外交的针对性相对广泛，可以由秘书长本人或通过高级幕僚、专门机构或方案，由安理会或大会，以及由区域组织同联合国合作进行，争取通过和平协商解决冲突情势。预防性外交需要采取措施建立信任，需要以资料收集和正式的与非正式的事实调查为基础的预警办法，以及预防性的部署，有时还要设置非军事区。

预防性部署包括三种类型：（1）在发生国内危机的情况下，应政府或有关各方的要求，或经它们同意，进行预防性部署，以减轻痛苦，限制或控制暴力行为。其中，人道主义救援被认为有关键重要性。此外还包括提供军事人员、警察和文职人员协助维持治安等。（2）在发生国家间争端时，如果双方同意，可部署联合国人员驻在边界两方抑制敌对行动。（3）如果一国担心受到越界攻击，要求联合国在该国边界一方部署适当的人员也可进行这种部署。预防性部署为联合国干预国内冲突开了绿灯，也使预防性外交活动与军事行动界线模糊，使联合国的安全机制面临新的矛盾与困境。

预防性外交究竟是以预警、调解的外交活动为基点，还是以军事部署为基点，这反映了不同的观念。前者要求最大限度地依《联合国宪章》第6章、第8章的办法，采用渐进的政治外交手段；后者更多的是与人道主义干预、部署护援、维和部队相联系，军事方式成为外交的替代办法。针对联合国实施预防性部署出现的新问题，秘书长安南强调联合国的一个主要目标是通过提供控制和解决各国间与国家内暴力冲突的手段，通过解决其根本问题，扩大和平转变的范围；尊重各国主权，不干涉他国内政是预防性外交应该遵循的基本原则。加强平等磋商和对话，增进相互信任，以和平的方式解决争端和分歧是预防性外交的基本内容；加强国际经济合作，促进各国经济社会发展，减少贫困，是预防性外交获得成功的根本保证。作为外交方式，预防性外交应有公正、机密、合作的特征。公正可以保证当事国接受，机密可使当事国更乐于合作，合作可以利于找到共识。中国也支持联合国加大预防性外交的力度，使预防性外交成为联合国履行其职责的重要手段。在这方面，安理会负有根据复杂危机的特点制定综合预防战略的重要责任，联会国大会、经济及社会理事会等机构应分工合作，共同参与预防冲突的努力。②

在联合国预防性外交的范畴内，"人道主义干预"是冷战后最具争议的概念和做法。《联合国宪章》第2条第7款严格限定"本宪章不得认为授权联合国干涉在本质上属于任何国家国内管辖之事件"。但是冷战后一些地区的国内冲突，有的是外国势力插手酿成冲突加剧，有的是内部战乱、无政府状态致使人民处于极度的苦难与绝望之中，还有的是政府有目的地镇压或残害国内少数派。在这种情况下，减轻发生冲突地区人民的苦难，阻止冲突殃及邻国，控制冲突的强度，维护人的生命与安全也是题中应有之义。在这种背景下出现的人道主义干预有两个主要方面：一是在发生人为的（而非自然的）紧急情况下，按人道、中立、公正的原则，提供人道主义援助；二是为制止种族灭绝和大规模屠杀、保护

① 转引自袁士摈、钱文荣主编：《联合国机制与改革》，136页，北京，北京语言学院出版社，1995。

② 参见中国联合国协会编：《联合国与和谐世界》，76～77页，成都，四川人民出版社，2008。

受到压制的少数而进行的强制干预行动。前者往往是在受灾国同意的基础上，通过有效的救济方案向冲突的受害者提供援助。为了保证救济安全实现预定目的，有时需要通过救援的军事力量建立和平走廊和非军事区，这本身也可为政治对话及和平努力提供动力。然而，在发生内战地区的救援有时会受到冲突一方的阻拦，甚至发生联合国救援部队为自卫或执行使命与当地武装的冲突，联合国很容易卷进去。如果不与缔造和平的努力相结合，单纯的人道主义援助行动难以实现缓解无辜受害人民苦难的目标。而添加促进停火的政治任务和解除武装的军事行动，又会引起与冲突当事国的分歧，联合国在前南斯拉夫联盟和索马里的人道主义救援就遇到过这样的困境。

强制性的人道主义干预的目的是通过施加压力手段，如在该国领空内设置“禁飞区”，实施制裁以制止和惩罚对种族灭绝、大规模屠杀、压制少数行为负有责任的一方，特别是与之有关的政府。这是在“伸张国际正义”“维护人权”的旗帜下采取的对一国内政的干涉。这种干预并不考虑该国政府或有关方面的同意。一些西方国家强调人道主义干预可超越主权国家政府，也可超越安理会的明确授权且无须听从安理会的指挥，由有关国家“自愿”进行，这就为干涉别国内政打开了大门。

四、裁军与军控机制

裁军和军备控制是《联合国宪章》赋予联合国的任务。《联合国宪章》将裁军与军备控制的处理权限授予安理会和大会。迄今，联合国已有较为完整的裁军和军控工作机制，其中包括审议、执行、研究和核查机构，建立裁军谈判制度安排，达成重要的裁军协议，确立了基本的原则与规范。

（1）裁军机构。联合国大会为审议裁军的最高机构。大会下设第一委员会和联合国裁军审议委员会负责处理裁军问题。联合国秘书处设有裁军事务厅，由一位副秘书长专门负责。联合国秘书处还在亚洲、非洲和拉丁美洲设立了区域裁军处，负责协调地区裁军事务。联大有时设立特别委员会，以处理具体的裁军事项。

（2）裁军谈判机制。联合国直接指导多边裁军谈判，推动谈判进程。设在日内瓦的裁军谈判会议是当前国际上唯一的多边裁军谈判机构。联合国在裁军领域确立了中心地位，负起了主要责任。20 世纪 50 年代初期，裁军谈判的基本目标是综合裁军，即制定一套全面和相互协调的综合方案，分阶段和均衡地裁减一切军备。20 世纪 60 年代以来，联合国将主要力量转向争取就某些局部措施达成协议，如实行全面禁试、不扩散核武器以及禁止发展生化武器等。鉴于核武器对人类的生存和文明构成巨大威胁，限制和裁减核武器成为联合国裁军谈判的核心议题，主要包括核裁军、不使用核武器、冻结核武器、停止核试验、防止核扩散和建立对无核武器国家安全的保障制度。此外，联合国还推动禁止其他大规模杀伤性武器的谈判，这些武器包括化学武器、生物武器、放射性武器和其他新的今后可能发展的大规模杀伤性武器及其系统。冷战结束后，上述领域谈判取得一定成果。1992 年联合国大会通过了日内瓦裁军谈判会议达成的《禁止化学武器公约》，目前该公约已生效。1995 年《不扩散核武器条约》实现无限期延长，同时规定了 5 年一度的审查制度。1996 年大会通过了裁军谈判会议达成的《全面禁止核试验条约》，该条约开放签署。

在限制和裁减常规武器、增强透明度和信任感方面，1992年，联合国建立常规武器转让登记制度，要求成员国每年向联合国秘书长报告其作战坦克、装甲战车、大口径火炮系统、作战飞机、攻击直升机、战舰及导弹、导弹系统七类武器转让情况。在《特定常规武器公约》[①] 的法制机制下，1995年通过《关于激光致盲武器的议定书》（第四议定书），1996年通过对《禁止或限制使用地（水）雷、诱杀装置和其他装置的议定书》（第二议定书）的修正案，2003年通过《战争遗留爆炸物议定书》（第五议定书），旨在加强在控制、预防常规武器对平民的伤害力方面的制度建设。此外，联合国于2001年达成《从各方面防止、打击和消除小武器和轻武器非法贸易的行动纲领》，这是治理轻武器和小武器泛滥、解决区域和国内武装冲突的有效机制，具有重要意义。

（3）军控与裁军的原则。联合国军控机制为冷战后的国际安全提供了重要的规则与制度。中国作为联合国安理会常任理事国，提出了一系列国际军控与裁军的原则，强调遵守《联合国宪章》维护国际和平与安全的宗旨以及有关的国际法准则，愿意与所有国家在平等基础上讨论和解决军控与裁军问题。中国政府认为：裁军的最终目的是彻底销毁核武器和其他大规模杀伤性武器，包括化学武器和生物武器，全面禁止外空武器，同时根据实际情况削减常规武器；拥有最多和最精良的核武器与常规武器的大国，在实行军备控制与裁军方面负有特殊责任；防止大规模杀伤性武器扩散不是最终目的，只有全面禁止和彻底摧毁此类武器才能有效防止扩散。防扩散不应妨碍各国和平利用科学技术的正当权益，应保证所有国家安全不受损害；严格管制敏感材料、技术及军事装备的转让；尊重并支持地区军控与裁军措施。2003年12月，中国在《中国的防扩散政策和措施》白皮书中提出，“中国主张树立以合作求安全、以对话求安全、以互信求安全、以发展求安全的新安全观”。中国在国际军控与裁军方面所坚持的上述原则是新安全观在军控领域的体现。

五、联合国集体安全机制面临的挑战

在冷战后国际安全问题日益多元化、复杂化及全球化的背景之下，联合国集体安全机制的有效性遇到三个方面的挑战：（1）如何重新界定安全威胁和达成对安全观念的共识。联合国不仅要面对传统安全问题，也要应对非传统安全问题，并制定长期战略和有效措施。要塑造一种更为广泛的新型理念，创建一个有效而又公平的集体安全机制。建立预防行动框架，增强联合国集体行动的效率。（2）如何增强以联合国为主导、维护安理会的权威、实行多边主义的国际安全合作的意愿，建立综合安全机制与全球安全治理。一方面要制约推行单边主义和霸权治下的和平，阻止它们边缘化联合国集体安全制度的行为。坚持正义与国际法的原则，对合法使用武力进行界定。安理会在考虑是否授权使用军事力量或是否使用军事力量时，都应参照威胁的严重性、正当的目的、万不得已的办法、相称的手段和权衡后果的准则。另一方面要整合联合国安全体系的资源，重视传统安全问题的“非传统化”表现和非传统安全问题的传统根源，探索军控、裁军和防扩散问题的综合治理机制以及建立信任措施和保持透明度的机制。（3）处理发展与安全的关系。发展有助于战胜

---

① 全称为《禁止或限制使用某些可能被认为具有过分伤害力或滥杀滥伤作用的常规武器公约》，1980年在日内瓦通过该公约及其三个附加议定书，1983年生效。

威胁人类安全的贫穷、传染病和环境退化。发展也是防止内战、消除恐怖主义和有组织犯罪得以滋生的环境的长期战略的组成部分。在 2000 年联合国千年首脑会议上制定的千年发展目标，包括消灭极端贫穷和饥饿，普及初级教育，促进两性平等并赋予妇女权利，降低儿童死亡率，改善产妇保健，与艾滋病毒/艾滋病、疟疾和其他疾病做斗争，确保环境的可持续能力，全球合作、促进发展八项预期目标和规划①，承载了联合国所有成员国对促进发展的庄严承诺，成为国际社会衡量发展进程的重要标准。对于联合国集体安全机制来说，发展是必不可少的基础，也是长治久安的根本保证。

思考题

1. 从欧洲安全与合作组织的发展分析其作用。
2. 分析亚太地区安全机制的类型与特征。
3. 试评析联合国集体安全机制。

① 参见中国联合国协会编：《联合国与和谐世界》，214 页，成都，四川人民出版社，2008。

国际安全中的裁军、军控与防扩散

军备控制与裁军曾经是国际安全研究的核心议题，尤其是在20世纪五六十年代安全研究的“黄金时期”，核武器及核威慑、军备控制和有限战争等议题主导了安全研究。[①] 尽管从20世界60年代后期到70年代，因冷战的缓和，以军备控制为主题的安全研究有所衰落，但军备控制、裁军与防扩散的实践仍然取得了明显进展，并成为全球安全秩序的有机组成部分，在一定程度上起到了维护国际和平和增进国家安全的作用，并且随着国际关系现实的变化，军备控制、裁军与防扩散也呈现出了新的特征，发挥着新的作用。

第一节　军备控制、裁军与国际安全

在安全研究中，军备控制、裁军和防扩散被视为一组概念，因为它们都涉及对军备（包括武器和人员）的限制或消除。从广义上而言，军备控制是指对军事力量，尤其是武器装备的发展、生产、储存、扩散和使用的限制与管理。从这个意义上讲，军备控制涵盖了裁军和防扩散。我们也可以从狭义上界定军备控制，将其定义为通过双边或多边的国际协定对武器各个环节和过程进行限制[②]，这样军备控制同裁军和防扩散相并列。裁军则是指削减或消除军事力量，防扩散则意味着防止某些特定武器，尤其是大规模杀伤性武器的发展和买卖。在实际使用中，军备控制和裁军也往往会被等同起来，比如联合国的裁军事务办公室，尽管名为裁军办公室，其实际的活动内容是包含军备控制的，摩根索在《国家间政治》一书中，对裁军的界定和论述也具有军备控制和防扩散的内涵。因此，把军备控制、裁军和防扩散作为国际安全的重要因素加以研究。

武力通常被认为是实现国家目标的有效方法，从功能上来说，武力具有以下四种作用：防御、威慑、强制和炫耀。[③] 就防御性武力来说，部署军事力量主要是为了防止战争或者当战争爆发时能够将损害降到最小。威慑则是指部署军事力量是为了防止对手做出自

---

① David Baldwin, “Security Studies and the End of the Cold War”, *World Politics*, Vol. 48, No. 1, 1995, p. 123.

② 参见刘华秋主编：《军备控制与裁军手册》，1～2页，北京，国防工业出版社，2000。

③ Robert Art, “To What Ends Military Power”, *International Security*, Vol. 4, No. 2, Spring 1980, pp. 4-35.

己不希望其做的事情，警告对手如果做了某种事情将会遭到严厉惩罚，威慑是一种报复性威胁。防御和威慑都是国家利用军事力量保护自身和盟友免遭军事打击的行为，属于劝说性使用武力。强制是指国家通过军事力量迫使对手改变已经存在的行为，或是停止已经或正在进行的某些行为，或是去做其原本不愿做的事情。武力的炫耀功能比较难以界定，主要包括两种运用武力的方式：一种是利用军事演习或阅兵来展示军事实力，另外一种则是通过购买或者制造先进武器来显示实力，通常其目的或是增强民族自豪感或是满足统治者的个人野心。武力的功能和目的可从表 6—1 中体现出来。

表 6—1　　武力的目的

类型	目的	模式	目标	特征
防御	防止被攻击或者降低被攻击的损害	和平的与物质的	首要的是军事 次要的是工业	防御准备具有劝说价值；防御准备可能为进攻性；第一次打击可以认为是防御性
威慑	吓阻对手发起敌对行为	和平的	主要是平民的 次要的是工业 第三位的是军事	报复的威胁并不是为了运用；第二次打击的准备可以被视为第一次打击的准备
强制	迫使对手停止某种行动或者进行某种行动	和平的与物质的	包括上述三个目标，无明确级别	容易确定但是难以达成；强制性行动可能会被视为防御性
炫耀	增加声誉	和平的	无	因为其工具性和非理性本质，难于描述；炫耀可能是威慑

资料来源：Robert Art，“To What Ends Military Power”，*International Security*，Vol. 4，No. 2，Spring 1980，pp. 4-35.

就当前的国际关系现实来看，克劳塞维茨的著名观点——武力是实现政治目标的工具，仍然是有效的。但是因为暴力的高成本，国家总是限制性地运用武力或者武力威胁，也正是从这个意义上，军备控制和裁军具有了重要的国际关系意义，成为国际安全的重要议题。一般而言，军备控制和裁军的目的是在于降低战争的可能性，或当战争爆发时减弱其破坏性，尤其是对平民的伤害和民用设施与环境的破坏，结束军备竞赛以及维护国家安全。军备控制和裁军的逻辑是通过“限制国际政治中的破坏性倾向和无政府倾向”① 以实现和平。军备控制主要有两种途径：对军备数量和质量的限制与对军备使用的控制。② 就对军备数量和质量的限制来看，在国际军控协定和条约中，对军备数量和质量有不同强度的要求，包括禁止（全面禁止或部分禁止）、裁减或削减、冻结（数量或质量）、限制、不扩散和军备透明等。对武器使用上的控制包括不使用、负面安全保证、限制使用、限制部署、降低戒备和建立信任措施等。③

在西方历史中，军备控制似乎可以追溯到古希腊时期。大约在公元前 7 世纪，在希腊

① ［美］汉斯·摩根索：《国家间政治》，429 页，北京，北京大学出版社，2006。
② 参见李彬：《军备控制理论与分析》，9 页，北京，国防工业出版社，2006。
③ 参见上书，11 页。

出现了一个宗教性的组织——近邻同盟（Amphictyonic League），该联盟以德尔斐神庙为中心，旨在保护阿波罗和地母的神庙，要求联盟诸邦在战争中不得切断对方水源和毁灭市邑，如果违背规定，将会遭到处罚。[①] 这是早期限制武力使用的例子。但真正意义上的军备控制应该开始于17世纪中叶。因为民族国家的形成与发展和技术进步与武器升级，战争的动员能力越来越大，其破坏性也越来越强，战争所消耗的资源也越来越多，从这个时候开始政治领导人和学者都开始思考：军事力量，尤其是占据优势的军事力量是否是实现国家安全的唯一保证；军事准备的过度支出可能会在战争爆发之前就将国家拖垮，而战争的残酷性又使得胜利的代价是如此之高，因此能否通过限制军备，既保证国家安全又能够防止战争等一系列问题。在国际关系史中，尤其是19世纪以来，我们可以观察到存在许多军备控制和裁军的倡议与协定。在19世纪出现的主要的军控和裁军倡议包括：1816年，俄国沙皇曾向英国建议削减各类武装部队；1831年，法国向其他大国也提出了类似的建议；1863年、1867年和1869年，拿破仑三世提出了普遍削减军备的提议；1870年在普法战争爆发前，英国也曾两度同普鲁士接触，旨在削减军备；1877年，意大利希望德国接受控制军备的建议；1899年，第一次海牙和平会议的目标之一就是限制军备和军事预算。[②] 战争所带来的损害因为技术变革和组织变革而级数倍增，那么为什么战争还是难以避免，军备竞赛与军备扩张仍然继续？在悲观的现实主义者看来，这源于国际政治的本质和国家追求安全的逻辑。

一、安全困境与军备竞赛

国际关系中，安全困境的逻辑在于现实主义对国际关系本质的悲观假设。现实主义认为国际关系始终处于无政府状态，也就是在世界政治中缺少一个最高权威。按照霍布斯的观点，无政府状态下是一种人与人皆为战的状态，因此置身于无政府状态中的谋求自身生存与安全的国家行为体只能通过自助方式来实现生存与安全的目标，而维护自身生存的最有效方式就是军事手段。安全困境的假设揭示了国家间军备竞赛的必然。无政府状态、国家求生存的目的、军事手段的可靠性以及增进安全国家措施的外部性，共同决定了国家间军事力量的竞争和增长。因此，就维护国家生存和安全而言，国家可能会拥有过度的军事力量。从安全困境的角度来看，国家不可避免地要走向军备竞赛，这并不是从对人性的悲观假设所得出的，而是国际体系与国家单元互动的结果。

一般认为，行为体之间的军备竞赛要符合以下基本条件：第一，存在两个或者两个以上相互具有敌意的行为体；第二，双方要在有意识地考虑军事力量对敌手作用的条件下发展军备；第三，双方要在军备的数量和质量上竞争；第四，军备要在数量和质量上有快速的发展与提高。[③] 因安全困境导致的军备竞赛最为典型的例子就是第一次世界大战前，世界列强的军备扩张与竞赛。从1880年到1914年，世界主要大国的军事实力都在不断增长。其间，1914年相对于1880年，俄国、法国、德国、英国、奥匈帝国、意大利、日本和美国的陆海

---

① 参见顾准：《希腊城邦制度》，第4章，北京，中国社会科学出版社，1982。

② 参见［美］汉斯·摩根索：《国家间政治》，430页，北京，北京大学出版社，2006。

③ Colin Gray, "The Arms Race Phenomenon", *World Politics*, Vol. 24, No. 4, October 1971, p. 41.

军人数分别增长了约 71%、68%、109%、45%、80%、60%、331%和 382%。各主要大国的战舰吨位也都呈现大规模增长，1914 年相对于 1880 年，俄国、法国、德国、英国、奥匈帝国、意大利、日本和美国分别增长了 240%、232%、1 383%、318%、520%、398%、4 567%和 483%。① 在这 30 多年间，旧有大国和新兴大国之间为了各自的安全，不断增加军备，主要体现为两个方面：一个是陆海军人数的增长，另一个是海军的大举发展（见图 6—1）。从图 6—1 中我们可以直观地看到各国军备竞赛的时间及其军备数量的同步增长，同时发现掌握军事优势的国家也毫不落后，仍在继续巩固其军备的领先地位。

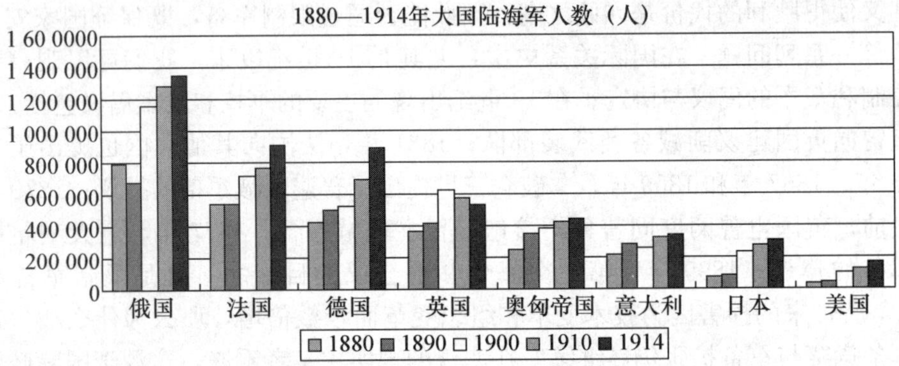

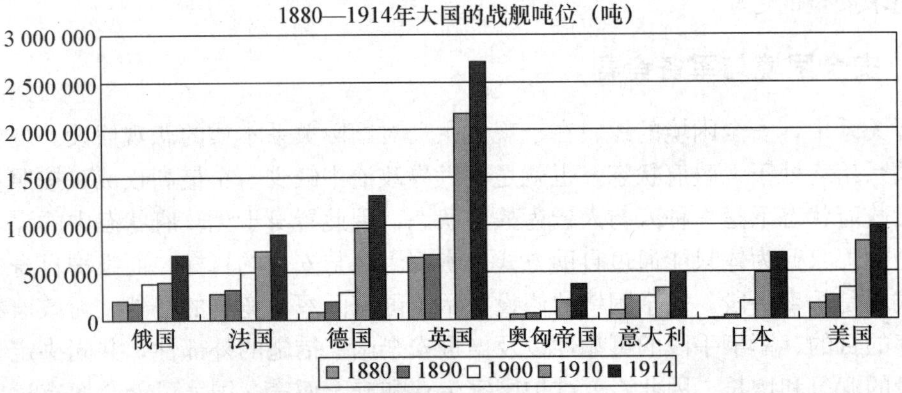

图 6—1　1880—1914 年的大国陆海军人数图和战舰吨位变化

专栏 6.1　　缓解国家间安全困境与军备竞赛的三种战略

第一，将国防支出主要用于防御性支出而非进攻性装备支出，从而在本国安全增加的条件下，不至于降低别国的安全。

第二，将国家军备支出设定与对手大致相同，从而可以让对手免除权力相对变化的忧虑，以此降低军备竞争程度，实现合作。

第三，展开正式的军备谈判。

资料来源：George Downs，David Rocke，and Randolph Siverson，“Arms Races and Cooperation”，*World Politics*，Vol. 38，No. 1，October 1985，pp. 118-146.

① 参见［美］保罗·肯尼迪：《大国的兴衰》，247 页，北京，求实出版社，1988。

军备竞赛和军备扩张往往同战争或者战争的威胁相联系，人类能否走出或者缓解安全困境，避免军备竞赛和战争，实现世界和平与国家安全？摩根索认为，在过去150年中，人们一直在寻求取代战争和无政府状态的途径。他认为主要有三种不同的途径：(1) 限制国际政治中的破坏性倾向和无政府倾向；(2) 通过彻底消除国际政治中的破坏性倾向和无政府倾向改造国际政治；(3) 通过把国际政治中的破坏性倾向和无政府倾向排除出理性目标来调和利益分歧。[①] 而军备控制和裁军就是希望通过限制国际政治中的破坏性和无政府倾向来避免战争。一般而言，对通过军备控制和裁军来实现安全和避免战争，有以下几种逻辑：理想主义逻辑、经济逻辑以及现实主义逻辑。

二、理性与人道：军控的理想主义逻辑

当战争发展成为全面战争之后，其灾难性的后果就成了全人类要承担的苦难。所谓全面战争，表现为以下四个方面：(1) 参与战争行为所必需的各种活动的人口比例；(2) 受到战争行为影响的人口的比例；(3) 在信念上和情感上完全认同战争行为的人口的比例；(4) 战争的目标。[②] 在近代民族国家的动员能量下，在工业革命推动武器进步之后，一国的军事力量和军事活动已经不再仅仅是一小部分人和占用一小部分资源的事情了。平民生产对战争的重要性越来越凸显出来，因此战争不仅要打击军事目标，也要打击民用目标。第一次世界大战第一次让现代战争的残酷性直接显现了出来。从1914年7月到1918年12月，战争共进行了4年多，共阵亡1 000万人，伤残2 000万人，失踪500万人。战争的消耗也是惊人的，交战双方的军费总额达2 700亿美元。民用设施也毁坏严重，共被击沉6 000多艘商船，对厂矿和城市的破坏也是空前的。[③] 第一次世界大战终结了此前人类对自身未来和理性的过于乐观的态度。启蒙运动以来，无论是哲学思想还是政治理论都在强调对人的生命的尊重、人类福利的提高以及人类理性的进步。但是第一次世界大战彻底打破了这种人类不断进步的观念。在这种条件下，学者和政策制定者不得不寻求避免战争的方法。因为战争的破坏性与军备的发展直接相关，因此通过裁军与军控防止战争就成了一种必然的选择。1899年和1907年的两次海牙和平会议、1919年的国际联盟、1928年的《白里安—凯洛格公约》以及二战之后的联合国都是将避免战争作为其最终目标。

1928年8月27日签订的《白里安—凯洛格公约》是这种努力的典型代表。共有48个签约国，1929年7月24日正式生效，截止到1933年，共有63个国家加入该条约。《白里安—凯洛格公约》又称《非战公约》，该条约倡导国家间争端只能通过和平方法和途径加以解决，如果有缔约国借助战争增进自身利益，则不能享受条约的好处。《非战公约》的第一条中缔约国声明“谴责用战争来解决国际争端，并在相互关系中放弃以战争为执行国家政策的工具”；第二条则强调“它们之间可能发生的一切争端和冲突，不论其性质或起因如何，只能用和平方法加以处理或解决”[④]。

---

① 参见［美］汉斯·摩根索：《国家间政治》，429页，北京，北京大学出版社，2006。

② 参见上书，274页。

③ 参见王绳祖主编：《国际关系史：17世纪中叶—1945年》，289～290页，北京，法律出版社，1986。

④ 同上书，395页。

理想主义的裁军和军控逻辑认为，战争是不可接受的，是需要被解决的问题和被治愈的疾病，而不是实现国家战略的有效工具①；而消除战争的根本方式在于依赖人类的理性，因此民主制度、国际共识、民族自决、集体安全与裁军才是促进国际和平与安全的重要方式，而不能仅依靠武力。无论是从避免战争还是从集中资源用于经济发展的角度来看，理想主义认为国际裁军是符合所有国家利益的，因此，靠人类理性的力量是能够认识到这种共同利益的，裁军和避免战争也就是可行的。但是，从裁军的历史来看，单靠人类理性是难以实现裁军和避免战争的，那些主要的裁军会议仍然只是些高尚的原则，而无法成为实践的指南。

尽管军控的理想主义逻辑在实践中受到挫折，但是很快就又找到了新的理论出发点。军控的理想主义逻辑的新版本借助的是人道主义和人权的观念。因为随着技术和工业发展，武器也日益进步，其杀伤能力和范围也越来越大，某些武器杀伤的无区别性以及残忍性是有违人道精神和人权原则的，因此国际社会应当限制或禁止这类武器。比如对生化武器的禁止和对杀伤性地雷的禁止都是基于人道主义的原则。下面以禁止杀伤性地雷公约为例加以说明。

1997 年 9 月 17 日，在挪威首都奥斯陆 89 个国家代表通过了全面禁止杀伤人员地雷公约草案，公约的正式名称为《关于禁止使用、储存、生产和转让杀伤人员地雷及销毁此种地雷的公约》，1997 年 12 月 3 日在加拿大渥太华开放签署，因此又被称为《渥太华禁雷公约》，1999 年 3 月 1 日在获得 45 个国家签署后生效。截至 2016 年，《渥太华禁雷公约》共有 162 个缔约国。2009 年在哥伦比亚举行公约第二次审议大会，通过了《卡塔赫纳行动计划》等文件，提出实现“没有地雷的世界”的远景规划。条约签署十几年来，有数千万个地雷被销毁，155 个国家不再储存杀伤性地雷。

《渥太华禁雷公约》全面禁止杀伤人员地雷，包括禁止使用、储存、生产、发展、获取和转让杀伤人员地雷，并要求将储存中和地下部署的此种地雷全部销毁。所谓杀伤人员地雷，是指被设计为人员出现、接近或接触而引爆的地雷。因此，这种杀伤人员地雷会造成平民的死亡和伤残，而且因地雷致残的平民除了终生残疾之外，还会带来社会、心理和经济后果。正是有鉴于此，亲眼目睹此种惨状的红十字国际委员会发出呼吁，主张全面禁止杀伤人员地雷。可以看到，军控的理想主义逻辑重新在人道主义和人权理念中找到了论述基础，但是理想主义逻辑被应用的领域主要还是常规武器领域，而非战略武器领域。

三、经济与安全：军控的经济逻辑

一个国家的资源是有限的，在特定技术和生产条件下，用于军事和民用生产的资源是相互替代的。如果更多用于军备扩张，那么其他民用生产和人民福利得到的资源分配就相对减少，因此，军控的经济逻辑就是从资源有限性出发，强调军备与民用生产的替代关系，主张应该在两者间寻求合适的比例，既能保证国家安全，又能促进经济发展和人民生活水平的提高。图 6—2 中曲线 AB 和 A′B′表示在不同生产条件和技术条件下，国家资源

① Martin Wright (ed), *A Study of War*, Chicago: University of Chicago Press, 1965.

用于民用生产和军备生产可能达到的程度；图形也表明资源在军备生产和民用生产上的关系是替代关系。对这种替代关系的形象说法就是“要黄油还是大炮”，黄油代表民用生产，而大炮则代表军备生产。

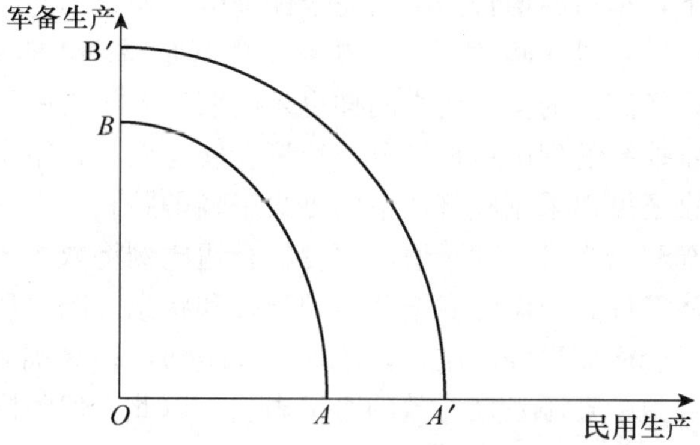

图 6—2　军备生产与民用生产的可能性曲线

多个裁军和军控协定都将经济因素作为重要的考虑。1899 年，第一次海牙和平会议的审议委员会就认为，“军费目前已成为世界的一项沉重负担，为了增进人类的物质和精神福祉，限制军费是人们极其渴望的”。1907 年的第二次海牙和平会议再次重申了军费增长对国家福利改善的负面影响，再次倡议各国削减军费。二战后的《联合国宪章》同样出于经济的逻辑主张减少军费，《联合国宪章》第 26 条规定，“为促进国际和平及安全之建立及维持，以尽量减少世界人力及经济资源之耗费于军备起见，安全理事会……应负责拟具方案，提交联合国会员国，以建立军备管制制度”①。可见，经济原因是比理性或人道更为强烈的诱发国家进行军控和裁军的动力。

布热津斯基在他的书中曾引述过下面的故事，用来说明军事力量和经济实力作为国家权力来源的不同意义。

> 一个穷武士想买一套漂亮的盔甲，但没有钱。他就缩减每天的食量，慢慢地攒够了钱买了一套好的盔甲。战争爆发了，他勇敢地挺身而出参加战斗，但因为经过多年的半饥半饱，他的身体已经虚弱不堪，承受不了盔甲的重量，不久他就被敌人杀死了。
>
> ……穿军服的军队不是唯一的军队。具有科学技术和战斗精神的、穿着企业制服的人将是我们的地下军。这场日美战争可以认为是，卡其军服将输给企业制服。②

在上述引用的隐喻中，盔甲被认为是发展军备，而吃饱穿暖则是民用生产的发展，如果过度将民用生产的资源集中于军事生产，那么最后国家可能就会像那个武士一样，毁坏了根基，从而在战争中失败。如果一个国家为了支付沉重的军事费用，而不断增加税收和压缩个人消费，这就会为国家安全埋下国内隐患。因为军费过度扩张而拖垮政府的例子，在国际关系中并不鲜见。比如第一次世界大战之前，俄国的军备发展就大大超出了其生产

① ［美］汉斯·摩根索：《国家间政治》，430～431 页，北京，北京大学出版社，2006。
② ［美］兹比格涅夫·布热津斯基：《大失控与大混乱》，130～131 页，北京，中国社会科学出版社，1995。

能力。1913年，平均一个俄国人的收入用于国防的支出要高于英国人平均负担的50%，而俄国人的收入仅相当于英国人收入的27%。也是这一年，俄国政府把9.7亿卢布用于军队，而只有1.54亿卢布用于卫生教育。① 所以，俄国内部问题不断，罢工或群众抗议不断加剧。在这样的条件下，军备的增长并不能完全保证国家安全的同步增加。

上面引用的原文的后半段还暗含了一个观点，也就是军事力量并不是维护国家安全、取得胜利的唯一手段，经济上的竞争能力同样也是国家扩充权力的重要方式。如果从这个逻辑出发，裁军或军备控制的理由更加充分。经济发展是根本，军事力量仅仅是维护国家安全的一种方式，国家还可以采用经济竞争的方式来赢得胜利。

发展军备与提高福利始终是一对矛盾。两者的合适比例将取决于当时的国际安全环境和国家内部的政治经济条件。当国际安全环境处于缓和状态，国家所面临的安全威胁并不十分严重时，国家可以全面促进经济增长，改善人民生活，提高福利。而当国家面临严重外部威胁时，国家也要集中资源发展有效的军事力量，以此来保障国家安全。

四、裁军与均势：军控的现实主义逻辑

尽管军控的理想主义逻辑和经济逻辑在不同时期总是能够找到支持的力量，但是国际军控与裁军的实践仍然主要是在现实主义的逻辑下进行的。无论是20世纪二三十年代的军控条约，还是二战后的美苏军控谈判，其内在的逻辑始终是现实主义的。在军控的现实主义逻辑看来，军控和裁军并不是国家的最终目标，而不过是实现和维护国家安全的一种手段。而在国际关系现实中，势力均衡才是维护国家安全的有效原则，因此军控和裁军也要符合势力均衡的原则，规定大国间的军备比例和相对地位。

20世纪二三十年代的裁军与军控协定就体现了这种维护均势的裁军逻辑。在美国总统哈丁的呼吁下，从1921年11月12日到1922年2月6日在华盛顿召开了华盛顿海军会议。与会的五国，美国、英国、法国、意大利和日本达成了三项主要条约：《四国条约》《华盛顿海军条约》《九国公约》。其中《华盛顿海军条约》，又称五国《限制海军军备条约》，集中体现了通过军控维持均势的努力。条约中规定美、英、日、法、意五国的主力舰吨位之比为5∶5∶3∶1.75∶1.75。这项条约对美国而言有双重目的，一方面要防止日本在亚洲过度扩张，另一方面打消或者缓解英国对其海军力量发展的疑虑。1930年的伦敦海军会议是再次控制主要大国间海军力量的努力。1930年4月，英国、美国、日本、意大利和法国在伦敦召开海军军备会议，会上英、美、日达成了《伦敦海军条约》（也称《限制和削减海军军备条约》）。条约重新调整了英、美、日三国之间的战舰吨位，其比例由原来的5∶5∶3调整为10∶10∶7，英、美、日的巡洋舰总吨位分别不得超过33.8吨、32.3吨和20.8吨。因为《华盛顿海军条约》和《伦敦海军条约》都将于1936年12月到期，因此1935年12月，《华盛顿海军条约》的缔约国美、英、法、意、日在伦敦召开了第二次伦敦海军会议，在1936年3月25日达成了《第二次伦敦海军条约》。条约的主要目的还是限制大国的海军军备发展，规定签约国主力舰的吨位不得超过35 000吨，主炮口径不得超过14英寸，航空母舰的排水量不得超过23 000吨，火炮口径不得超过6.1英寸

① 参见［美］保罗·肯尼迪：《大国的兴衰》，286～287页，北京，求实出版社，1988。

等。日本因为其要求海军力量平等的提议遭到拒绝而退出了第二次伦敦海军会议，意大利也未在协约上签字。

从20世纪二三十年代的海军裁军的历史中可以看出，军控的现实主义逻辑有以下几点值得注意：第一，军控或裁军并不是国家追求的最终目的，而是国家实现自身安全的一种手段，国际均势才是维护国家生存的第一法则，因此军控谈判及其条约的主要内容就是要在列强间建立均衡。第二，军控或裁军的关键项目是战略性武器和军备，因为国家间的权力均衡主要依靠于战略性军备与武器的平衡。所以我们可以看到在第二次世界大战之前的裁军与军控努力主要是平衡列强陆海军的数量和海军力量，而在第二次世界大战之后军控的重点则转到了限制核武器及其运载工具上。第三，有关军控的争论核心是国家间军备比例的问题。因为在现实主义的框架里，国家对相对权力极为敏感，国家是根据别国的军备规模来确定自身的军备规模的，所以在军控和裁军的诸多进程中，维持现状的国家和试图改变现状的国家始终会在军备比例上争论不休。第四，军控与裁军需要解决的另外一个重要问题是如何确定需要削减、控制或限制的武器种类，不同类型的武器具有不同的权力含义。在军备控制中最重要的武器类型区分是进攻性武器与防御性武器。在裁减和控制军备问题上，有关国家会对不同类型的武器限制或销毁展开激烈辩论。

专栏6.2　进攻性武器与防御性武器

进攻性武器与防御性武器是根据武器使用的目的及其功能来区分的。所谓进攻性武器，就是以摧毁敌人军事力量、占领对方领土为目的的武器；防御性武器的目的是保护和防卫本国的领土边界，而并非扩张、摧毁或者占领等。但无论是在现实政治中，还是在理论演绎上，进攻性与防御性这种区分方法都面临两大挑战：能否准确地区分防御性武器及政策与进攻性武器及政策，防御性或者进攻性是否具有优势。进攻性与防御性并不总是能被非常清楚地区分，而且在很多例子上很难判断。比如美国的导弹防御系统，在美国看来是防御性的，而俄罗斯则认为这将破坏既存的权力平衡，尤其是核均衡。

资料来源：Robert Jervis，“Cooperation under the Security Dilemma”，*World Politics*，Vol. 30，No. 2，January 1978，pp. 167-214.

总的来看，有关军备控制的三种逻辑对军备控制的性质、目标、作用以及其与安全的关系都有不同的看法（见表6—2）。在理想主义看来，战争是不可接受的，因此通过削减和控制军事力量来实现和平就是一种可行的政策，裁军与军控就应该是国家的政策目标，如果军控和裁军能够成功就可以进入持久和平状态。而从经济逻辑来看，国家有不同的目标，军事安全仅是国家目标之一，国家同时还要实现经济发展、社会福利提高等，因此军控与裁军仅是实现国家目标的组成部分。而在现实主义看来，安全具有绝对性，裁军与军控不过是维持国家间均势的一种手段而非目标，国家安全的实现有赖于军事力量的增强和均势的达成。

表 6—2　　三种军控逻辑比较

三种逻辑	理想主义逻辑	经济逻辑	现实主义逻辑
军控与裁军的性质	国家目标	国家目标之一	实现国家目标的手段
目标	削减武器，避免战争	安全与经济发展的平衡	国际均势
逻辑基础	理性和人道主义	经济发展与福利提高	权力政治
被控制的武器类型	全部的武器，不人道的武器	影响经济发展的武器	战略武器
裁军类型	全面裁军	选择性裁军	选择性裁军

五、冷战期间国际军备控制的实践

总的来说，从 19 世纪 50 年代以来，主要国家间出现了三次大规模的军备竞赛以及与之相对的军备控制的努力，包括第一次世界大战之前的军备竞赛及军备控制、第二次世界大战之前的军备竞赛与军备控制，以及冷战时期的军备竞赛和军备控制。在不同的权力结构和技术条件之下，不同的武器具有差异性的作用和影响，因此这三次军备竞赛和军控努力也呈现出了不同的特点。在前面对军控逻辑的阐述中，我们简要地回顾和总结了前两次的军备竞赛和军备控制，这部分主要研究和分析第二次世界大战结束以来的军备控制情况。

第二次世界大战之后，世界政治的两极格局确立，因此冷战时期的军备竞赛和控制主要表现为美苏之间的竞争与合作。核武器的出现，也改变了国家对战略武器的界定。所以，冷战时期军控的主要特征就是美苏之间在核武器及其运载工具上的相互竞争和控制。

第二次世界大战结束以来，美苏军备竞赛主要围绕核武器展开。美国在太平洋战争的最后阶段使用原子弹，随后日本宣布投降，这使大国认识到核武器的重要性。苏联从 1942 年就已经做出研究原子弹的决定。1949 年 8 月，苏联成功爆炸了第一枚原子弹。1952 年，美国试爆了第一颗氢弹。核武器革命进入了第二个阶段，各大国纷纷开始核试验。

古巴导弹危机是美苏两国核军备竞赛的典型例子。1959 年，卡斯特罗领导的古巴革命成功之后，美国一直对后院起火耿耿于怀，试图推翻古巴革命政权。1961 年，古巴宣布走社会主义道路，赢得了苏联的支持。从此，苏联从政治、经济与外交上给予古巴支持。1962 年 8 月，美国侦察到古巴开始部署苏联的防空导弹。此后，美苏围绕古巴导弹问题进行了一系列的斡旋，包括双边对话和多边对话。面临核武器的威胁，美国政府的态度十分坚决，对古巴进行了严密的封锁，并且施加恐吓。面对美国压倒性的核力量优势，苏联不得不做出让步。10 月下旬，事态开始缓和。10 月 28 日，苏联领导人赫鲁晓夫宣布撤回美国声称的进攻性武器。在这一回合的斗争中，美国占优。但后果之一是苏联加快了发展核武器的步伐，在短期内便取得了对美国的核均势。

按照美国学者约瑟夫·奈的观点，美苏之间核武器竞争的升级产生了五个重要的政治后果。① 第一，人类开始进入有限战争的时代。各国在经历空前规模的世界级大战之后，逐渐向 20 世纪以前的局部战争回归。第二，危机成为国际政治的常态，而过去主导人类历史交往方式之一的战争则较少使用。第三，核武器凸显了威慑在显示和使用权力过程中

① 参见［美］约瑟夫·奈：《理解国际冲突：理论与历史》，204～206 页，上海，上海人民出版社，2002。

的作用，国际政治出现了“恐怖的平衡”态势。第四，美苏拥有核武器使得大国冲突具备了约束机制，不至于走向最后的核战争阶段。第五，核武器极大地改变了人类对使用何种武器实现政治目的的道德认识。核武器的巨大危害限制了它的使用，降低了道义上的优越性。

从 20 世纪 70 年代初开始，美苏两国在缓和的气氛下，开始了军备控制的谈判，并签订了限制战略进攻性核武器的协定。尽管有关军备控制的谈判及其执行常常异常缓慢并时有反复，但是从 70 年代开始到冷战结束，美苏两国的军控谈判还是取得了一些成果，对降低威胁世界的核武器数目起到了一定作用，并且也在一定程度上防止了核武器等大规模杀伤性武器的扩散。

（一）美苏第一阶段限制战略武器谈判

经过第一阶段限制战略武器谈判（strategic arms limitation talks Ⅰ，SALTⅠ），美国和苏联在 1972 年 5 月达成了第一份限制进攻性和防御性核武器的正式协定。第一阶段限制战略武器谈判达成了两项协定：《关于限制战略性进攻武器的某些措施的临时协定》和《限制反弹道导弹系统条约》（Treaty on the Limitation of Anti-Ballistic Missile Systems，ABM)。《关于限制战略性进攻武器的某些措施的临时协定》设定美国和苏联两国可以部署的洲际弹道导弹和潜基弹道导弹的数量，双方同意在 1972 年 7 月 1 日之后不再建造新的洲际弹道导弹发射装置，两国分别维持美国 1 054 个、苏联 1 618 个的弹道导弹发射装置的数量。双方也同意控制潜基弹道导弹发射装置和现代弹道导弹潜艇的数量，但是如果淘汰了旧的弹道导弹发射装置，两国可以增加新的装置。条约的草案表明美国最多能够在 44 艘潜艇上部署 710 个潜基弹道导弹，苏联则可以在 62 艘潜艇上部署 950 个潜基弹道导弹。条约在 5 年内有效，并规定倘若两国签署了新的限制战略性武器的全面条约，此条约可失效。1977 年，双方同意在第二阶段限制战略武器谈判完成之前，仍旧维持条约效力。

美苏战略武器控制的数量不平衡，引起了美国国会和政策制定者的极大忧虑，因此国会在批准这项条约时，特意通过了一项修正案，也就是《杰克森修正案》，强调今后所有的军控协定必须在美苏之间施加同等限制。

第一阶段限制战略武器谈判达成的第二项协定是《限制反弹道导弹系统条约》，简称《反导条约》。《反导条约》规定美苏两国可选择两个不同地点，部署反弹道导弹以防御重要目标，其中一个设在首都周围，另一个可以设在洲际弹道导弹发射场的周围。每个地点最多可以部署 100 个地基反弹道导弹装置以及雷达等探测装置。要求两国不能为了防卫国土而发展、试验或者是部署反弹道导弹体系，也不能为反弹道导弹体系提供基地。禁止各种类型的反弹道导弹系统，并设置了导弹防御项目的数目限制。双方必须为对方提供自由检查相关设施的权利。但是条约并没有对飞机、巡航导弹或者战区弹道导弹（theater ballistic missiles）施加限制。

在 1974 年美苏两国签署的《苏美关于限制反弹道导弹防御系统条约议定书》中，双方同意只在一个地方部署反弹道导弹体系，或是国家首都周围，或是部署了洲际弹道导弹的基地周围。苏联选择了莫斯科作为部署地点，并一直运转至今，美国则选择了北达科他州的义勇兵弹道导弹发射基地作为部署地点，但是很快美国就关闭了该基地。

《反导条约》自签订以来便成为美国历届总统争论不休的问题，他们从各自的立场出发，对美国安全有不同的界定，并提出了不同的保护国家安全的手段。2002 年，乔治·布什总统为了部署弹道导弹防御系统，宣布退出《反导条约》。

（二）美苏第二阶段限制战略武器谈判

1979 年 6 月，美苏两国经过 7 年谈判，终于完成了第二阶段限制战略武器谈判（strategic arms limitation talks Ⅱ，SALT Ⅱ），双方签订了《限制进攻性战略武器条约》。因为之前第一阶段限制战略武器谈判中，在战略武器数量限制上对美国的要求严格于苏联，因此第二次限制战略武器谈判中，美国试图从数量和质量上寻求对苏联军事力量的限制。条约规定双方各可以拥有总数为 2 400 的战略武器运载工具，包括洲际弹道导弹、潜基弹道导弹和重型轰炸机，到 1981 年 1 月 1 日这个数量要削减到 2 250。但是条约并未限定双方运载工具可以携带的弹头数量，后来随着多弹头导弹技术的发展，这一问题越来越突出。但是双方也同意就目前的导弹系统不再增加弹头数量，也不测试可以运载超过 10 枚弹头的新型洲际弹道导弹和可运载超过 14 枚弹头的新型潜基弹道导弹。另外，双方还同意限制导弹现代化的研究项目，从而限制战略武器质量的提高。

尽管第二阶段限制战略武器谈判对美国和苏联战略武器设定了同等的限制，但是仍然充满争论。有学者强调这种限制战略武器的谈判并没能解决两国之间实质性的军备竞赛，也未带来两国战略武器实质性的削减，因此，要求美苏两国能够采取具体的削减战略武器的计划。而另外一些学者则认为该谈判仍然使苏联具有对美国的战略优势，因为即使运载工具的数量相当，苏联的陆基弹道导弹要比美国弹道导弹携带更多的弹头，因此苏联可以在第一轮打击中对准美国所有的陆基洲际弹道导弹，从而使得美国无法有效防御苏联的第一次战略打击。

但是经过 7 年艰苦谈判才达成的协定并无法抵抗国际形势变化带来的挑战。美国的伊朗人质危机、苏联持续发展战略核武器、石油危机等事件都迫使美国国会考虑是否批准条约。最后，当 1979 年苏军入侵阿富汗之后，卡特总统从参议院撤回了该条约。后来里根总统上台之后，认为该条约具有"致命的弱点"，反对国会批准，之后更是因为美苏之间关系变得紧张，战略武器谈判陷入困境。

（三）《中程核武器条约》

1981 年里根总统上台之后，强烈主张重新恢复美国的军事力量，既包括总体实力也包括核能力，计划通过扩展美国的核力量来应对苏联的核优势。因此，里根最初拒绝通过军控协定来应对苏联的威胁。但是从 1982 年开始，里根政府采取了新的立场和态度，希望通过中程导弹、远程战略武器以及弹道导弹防御的谈判来处理与苏联的军事关系。在里根总统第二任期即将结束的时候，美苏之间的谈判取得了进展，在 1987 年达成了《中程核武器条约》（the Intermediate-Range Nuclear Forces，INF）。

从 1979 年 12 月开始，北约在欧洲的中程核武器上采取了双轨战略：一方面寻求同苏联谈判以消除中程核武器，另一方面通过计划部署中程武器以促进苏联加入谈判。从 1980 年春到 1983 年 11 月，消除中程核武器谈判一直进行，当美国在欧洲部署了中程核武器之后，苏联退出了谈判。直到 1985 年 1 月，谈判才重新恢复。在谈判中，里根政府主张消除所有的中程核武器系统。在 1986 年 10 月的雷克雅未克峰会上，戈尔巴乔夫同意削减其在亚洲的中程核武器系统。1987 年 6 月，苏联也提出了消除所有中程核武器的建议，两国的主张逐渐接近。后来，戈尔巴乔夫也表示接受美国提出的进入核查机制（intrusive verification regime）的要求。

终于在 1987 年 12 月 8 日，美苏两国签署了《中程核武器条约》。《中程核武器条约》被视为军备控制上的一个重要标志，因为其建立了进入核查机制，其核查机制允许对选定的导弹装备设施和所有的储存中心、部署的区域以及维修、试验和销毁设施进行实地核查，并且同意完全消除某类具有重要意义的武器。美国和苏联同意销毁所有中程和短程的携带核弹头的弹道导弹以及陆基巡航导弹。苏联同意销毁近 1 750 枚导弹，美国则销毁 846 枚导弹。为了实现更为稳定的目标，双方都同意削减武器的原则应为对称削减。到 1991 年 5 月，双方都按照条约销毁了武器。

(四)《削减战略武器条约》

1981 年里根总统上台之后，他将原来美苏之间的限制战略武器谈判改为削减战略武器谈判，美苏双方于 1982 年 6 月正式开始谈判。1983—1985 年，苏联因为美国在欧洲部署中程导弹曾暂停谈判，但是在 1991 年 7 月 31 日，美苏双方终于签订了《削减战略武器条约》（the Strategic Arms Reduction Treaty，START）。

《削减战略武器条约》是第一个实际上减少战略武器水平的军控协定。此前的军控协定都是控制现存武器的发展与扩张。根据《削减战略武器条约》，美国和苏联各可在不超过 1 600 个战略运载工具上部署不超过 6 000 枚战略核弹头，包括洲际弹道导弹、潜基弹道导弹以及战略轰炸机。该条约规定了较为严格的核查措施，双方既可以通过卫星和远程探测装备收集信息，也可以通过信息交换、通知或者实地核查等方式收集信息帮助核查。这些方式可以帮助两国有效观测对方的军事行为，并对可能的违反条约行为产生威慑。

在冷战期间，军控与裁军主要是以美苏两国围绕弹道导弹与核弹头的控制和削减为主题。这一阶段的军备控制具有明显的冷战印迹，反映了冷战的特点。就冷战期间美苏达成的四个主要军备控制协定而言，这一时期的军备控制具有如下特点：

第一，冷战时期两极结构下，美苏之间最重要的军事关系就是维持核均势，保证足够的核威慑能力，“确保相互摧毁”（mutually assured destruction，MAD）。在冷战时期，美苏双方处于威慑关系之中，这种关系的稳定依赖于双方要维持足够的军事准备，尤其是核力量。美苏两国的军备发展就是要加强和确保核威慑能力，而军备控制和裁减则是在保证确保相互摧毁的条件下，实现两国有限的军备控制合作。

第二，美苏两国的军备控制是在保持第二次打击能力下的军备控制。第二次打击能力是有效的核威慑力量，因此，无论是限制战略武器谈判，还是《反导条约》都是以承认和保证对方第二次打击能力为前提的。这也是双方同意完全销毁中程核导弹的原因。

第三，美苏两国的军控谈判从最初的限制战略武器的发展，逐渐发展成为有限地削减各自的战略武器。军控的主要内容早期主要是对有关运载工具发展的限制，后来逐步发展为实质地削减运载工具和核弹头的数量。

六、冷战后国际军控的进展

苏联解体之后，国际军控呈现出了新的特点。一方面，原来美苏之间的军控谈判，由俄罗斯继承苏联的地位继续进行，双方仍然就战略武器的限制与削减达成了一些协定；另一方面，其他国家参与的国际军控安排也逐步出现，这些国家和地区在对战略武器的控制之外，确定新的裁军议题，在不同的逻辑下，也都取得了进展。在“9·11”之后，美国则把军备控制的重心转到了防止大规模杀伤性武器扩散上，使得冷战结束之后的国际军备控制与裁军出现了新的进展。

（一）苏联解体之后的《削减战略武器条约》

1991年12月，苏联的解体为刚刚达成的《削减战略武器条约》提出了新的问题。当时，《削减战略武器条约》涉及的大约70%的战略核武器部署在俄罗斯基地，而另外30%则部署在乌克兰、哈萨克斯坦和白俄罗斯，这使得执行削减战略武器计划面临着更大的外交和战略问题。最初乌克兰等三国并不想放弃其核地位，但是在美国和俄罗斯的共同努力下，于1992年5月23日达成了《里斯本议定书》，白俄罗斯、乌克兰和哈萨克斯坦决定将其战略核武器运回俄罗斯。俄罗斯、白俄罗斯、乌克兰和哈萨克斯坦共同作为苏联的继承者参加第一阶段削减战略武器谈判，并执行条约的限制和约束。白俄罗斯、乌克兰和哈萨克斯坦三国同意在7年之内消除自身拥有的核武器，在尽量短的时间内成为无核国家，从而加入《核武器不扩散条约》。1992年10月1日和4日，美国国会和俄罗斯国会分别批准了《削减战略武器条约》。1994年12月5日，《削减战略武器条约》正式开始执行，到2001年12月美苏两国完成了战略武器削减协定。《削减战略武器条约》的有效期至2009年12月。根据条约规定，双方将在条约终止前一年讨论条约的存续问题。它们既可以终止条约，也可以续约5年，或者修正后延续5年。

（二）第二阶段削减战略武器谈判

美俄第二阶段削减战略武器谈判的原则协议是在1992年6月叶利钦总统访问华盛顿时同美国总统布什达成的。经过不到一年的谈判，1993年1月3日两国总统在莫斯科共同签署了《第二阶段削减战略武器条约》（START Ⅱ），条约共8条38款。根据条约，美国和俄罗斯将在10年内，将各自的战略核弹头减少2/3，也就是到2003年1月1日之前，美、俄各方部署在进攻性战略武器上的核弹头总数为3 000～3 500枚，并销毁所有分导式陆基洲际多弹头弹道导弹。削减进攻性战略武器的工作分两步进行：从条约生效起7年内，各方核弹头总数削减至3 800～4 250枚；条约生效7年后到2003年1月1日前，执行其余的削减任务。1997年9月26日，美国国务卿奥尔布赖特和俄罗斯外长普里马科夫在纽约签署了关于《第二阶段削减战略武器条约》的附加议定书，规定将条约所规定的削减进攻性战略武器期限延长至2007年12月31日。

该条约在美俄两国国内都引起了争论。美国国会直到1996年1月才通过了条约。俄罗斯国家杜马（议会下院）也认为该条约严重影响了俄罗斯战略武器力量，而且强调执行该条约所带来的巨大经济成本。因此美国同俄罗斯谈判新的协定，延长第二阶段削减战略武器的时间，从而降低每年的执行成本，并同意在第二阶段削减战略武器进入执行后，展开第三阶段削减战略武器的谈判。但是这也并未打破僵局，1998年美英空袭伊拉克、1999年美国宣布进行修正《反导条约》谈判的计划以及北约对南斯拉夫的军事行动等事件进一步加剧了俄罗斯内部的争论。当时俄罗斯总统普京支持《第二阶段削减战略武器条约》，他迫使国家杜马支持条约。俄国家杜马尽管批准了条约，但是也设定了退出条件：

如果美国退出《反导条约》，俄也将退出。当2002年6月美国正式退出《反导条约》后，俄也宣布退出《第二阶段削减战略武器条约》，将不再进行条约规定的削减计划。

（三）第三阶段削减战略武器谈判

20世纪90年代，美俄之间的军控谈判多陷入困境，尤其是《第二阶段削减战略武器条约》的批准在双方国内都面临很大压力。最初克林顿政府仍是主张推动《第二阶段削减战略武器条约》的执行而不是启动新的谈判，因为《第二阶段削减战略武器条约》中规定俄罗斯要销毁多导分弹头洲际弹道导弹，这是美国最希望实现的政策目标。但是美国政府也看到如果不给俄政府以进一步削减核弹头数量的保证，俄罗斯就不会批准第二阶段的协定，因此在1997年3月赫尔辛基峰会上，叶利钦和克林顿签署了联合声明，同意在《第二阶段削减战略武器条约》进入执行之后，立即开始第三阶段削减战略武器的谈判，并确定了谈判的特定原则。第三阶段削减战略武器谈判框架主张双方要削减战略进攻性核弹头到2 000～2 500枚，并且强调提高透明度和促进弹头削减的不可逆性。美俄就第三阶段削减战略武器展开了多轮谈判，但是在克林顿政府时期并未解决双方之间的分歧。当小布什总统上台之后就更不以削减军事力量的军控谈判为重点了。结果，谈判并未产生任何条约，第三阶段削减战略武器谈判被美国发展弹道导弹防御系统以及同《反导条约》相关的议题所主导。

（四）《削减战略进攻性武器条约》

2001年，在小布什同普京的峰会上，布什宣布美国将削减其战略核弹头，在未来10年内降为1 700～2 200枚，并且表明美国将单边削减战略核弹头而不会签署正式协定。而普京则认为俄罗斯需要正式的军控协定，强调双方要关注于实现可靠的和可核查的协定，尤其是寻求能够提供透明性与确保核武器削减不可逆的具有法律约束力的文件。而美国则为了应对自身需要而希望保持核力量规模和结构的灵活性。

美国和俄罗斯在2004年5月签署了《削减战略进攻性武器条约》（the Strategic Offensive Reductions Treaty）。两国国会分别于2003年3月和5月批准了条约。2003年6月，条约正式生效，条约有效期到2012年12月。条约规定美俄两国到2012年12月31日将各自的战略核弹头削减至1 700～2 200枚。这个协定更为松散和灵活，并未界定什么是战略核弹头，也没有监督和核查机制，因此协定的执行依赖于美俄两国各自的削减计划。

1991年的《削减战略武器条约》于2009年12月过期失效。2010年4月8日，俄罗斯总统梅德韦杰夫与美国总统奥巴马在捷克首都布拉格签署了关于削减进攻性战略武器的新条约。条约规定，俄美两国需各自减少1/3的核弹头数量，将各自的核弹头数量限制在1 550枚以下。同时，将洲际弹道飞弹发射架、潜舰发射弹道飞弹发射架及配备核武的重型轰炸机等战略武器运载工具的水平降低50%以上，总数以800为上限。俄美签署削减进攻性战略武器新条约有助于全球的战略稳定，实现了双方进攻性战略武器的实质性削减。

（五）非核武器军控进展

冷战之后，除了美俄之间的战略武器谈判之外，国际社会在常规武器和开放领空上的军备控制也取得了一定进展，包括《欧洲常规武装力量条约》（Conventional Armed Forces in Europe Treaty）、《开放天空条约》（Treaty on Open Skies）以及《从各个方面防止、打击和消除小武器和轻武器非法贸易的行动纲领》等。

冷战期间，欧洲是美苏对抗的重地和前沿，双方为了实现战略均衡，都在欧洲部署了能够确保相互摧毁的核武器。但是双方的核均势与核威慑并不能阻止常规战争的爆发，因此双方在欧洲都开始部署常规军备。常规军备被视为核威慑的补充。20 世纪 80 年代后期，随着冷战缓和、两大集团对抗降低，北约和华约组织展开了削减双方在欧洲常规武装力量的谈判。经过 7 轮谈判，在 1990 年 11 月，北约 16 个成员国同华约 6 个成员国共同签订了《欧洲常规武装力量条约》，各方同意在从大西洋到乌拉尔山之间区域限制双方的非核军事力量。但是因为随后苏联和华沙组织相继解体，《欧洲常规武装力量条约》的签约方又在 1992 年 5 月签订了所谓的《塔什干协定》，将条约中苏联达成的限制项目分配给阿塞拜疆、亚美尼亚、哈萨克斯坦、摩尔多瓦、俄罗斯、乌克兰以及格鲁吉亚，为这些国家的常规军备设定上限，并规定为达到协定要求这些国家有销毁或者转移武器装备的责任。1999 年，为了适应华约解散和北约东扩的新现实，欧洲安全与合作组织首脑会议通过了《欧洲常规武装力量条约修改协议》，但是这个协议因为还没有被北约国家批准而尚未生效。

《欧洲常规武装力量条约》将坦克、装甲车、火炮、作战飞机和直升机五类进攻性重型装备纳入削减范围，具体设定了四个军备上限：两大集团可以拥有的军备总额，各方坦克、火炮、装甲车等现役装备的总额，区域军备限额，以及单个国家军备限额。条约规定了“不对等削减”原则，也就是说占有优势一方首先采取削减行动，在双方达成均衡后，再对等削减至更低水平。条约签署前，北约和华约在欧洲共拥有 500 万以上的军事人员、8 万辆坦克、6 万多门火炮以及 2 万架作战飞机。而根据条约，到 20 世纪末，俄罗斯兵员限额为 145 万，乌克兰 45 万，驻欧美军 25 万，英国 26 万，法国 32.5 万。

这是第二次世界大战结束之后，两大军事集团签署的第一个常规裁军条约，也是迄今为止国际关系中最为重要的有关常规军备控制的国际条约。条约的达成有效地增进了欧洲的安全，而且也是消除欧洲对抗的重要行动。

《开放天空条约》是 1992 年 3 月由美国、加拿大和欧洲 20 多个国家签署的条约，2002 年 1 月生效。签约各方同意允许非武装飞机在其领土上空执行观察飞行。《开放天空条约》的重要意义不仅在于可以搜集对方的军事活动信息，从而判断对方是否遵守裁军等相关协定，更为重要的还在于能够促进成员国之间的信任的建立。通过开放领空，从而增进成员国之间的相互信任和透明度。

《开放天空条约》的主要内容就是允许签约国的非武装侦察机进入本国领空。成员也可以设定限制性区域，比如核电站，但是不能阻止或禁止飞机进入其他任何地方，包括军事设施。另外根据国家领土规模等，设定每年被侦察的次数，比如美国允许每年 42 次的侦察飞行。

实际上在 1955 年，艾森豪威尔总统就曾经提出过签订开放领空协定。因为在人造卫星发射成功之前，尤其是军用卫星升空之前，空军飞行是搜集信息的主要渠道，因此开放领空被视为增进互信和透明度的重要方式。但是当时苏联拒绝了美国的提议，因为苏联认为过境飞行是间谍活动。1989 年老布什总统重提开放领空，但是因为当时美苏都已可以通过军用卫星和远程探测器进行情报搜集，所以开放领空的意义明显降低。但是美国仍将开放领空视为增进欧洲军事透明度、降低对抗的一种方式。美国国会很快批准。只是因为俄罗斯和白俄罗斯直到 2001 年 5 月才批准，条约才在 2002 年 5 月生效。

对小武器和轻武器进行控制是冷战之后国际军控新发展的一个方面。因为小武器和轻武器的扩散被认为加剧了某些地区冲突、国家内部动乱以及恐怖主义活动，所以联合国大会在 1999 年 12 月做出决议，决定就小武器和轻武器贸易展开谈判，并在 2001 年 7 月通过了《从各个方面防止、打击和消除小武器和轻武器非法贸易的行动纲领》（以下简称《行动纲领》)。《行动纲领》认为鉴于小武器和轻武器的扩散造成了广泛的人道主义和社会经济后果，威胁到了地区稳定、国家内部和解以及可持续发展，因此，为了降低小武器和轻武器给人类带来的伤害，促进对生命和人类尊严的尊重，要对小武器和轻武器贸易加以控制。《行动纲领》提出了五点具体意见：第一，促进全球、地区和国家等在不同层次上规范和具体措施的形成；第二，研究和制定国家措施；第三，重点在于那些因小武器和轻武器泛滥而动荡不安的地区；第四，增强对小武器和轻武器相关问题重要性的认识；第五，推动各国采取负责任行动，防止小武器和轻武器的出口、进口、过境转运以及再转让等。

联合国大会于 2006 年通过决议，开始制定《武器贸易条约》。2013 年 4 月 2 日，联合国大会通过了《武器贸易条约》。《武器贸易条约》为监管八类常规武器的国际贸易制定了国际标准，规定武器出口国、进口国、过境和转运国加强武器监管，防止武器流入非法市场。条约于 2014 年 12 月 24 日正式生效，世界最大的武器出口国美国尚未批准该条约。

（六）冷战后国际军控的新特点

冷战之后，国际军控与裁军显现了以下几个方面的新特点，主要表现为：

第一，美国利用两极体系解体之后自身的优势，一方面加紧限制俄罗斯，另一方面逐步追求绝对安全。最重要的表现就是美国发展弹道导弹防御系统，避免相互确保摧毁，实现确保生存战略，在维持自身威慑的前提下，保证自身不受威胁。因为美国政策思路的变化，美俄之间的裁军就主要表现为两国之间就弹道导弹防御体系问题的激烈辩论。

1972 年的《反导条约》与 1974 年的补充协定允许美国和苏联可以部署有限的远程弹道导弹防御体系。但是在 20 世纪 80 年代和 90 年代初，美国展开了一系列弹道导弹防御技术的研究。1983 年，里根总统提出了“战略防御倡议”（strategic defense initiative，SDI)，也就是所谓的“星球大战计划”，希望通过发展和部署全面导弹防御体系以防止苏联的大规模打击。老布什政府继承了里根的导弹防御体系设想，但是强调要防御来自任何可能国家的有限的导弹攻击。1991 年海湾战争期间，伊拉克使用飞毛腿导弹让美国警觉到导弹扩散的危险，尤其是中短程战区弹道导弹的威胁。正是鉴于此，美国开始发展几种先进的战区导弹防御系统（TMD)。克林顿政府开始推动国家导弹防御系统（national missile defense，NMD）的研究与技术发展。尽管美国国防部认为在未来 10～15 年内除了有限的国家之外难有其他国家可以威胁到美国本土，因此没有必要部署这样的防御体系，但是美国国会仍然担心远程导弹的扩散，于是克林顿政府开始考虑部署国家导弹防御系统。小布什上台之后改变了美国在导弹防御上的政策，寻求发展和部署多层次的导弹防御体系，从而能够保护美国及其盟国避免来自短程、中程或远程弹道导弹的威胁。美国开始在阿拉斯加和加利福尼亚部署陆基导弹发射装置以防御远程导弹，并且在军舰上部署防御短程导弹的装置。布什政府本希望这些防御措施能够在 2004 年进入运行，但是这一体系由于技术复杂仍未运行。

发展导弹防御系统是违反《反导条约》的。但是从里根开始，美国就一直试图发展，以确保美国免于导弹攻击。因此1985年，美国提议同苏联重新谈判《反导条约》，用更广泛的防御体系取代《反导条约》中规定的两个地点，但是后来失败了。克林顿政府改变了策略，开始寻求一个有限的协定，区别于战略导弹防御的战区导弹防御体系，这样美国就既可以不违背《反导条约》，又可以发展战区导弹防御项目。

当小布什上台之后，他将《反导条约》视为冷战的遗产，强调美国需要超出《反导条约》的限制，发展和部署有力的导弹防御体系。从2001年中期开始，小布什政府试图劝说俄罗斯一同放弃《反导条约》，而且保证美国的导弹防御体系并不会威胁俄罗斯，但是两国仍然难以达成共识。2001年12月小布什政府宣布退出《反导条约》，并且退出决定在2002年6月正式生效。俄罗斯随即宣布退出《第二阶段削减战略武器条约》。总之，因为冷战之后美国追求绝对安全，试图建立弹道导弹防御系统，美俄之间的战略武器谈判陷入僵局。

第二，除了美俄之间的战略武器控制与削减之外，有更多国家在更多的军备领域展开合作。欧洲的常规武器控制、开放领空以及对小武器、地雷等武器的限制都是国际军备控制的新发展。尤其是对小武器或地雷等武器的削减，国家开始思考运用新的安全观念考虑这些问题。对小武器与地雷的控制就主要是从人类安全的角度来加以解释的。在冷战结束之后，相对于安全研究的传统范式，出现了新的安全范式。传统范式中，安全的主体是国家，主要内容是军事安全，而新的范式在安全领域与主体界定上都不同于传统范式。新范式强调安全不应仅是指国家安全，最终目的应该是人的安全或者人类安全。正是从这种逻辑出发，对小武器与地雷的控制才更具合法性与合理性。

第三，美国作为具有全球最大的军事力量的国家仍然主导了国际军控与裁军进程。在“9·11”之后，美国更强调反恐，将军控重点转移到了防止大规模杀伤性武器扩散上，并开始关注恐怖分子、犯罪团伙等暴力集团控制大规模杀伤性武器的潜在影响。关于这个问题，我们将在第二节详细讨论。

七、有关军备控制的理论问题

作为一种避免战争、实现和平的国家政策选择，军备控制与裁军能否实现与完成其目的？在什么条件下，军备控制能够起到缓解无政府状态和安全困境的作用？军备控制是否是一种有效的维护国际和平与稳定、促进国家安全的有效方式？对这些问题的思考与争论，一直是国际关系学者们关心的问题。在这里，我们简单讨论关于军备控制的三个理论问题。

第一个问题：军备控制能够促进国家安全、避免战争吗？答案是在特定的条件下，军备竞赛是可以避免的，国家可以通过军备控制来实现国家安全。安全困境并不总是主导国际关系，不同国家在不同时间，其相互关系可能处于四种不同的“世界”中（见表6—3）。①

---

① Robert Jervis, “Cooperation Under the Security Dilemma”, *World Politics*, Vol. 30, October 1978, p. 211.

表 6—3　　国际关系的四种不同状态

	进攻掌握优势	防御掌握优势
进攻性政策不能区别于防御性政策	1. 共同的危险	2. 安全困境，但是安全要求可能相容
进攻性政策可以区别于防御性政策	3. 没有安全困境，但是存在扩张可能，维持现状国家可以不做扩张者	4. 共同稳定

在第一个世界中，进攻性政策与防御性政策难以区分，进攻掌握优势，在这种条件下，通过防御获得安全是相当困难的，只有通过扩张才能实现安全。在第一个世界中，军备竞赛似乎不可避免，即使存在军备控制也不过是国家的政策姿态，而不会是政府真正的政策选择。第一次世界大战期间的欧洲类似于这个世界。

在第二个世界中，因为进攻性政策与防御性政策难以区分，因此安全困境出现。但是因为防御力量掌握优势，所以国家间会存在不信任与相互辩论，不过如果双方具有合理的安全要求，双方仍然可以避免军备竞赛，实现合作。

第三个世界没有安全困境，但是存在安全问题，尽管进攻性政策与防御性政策可以区分，但是进攻更具优势。在这种情况下，双方都要对自身行为高度谨慎，关注对方对自己行为的反应。尽管国家间竞争是激烈的，但是因为在一定程度上信息和信号的明确，在特定条件下，仍然是可以实现转变的。

第四个世界是一个共同安全的世界，能够区分进攻性政策与防御性政策，从而避免了安全困境，又因为防御占据优势，国家间就自然可以避免军备竞赛，并可以通过军备谈判来控制武装力量。

总的来说，军备控制并非如现实主义所认为的那么悲观，但是也非理想主义所预设的那么乐观，其效果和作用要依赖于不同的时机和条件。

第二个问题：军备控制与裁军是否是自废武功？这个问题同第一个问题有联系，但上一个问题是从国家间关系角度考虑，这个问题是从维护国家安全角度来提问。答案仍然依赖于特定的国际关系现实。在不同的安全战略选择下，合适的军控政策尤为重要。前面讨论过在确保相互摧毁条件下美苏之间的军备控制，从这个例子中可以看到，只要能够确保相互核威慑的稳定，确保第二次打击能力，那么其余的武器就可纳入军控之内。这在核时代尤为明显，核武器作为终极武器具有绝对的威慑力。

第三个问题：军备控制是国家的目标，还是手段？在现实主义者看来，军备控制不过是实现国家安全的一种手段，而理想主义则更强调军备控制的目的性，尤其是随着新的安全范式的兴起，军事力量受到了更大的质疑。从国际关系现实来看，在一定条件下，军控无疑是维护国家安全的一种手段，比如有关战略武器的谈判和协定；而在另一些条件下，军控是可以称为国家目标的，比如对地雷或生化武器的控制。

第二节　防止大规模杀伤性武器扩散

大规模杀伤性武器（weapon of mass destruction，WMD）是指能够在大范围内造成人员大规模伤亡的武器，一般而言大规模杀伤性武器包括核武器、生物武器、化学武器以及放射武器。大规模杀伤性武器这个词首次出现在1937年的《时代杂志》上，当时德国对西班牙的一个村庄进行空袭，其目标就是彻底摧毁这个村庄，以防止对纳粹造成威胁，《时代杂志》将空袭炸弹称作大规模杀伤性武器。在不同时期，大规模杀伤性武器的内涵也是变化的，在冷战时期主要指的是核武器，在冷战结束之后面临着某些特定国家以及非国家行为体对国际安全的威胁，生物武器与化学武器开始和核武器一同被称为大规模杀伤性武器。防止大规模杀伤性武器扩散主要是因为这类武器所能造成的严重后果——大规模杀伤性。但是防止核武器扩散还是不同于防止生化武器的扩散，国家间对特定类型武器进行控制，主要是依据这类武器的效果及其成本之间的关系来确定。如果某一类武器能够极大改善一国安全状况，甚至是决定性的，那么国家一定会愿意发展这种武器；但是当这种武器对国家安全的边际效用比较小的时候，国家可能就会出于某种原因放弃发展，甚至销毁这类武器。核武器是一种战略性武器，对于国家安全是决定性的，因此防止核武器的扩散更多的是出于维护国际权力均衡；而国家间对于生化武器的控制主要在于生化武器的不人道和破坏性。

在全球化时代，远程运输、通信和金融的全球一体化不仅促进了全球经济的繁荣发展，而且也使得职业犯罪和恐怖主义从中获益。军火交易、走私、洗钱以及恐怖主义也都在新的技术和全球经济条件下有了发展，并且正日益形成一个全球网络。甚至有一些学者认为世界政治将不再是国家间的对抗，而是成为国家与各种非国家犯罪网络的对抗，比如像“基地”组织这样的恐怖主义网络、哥伦比亚和墨西哥的毒品走私网络、朝鲜和巴基斯坦的核走私网络，以及伊拉克的叛乱网络。① 全球政治经济的新条件与新特征都使得防止大规模杀伤性武器扩散变得越来越重要。

应对大规模杀伤性武器扩散主要存在两种方法：防扩散（nonproliferation）与反扩散（counter proliferation）。防扩散是指通过条约或协定来预防大规模杀伤性武器的扩散，《不扩散核武器条约》《禁止生物武器公约》《禁止化学武器公约》都是重要的防扩散条约。而反扩散则是指消除或者免除大规模杀伤性武器的威胁，也就是说当威胁已经实际发生，采取相应措施消除这种威胁。在冷战之后，美国出现了从防扩散向单边反扩散政策的转变。②

从第二次世界大战结束以来，国际社会一直努力通过一系列的协定或安排来控制大规模杀伤性武器的扩散，形成了全球防扩散机制。全球防扩散机制由一系列的条约、组织、单边或双边协定以及多边的核查机制组成，目的是防止核武器和生化武器的扩散。防扩散体系的具体内容依赖于通过谈判所建立的规范以及成员国所承担的义务。全球防扩散机制建立在三个关键条约的基础上：《不扩散核武器条约》《禁止生物武器公约》《禁止化学武器公约》。

一、防止核武器扩散

（一）什么是核武器

核武器的原理是建立在爱因斯坦的理论基础上的。爱因斯坦质能方程 $E=mc^2$ 表明当

---

① Fiona Adamson, “Globalisation, Transnational Political Mobilization, and Networks of Violence”, *Cambridge Review of International Affairs*, Vol. 18, No. 1, April 2005, pp. 31-49; Mette Eilstrup-Sangiovanni and Calvert Jones, “Assessing the Dangers of Illicit Networks”, *International Security*, Vol. 33, No. 2, Fall 2008, pp. 7-44.

② Dan Caldwell and Rovert Williams Jr., *Seeking Security in an Insecure World*, Rowman & Littlefield Publishers, INC, 2012, p. 62.

特定原子被分裂时，部分原来的物质会转变成能量，而这种原子裂变释放出的能量是极其巨大的。核武器就是通过分裂或者聚合单个原子实现能量的释放，从而造成破坏性爆炸结果的武器。核武器的威力就来自这种原子的能量，目前主要有两种制造核武器的方法：一种是通过分裂重原子，比如铀或钚来释放能量，这种叫作原子弹；另一种方法是通轻原子的聚变释放能量，比如氢，这种被称为氢弹。

在第二次世界大战期间，原子弹被研制出来并被使用。1945 年 8 月 6 日和 9 日，美国先后向日本的广岛和长崎投下两枚原子弹，在广岛造成了 14 万人死亡，长崎也超过 11 万人死亡。当美国在日本投掷原子弹后，当时的《时代》杂志刊登文章，讲道："本周，最伟大也最恐怖的战争结束了，在一个巨大事件（核武器）的回响中结束了，这一事件如此重大，以致战争本身同其相比也变得不重要了。胜利的消息既带来了喜悦和自豪，同时也伴随着悲伤与怀疑。"

核武器已经出现了 70 多年，其基本原理容易被理解，制造核武器的技术也已经不是秘密。据估计，世界上有超过 40 个国家具有制造核武器的能力和技术。而且有专家相信只要有足够的时间和资源，穷国或者恐怖组织也都可能制造出初级的核装置。但是在国际关系史中，仍然未出现肯尼迪总统所悲观预见的到 20 世纪 70 年代末有15～20 个国家拥有核武器。核武器仍然是大规模杀伤性武器中最难生产和最复杂的武器。制造核武器需要相当的技术能力与大量的时间和金钱投入。制造核武器最复杂的部分就是获取足够的能够用于制造核武器的核原料，而这是可以通过国际监督来控制的。

在冷战期间，美苏在对抗中发展了数目庞大的核武器，尽管两国曾经经过谈判控制和销毁了部分核武器，但是今天两国拥有的核武器仍然超过万件。根据斯德哥尔摩国际和平研究所报告，截至 2016 年 1 月，全球共有约 15 395 枚核弹头，这个估计数字包括了正在使用、库存的或待拆除的核弹头。其中 4 120 枚处于部署状态。报告称，90%以上的核弹头属于美俄两国，其中美国有大约 7 000 枚核弹头，而俄罗斯有 7 290 枚核弹头。①

专栏 6.3　　三种核武器

核武器主要可以分成三种：原子弹、氢弹和中子弹。三种核武器的相同之处在于其爆炸能量都是来自原子核核能的释放，但是三种核武器的核能释放方式不同以及造成杀伤的形式也不同。原子弹是利用原子核裂变反应释放出大量能量的原理制成的一种核武器，核装药一般为钚-239、铀-235。1 千克铀释放出的能量相当于 2 万吨 TNT 炸药爆炸时释放出的能量。氢弹是利用轻原子核聚合成较重原子核过程中释放出大量能量的原理制成的核武器。这种核聚变反应要在数千万度高温和超高压条件下才能进行，单位质量所释放出来的能量一般为核裂变反应的 4 倍以上，能产生更大的破坏作用。核装药一般为氢的同位素氘、氚和氘化锂等。中子弹亦称"加强辐射弹"，是一

---

① 参见《报告：全球共有 15 395 枚弹头　俄罗斯居首》，见 http://world.huanqiu.com/exclusive/2016-06/9036143.html，2016-06-14。

种在氢弹基础上发展起来的、以高能中子辐射为主要杀伤力、威力为千吨级的小型氢弹。它属于第三代核武器。第一、第二代分别为原子弹和氢弹。中子弹的特点是爆炸时核辐射效应大、穿透力强，释放的能量不高，冲击波、光辐射、热辐射和放射性污染比一般核武器小。核装药主要是氘和氚的混合物，而不是氘化锂。

凡是核武器都具有核辐射、冲击波、光辐射、放射性污染和电磁脉冲等杀伤力，但对三种核弹来说，这五种因素各自体现的比例是不同的。大体来说，原子弹爆炸时，冲击波和光辐射占能量的85%，其他3种因素占15%；氢弹爆炸时，冲击波和光辐射占能量的65%，其他3种因素占35%；中子弹爆炸时，核辐射和电磁脉冲占能量的70%以上，其他3种因素占30%以下。

（二）核武器与世界政治

核武器是人类历史上设计、制造和使用过的最具破坏性的武器。核武器使得在瞬间大规模杀死对手变得可能，更为可怕的是国家间的核大战会对人类的生存造成极大威胁。有关核武器对国际关系的意义一直存在两种观点：一种观点认为核武器的出现彻底地改变了国际关系，而另一种观点则认为国际关系的本质并未因核武器的出现而有所变化。认为核武器彻底改变国际关系的代表人物就是伯纳德·布罗迪。当1945年从《纽约时报》上获知美国在日本投下原子弹之后，布罗迪就对他的妻子说："之前我的研究全部已经过时。"① 第二次世界大战结束之后，布罗迪就建立了研究小组专门分析和讨论核武器对国际政治和安全的意义。在1946年的报告中，布罗迪小组认为：如果将核武器仅仅视为一般武器是极端错误的，核武器是一项革命性发展，改变了战争的基本结构。② 布罗迪强调在核战争中没有人能够生存下来，这样战争就不再像克劳塞维茨所认为的是政治的延续，而成了国家不能用来使用实现自身目标的工具。

而另外一些学者则认为核武器确实比其他武器更为强大，但是也并没有根本性不同，国际关系的本质仍然是无政府状态下国家间的相互竞争③，核武器只是改变了国家行为方式，并没有改变国际体系的特征。现在一般认为核武器意味着国际体系内部的变化，而不是体系结构的改变。④ 关于核武器对国际关系的意义的争论一直延续到今天。从对核武器的这两种不同的态度出发，发展出了六种处理核武器的思路：和平主义，强调绝对不能使用核武器；平衡主义，让苏联也掌握核武器（是指1945年时）；对核武器实行国际控制；核威慑；限制主义，强调对核武器的数量与质量进行限制；以及核武器是可以使用并赢得战争的。⑤

---

① Dan Caldwell and Rovert Williams Jr., *Seeking Security in an Insecure World*, Rowman & Littlefield Publishers, INC, 2012, p. 35.

② Frederick Dunn, "The Common Problem", in Bernard Brodie (ed.), *The Absolute Weapon: Atomic Power and World Order*, New York: Harcourt, 1946, p. 4.

③ Herman Kahn, *On Thermonuclear War*, Princeton: Princeton University Press, 1960.

④ 奈认为，核武器导致的和平是"恐怖的平衡"，而稳定则是核武器的产物。奈进而认为："两极结构和核武器相结合，导致了一个自现代国家体系诞生以来主要大国之间最长的和平时期。"参见［美］约瑟夫·奈：《理解国际冲突：理论与历史》，206～207页，上海，上海人民出版社，2002。

⑤ Dan Caldwell and Rovert Williams Jr., *Seeking Security in an Insecure World*, Rowman & Littlefied Publishers, INC, 2012, p. 36.

核武器和平主义强调核武器具有大规模杀伤性和无区别性，因此绝不能使用核武器。而坚定持有这种观点的代表人物之一却是遏制战略的提出者乔治·凯南，从其20世纪50年代提出这种观点后一直贯穿冷战。平衡主义则强调在国际体系的两极结构下，如果要避免相互敌对，就要表明自身掌握的武器不会对对方造成威胁，因此就第二次世界大战之后的情况来看，有人提出应该同苏联共享核武器以换取苏联的合作性行为。对核武器进行国际控制最具代表性的观点就是巴鲁克计划（Baruch Plan）和葛罗米柯计划（Gromyko Plan）。巴鲁克计划主张停止制造核武器，成立国际机构来领导核研究与和平利用。巴鲁克计划遭到了苏联的反对，针对巴鲁克计划，苏联提出了葛罗米柯计划，主张在三个月内销毁所有的核武器，在全部销毁核武器之后再签订违背条约的制裁协定。对核武器作用的第四种观点是威慑观点，也就是通过掌握足够的力量吓阻潜在的扩张行为，也就是说核武器并不是为了使用，而是为了威慑。这种观点主导了冷战期间的美苏核均衡与核军控。主张对核武器进行数量和质量限制的观点也是建立在核威慑原则基础上，强调核武器的边际效用随着其数量的增加和质量的提高已经越来越低，核武器的数量和质量已经超出了维护国家安全的需要，因此需要限制核武器的数量和质量。最后一种看法并不认为核武器是一种不可以使用的武器，在必要时刻可以使用核武器并且也可以赢得战争。

（三）核武器与国家安全

掌握战略性武器一般被认为会增加国家安全，就核武器而言，学术界研究和谈论的两个重要问题是国家为什么需要核武器以及多少核武器足以保卫国家安全。

关于国家为什么需要核武器，斯科特·萨根（Scott Sagan）总结了三种观点。① 第一种观点是安全模式（security model），认为当国家安全面临严重的外部威胁时，国家会寻求发展核武器来保证自己的安全，如果不面临这样的威胁，它们就会愿意维持非核国家的地位。从这种观点出发，有学者强调朝鲜发展核武器的原因就在于冷战结束之后，失去了苏联核保护的朝鲜为了维护自身安全，才有了发展核武器的动机。在这种观点下，核扩散的历史就是一个战略反应链，当一国发展出了核武器，就会迫使其他国家也发展核武器，核竞赛因此产生，这是源于安全困境不可避免的逻辑。在第二次世界大战的时候，美国、英国、德国、苏联以及日本的核武计划基本上是基于同样的逻辑。美国发展出核武器并不完全是因为其需要核武器，而是因为担心竞争对手拥有核武器；而当美国成功研制核武器后，苏联也不得不迅速发展核武器；法国和英国也是因为面对苏联在欧洲的威胁，以及对美国核保护可信性的担心而发展核武器。第二种观点是国内政治模式（domestic model），强调核武器不仅是维护国家安全的重要工具，而且对国内政治目标也具有重要意义，在国内政治辩论中能够发挥重要作用，将核武器视为获取国内与官僚利益的工具。第三种观点是规范模式（norms model），认为核武器的获得或者限制是国家现代性和身份的一种象征，有的国家在国内压力下会通过发展核武器来获得现代性的认同。

因为核武器的战略威慑性，所以当达到了相应的威慑能力之后，核武器的边际效用迅速下降。国家掌握多少核武器才能维持最有效的威慑能力呢？学术界一般认为小规模的核

---

① Scott Sagan, "Why Do States Build Nuclear Weapons? Three Models in Search of a Bomb", *International Security*, Vol. 21, No. 3, Winter1996—1997, pp. 54-86.

武器并不能威慑敌人，只有达到一定规模的核武器，尤其是具备第二次打击能力的核力量才是有效合理的。有学者通过研究日本对核武器的反应来分析和探讨小规模核武器不能发挥作用的原因。沃德·威尔逊（Ward Wilson）认为1945年美国对广岛和长崎的核打击并非迫使日本投降的直接原因，苏联1945年8月8日对日宣战才直接导致日本无条件投降。这是因为：第一，当时核打击造成的破坏结果并没有同一般炸弹造成的结果有所差异；第二，核打击的严重后果并没有降低日本坚持战争以赢取更好投降条件的决心；第三，日本领导人对核打击的反应并没有表现出核武器是决定性的观念。因此根据对日本的核打击经验，小规模的核武库并不能发挥出足够的威慑作用，从而有效吓阻扩张者。[①] 因此，威尔逊认为必须有最小规模的核武器底线，他将这个底线设定为200枚核武器。总的来看，在不同的国际结构和安全环境下，国家对核武器数目的需求是不同的，但是确保第二次打击能力是大国维持核威慑的重要条件。

（四）防止核武器扩散的国际机制

因为核武器所具有的重要战略意义，从其被制造出来开始，防止核武器扩散就成了国际关系的重要问题。目前防止核武器扩散主要存在三类机制，包括多边、双边以及制裁机制。[②] 防止核武器扩散的国际机制是对大规模杀伤性武器进行限制的最早和最成熟的防扩散机制。防止核扩散机制源于《部分禁止核试验条约》，基础是《不扩散核武器条约》，主要执行机构是国际原子能机构。下面分别介绍主要的防止核武器扩散的国际机制。

(1)《部分禁止核试验条约》。第一个限制核武器发展的条约是《禁止在大气层、外太空以及水下进行核试验条约》（Treaty on Banning Nuclear Weapon Tests in the Atmosphere, in Outer Space and Under Water），简称《部分禁止核试验条约》。该条约于1963年8月5日签字，同年10月10日生效。20世纪50年代，公众开始担心核试验造成的放射性污染，并且对日益加剧的军备竞赛感到担心，这促使美国、苏联和英国政府展开谈判并签订了《部分禁止核试验条约》。签约国同意在大气、外层空间和水下禁止、防止以及不进行核爆破（包括核武器试验），并且限制地下核试验的次数，如果地下核试验引发放射危险也在禁止之列，不能鼓励或参与别国的违反协定的核爆炸活动。这是控制和防止核武器扩散的第一步，为之后防核扩散奠定了基础。但是这个条约存在两个弱点：第一，不包括地下核试验，为核武器发展仍留有余地；第二，没有核查机制和惩戒机制，降低了其效率。

(2)《不扩散核武器条约》。《不扩散核武器条约》（Nuclear Nonproliferation Treaty, NPT）是国际社会防止核武器扩散的基石，其目的是防止核武器的全球扩散，在既能保证在国际监督与核查下国家和平利用核技术的同时，又能防止核武器的扩散，简称《防扩散条约》。《防扩散条约》签署于1968年7月1日，1970年3月5日生效，截至2003年1月，共有186个国家加入了该条约，包括古巴在2002年加入，目前主要还有印度、巴基斯坦和以色列仍处于《防扩散条约》之外，朝鲜则在2003年1月10日宣布退出条约。

---

① Ward Wilson, "The Winning Weapon? Rethinking Nuclear Weapons in Light of Hiroshima", *International Security*, Vol. 31, No. 4, Spring 2007, pp. 162-179.

② Daniel Verdier, "Multilateralism, Bilateralism, and Exclusion in the Nuclear Proliferation Regime", *International Organization*, Vol. 62, No. 3, 2008, pp. 439-476.

《防扩散条约》将国家分成两类：有核国家（nuclear weapon states）与无核国家（non-nuclear weapon states）。所谓有核国家，是指在1967年1月之前拥有核设施的国家，包括美国、苏联（俄罗斯）、英国、法国和中国，而无核国家则是指所有其他国家。《防扩散条约》的工作机制依赖于这两类不同国家遵守所做出的承诺。有核国家可以保留核武器，但不能将核武器转给任何国家，不能帮助任何非核国家获得、制造或者控制核武器，并承诺为结束核军备竞赛和实现核裁军而展开谈判。无核国家则不能制造、获取或者拥有核武器，但是可以以和平目的研究、生产和利用核能，必须接受对其所有核活动、材料和设施的检查，以确保不被用于发展核武器。无核国家可以在国际原子能机构的监督下，获取核技术与核材料以用于和平目的。《防扩散条约》实际上是有核国家与无核国家相互谈判的结果，无核国家承诺不发展核武器，有核国家则承诺帮助无核国家和平利用核能，并朝着结束核竞赛和推动核裁军的方向努力。总的来说，《防扩散条约》主要通过三种方法来防止无核国家发展或者获得核武器：第一种方法是帮助无核国家掌握科学和民用的核技术；第二种方法是严格控制非成员国，如果不加入《防扩散条约》，就阻止其拥有核原料、掌握核技术；第三种方法是严格的监督和惩罚，从而避免欺骗和道德风险，这主要依赖于国际原子能机构的工作。

《防扩散条约》最初的有效期是25年，每5年要对条约重新进行评估。1995年，在纽约举行的《防扩散条约》评估与续约会议上，各方同意无条件地将该条约变成永久性条约，而且通过了强化评估过程的一系列原则和目标。在2000年《防扩散条约》评估会议上，与会国一致同意采纳行动项目，包括尽快进入第二阶段削减进攻性战略武器协定的实施；第三阶段削减战略武器谈判尽快达成协议；进一步单边削减核武器；有核国家进一步加强其核能力的透明度；进一步削减非战略核武器的储备；降低核武器在安全政策中的作用；扩大核武器削减程度；成立小组来处理裁军会议上有关核裁军的问题；采纳核裁军不可逆的原则等。2010年5月3日至28日，第八次《防扩散条约》审议大会在纽约联合国总部举行。会议通过《最后文件》。美国、俄罗斯、中国、英国和法国承诺加快核裁军，呼吁印度、以色列和巴基斯坦3个非缔约国立即无条件签署条约，并敦促朝鲜履行在六方会谈中的承诺，早日重新加入《防扩散条约》。

（3）国际原子能机构（International Atomic Energy Agency，IAEA）。国际原子能机构已经成了《防扩散条约》核查机制的重要组成部分，通过核查来保证无核国家遵守不扩散的义务。无核国家要同国际原子能机构签订协定，以保证国际原子能机构对其核活动进行全面监管。

国际原子能机构成立于1957年，总部设在维也纳，是联合国的附属机构，截至2016年2月，共有168个成员国。在《防扩散条约》谈判之前，国际原子能机构就已经成立，其主要任务包括：促进核能的和平利用，执行审查和核查以确保核设施和核原料不被用于核爆破。国际原子能机构的监管主要依靠数据收集、评估和不定期的实地检查来进行。国际原子能机构的审查体系构成了《防扩散条约》的核查方式。根据《防扩散条约》，所有无核国家都有义务接受国际原子能机构全面的检查。国际原子能机构核查的目的就是确定该国是否将核原料应用于制造核武器或者其他类型的核爆炸。国际原子能机构也会为无核国家和平利用核能提供技术支持。为了加强国际原子能机构的权威，1998年通过了附加议定书，赋予国际原子能机构更大的权威和对核设施核查的权力。

但是国际原子能机构的权威和能力也是有限的，在其权限范围内原子能机构并不能阻止一国利用自身的核原料和技术发展核武器，而且也没有警察权，不能采取实际行动或者做出惩罚性决定，还要依靠于联合国安理会的行动。

(4)《全面禁止核试验条约》。《全面禁止核试验条约》(Comprehensive Nuclear Test-Ban Treaty，CTBT)于1996年9月24日签署，但尚未生效执行。截至2013年2月，签约方共有183个，其中159个国家批准了该条约。已经批准了条约的国家从1999年开始每两年召开一次会议讨论如何加速《全面禁止核试验条约》的批准和生效。《全面禁止核试验条约》是《部分禁止核试验条约》的替代版本，从针对特定类型的核试验转向禁止所有类型的核试验。签约国要禁止与阻止本国范围以内的核爆炸和核试验。《全面禁止核试验条约》加强了组织建设和条约的执行能力，设立全面禁止核试验条约组织(CTBTO)来确保条约的执行，发挥核查作用。CTBTO对所有签字国开放，目前设在澳大利亚，其组织包括成员国大会、执行委员会和技术秘书处等。1999年和2003年在维也纳、2001年和2005年在纽约召开了四次促进《全面禁止核试验条约》生效会议。《全面禁止核试验条约》还设计了较为完备的核查机制，包括建有132个监测站和16个放射物试验室的国际监测系统。国际监测系统将由国际数据中心提供支持，为有效的全球监测提供产品和必要的服务。如果有必要确证成员国是否违反了条约，可以采取实地核查的方法。

（五）防止核武器扩散的新挑战

在冷战结束之后，两极结构控制下能够发挥作用的防扩散机制受到了新的挑战。对防扩散体制的挑战主要有三种：第一种是潜在扩散的威胁，也就是原来的防扩散成员国或是未加入《防扩散条约》的国家发展核武器，这一类型强调的是国家为中心，通过自身发展出的核技术和生产的核原料来制造核武器；第二种是第一级扩散威胁，是指无核国家通过从私人公司或者实验室非法途径获取核材料或者核技术；第三种是第二级扩散威胁，是指具有不同技术优势的国家通过相互合作获得核武器，包括在武器设计、制造、原料获得以及投递技术等方面的相互合作。面对这些挑战，国际原子能机构既缺乏权威，又缺乏足够的能力来应对这些挑战。就地区层次而言，印巴核问题、伊朗核问题与朝鲜核问题是当前国际社会和国际防扩散机制直接面对并需要解决的迫切问题。

(1) 印巴核问题。1998年，印度在48小时内连续进行了5次地下核试验，并宣布自己成为“有核国家”。两周后，巴基斯坦也进行了6次地下核试验。这似乎拉开了南亚半岛核竞赛的序幕。印巴核问题是两个地区大国相互军备竞赛的结果。

从20世纪50年代以来，印度一直进行核项目。在60年代，印度就已经成为当时世界上少数能够从核原料中提取出钚的国家。1974年，印度爆破了用于“和平目的”的核装置，标志着印度在核技术领域取得了重要突破。1999年8月，印度政府宣称一旦遭到核攻击，它将发射核武器。

巴基斯坦也是在20世纪50年代开始研发核武器。1965年建立了第一座原子能反应堆。1974年印度引爆核装置后，巴基斯坦也加快了发展核武器的步伐。当时巴基斯坦总理布托说，印度正试图在南亚实行核武器垄断政策，这是巴不能接受的，这对巴基斯坦造成了严重威胁，因此巴也必须发展自己的核武器。布托认为，为了能取得同印度的核平衡，即便吃草也要研制出原子弹。当 1998 年 5 月印度进行核试验之后，巴基斯坦表示印度核试验打破了南亚地区的战略结构和力量平衡，威胁到了巴基斯坦的国家安全。巴基斯坦总理谢里夫宣称，“如果国际社会不对印做出反应，巴将被迫试验同样的威慑武器。没有人能阻挡我们这样做。我们有保卫国家的能力”。

印度和巴基斯坦尽管都不是《防扩散条约》的成员国，可以说是条约之外的有核国家，但是两国的核试验仍然对国际防扩散体制提出了挑战。尤其是当美国同印度达成了核能与外空间合作协作之后，国际防扩散机制面临的问题越来越复杂。2005 年 7 月 18 日，美国总统布什与印度总理辛格达成协议，计划就民用核能和外层空间展开合作。根据协定，美国和核供应集团都可以同印度进行核贸易。美国支持印度的民用核能项目，促进双边空间活动。在协定要求下，印度将区别其军用和民用反应堆，并将其大部分民用核反应堆置于国际原子能机构的监管之下，而军用设施和核燃料储备不在核查范围之内。同时美国可以在印度建设核反应堆，为印度民用反应堆提供核原料。2006 年，美国国会通过了《美印民用核能合作法案》，允许美国出口民用核材料和技术到印度，但是协定也要求印度要同原子能机构签订核监督协定，同时也要得到核供应集团的批准。

为了避免地区局势升级，印度和巴基斯坦达成了一系列在核安全领域建立信任措施的协议。1991 年，印度和巴基斯坦关于互不攻击对方核设施的协议生效，规定双方互相通报核设施地点并承诺不攻击对方的核设施。1999 年 2 月，印度总理瓦杰帕伊和巴基斯坦总理谢里夫举行会谈，并签署《拉合尔宣言》，提出应采取建立信任措施，互相通报导弹试验，尽早解决克什米尔问题。

印巴核问题尽管已经过去了十余年，但是对国际防扩散机制的挑战仍然十分明显。第一，印度和巴基斯坦还不是《防扩散条约》的成员国，面对这样的有核国家，国际社会并没有设定有效的处理机制和方法。根据目前的防扩散机制规定，要么印度和巴基斯坦销毁核武器，成为无核国家而加入《防扩散条约》（这也是巴基斯坦的主张）；要么《防扩散条约》承认两国的有核国家地位，再纳入《防扩散条约》。后一种方法可能会带来连锁反应，从而导致非扩散体系的崩溃。美国同印度达成的核能合作协定除了增加南亚核竞赛的可能性以外，从某种程度上也承认了印度的核地位。这将严重影响《防扩散条约》的合法性。第二，印巴核问题反映了国际防扩散机制的弱点和不足。国际社会并没有针对非成员国的监督和控制措施，印度和巴基斯坦的核进程处于国际社会监管之外。

（2）伊朗核问题。伊朗核问题与朝鲜核问题是目前国际问题的两大难点。直到当前，国际社会和国际原子能机构都在寻找解决有关这两个地区核问题的方法。伊朗核问题起源于 2002 年 12 月，美国根据对伊朗设在纳塔兹（铀浓缩工厂）和亚历克（重水反应堆）的核反应堆的卫星图像，指责伊朗正在寻求大规模杀伤性武器。之后，伊朗同意接受国际原子能机构的核查。国际原子能机构在 2003 年 2 月到 11 月对伊朗进行了多轮核查。经过核查，总干事巴拉迪宣布并没有证据表明伊朗有发展核武器的计划。但是核查小组在德黑兰南部的纳塔兹检测到了浓缩铀的痕迹，发现伊朗隐藏了其核计划的进程，主要是铀浓缩活动，这违背了伊朗对《防扩散条约》所做出的承诺和国际原子能机构核查协定。之后，伊朗同意签署《防扩散条约》的附加议定书，从而接受了国际原子能机构对伊朗核设施可以进行突击检查。

事实上，伊朗早在20世纪60年代巴列维时代就在美国的帮助下展开了核计划，但是在七八十年代一直停滞不前。从20世纪90年代开始，伊朗又重新开启了核计划，同俄罗斯签署了《和平利用核能协定》。国际原子能机构的核查结果证明了伊朗有未在其监督下进行的核计划。因此，2004年9月，国际原子能机构命令伊朗停止其大规模铀浓缩的准备工作。同时，美国呼吁联合国安理会对伊朗进行制裁，认为伊朗的真实意图是发展核武器。同年11月，伊朗承认曾经恢复大规模铀浓缩活动，但是同意停止浓缩进程，并开始同欧盟展开对话。

国际原子能机构在2004年11月15日提交报告，认为伊朗在过去一段时间内已经多次违背其做出的承诺，没能及时报告其核原料、进程以及使用的情况，也没有报告这些材料被加工和储存的地点和设施。2005年4月，尽管欧盟警告伊朗任何恢复铀浓缩的活动都将导致欧盟结束同伊朗的贸易和经济谈判，但是伊朗还是强调如果对欧洲的危机解决方案不满，仍会恢复铀浓缩计划。

当2005年强硬派内贾德成为伊朗总统后，事情变得更加复杂。伊朗总统拒绝了欧盟的提议，声称恢复铀浓缩不可避免。法国、德国和英国要求国际原子能机构召开紧急委员会，做出决议呼吁伊朗停止其核原料浓缩活动。

2006年7月31日，安理会通过了第1696号决议，要求伊朗在8月31日之前停止所有浓缩活动，否则将面临经济和外交制裁，也要求伊朗同国际原子能机构建立信任机制。2006年12月23日，因为伊朗拒绝停止铀浓缩，安理会通过了第1737号决议，决定对伊朗执行制裁。伊朗总统内贾德宣誓要继续进行铀浓缩计划。2008年9月11日，美国驻联合国代表重申对伊朗制裁和安理会的第1737号决议，但是也强调美国的目标仍然是外交解决伊朗核问题。9月27日，安理会通过了关于伊朗核问题的第1835号决议，呼吁伊朗遵守联合国安理会的有关决议。10月2日，伊朗驻国际原子能机构大使说，如果能够保证向伊朗核电站供应核原料，伊朗将考虑停止铀浓缩。10月8日，美国官员称，美国、中国、俄罗斯、英国、法国和德国的代表将会通过电话就伊朗核问题展开讨论，商议下一步安理会的措施。迄今，安理会就伊朗核问题已经通过多个决议，包括第1696、1737、1747、1803、1835和1929号决议，都未取得最终效果。

2009年，内贾德在伊朗大选中成功连任。2012年2月，伊朗宣布其核能研究取得重大进展，已经可以自主生产纯度为20%的核燃料棒，自主研制并启用新一代用于提纯浓缩铀的国产离心机。2013年8月3日，伊朗前首席核谈判代表哈桑·鲁哈尼当选伊朗总统。鲁哈尼是温和保守派，主张通过谈判解决伊朗核问题，同时强调伊朗不会放弃核权利。2015年4月2日，伊朗核问题六国（美、英、法、俄、中、德）和伊朗就伊朗核问题达成框架性协议。伊朗同意将铀浓缩离心机数量从1.9万台削减至6 104台，把低丰度浓缩铀库存从1万千克削减至300千克。国际原子能机构将对伊朗核设施和核活动进行核查。

伊朗核问题不仅仅是防扩散的问题，还涉及背后大国之间的相互关系，但是这里我们还是集中分析和探讨伊朗核问题对国际防扩散机制的挑战。这些问题涉及防扩散机制的运转与有效发挥作用的能力。

第一是有关“不可剥夺的和平利用核能的权利”。《防扩散条约》的基本逻辑就是非核国家以不发展核武器为承诺，换取和平利用核能的权利。《防扩散条约》明确规定：“一切缔约国，不论是有核武器国家或无核武器国家，均能为和平目的而获得和平应用核技术的利益，包括有核武器国家由于发展核爆炸装置而可能得到的任何技术副产品，深信在促进此项原则时，所有缔约国均有权参加尽可能充分的科学情报交换，以促进为和平目的而应用原子能的发展，并且单独地或与其他国家合作，对促进这种发展做出贡献”；“每个缔约国承诺采取适当措施以保证按照本条约，在适当国际观察下并通过适当国际程序，使无核武器的缔约国能在不受歧视的基础上获得对核爆炸的任何和平应用的潜在利益；对这些缔约国在使用爆炸装置方面的收费应尽可能低廉，并免收研究和发展方面的任何费用”。所有国家都可以在原子能机构的监督之下进行铀浓缩活动，以利用核能，但是多数国家都是在严格管制下从少数核原料国家获得原料。因此，伊朗声称自己的铀浓缩活动是为了保证有效的原料供应，而不能完全依赖于外部供应，并未违背和平利用核能的目的。

第二是《防扩散条约》的双重标准问题。根据《防扩散条约》的规定，所有成员国对防止核武器具有相同的义务和责任，但是伊朗认为伊朗核问题被某些国家政治化，这些国家不希望伊朗发展核技术，从而在对成员国执行国际义务的监督上实行双重标准。双重标准是一个较难判断的问题，但是机制的公正性是其合法性的重要来源，因此加强防扩散机制的普遍性和公正性是增强其有效性的必要条件。

第三是关于透明度和信任问题。实际上，迄今为止尚未发现伊朗确实从事制造核武器的行动，即使美国自己的研究报告也承认即使伊朗试图制造核武器，也仍需要一段时间。问题的关键在于各方对伊朗发展核计划的动机缺少明确判断，美国坚信伊朗核计划的目的是制造核武器，欧盟对此也表示怀疑，而伊朗则声称只是为了和平利用核能，保证核原料的供给。因此，从机制运作的角度来看，机制对具有不同信息透明程度和信任程度的成员的态度是不一样的。

第四是关于核能技术的两用特征。和平利用原子能的技术同样可以用来进行铀浓缩，从而可以制造核武器。重水反应堆能够生产钚，这是浓缩铀的替代物，也能产生核爆炸。因此防扩散机制的重要任务就是防止核原料和技术被用于军事目的。

（3）朝鲜核问题。朝鲜核问题始于20世纪90年代初。1985年12月12日，朝鲜加入了《防扩散条约》。1992年5月12日，朝鲜的《防扩散条约》监督协定生效后，国际原子能机构根据协定对朝鲜进行核查，发现了同朝鲜申报不符的事实，朝鲜所申报的钚和核废料的处理同国际原子能机构的分析不相符合。国际原子能机构认为朝鲜还有未申报的钚材料，为确证这一情况，要求朝鲜提供新的信息以及对另外两个地点进行检查。但是朝鲜拒绝国际原子能机构进入这两个地点。

之后，国际原子能机构的要求再次遭到拒绝，朝鲜开始不再执行《防扩散条约》，国际原子能机构向联合国安理会报告了这一情况。1993年2月25日，国际原子能机构要求朝鲜开放军事基地，允许国际原子能机构进行核查。5月11日，安理会呼吁朝鲜遵守《防扩散条约》，但朝鲜援引《防扩散条约》的退出条款，强调为了国家核心利益，朝鲜可以退出《防扩散条约》，并指责国际原子能机构是在美国指使下，侵犯其主权，干预其内部事务，试图颠覆社会主义，于12日宣布退出《防扩散条约》。第一次朝核危机爆发。

危机爆发后，美国前总统卡特亲赴朝鲜进行斡旋，最终美朝双方在日内瓦达成框架协议。在美朝协定框架下，美国承诺对朝鲜提供轻水反应堆，以换取朝鲜冻结和最终拆除其反应堆和相关设施。在轻水反应堆建设期间，为了缓解朝方的能源危机，美国同意每年向朝鲜提供 50 万吨重油。朝鲜承诺将采取措施，实现朝鲜半岛的无核化并且不会退出《防扩散条约》。1995 年，朝鲜半岛能源发展组织创建起来执行轻水反应堆计划。因此，第一次朝核危机以双方对话协商的形式得到化解，但这并不意味着朝核问题得到根本的解决，而是“双方从各自不同需要出发，以核问题为载体，以两国历史上首个相互约束、互有义务的条约为里程碑，使双方关系进入了直接接触和较量的阶段”①。在达成框架协议后，因导弹问题、支恐黑名单问题、核问题、放宽制裁问题等原因，双方龃龉不断，特别是小布什政府执政之后，双方在核问题上的摩擦于 2002 年 10 月再度升级为核危机。

小布什政府将朝鲜与伊朗、伊拉克一起称为“邪恶轴心”。2002 年 10 月，美国在其总统特使、助理国务卿凯利访问平壤后，宣布朝鲜“已承认”铀浓缩计划，并指控朝鲜正在开发核武器。朝鲜则表示，朝鲜“有权开发核武器和比核武器更厉害的武器”。同年 12 月，美国以朝鲜违反《朝美核框架协议》为由停止向朝提供重油。随后，朝鲜宣布解除核冻结，拆除国际原子能机构在其核设施上安装的监控设备，重新启动用于电力生产的核设施，并于 2003 年 1 月 10 日发表声明，宣布退出《不扩散核武器条约》，但同时朝鲜表示无意开发核武器。美朝双方在核问题上的摩擦再度升级为核危机。

为了挽救日益恶化的朝鲜半岛核问题，使朝鲜核问题能和平解决，中国政府积极斡旋，在 2003 年 4 月促成了朝鲜、中国和美国参加的三方会谈。同年 8 月开始，朝鲜、美国、中国、韩国、俄罗斯和日本六国就朝鲜核问题开始了多轮六方会谈，截至 2008 年 6 月，六方会谈已经进行了六轮。虽然六方会谈机制在一定程度上缓和了朝鲜核危机，然而，朝核问题牵涉美朝等各方利益且各不相让，使得朝核问题数次经历危机的升温。

2009 年 4 月 14 日，朝鲜宣布将重新启动核项目并退出六方会谈。5 月 25 日，朝鲜进行第二次地下核试验。6 月 12 日，联合国安理会一致通过第 1874 号决议，对朝鲜 5 月 25 日进行核试验表示“最严厉的谴责”，并要求朝鲜今后不再进行核试验或使用弹道导弹技术进行任何发射。2011 年 12 月 17 日，朝鲜最高领导人金正日逝世。2012 年 4 月，朝鲜第十二届五次最高人民会议对宪法进行重要修订，推举金正日之子金正恩为朝鲜国防委员会第一委员长，将此前的“金日成宪法”修改为“金日成—金正日宪法”，并首次将朝鲜是“核武拥有国”写入宪法。

朝鲜核问题为我们提供了如何利用外交手段巩固防扩散体系的一个例子，尽管还难以下最终结论，但是解决朝鲜核问题的进程已经提供了一种解决扩散问题的新思路。

第一，多边机制与地区协商机制相结合。朝鲜核问题的爆发反映了国际防扩散机制的某些弱点，比如缺乏有效权威和惩戒手段等。在这样的情况下，相关国家重新回到地区层次，由利益相关国家共同协商来解决问题，这样既能照顾到地区内国家的特殊要求，同时又能够加强谈判的压力。而且，谈判对朝鲜核问题的解决仍是要回归到多边防扩散机制，从而体现了地区协商机制与国际多边机制的互补，利用地区协商机制的制约性来解决多边机制的不足。

第二，必须确立足够的激励和惩戒机制。朝核问题的进展总是一波三折，学界也有各

① 虞少华：《朝美关系与朝核问题》，载《国际问题研究》，2006（6）。

种解释，那么是否有足够的激励和惩戒机制来保证朝鲜核问题不再逆转，成为当事国和学界思考和探索的问题。这个问题的解决可能不仅要依赖于设计合理的机制，并对原来机制进行反思和修正，也还决定于各种复杂的国际国内政治经济条件。

第三，要有较高程度的互信和信息的透明度。朝核问题同伊朗核问题一样，也是信任问题。主要的利益相关国有各自不同的利益关注重点，同时又受制于各自的国内政治条件，这都增加了朝鲜核问题的复杂性。如果没有较高程度的互信和信息的透明度，执行防扩散的各种措施仍会面临各种挑战。

面对新的挑战，主要核大国又提出了非正式的合作性倡议来解决某些紧迫的核扩散问题。2003 年 5 月，美国小布什总统宣布了“防扩散安全倡议”（Proliferation Security Initiative，PSI）。美国呼吁为了停止同大规模杀伤性武器相关的设备和原料的运输，应当建立起一个反扩散的网络，从而使得扩散者不能进行大规模武器和导弹相关的贸易。2006 年 7 月，俄国和美国共同提出了“打击核恐怖主义的全球倡议”（Global Initiative to Combat Nuclear Terrorism）。这个倡议主要是为了保护放射性和核材料的安全，防止非法走私，应对恐怖主义袭击等，其主要方法仍然是自愿基础上的促进信息共享与相互交流。

2010 年 4 月 12 日至 13 日，第一届全球核安全峰会在华盛顿召开。此次峰会主要讨论核恐怖主义威胁及其应对措施，共有 47 个国家的元首或代表参加，联合国、国际原子能机构和欧盟等国际组织代表也参加了会议。《华盛顿核安全峰会公报》指出，核恐怖主义是对国际安全最具挑战性的威胁之一，强有力的核安全措施是防止恐怖分子、犯罪分子及其他非授权行为者获取核材料的最有效途径。核安全峰会还强调，核安全是核军控领域“核裁军、核不扩散及和平利用核能”三大目标之外的又一“共同目标”。

2012 年 3 月 26 日至 27 日，第二届核安全峰会在韩国首尔举行，来自 53 个国家和 4 个国际组织的领导人或代表出席。3 月 27 日下午，首尔核安全峰会通过了《首尔公报》。《首尔公报》的内容涉及全球核安全体系、国际原子能机构作用、核材料、放射源、核安全与核能安全国际合作等 11 个领域。《首尔公报》承诺，各方将继续采取措施加强核领域安全，减少核恐怖主义威胁以及阻止核材料走私等非法活动，争取《核材料实物保护公约》修订案能在 2014 年之前生效。第三届核安全峰会于 2014 年 3 月在荷兰海牙举行。随着核武器和核技术的扩散，恐怖分子拥有核武器的风险已经成为一项现实威胁。核安全峰会有力地提升了各国领导人和民众的核安全意识，通过各国之间的协作消除核安全隐患，为加强全球核军控体系做出了重要的贡献。

二、防止生物武器扩散

从 20 世纪 90 年代中期以来，生物武器和化学武器的扩散威胁越来越引起政府和公众的注意。生物武器和化学武器也被称为大规模致命性武器，因为同其他武器相比，生物与化学武器并不能摧毁建筑物等基本设施，而主要以杀死人的生命为目的。[①] 具有两用性的化学技术已经使得制造化学武器更为容易，而生物技术的进展也使得生物武器的杀伤力更

① Jonathan B. Tucker，“Biological Weapons in the Former Soviet Union：An Interview with Kenneth Alibek”，*Nonproliferation Review*，Spring-Summer1999，p. 1.

为致命，因此国际社会采取了一系列措施防止生物武器的扩散。

（一）什么是生物武器

生物武器是指通过扩散致命性的微生物或者生物技术制造的毒素来导致人、动物或植物死亡和致病的武器。[①] 北约将生物毒素（biological agent）界定为一种微生物或者从微生物中提取的毒素，这种毒素能够造成人与动植物感染疾病，或者造成物质的腐败。[②] 普通疾病一般是自然发生，并且是通过感染途径得以扩散，而生物武器则是被有目的地用来释放大量可致病的毒素来感染目标人群。一种生物武器的效力取决于生物毒素本身的毒性、感染性、持久性和制造的难易度。生物武器的毒素一般可以分成四种：细菌性毒素（bacterial agent）、病毒性毒素（viral agent）、立克次体毒素（rickettsial agent）和毒素（toxin）。细菌性毒素主要是指能够侵入组织或者能产生非溶解毒素的单细胞微生物，比如炭疽病毒（anthrax）或者兔热病毒（tularemia）。病毒性毒素包括黄热病毒、天花病毒等。立克次体毒素包括肉毒杆菌毒素、葡萄球菌肠毒素等。毒素主要有粗球孢子菌。

生物毒素适合用来制造生物武器，主要是因为生物毒素具有以下几个特点：可获取性或者生产的容易性，致命性，规模小、重量轻，易于扩散，以及持久性。为了最大限度发挥生物毒素的作用，可以在适宜毒素生存的条件下，通过空投、水剂或是粉剂等方式，在特定区域范围内释放一定剂量的生物武器，就可以造成大规模的杀伤。毒素的多少、效果和释放的高度是决定毒素感染范围和程度的重要因素。

生物毒素的存活性是其能否发挥作用的重要条件。一种生物毒素能够适应的温度、湿度等条件越广泛，可能持续的时间就越长，造成的毒害就越大。生物武器的投掷技术和保存技术比较重要，因为生物毒素通常是在特定条件下才能存活。一些生物毒素通常在遇光或者遇氧的条件下会死掉。一些生物毒素需要一定的湿度。多数生物毒素在过热或者爆炸的条件下不能生存。因此传统的战争武器，比如手榴弹、火箭、导弹或者炸弹都不是有效的传递生物武器的工具。

（二）生物武器与战争

真正在战争中使用生物武器比较少见。有人将生物武器的使用上溯到公元前 3 世纪，认为当时迦太基人将装有毒蛇的瓶子投放到敌人的船上，是使用生物武器的开端。但是现代意义上的生物武器，也就是通过有意识地培养和提取生物毒素并辅以有效的扩散方式来消灭敌人或者降低敌人能力的生物武器，是在 20 世纪发展起来的。20 世纪以来，在政府资助下，生物技术逐渐变得成熟，生物武器也有了很大发展。在实际战争中使用生物武器最为臭名昭著的是日本在侵华战争中对中国使用生物武器的例子。从 1932 年开始，日本在中国发展了大量的生物武器和化学武器，甚至包括对人进行活体试验的七三一部队。1940 年，在中国江西发现了鼠疫，后被证明是因为日本人投下了培养的老鼠和跳蚤。

各种致命微生物或者毒素一般是肉眼看不到并且无色无味的，因此生物武器一旦被使

---

① Richard Falkenrath, Robert Newman, and Bradley Thayer, *America's Achilles Heel*, Cambridge: MIT Press, 1998, p. 15.

② U. S. Department of the Army, NATO Handbook on the Medical Aspects of NBC Defensive Operations, Washington, D.C., 1996.

用，可能直到发现有人被感染，才会被发现。生物武器可能会造成大规模的人员感染，因此，结果会是疾病的大规模同时爆发。生物武器的潜伏期会从几小时到几天，这主要决定于生物毒素的特性和感染方式。就其杀伤性而言，生物武器仅次于核武器。

专栏 6.4　七三一部队与细菌武器

1936 年，日本侵略军在位于中国东北的哈尔滨建立臭名昭著的“关东军防疫给水部”，即后来的七三一部队。它起源于日军的一个研究所，所长是日军中将、细菌学家石井四郎。

七三一部队由七部一处四个支队组成。第一部为研究部，专门从事研究和制造细菌武器的工作；第二部为实验部，专门从事检查和验证第一部所研究出的结果；第三部为防疫给水部，专门生产石井研究的一种用跳蚤传染鼠疫的陶瓷炸弹；第四部是生产部，专门繁殖和配置细菌武器；第五部为训练部，培养和造就为日本战斗队和别动队使用细菌武器与散播细菌的专门人员；第六部为器材部；第七部为医疗部；还有一个总务处。另外，七三一部队还下设林口、牡丹江、孙吴、海拉尔四个支队。

七三一部队有着十分惊人的生产能力。如果生产部的所有技术设备都利用起来，在一个月内可制造出鼠疫菌 300 千克、伤寒菌 800～900 千克、炭疽热菌 500～700 千克、霍乱菌 1 吨。这些是非常惊人的细菌数字，在日本侵略中国的战场上派了用场。不仅如此，七三一部队除了用牲畜做实验之外，还系统地和大规模地用活人进行惨无人道的罪恶试验，其方法也是极其残忍的。

1949 年 12 月 25 日至 30 日，在苏联滨海军区国际军事法庭上审判 12 名日本细菌战犯时，日本细菌部队在战争期间制造并使用细菌武器的罪行才首次向全世界公开。

资料来源：张秀春等：《魔鬼之尤——日本七三一和一〇〇部队罪行录》，载《党史纵横》，1994(9)。

生物毒素本身的特点使得其武器化相对容易。第一，生物武器生产相对容易。同核武器生产不同，生物武器生产并不需要特定的工业基础设施，一个大学的实验室基本上都可以用来生产生物武器。第二，生物武器的成本很低。第三，生物武器技术不是过于复杂，生产成本低，因此容易扩散到恐怖主义团体。第四，尽管拥有先进的投递装置会增进生物武器的破坏性，但是这并非必要条件，生物武器可以通过包裹、信件等方式造成杀伤。第五，很多生物毒素的致命性使其用作武器具有很大吸引力。第六，生物武器一般都可以制造得很小，易于携带，难以被发现。

(三)《禁止生物武器公约》

在冷战时期，美苏两国都投入大量资金和人力研发生物武器，发展出了大量进攻性生物武器。1969 年 11 月，尼克松总统宣布美国单方面无条件地废除生物武器，命令销毁美国所有的生物武器储备，并将生产设施转化为和平使用。同时，美国也要求苏联同样销毁所有生物武器。双方经过谈判，终于在 1972 年达成了《禁止生物武器公约》(Biological Weapons Convention，BWC)。美国国会在 1975 年批准了《禁止生物武器公约》。截至 2015 年底，公约共有 173 个缔约方。

《禁止生物武器公约》是防止生物武器扩散的基础。该公约规定禁止生物武器的研发、生产、储存、扩散以及使用等，只允许防御生物武器的研究，只能为防护或和平目的保存和生产有限的生物毒素。但是公约并没有核查与执行机制，其执行和运作只是通过 5 年 1 次的评估会议进行。尤其是 2001 年以来，小布什政府反对强化《禁止生物武器公约》，只是强调各国政府通过自愿主动的方式来执行公约。

在 2001 年之后，国际社会越来越担心恐怖主义获得和使用生物武器。“9·11”之后，NBC 新闻、《纽约邮报》和国家调查出版社先后收到了感染炭疽孢子的邮件。之后，参议院多数党领袖汤姆·达施勒（Tom Daschle）和参议员帕特里克·莱希（Patrick Leahy）也先后收到了感染炭疽病毒的信件。到 2001 年底，共有 18 人受到了炭疽信件的感染，导致 5 人死亡。[①] 这是恐怖主义分子利用生物武器的典型例子。在过去的几十年中，恐怖主义分子一直试图获取生物病毒，并将之变成生物武器。恐怖主义分子第一次使用生物武器是 1984 年美国俄勒冈州达尔斯的宗教极端分子在 10 多个饭店投放了沙门氏菌病毒，使 750 人感染病毒，幸运的是并没有造成人员死亡。生物武器和化学武器被称为“穷人的原子弹”，一旦同恐怖主义结合在一起，会造成相当的人员伤亡以及巨大的心理恐慌。

但是因为美国等大国对强化《禁止生物武器公约》没有兴趣，目前防止生物武器扩散只能在《禁止生物武器公约》下依赖于各国的主动执行，而对国家而言除了销毁自身的生物武器之外，也只能通过增进国内安全和卫生保护来应对生物恐怖主义的威胁。

当前面临的生物武器扩散问题依然十分严重，其原因主要在于：第一，生物武器不同于核武器的最大特征就是用于制造生物武器的原料、技术、设备和知识同样可以完全合法地应用于科研和商业目的，比如说制造啤酒的设备就可以用来生产生物孢子。因此，生物产品和设备的两用性质增加了防止扩散的困难。第二，近来生物科学的进步，或者说生物技术革命，已经很大程度上增加了两用生物设备的可获得性，以及很多掌握制造生物武器知识的人。第三，苏联解体之后，增大了其生物武器被走私或窃取的可能性。

三、防止化学武器扩散

（一）化学武器的界定及其历史

化学武器是指利用化学物质的有毒特性而非爆炸性质来对敌人造成杀伤的武器，可以是气体、液体或者固体状态。化学毒素就是一种化学物质，将其武器化的目的在于杀死、严重损伤敌人或者使敌人失去能力。在战争中使用这样的武器就被称为化学战。化学武器的毒素是通过以特定比例混合一定的化学物质来制作的。尽管在世界上有很多种有毒的化学物质，但是能够用来作为化学武器的仅有一小部分。在整个 20 世纪，大概共有 70 种化学物质被用作化学武器的毒素。化学武器的毒素具有以下特点：高度致命，但又不难以处理；能够长时间稳定存储；可以经受高温等。生物武器和化学武器都是通过毒素来危害和杀死敌人的武器，两者的区别在于毒素形式不同：生物毒素是活的，是通过人工培育得到的；而化学毒素是自然物，是通过工业制造获得的。

化学武器的历史似乎可以追溯到公元前 429 年，在伯罗奔尼撒战争中，斯巴达通过点

---

① Jessica Stern, “Dreaded Risks and the Control of Biological Weapons”, *International Security*, Vol. 27, No. 3, Winter, march 2002, pp. 89–123.

燃沥青和硫黄来释放毒气；公元前 424 年，也是在伯罗奔尼撒战争中，毒气被用来帮助围城。但是化学武器的发展和使用，是人类进入 20 世纪之后的事情。在第一次世界大战中，交战国使用了化学武器，主要是毒气，共造成了 130 万人伤亡，其中 9 万人死亡。第一次世界大战中使用的化学武器还很简单，就是在军火中加入化学填充物，这种化学填充物也并非专门研究，只是普通有毒化学物。比如德国就是在上风处打开容器散布氯气，后来法国有了新的投掷化学武器的方法，将光气放入炸弹中来使用，这后来成了化学武器的主要投掷方式。1917 年，德国首次使用了芥子毒气炸弹，芥子气是一种极毒物质，能够穿透皮革和衣物引起皮肤疼痛。芥子毒气是那个时代最有效的化学武器，易于生产、低成本、效果持久并能引起严重伤亡。第二次世界大战之前的化学武器可以称为传统化学武器，基本比较简单。之后，对化学武器的研究也逐步深入，其毒性越来越大，穿透力越来越强，防护越来越困难，而且投递技术也在发展之中。在第二次世界大战中，交战双方都生产和储存了大量的化学武器，包括意大利、匈牙利、日本、法国、英国、苏联、美国以及德国，当时的化学武器主要是芥子气和光气。意大利和日本在签订了《日内瓦议定书》的条件下，仍然在第二次世界大战中使用了化学武器。

化学武器在第二次世界大战中的进展之一就是德国在 20 世纪 30 年代发现了神经毒气。德国化学家先后发现了塔崩（tabun，GA）毒素与沙林毒气（sarin，GB）。神经毒气一般为液态，通过影响对人体中枢神经所必要的各种酶而发挥毒化作用。第二次世界大战之后，战胜国接管了德国的化学武器，展开了自己的化学武器研究和生产。比如英国、苏联等都获得了德国的沙林毒气。法国、英国和加拿大都先后建立了小型工厂来生产沙林毒气进行测试和研究。美国则开始大规模生产沙林毒气。化学武器在 20 世纪五六十年代得到了进一步发展，而且在美苏争霸的格局下，两国都生产和储存了大量的化学武器。根据签约之后两国的申报，俄罗斯在 7 个地点大概存有 4 万吨的化学武器，其中 80%为神经毒剂。美国的化学武器储存在 9 个地点，共有 3.7 万吨。在越南战争中，美国使用了不同类型的化学武器。化学武器在国家间战争中的最近一次使用就是两伊战争期间，伊拉克使用了塔崩和芥子毒气。1995 年 3 月 20 日，日本奥姆真理教在东京制造了沙林毒气事件，使 5 000 多人受伤。这是化学武器被恐怖主义分子用来杀伤普通民众的典型例子。

专栏 6.5　化学毒素的种类

化学毒素主要有四类：神经毒素，包括塔崩、沙林、索曼（soman，GD）等；发泡类毒素，其代表性毒素为芥子气（nitrogen mustard）；窒息类毒气，比如光气（phosgene，CG）、双光气（diphosgene，DP）等；失能性毒素，主要是指麻药性麻醉剂。《禁止化学武器公约》将化学毒素分成三类：第一类是被广泛用作化学武器的毒素，比如沙林毒气或者芥子气等；第二类是能够被用作化学武器的毒素；第三类是较低毒性，但是可以被用于科研或者药品、纺织品生产的化学物品。

（二）《禁止化学武器公约》

正是有鉴于第一次世界大战中化学武器造成的不人道损伤，在 1925 年各国签订了《日内瓦议定书》，禁止使用化学武器和生物毒素。《日内瓦议定书》强调文明世界要对化学武器的使用高度谴责。但是当时包括美国在内的一些国家对此持保留态度，尽管承诺不首先使用化学武器，但是一旦遭到化学武器攻击，保留利用化学武器报复的权利。

《禁止化学武器公约》是对《日内瓦议定书》的继承，但是又强化了原有议定书的不足。经过 24 年的谈判，在 1992 年，日内瓦裁军会议通过了《禁止化学武器公约》，并于 1992 年 11 月 30 日由第 47 届联合国大会通过，联合国大会的正式决议名称为《关于禁止发展、生产、储存和使用化学武器及销毁此种武器的公约》。条约在 1997 年 4 月 29 日正式生效，截至 2015 年 7 月，共有 191 个缔约国。这是第一个全面禁止、彻底销毁某一类大规模杀伤性武器并具有严格核查机制的国际军控条约。

《禁止化学武器公约》共包括 24 条与 3 个附件，主要内容是禁止使用、生产、购买、储存和转移各类化学武器，将所有化学武器的生产设施拆除或者转作他用，提供各自化学武器储存和销毁计划的信息，保证不会将民用化学物质用于战争目的等。所有的缔约国都要在 10 年内销毁所有的化学武器。该公约规定在海牙设立专门机构负责核查与评估工作，目前该组织有超过 5 000 人负责监控化学武器的销毁工作和核查化学武器生产设施。公约规定，在 2012 年之前所有签约国要销毁其拥有的化学武器。迄今通过公约工作机制，已经销毁了 2.4 万吨化学武器，占申报储存化学武器的 33%。

《禁止化学武器公约》的核查机制不仅包括军事部门，也包括民用化工产业，该公约对可能同化学武器相关的化学物质的生产、保存以及消费都有严格的限制。国家一旦签署公约，就要在 30 天内报告所有的化学武器设施，并且在 10 年内完全销毁化学武器储存，而且也要通过立法对国内私人部门进行管制。签约国要为核查员提供两年之内多次往返签证，核查员在提前 48 小时通知条件下，可对该国申报化学武器设施进行检查。

化学武器扩散的威胁并不如核武器和生物武器扩散的威胁大，其原因主要在于：第一，目前的化学武器储备生产时间较久，难于运输。第二，化学武器的低成本和易于生产特性，使得国家与其通过购买或走私不如直接生产。第三，化学武器的重要缺点之一就在于若要造成足够威胁就需要足够大的数量，比如若使用 5 吨的神经沙林毒气炸弹，就需要两架轰炸机或者 36 枚飞毛腿导弹，能够杀死 4 平方千米以内 50%的人口。而走私扩散如此大规模的化学武器容易被发现，而且成本过高。化学武器的主要威胁仍然来自国家自身的生产能力。

四、防扩散的机制设计问题

冷战结束之后，防止大规模杀伤性武器扩散面临着新的挑战。一方面，恐怖主义获得大规模杀伤性武器的机会大大增加，这既是因为随着通信交通技术的进步，非法网络日益完善，也因为某些拥有大规模杀伤性武器的国家其内部控制下降，这两者结合在一起都增加了大规模杀伤性武器扩散的威胁。另一方面，一些国家出于安全考虑也在发展大规模杀伤性武器，主要是核武器。尽管国际社会一直在努力控制和防止大规模杀伤性武器的扩散，尤其是“9・11”之后，各国更加强了合作，但如果想要有效应对扩散问题，国际合作必须既具有合法性，又具有有效性。这就涉及国际防扩散机制的设计问题。

从国际合作和国际制度理论来看，有效的国际合作至少需要三个重要机制：第一个机制是信号机制，也就是合作各方能够较为准确地了解对方的目标与行动，通过增进透明度，从而促进互信形成；第二个机制是核查机制，也就是能够对各方履约情况有所评估，避免对方的违约行为发生；第三个机制是惩罚机制，当发现某些成员未能有效遵守约定，要有足够的惩罚力量，使其承担成本。

防止大规模杀伤性武器扩散的机制也只有在健全上述三种机制的条件下才能有效发挥作用。防止核武器扩散机制可能是最为完善、执行也最为严格的。在《部分禁止核试验条约》中并没有核查和惩戒机制，但是在《防扩散条约》中就有了较为严格的核查机制和惩戒方法。但是，《防扩散条约》的一条重要原则即核裁军的执行仍然缺少有效的保证。

《禁止生物武器公约》中既没有规定核查机制，也没有惩戒机制，只是通过每五年的评估会来监督和督促成员国履行条约。正如前面所提，《禁止化学武器公约》是第一个具有核查机制的全面销毁某类大规模杀伤性武器的条约，相对于《禁止生物武器公约》，《禁止化学武器公约》更为成熟，也更为有效。但是《禁止化学武器公约》是否真正具有效果，还要观察在其规定的期限内所有签约国能否完全销毁各自的化学武器。

第三节　防扩散的出口管制

出口管制是指国家禁止某种特定类型未经许可的商品、信息或者技术的出口。出口管制是国家对贸易行为的控制行为。出口管制有不同的原因，包括安全考虑、贸易保护、人权问题以及国际义务等。这里我们主要讨论同防止武器扩散相关的国际出口管制机制。将出口管制单独列出加以讨论主要出于以下原因：第一，20 世纪 90 年代以来，全球化迅猛发展，全球贸易日益一体化，在这种条件下，出口管制对防止大规模杀伤性武器扩散就具有更为重要的意义；第二，冷战结束之后，尤其是“9·11”以来，国际防扩散努力面临的最迫切的威胁是恐怖主义可能获得大规模杀伤性武器，而恐怖分子对武器的获得鲜有通过自身研究来获取的，更多的是通过走私与黑市来获得，因此，出口管制成了防扩散的重要的机制；第三，技术进步迅猛发展，军民两用技术越来越普遍，比如制造啤酒的设备可能被用来制造生物武器，民用核设施也可能被用来生产核武器，因此，出口管制就成了既保证正常合法贸易顺利进行，又对扩散施加有效控制的重要方法。本节将介绍目前主要的多边出口管制机制、主要的制度安排以及面临的挑战。

一、多边出口管制机制

（一）《瓦森纳协议》

《瓦森纳协议》（Wassenaar Arrangement）是对常规军备和两用商品与技术进行出口控制的多边协定。《瓦森纳协议》的目的是通过提高常规军备和两用商品与技术转移的透明度和责任性，促进地区和国际安全与稳定。1996 年 7 月，33 个创始国通过了《瓦森纳协议》，同年 9 月协议开始生效，截至 2016 年共有 41 个成员国。《瓦森纳协议》是取代冷战时期出口控制体系巴黎统筹委员会的协定。《瓦森纳协议》的名称是以协定通过的地点荷兰海牙的地名来命名的，但是其总部设在奥地利的维也纳。在维也纳有一个永久秘书处，成员国派代表到维也纳组成工作组商议协议的工作政策，主要包括一般性工作小组和专家小组。《瓦森纳协议》的决策机构为全体会议，一般在每年 12 月召开一次全体会议，来审议工作小组的建议。

《瓦森纳协议》的主要任务是通过协商列出需要出口管制的商品和技术清单，而其执行主要是通过其成员国的国内立法和执行。成员国政府只需对协议报告情况负责执行。《瓦森纳协议》基本上是一个没有实质性权力的机制，只是成员国相互协商确定管制目录的论坛。因为《瓦森纳协议》强调国家自主决定具体的常规武器和两用商品与技术的转移，因此成员国常会因为具体交易而产生争论。比如俄罗斯并不认为同伊朗分享核技术是违背国际义务，或者会造成严重的安全风险，而美国则强调这些交易的危险性。因此，尽管从原则上成员国都认识到了防止两用商品与技术扩散的重要性，但是在具体的交易上，因为每个国家的关注点和利益并不相同，对协议的解释和执行也不尽相同。

（二）核供应国集团

核供应国集团（Nuclear Suppliers Group，NSG）是1975年成立的非正式机构，制定管理核交易的一般规则，这些规则被用来监督核贸易，防止核武器的扩散。1974年，印度爆破了核装置，引起了国际社会的关注，注意到为和平利用目的而转移的核技术可能被滥用，因此设立核供应国集团来确定核贸易的基本规则。

核供应国集团包括全体会议、咨询小组、信息交换会议和工作小组。核供应国集团主要的工作就是确保核贸易只是用于和平目的，而不是将其用于军事目的，从而增加核扩散的风险。核供应国集团的主要工作是在1978年和1992年分别提出两份关于核贸易的原则文件。1978年通过的核转移指导原则，主要是处理同核用途相关的出口，包括核原料、核反应堆与设备，用于核反应堆的非核材料，对核原料进行加工或浓缩的设备、原料或重水生产的设备，以及同上述项目相关的技术。第二份指导原则是关于同核相关的两用设备、材料、软件以及相关技术的控制。

核供应国集团同《瓦森纳协议》一样，都是非正式的机制，只是提供一般的交易原则和指导方针，具体贸易的决定权仍然由成员国根据本国法律和程序进行决定。2004年5月，核供应国集团年会全会一致批准中国成为核供应国集团成员。

（三）澳大利亚集团

1984年初，联合国调查小组发现伊拉克在两伊战争中使用了化学武器，违背了1925年《日内瓦议定书》，而其中一些用于制造化学武器的原料和设备是通过合法的贸易渠道获得的。这件事情引起了对化学武器扩散的重视，为了应对这类事件，一些国家强调通过出口控制的方法来降低化学武器扩散的风险。澳大利亚提议召开会议，协调和商议需要控制的化学物品的目录和管制方法。1985年在布鲁塞尔召开了澳大利亚集团（Austria Group）的第一次会议，也就是成立会议。之后每年在巴黎召开一次年会。澳大利亚集团在20世纪90年代加入了对生物武器管制的内容，后来又加入了对相关技术和设备控制的内容。

澳大利亚集团的主要目标就是成员国通过许可证的方式确保特定化学品、生物品以及两用化学和生物制造设备和仪器的出口不会导致化学武器和生物武器的扩散，以及协调各国的出口许可证制度。通过上述措施来防止化学武器、生物毒素以及两用技术的扩散，并对化学毒剂、生物毒素以及两用技术和设备的买卖进行限制。澳大利亚集团将自身定位为促进1993年的《禁止化学武器公约》和1972年的《禁止生物武器公约》的执行。澳大利亚集团要在确保化学和生物相关产品的合法贸易基础上，确保通过有效管制防止化学和生物武器以及相关产品和技术的扩散。

澳大利亚集团是一个非正式的协定，参与澳大利亚集团并不用承担任何约束性的义务，其合作的有效性依赖于成员国对《禁止化学武器公约》和《禁止生物武器公约》所做承诺的履行。所有加入澳大利亚集团的国家都是《禁止生物武器公约》和《禁止化学武器公约》的成员国。

（四）桑戈委员会

桑戈委员会（Zangger Committee）是《防扩散条约》的出口集团，其目的主要是对《防扩散条约》第3条第2款进行解释。1971—1974年，当时15个《防扩散条约》的成员国和其他可能成为成员的国家在维也纳举行了一系列非正式会谈，因为这些会谈是在桑戈教授主持下进行的，因此后来就将这个组织称为桑戈委员会。当时这些参与非正式会谈的国家都是核原料和设备的供给国或者潜在的供给国，因此会谈的目标是就下列问题达成共识：界定原料和特种裂变原料以及为生产、使用或者加工这些材料而设计或制造的设备与材料；为了实现《防扩散条约》第3条第2款的要求，在商业公平竞争的基础之上，设定对这类设备和材料出口管制的条件与程序。截至2015年，该委员会共有39个成员国。

桑戈委员会通过协商一致做出决定，其地位是非正式的协商机制，因此其决定对成员国也不具有约束力。1972年，委员会在两个备忘录中就上述问题达成了基本共识。这两个备忘录构成了桑戈委员会的指导原则，界定了《防扩散条约》中第3条第2款的关键概念。第一个备忘录有关原料和特定裂变材料，第二个是关于设备与材料的界定。这两个备忘录后来也被称为“触发清单”，因为上面列出的出口项目要求要在国际原子能机构的监督下进行。

（五）导弹及其技术控制制度

导弹及其技术控制制度（Missile Technology Control Regime）是一个非正式的、自愿的国家联盟，其目的是防止能够投射大规模杀伤性武器的运载工具的扩散。在1987年成立之初，其成员国只有加拿大、法国、德国、意大利、日本、英国和美国7个国家，至2016年3月共有34个成员国，这些国家都同意协调各自的出口管制政策防止导弹扩散。

导弹及其技术控制制度的目标是限制导弹、完整火箭系统、无人驾驶飞行器以及能够负载500千克以上飞行300千米以上的相关系统的技术，包括弹道导弹、空间发射装置、巡航导弹、远程驾驶飞行器等。导弹及其技术控制的内容主要包括两个类别：一是所有能够运载超过500千克、射程超过300千米的导弹体系或次体系，尤其是生产这些系统的设备；二是导弹相关的零部件，比如火箭推进的燃料、航空电子设备以及能够用来生产类别相同的其他产品。

导弹及其技术控制制度的主要工作方法也是设定政策指导原则和控制清单，由成员国政府自主执行；成员国经常性地交换相关信息；举行全体成员会议。导弹及其技术控制制度促成了防止弹道导弹扩散的国际行动规则，也就是海牙行动规则的建立。在1999年，其内部成员开始就这个问题展开协商，然后又同外部的非成员协商。2001年在渥太华达成草案，先后两次会议参与国家分别超过70个和90个。2002年在海牙通过了《防止弹道导弹扩散海牙行为准则》。

二、多边出口管制机制的制度设计

目前的多边出口管制机制基本上都属非正式的机制，其工作的基本方法是多边机制制定出口管制的指导原则和管制清单，成员国根据指导方针和管制清单自主执行，主要执行方式是出口许可证控制，也就是对敏感项目的出口必须要具有许可证。多边出口管制在机制设计上具有共同点，一般都通过下列方法指导出口控制：

第一，出口清单管制。出口管制清单是所有出口管制机制的基本组成部分和主要方法。出口管制机制的主要任务就是通过多边协商确定敏感项目清单。然后各国根据出口管制清单对本国出口的敏感商品办理许可证，对违背出口管制的行为加以惩罚。

第二，总体管制（catch-all control）或最终使用管制（end use controls）。除了管制清单上高度敏感的项目之外，还有一些项目尽管不是那么敏感，但是仍可以用于大规模杀伤性武器或导弹的生产，比如一般性的加工机床、测试设备以及电子设备等。因此，为了加强对这些未列入管制清单的项目的管制及有效地防止大规模杀伤性武器和导弹项目的扩散，国际社会需要采取特定方法处理这些未列入管制清单的项目。解决这一问题的重要办法就是强调最终用途和最终使用者的管制手段。也就是说，如果政府相信某些出口项目可能会用于发展大规模杀伤性武器或者导弹，那么这类商品的出口仍然需要政府许可。

第三，中间人管制。中间人在国际军火交易中起着重要作用，中间人网络可以避开政府监控，从而增加了扩散威胁。对中间人加强控制是阻止非法军火交易的重要一环。因此，很多国家的出口管制都要求军火中间人注册，并且每年向出口管制机构报告活动。

第四，运输管制。为了加强防扩散的效果，还要对军火或者敏感项目交易的运输方式加以管制，国家要对海上、空中以及领土内的运输加以检查和管制。

总的来看，多边出口管制体系多是非正式的机构，其主要的功能是列出管制清单，提出新的管制措施，提供给各国参考。出口管制的实际行动仍然需要实际的商品或技术的出口国根据本国的法律、办法和判断来执行。多边出口管制体系缺少必要的监督机制和执行机制。

三、出口管制体系面临的挑战

冷战之后，面对全球化和恐怖主义的双重挑战，原本就不强韧的出口管制体系更是面临更大的挑战。

第一，挑战来自出口管制体系所要控制的内容。出口管制主要是控制武器以及两用商品与技术的出口，但是两用商品与技术本身的特征增加了有效出口管制的难度，很多敏感的商品与技术贸易都是军民两用的，评估与判断一种商品或技术是否会用于发展大规模杀伤性武器或者导弹是相当困难的。而且，全球敏感两用商品和技术的出口商的数目不断增加，全球化使得敏感商品和技术的研究、生产和交易的链条变得更加复杂，全球供应商之间的相互竞争使得国际政策协调越来越困难。再就是这些两用商品和技术在全球经济中越来越重要，所占比重越来越大，导致很难完全通过国家的力量实现完全控制。

第二，挑战来自多边出口管制体系内部。目前出口管制机制主要是采取协商一致的决策模式，通过国家自主执行来进行出口管制，不仅成员之间缺乏足够的协调，而且信息共享不足，也不能在共同监督与执行上达成共识。现有出口管制机制的成员国都承认面临新的扩散威胁，但是却难以就什么样的问题构成了 21 世纪的主要威胁达成共识。一些国家担心恐怖主义，而另一些国家则将次级扩散放在优先地位，也就是《防扩散条约》之外的国家间的武器扩散危险。

第三，挑战来自全球扩散网络的发展。冷战之后，非国家行为体或是作为供给者，或是中间人，或是最终使用者都开始变得更加活跃。比如巴基斯坦的“原子弹之父”卡迪尔·汗的核走私网络就是利用在马来西亚的斯科米精密工程公司生产离心机部件，利用在欧洲、中东和非洲的网络购买其他部件，利用在迪拜的计算机公司作为幌子公司等。再比如伊拉克为了获得大规模杀伤性武器相关的部件和技术，建立了由 200 多个幌子公司组成的采购网。[①]这都增加了出口管制的难度。

第四，苏联解体后，增加了大规模杀伤性武器扩散的风险。在苏联解体之前，苏联的核武库、核原料和技术得到了严格的控制和管理。苏联解体之后，一方面继承其核武器的国家一下子增多了，苏联的核武器曾经分布在 14 个新独立的原苏联加盟共和国境内；另一方面苏联的相关方面的研究人员和科学家数目众多，在新的经济条件下，有不少人从事新的工作或者出国。这都增加了扩散的风险。据报告，俄罗斯在 1993 年共破获了 11 起盗窃铀案件，约 900 起非法进入核设施案件，约 700 起核设施工作人员偷窃机密文件案件。[②]

第五，恐怖主义的挑战。恐怖分子是最迫切希望获得大规模杀伤性武器的群体。根据一项评估，恐怖分子的战术将变得更加成熟，且会具备造成大规模死伤的能力。[③] 各种跨国犯罪组织将在信息、金融和运输上更加网络化。联合国安理会确认存在跨国犯罪与恐怖组织结成联盟的可能性。[④] 如果这样，这些组织将极大扩展其规模和活动的范围，通过信息共享和武器交换等手段，造成更大的破坏性。

在过去 20 多年中发展起来的多边出口管制机制在面对这些挑战的时候，也需要不断地调整与发展。既有的出口管制机制主要是由敏感商品与技术的出口国创立的，是出口国相互协调和统一出口管制政策的制度网络，通过这些非正式的机制来控制核武器、生化武器、常规武器、武器运载工具以及两用技术的扩散。但是，现有的扩散挑战已经打破了原来国家中心的出口国管制模式，现在还必须要应对体系之外国家通过自身发展出来大规模杀伤性武器、非国家网络的形成等威胁。

思考题

1. 国家之间的军备竞赛是否可以避免？
2. 运用外交手段能否有效地解决朝核问题这样的地区安全挑战？
3. 多边出口管制机制面临怎样的挑战？

---

①② 参见田景梅：《试析非国家行为体核扩散》，载《现代国际关系》，2007（10）。

③ U.S. General Accounting Office, Nonproliferation: Strategy Needed to Strengthen Multilateral Export Control Regimes, GAO-03-43, October 2002.

④ UN Security Council Resolution 1540, S/RES/1540 (2004), 28 April, 2004.

非传统安全问题

非传统安全是相对于传统安全而言的，在西方学者的著述中也用“非军事安全”（non-military security）、“非传统问题”（non-traditional issues）和“新安全”（new security）等词汇来表述这一概念。20世纪70年代以后，随着东西方对抗出现缓和，以及全球化的发展，非传统安全问题凸显出来，尤其是冷战结束后，非传统安全在国际安全领域地位更为突出。

第一节　非传统安全

一、非传统安全的由来

传统安全的核心是维护国家主权和领土完整不受侵犯。在人类历史上，战争一直是各国面临的主要和长期的安全威胁。《孙子兵法》开宗明义地点出军事在国家安全中的重要意义：“兵者，国之大事，死生之地，存亡之道，不可不察也。”在有文字记载的5 700多年中，世界上共发生14 000多次战争，造成36.5亿人死亡。还有人通过计算机统计，自公元前3200年至公元1964年的5 164年中，只有329年是和平时期。①

20世纪的两次世界大战凸显出军事力量的重要意义。两场战争的规模、破坏程度以及伤亡人数都是史无前例的。冷战期间，国际格局以美苏两大军事集团对峙为特点，表现为在军事和意识形态领域的全面对抗。传统安全观在冷战时期居于主导地位，这种安全观把国土安全作为国家安全的核心，把外部敌对国家的军事侵略视为对国家安全的核心威胁。这种思考方式产生于战争与革命的年代，比较适合处理冷战时期的危机和冲突。在冷战时期，安全研究的重点是核武器的威慑、常规武器的使用以及军备控制问题。

非传统安全概念的提出反映出人们对安全认识的变化以及国家安全内涵的转变。国际关系理论中的现实主义流派将国际政治视为争夺权力的斗争。现实主义者假设世界政治中的问题有等级之分，其中军事安全最为重要。作为高级政治（high politics），军事安全主

① 参见陆忠伟主编：《非传统安全论》，16页，北京，时事出版社，2003。

导着经济和社会等低级政治（low politics）事务。① 在冷战结束前，安全研究专家的主要精力集中于高级政治事务，而非传统安全则将关注的焦点转向低级政治领域的问题。

金融安全、恐怖主义、环境污染、人口爆炸和传染病流行等非传统安全问题并不是全新的问题，却已经构成各国面临的现实和迫在眉睫的威胁。据联合国发展署公布的数字，在1955—2000年的45年间，死于自然灾变、流行病、瘟疫、恐怖活动以及极度贫困的人数是战争死亡人数的80倍。② 美国前国务卿基辛格在1975年颇具预见性地指出："在处理传统议题上取得进展是不够的，一种崭新的前所未有的问题已经出现。能源、资源、环境、人口以及太空和海洋利用等问题已经与构成传统外交议程的军事安全、意识形态和领土争端等问题并驾齐驱。"③

专栏 7.1　　非传统安全

非传统安全指的是由非政治和非军事因素所引发，直接影响甚至威胁本国和别国乃至地区与全球发展、稳定和安全的跨国性问题以及与此相应的一种新安全观和新的安全研究领域。

资料来源：陆忠伟主编：《非传统安全论》，20页，北京，时事出版社，2003。

早在冷战期间，很多有识之士就提出了扩大安全研究议程的建议。20世纪60年代中期，英国著名学者、英国学派的代表人物赫德利·布尔曾批评战略和安全问题专家"过分注重分析内部稳定、拥有最先进武器的国家之间的经典性冲突"，却忽视了"不稳定国家内部及相互之间的冲突"，这些冲突其实"更普遍、更有代表性"④。

20世纪60年代末70年代初，东西方关系走向缓和，东西方两大阵营的对抗由追求军事霸主地位逐渐转向在经济和科技等领域的竞争，资源和环境问题也成为亟待解决的问题。1972年，罗马俱乐部发表题为《增长的极限》的研究报告。报告指出，由于世界人口增长、粮食生产、工业发展、资源消耗和环境污染这五项基本因素的运行方式是指数增长而非线性增长，全球的增长将会因为粮食短缺和环境破坏于21世纪某个时段内达到极限。报告表达了对人类前途"严肃的忧虑"，为人类可能面临生态灾难敲响了警钟。

两次石油危机对全球经济的发展构成严重冲击，促使人们将贸易和金融等经济议题纳入国家安全的视野。在1973—1975年的第一次石油危机期间，经济停滞与高通货膨胀率并存，所有发达资本主义国家的经济发展都受到"滞胀"影响。1978年底，世界第二大石油出口国伊朗的政局发生剧烈变化，伊朗亲美的温和派国王巴列维下台，引发第二次石油危机。此时又爆发了两伊战争，全球石油产量受到影响，从每天580万桶骤降至100万桶以下。石油价格在1979年开始暴涨，致使西方发达国家的经济陷入全面衰退，能源安全更受人们重视。

联合国在促进人们安全观念的转化方面也发挥了积极的作用。1980年，联合国设立

---

① 参见［美］罗伯特·基欧汉、约瑟夫·奈：《权力与相互依赖》，24页，北京，北京大学出版社，2002。

② 参见朱锋：《非传统安全呼唤人类共同体意识》，载《瞭望新闻周刊》，2006（4）。

③ ［美］罗伯特·基欧汉、约瑟夫·奈：《权力与相互依赖》，27页，北京，北京大学出版社，2002。

④ Hedley Bull, "Strategic Studies and Its Critics", *World Politics*, Vol. 20, No. 4, July 1968, p. 605.

的非官方学术团体“国际发展问题独立委员会”（亦称勃兰特委员会）发表题为《北方与南方：争取生存的纲领》报告，首次提出应该用“非传统的方法”看待安全问题，“呼吁建立一种新的安全概念，以使其超越狭隘的军事防御观念，朝着更具有广泛的独立逻辑的方向发展”①。

进入20世纪80年代，以军事安全为主的安全理论受到新的挑战。美国国际政治经济学家理查德·H·厄尔曼（Richard H. Ullman）和英国伦敦经济学院教授巴瑞·布赞成为倡导非传统安全研究的先行者。1983年，厄尔曼发表《重新界定国家安全》一文，对传统现实主义安全观提出批评，认为安全威胁应该包括自然灾害这类环境与生态恶化问题，要关注“非军事安全”问题。厄尔曼对安全做出新的定义，将急剧地威胁并在较短时间内降低了一国居民生活质量，或者严重限制政府和非政府实体可能做出的政策选择范围的问题均视为安全威胁。②

布赞于1983年出版专著《人民、国家与恐惧：国际关系中的国家安全问题》。③ 在这部安全研究的经典著作中，布赞对安全做出宽泛的界定，认为安全是“对免于威胁的自由的追求，以及国家和社会在应对其认为是敌对的变革力量时，维持独立认同感和完整功能的能力。安全的底线是生存，也包括对于生存条件的一系列实质性问题的关注”④。布赞把安全问题划分为军事安全、政治安全、经济安全、社会安全和环境安全五大类。

1982年，“关于裁军和安全问题独立委员会”发表了题为《共同安全：一种生存蓝图》的研究报告。报告指出，两极对抗和庞大的核武库将使人类面临灭顶之灾，因此避免战争，尤其是避免核战争是人们共同的责任。各国应通过合作、裁军和建立信任措施等方式寻求安全，“接受共同安全作为一种组织原则，以减少战争爆发危险，限制军备和走向裁军，意味着在解决冲突时以合作代替对抗”⑤，在国际协作的基础上应对各种安全威胁。

第一份强调非传统安全的国家战略文件是日本的《综合安全保障战略》。综合安全这一提法最早出现在1976年日本自民党竞选宣言中。1980年，日本首相大平正芳的咨询机构“政策研究会”提出“综合安全保障战略”，列出经济安全、能源安全和粮食安全等一系列课题，强调一国所受到的威胁是综合的、多方面和相互关联的，因此一个国家用以对付威胁的手段也必须是综合、多方面、互为补充的。

冷战结束后，美国和俄罗斯等国都大规模地削减了其在海外的驻军，军事力量在全球安全中的重要性明显下降，非传统安全问题日益突出。各国学者开始重新审视国际关系，深刻地认识到冷战时期的安全研究过分关注军事问题，这样的狭隘视角无助于应对新的安

---

① Report of the Independence Commission on International Development Issues, *North-South: A Programme for Survival*, London: Pan Books, 1980, p. 124.

② Richard H. Ullman, “Redefining Security”, *International Security*, Vol. 8, No. 1, Summer 1983, p. 133.

③ Barry Buzan, *People, States and Fear: The National Security Problem in International Relations*, Chapel Hill, N. C.: University of North Carolina Press, 1983.

④ Barry Buzan, “New Patterns of Global Security in the Twenty-First Century”, *International Affairs*, Vol. 67, No. 3, July 1991, pp. 432-433.

⑤ The Independent Commission on Disarmament and Security Issues, *Common Security: A Blueprint for Survival*, New York: Simon and Schuster, 1982.

全威胁。美国哥伦比亚大学外交学院教授戴维·A·鲍德温（David A. Baldwin）指出，冷战后的安全研究将出现向冷战前的安全研究回归的趋势，要理解20世纪90年代的安全问题，学者可能会从1945—1955年的安全研究著述中获得启发："他们虽然不能指望从老一代学者那里找到答案，却可以发现正确的问题。"①

1991年，美国在冷战后第一份《美国国家安全战略报告》中，强调非传统安全在美国国家安全中的重要意义，比较系统地阐释了非传统安全这一概念，包括"除武装冲突以外的对美国及其公民安全和利益的威胁"，如恐怖主义威胁、核生化武器扩散、国际毒品贩运走私和环境保护等问题。②

1994年，联合国秘书长加利发表《安全议程》，提出"人的安全"的概念。1995年，多位国际知名学者组成的学术团体发表《天涯成比邻》报告，呼吁确立以人为中心的安全概念，更多地关注人的生命、自由和尊严，并将此作为全球安全政策的目标之一。报告指出："把安全概念局限于对国家的保护，实际上是置人民的利益于不顾。"③

20世纪90年代中后期，非传统安全引起人们的高度重视。美国、加拿大、欧洲安全与合作组织和东盟等国家与国际组织关于国际安全问题的战略报告和政策文件中频繁出现"非传统安全"这一概念。中国政府从2001年起开始在一些重要的政策文件中使用"非传统安全"一词，如2001年《国防白皮书》和2002年5月《关于加强非传统安全领域合作的中方立场文件》等。中共十六大报告更明确将打击恐怖主义等非传统安全议题提上日程。非传统安全威胁已经成为中国在21世纪面临的重要安全挑战。

二、非传统安全的研究议程

非传统安全的研究议程契合冷战后安全环境的特点，将焦点转向新时期一系列备受人们关注的安全议题，由此衍生出经济安全、金融安全、环境安全、能源安全、食品安全和信息安全等一系列次级安全概念。按照非传统安全的"问题领域"，可以将非传统安全威胁分为五大类。④

（一）非传统安全威胁的类别

第一类是人类为了可持续发展而产生的安全问题，包括环境安全、资源利用、全球生态问题以及传染性疾病的控制和预防。研究表明，近半个世纪以来，自然灾害发生的频率明显提高，强度明显增加。在20世纪60年代，全球每年发生的自然灾害为100次左右，现在则达到每年500次以上。仅1974—2003年间，全球就发生过6 367次重大自然灾害，平均每年200次以上，造成至少200万人死亡，1.8亿人流离失所。⑤ 气候变暖导致全球冰雪覆盖面积减少，灾难性气候接连不断，一些岛国因海平面上升而被海水吞噬。2015年2月，联合国亚太经社会发表《亚太地区的自然灾害：2014年回顾》报告，2014年全

---

① David A. Baldwin, "Security Studies and the End of the Cold War", *World Politics*, Vol. 48, No. 1, October 1995, p. 141.

② 参见陆忠伟主编：《非传统安全论》，86页，北京，时事出版社，2003。

③ Commission on Global Governance, *Our Global Neighborhood*, Oxford: Oxford University Press, 1995.

④ 关于几类非传统安全问题的划分方法，参见朱锋：《"非传统安全"解析》，载《中国社会科学》，2004（4）。

⑤ 参见熊光楷：《国际形势与安全战略》，61页，北京，清华大学出版社，2006。

球共发生 226 起自然灾害，其中一半发生在亚太地区，严重的跨境风暴、洪水和山体滑坡共造成 6 000 多人死亡，7 960 万人受灾。据民政部、国家减灾委办公室发布的数据，2014 年中国共有24 353.7 万人次遭受自然灾害，导致 1 583 人死亡，直接经济损失达 3 373.8 亿元。

第二类是人类社会活动中由于个体国家或者个体社会失控失序而对国际秩序、地区安全乃至国际稳定所造成的威胁，包括经济安全、社会安全、人权和难民等问题。据统计，在近些年爆发的各类地区冲突中，因民族矛盾、种族仇恨引发的约占 40%，因宗教纠纷引发的约占 15%，因领土纠纷引发的约占 20%。① 粮食安全也成为困扰很多落后国家的难题。从 2005 年到 2008 年，小麦和玉米价格涨了 3 倍，大米的价格则涨了 5 倍，直接导致 20 多个国家发生粮食危机和政治动乱。近几年，撒哈拉沙漠以南的非洲人均粮食产量呈现负增长，平均每年出现 1 000 万吨的粮食亏空。②

据粮农组织估计，2009 年全球饥饿和营养不足人口达 10.2 亿，为 1970 年以来最高，且增长仍在持续。这是世界饥饿人口首次超过 10 亿。据世界粮农组织估计，2012—2014 年约有 8.05 亿人长期受食物不足困扰，比上个十年减少 1 亿多。世界上约有 1/9 的人口仍然食不果腹。③ 这一数据体现出区域上的巨大差异。东亚、东南亚、拉丁美洲和加勒比已经实现有关消除饥饿的千年发展目标，高加索和中亚有望在近年实现这一目标。然而撒哈拉以南非洲、南亚和西亚则难以实现千年发展目标。

第三类是跨国界的有组织犯罪，如贩卖人口和毒品走私等。据国际海事组织海盗监控中心提供的数据，2008 年，索马里附近海域有 95 艘船只遇抢，40 艘被劫，600 多名船员遭绑架。索马里海域已经成为世界上最危险的海域。索马里海盗自 2008 年开始猖獗，2011 年海盗事件达到 237 起，此后索马里海盗事件呈减少趋势，到 2014 年为 11 起。据《一个更安全的世界：我们的共同责任》估计，犯罪组织每年从麻醉品贩运中获利 3 000 亿～5 000 亿美元。在有些地区，通过毒品走私所获利润甚至相当于某些国家的国内生产总值。毒品贩运刺激了海洛因静脉注射的增长，在世界某些地区造成艾滋病疯狂蔓延。有越来越多的证据表明，毒品走私是恐怖集团筹资的重要渠道，这在阿富汗尤为明显。

第四类是非国家行为体对现有国际秩序的挑战和冲击，最典型的是国际恐怖主义。据不完全统计，仅 2004 年一年，全球发生的较大规模的恐怖事件就导致 2 900 人死亡、8 200 人受伤。④ 在恐怖头目本·拉登领导下的“基地”组织对美国实施的“9·11”恐怖袭击中死亡的人数，超过了日本偷袭珍珠港时美军的死亡人数。这一事件造成全球经济损失约 1 万亿美元，美国仅资本市场方面的损失就将超过 1 000 亿美元。⑤

第五类是由于科技发展以及全球化所产生的安全脆弱性问题，例如网络安全、信息安全以及基因工程安全。美国哈佛大学教授约瑟夫·奈指出：“信息作用的上升，改变了传

---

① 参见倪世雄等：《当代西方国际关系理论》，443 页，上海，复旦大学出版社，2001。
② 参见乔尔·博纳：《全球粮食缺口有多大》，载《海外文摘》，2009 (9)。
③ 参见联合国粮食及农业组织：《世界粮食不安全状况》，见 http://www.fao.org/3/ai4030c.pdf。
④ 参见张艳军：《非传统安全与中国的新安全观》，载《社会科学论坛》，2008 (8)。
⑤ 参见王庭东：《“9·11”事件与全球恐怖主义治理》，载《世界经济与政治》，2002 (4)。

统的从资源角度界定国家权力的做法。在 18 世纪的均势体系中，领土、人口和农业是步兵的基础，因而也是至关重要的权力资源。在 19 世纪，工业能力成为这种权力资源。而在 21 世纪，被笼统称为信息技术的东西很可能是最为重要的权力资源。”[①] 2014 年 12 月，索尼影业公司遭到黑客攻击，黑客将索尼公司的摄制计划、明星隐私和未发表的剧本等敏感数据公布在网络上，索尼公司承受的经济损失高达 1 亿美元。如果网络黑客使社会的电力系统感染上计算机病毒或破坏计算机系统，就可以使电力供应系统瘫痪，造成社会的巨大混乱。

以上五类问题都与人们的生活息息相关。在全球化和信息化的时代，应对这些威胁也变得更为现实和迫切。非传统安全的研究议程突破了以往将安全研究聚焦于军事领域的窠臼，从安全研究的主体、研究议题、研究目标和实现安全的手段四方面拓宽了安全研究的议程。

（二）非传统安全的特点

1. 安全主体的多样性

传统安全将民族国家作为安全研究的主体；而非传统安全将跨国公司、恐怖集团等非国家行为体纳入安全研究的议程，安全主体更具多样性。在传统安全研究中，各国以其他主权国家或国内分裂势力作为主要威胁，尤其关注军事威胁。美国学者阿什顿·卡特（Ashton Carter）和威廉·佩里（William Perry）于 1999 年出版《预防性防御：一项美国新安全战略》一书。他们将美国国家安全面临的威胁分为三类：一是决定国家生死存亡的威胁，如冷战时期的苏联；二是虽不决定国家生存却对国家安全构成直接损害的紧迫威胁，如伊拉克和朝鲜；三是虽不直接威胁国家安全却对其构成间接影响的威胁，如科索沃、索马里和卢旺达。[②] 这种划分方法反映出传统安全研究关注国家行为体的倾向。

以国家为主体的安全研究视角具有较大的局限性。在冷战结束之后，国际安全威胁的来源是多元的、复杂的。这些威胁可能来自国外，也可能来自国内；不仅涉及主权国家，也涉及恐怖主义组织、跨国犯罪集团以及社会团体和个人等非国家行为体。按照威胁的来源，有的学者将非传统安全威胁分为三类。第一类是次国家性的，包括政治、种族、宗教、文化和民族冲突，这些威胁从内部对民族国家的权威提出挑战。第二类是无国家性的，其威胁与它们所属的国家无关，如地区性的有组织犯罪、海盗和恐怖主义活动。第三类是超国家性的，威胁超越了民族国家的边界，包括国际犯罪组织以及协助武器扩散的非正式经济组织。[③]

美国安全专家乔治·费达斯（George Fidas）指出，冷战时代的威胁是有“威胁者”的威胁，而后冷战时代的威胁是“没有威胁者的威胁”（threats without threateners）。[④] 在新的安全环境下，美苏两大超级大国核战争的风险不复存在，然而新形势下的安全威胁却具有

---

① ［美］约瑟夫·奈：《理解国际冲突：理论与历史》，305 页，上海，上海人民出版社，2002。

② Ashton Carter，William Perry，*Preventive Defense：A New Security Strategy for America*，Washington：Brookings Institution Press，1999，p. 11.

③ 参见王小东：《信息时代的世界地图》，44～46 页，北京，中国人民大学出版社，1997。

④ 参见陆忠伟主编：《非传统安全论》，21 页，北京，时事出版社，2003。

更大的不确定性。英国著名社会理论家和社会学家安东尼·吉登斯（Anthony Giddens）精辟地指出："今天，国家面临的是风险和危险，而不是敌人。"① 这些安全威胁更加难以把握，也更难应对。

2. 安全议题的拓展

传统安全将安全研究的领域局限于国家安全和军事安全范畴；而非传统安全关注经济、社会和环境等问题对国际安全的影响，拓展了安全研究的议题。传统安全关注的根本问题是战争和战争威胁。安全研究甚至一度被界定为"对于威胁、运用和控制军事力量的研究"②。各国的主要目标在于维护国家在国际体系中的生存、独立和自主权。在冷战期间，欧洲形成了北约和华约两大军事集团对峙的局面。在美苏对峙的高峰时期，世界时刻笼罩在核战争的阴云下。在冷战格局下，传统安全观强调结盟关系和结盟政治，敌我阵线分明。

非传统安全研究突破原有军事安全框架，将影响范围更大、破坏性更复杂的非军事威胁提上议程，关注这些包罗万象的因素对国民生存、国际关系和地区安全的影响及其防范措施。美国哥伦比亚大学教授戴维·A·鲍德温指出，传统安全研究主要关注实现安全的手段，尤其强调通过军事手段来实现安全。而在冷战后，很多学者都主张将非军事威胁纳入国家安全的议程，其中环境保护、推进人权和民主以及促进经济发展之类问题都不可能完全依靠军事手段解决。传统安全研究仅仅关注军事问题的视角表现出很大的局限性。③

在非传统安全的研究议程中，环境安全、金融安全、能源安全、公共安全、粮食安全和信息安全这些以往被安全专家忽视的问题日益受到人们的重视。非典型肺炎、禽流感和甲型 H1N1 流感等传染病在世界范围内的大流行严重威胁到人们的生命安全和健康。2003 年春在全球蔓延的"非典"疫情对世界经济的破坏程度不亚于一场地区战争。根据 2010 年的统计数字，每年约有 180 万人死于与艾滋病相关的疾病，每年约有 260 万新增的艾滋病患者。南非已经成为非洲艾滋病患者最多的国家。据联合国艾滋病规划署估计，南非民众中成人（15～49 岁）的艾滋病感染率已经达到 17.8%。据南非健康部统计，该国已有超过 600 万人感染艾滋病。

3. 安全目标的延伸

传统安全的目标仅仅在于维护单一层次的国家安全；而非传统安全涉及国民、国家和国际三个层次的安全，三者的交汇点是人的安全。传统安全的最终目标在于维护国家主权、领土完整和抵御外敌侵略；而非传统安全强调综合安全，既要维护国家的政治和军事安全，也要维护经济安全、社会安全、环境安全和人的安全等。这一综合性的研究议程可以让人们更深入地思考国际安全议程和国内安全议程之间的相互作用。

1994 年联合国开发计划署的《人类发展报告》从经济安全、粮食安全、健康安全、环境安全、人的安全、社区安全和政治安全七大领域，全面系统地阐述了"人的安全"的

---

① [英] 安东尼·吉登斯：《失控的世界》，14 页，南昌，江西人民出版社，2001。

② Joseph S. Nye and S. Lynn-Jones, "International Security Studies: A Report of a Conference on the State of the Field", *International Security*, 1988 (12), pp. 5-27.

③ David A. Baldwin, "Security Studies and the End of the Cold War", *World Politics*, Vol. 48, No. 1, October 1995, pp. 129-130.

概念。人的安全强调把安全的主体从国家回归到个人，注重保障个体的权益，强调后冷战时代全球安全的主体不仅是国家，更应包括“人类”本身。人的安全概念的提出具有很强的现实意义，要求政治家在国际事务中寻求更全面的政治解决方案，考虑更加周全，照顾各方面的利益。

在人类历史上，为了实现国家安全而牺牲人的安全的例子不胜枚举。战争总是以惨重的人员伤亡告终。即使在以“零伤亡”著称的 1991 年海湾战争中，以美国为首的多国部队也为胜利付出了很大的代价。美国为了在空袭中最大限度地实现摧毁敌方目标的效果，不惜使用贫铀弹，致使很多美国和英国的老兵都因辐射患上了“海湾战争综合征”。这些老兵受到肌肉疼痛、长期疲乏、失眠、丧失记忆、头晕、情绪低落、身体消瘦等后遗症的折磨，有些人已经在病痛中离开了人世。

2001 年 12 月 10 日，联合国秘书长科菲·安南在其诺贝尔奖获奖感言中称，在新世纪，我们开始理解到，和平不仅属于各个国家及其人民，也属于这些国家与社会共同体中的每一个人。国家主权不能再被作为侵犯人权的“盾牌”。① 人的安全这一概念把个人作为实现安全的最终目标。倡导人的安全，从关爱生命出发，体现出以人为本的人文关怀。

4. 安全维护手段的多样化

非传统安全主要将国家实力特别是军事力量作为实现安全的手段；而非传统安全在强调实力的同时，更强调合作安全，维护安全的手段更加多样化。从 15 世纪中期起，欧洲国家开始了对外扩张的进程，依靠坚船利炮向世界扩展其势力范围，在亚洲、非洲、大洋洲以及美洲占据了多个殖民地，积累了巨额财富。而今，侵占领土以及对外扩张已经不再是一国实现自身利益最大化的方式。

随着全球化进程的发展，各国之间的相互依存度更高，大国之间爆发大战的可能性也有所下降。在冷战结束后，大国之间的纵横捭阖往往以实力为依托，以谈判为手段。20 世纪 90 年代以来，索马里和波黑这样的缺乏有效的治理以及在经济上贫困落后的地区成为新的冲突热点地区。

解决非传统安全问题既要着眼于当前，又要标本兼治，致力于消除贫困，建立公正合理的国际新秩序。非传统安全研究关注的很多问题都不能单纯依靠军事手段来解决，而应采取综合治理的手段。在反恐斗争中，单纯运用军事打击的手段，很可能播下仇恨的种子，激化矛盾。在应对生态环境恶化和能源短缺等问题上，世界各国需要进行密切合作，建立制度化的合作机制，才能妥善解决这些与人类的生存和发展息息相关的问题。

三、非传统安全威胁对国际社会的挑战

在后冷战时代，非传统安全问题逐渐由边缘性的问题变为国际安全研究关注的中心议题。中国人民解放军原副总参谋长、中国国际战略学会原会长熊光楷指出，非传统安全威胁之所以由原先潜在的、局部的问题演变成全球性的现实威胁，有其复杂深刻的历史背景

① 参见陆忠伟主编：《非传统安全论》，26 页，北京，时事出版社，2003。

和成因，主要有以下四个方面：其一，国际政治秩序长期不公正，引发更多矛盾和危机。其二，世界经济发展长期的不平衡，造成更多不安全因素。贫富差距悬殊是导致矛盾和冲突的重要根源，促使一些发展中国家内部矛盾不断加剧，削弱了其应对危机、抵御自然灾害的能力，导致难民和非法移民数量急剧增加。其三，人类发展与自然环境长期失调，导致更多环境安全问题。其四，国家间联系的迅速发展与国际危机防范机制建设不匹配，使各种非传统安全威胁难以得到及时遏制。①

西方安全专家特里·特里夫（Terry Terriff）在《当代安全研究》一书中指出，非传统安全问题表现出的共同特点有：大部分非传统安全问题不以国家为中心，但具有跨国家或次国家的特征，因而不能简单地运用以国家为中心的安全理论去分析；大部分非传统安全问题没有明确的界限，而是扩散的、多维度和多方向的；非传统安全问题的挑战不能以传统的防范政策去应对，尽管涉及暴力冲突方面的军事防御仍有其作用，但更多需要通过非军事的途径去解决。②

中国安全专家指出，传统安全威胁体现为结构性与整体性威胁和暴力，而非传统安全是非结构性的、多样的，并非都是暴力性的。③ 非传统安全威胁具有其特殊性和复杂性。和传统安全威胁相比，这些新的安全威胁主要从四方面对国际社会构成了挑战：

其一，非传统安全问题往往植根于不公正不合理的国际秩序，有深刻的体制性和结构性根源，具有一定的顽固性和长期性，很难一劳永逸地得到解决。美国在中东问题上长期偏袒以色列，加剧了伊斯兰世界的仇美意识及宗教激进主义思潮的高涨，促使中东成为恐怖活动的高发区。小布什政府的中东政策激化了美国与伊斯兰世界的矛盾，伊斯兰极端势力利用民众的仇美情绪壮大了力量，哈马斯在巴勒斯坦赢得立法选举，宗教激进组织势力在埃及和约旦等国的影响也有所增强。恐怖暴力活动在伊拉克、阿富汗、埃及、沙特阿拉伯、摩洛哥、阿尔及利亚和约旦等国时有发生。

很多非传统安全威胁的产生都直接与世界贫富差距扩大相关。如今，全球的财富分配严重不均，穷国和富国的差距在扩大。从 1960 年到 1994 年，工业国在全球财富份额中所占的比例由 67.3%提高到 78.7%，而原苏联东欧地区所占比例则从 12.9%下降到 3.3%。（见表 7—1）。发展中国家在卷入世界经济体系的过程中，丧失了经济的自主性，沦为发达国家的原料产地和商品市场。美国历史学家罗兹·墨菲（Rhoads Murphey）精辟地指出："很清楚，港口城市就是十足的漏斗，本国的主要产品和财富通过这些漏斗都流到了西方。"④ 这些国家在现有经济体系中的不利处境，让它们永远无法步入发达国家的行列，很明显地陷入低增长、不良的治理和抵制经济全球化的恶性循环之中。贫困和落后往往成为动乱、恐怖主义以及跨国犯罪滋生的温床。世界银行前行长沃尔芬森指出，"财富的严重不平衡是一种威胁"，"一个不公正的世界是一个危险的世界"⑤。

---

① 参见熊光楷：《国际形势与安全战略》，59～61 页，北京，清华大学出版社，2006。
② 参见余潇枫等：《非传统安全概论》，51 页，杭州，浙江人民出版社，2006。
③ 参见陆忠伟主编：《非传统安全论》，38 页，北京，时事出版社，2003。
④ 转引自［美］斯塔夫里亚诺斯：《全球分裂：第三世界的历史进程》，282 页，北京，商务印书馆，1993。
⑤ 转引自杨洁勉等：《国际合作反恐：超越地缘政治的思考》，32 页，北京，时事出版社，2003。

表 7—1　　**1960—1994 年全球财富分配**

类别 / 年份	工业国	发展中国家	原苏联东欧地区
1960	67.3	19.8	12.9
1970	72.2	17.1	10.7
1980	70.7	20.6	8.7
1989	76.3	20.6	3.1
1994	78.7	18.0	3.3

资料来源：王逸舟主编：《恐怖主义溯源》，80 页，北京，社会科学文献出版社，2002。

其二，非传统安全威胁从产生到解决都具有明显的跨国性和扩散性特征，可以轻而易举地越过国界向其他地区蔓延。在全球化时代，非传统安全的蝴蝶效应表现得更为明显，正如一只蝴蝶在巴西扇动翅膀可能会在美国得克萨斯州引起龙卷风，任何一点小的冲突和摩擦都可能促发跨国的连锁反应，引起大规模的动荡。

非传统安全威胁具有很强的连带效应，可以迅速演变为世界性的问题，对国际秩序造成重创。美国次贷危机从 2008 年开始演变成一场波及全球、破坏力惊人的金融危机。危机重创了全球各类金融机构，欧美多家百年知名金融机构纷纷倒闭破产、重组或被迫国有化。危机对欧美发达市场的冲击大大超出人们的预期，也对发展中国家的经济造成严重伤害。冰岛银行体系宣布破产，俄罗斯股市大幅震荡，亚太地区的韩国和巴基斯坦等国也出现了严重的信用危机。

其三，非传统安全威胁具有较强的不确定性，威胁的来源以及潜在对手的意图都难以把握。非传统安全威胁让人们感到了后冷战时代安全的脆弱性："冷战时期我们至少能料到危险将来自哪个方向，而现在却不知何时何地就会遭殃。"① 和以往的国家行为体相比，恐怖主义和跨国犯罪团体等新的安全主体更加飘忽不定，没有固定的据点，难以预测其行动的时间和地点。

这些安全威胁常常突如其来地以危机的形式爆发，对国家安全造成直接威胁。网络病毒的传播就是一种典型的突发性安全威胁。2001 年发作的"红色代码"病毒在全球传播只用了 37 分钟的时间，而 2003 年 1 月 25 日攻击全球互联网的"Slammer"蠕虫病毒仅用 8 分钟就开始了大范围的传播过程。2003 年新年的第一天，印度和巴基斯坦两国黑客借助电脑病毒相互攻击，结果殃及全世界 100 多个国家的数十万台电脑。② 自 2010 年以来，"震网"（Stuxnet）病毒已经感染了全球超过 45 000 个网络，感染了伊朗 60%的个人电脑。

其四，非传统安全威胁具有很强的转化性，可以从一个领域波及其他领域，甚至直接威胁到国家的政权稳定和社会秩序。印度尼西亚在 1997 年金融危机的打击下，接连出现社会动荡、政权更迭、国家分裂等国家复合型危机。一些专家预测中东地区对水资源的争夺有可能引发新的地区冲突。恐怖主义威胁也可能影响一国经济的正常运行。2006 年 8 月 10 日，受到恐怖主义威胁的影响，英国宣布进入国家安全最高警戒状态，美国和多数欧洲国家取消了和英国之间的全部航班。10 日当天共有 600 多次航班被取消，19 万名旅客受到影响。

① 陆忠伟主编：《非传统安全论》，390～391 页，北京，时事出版社，2003。

② 参见上书，390～391 页。

英国各航空公司的股票均随之下挫，其中英国最大的航空公司英国航空公司的股票下跌5.6%，该航空公司的市值在一天内下跌近5亿美元，给英国的经济造成沉重的打击。①

非传统安全问题与传统安全问题之间没有绝对的界限。非传统安全问题有时与军事安全交织在一起，有时还可能诱发军事安全威胁。水资源短缺并不是传统意义上的安全问题，但在严重缺水的中东地区，水资源却有战略意义。如果非传统安全问题矛盾激化，有可能依靠传统安全的军事手段来解决，甚至演化为武装冲突或局部战争。如今，恐怖组织与军火走私、毒品、偷渡、洗钱等国际犯罪也有合流的趋势。恐怖组织为其他国际犯罪组织提供协助，换取从事恐怖活动所需的资金和装备。“基地”组织盘踞阿富汗时，曾与塔利班政权合作将阿富汗变成全球最大的毒品生产地，高峰时鸦片产量达到4 600吨，占到全球鸦片总产量的70%以上。②

能源危机、粮食危机和金融危机具有互通性。投机活动将石油价格推至历史新高，刺激了用粮食作物提炼乙醇作燃料的需求，致使粮食价格飞涨。高粮价促使国内投机者减少粮食供应，使很多穷人饱受饥饿之苦。在东南亚地区，酸雨的跨界污染已成为一个敏感的外交问题。与非传统安全问题兴起相关的另一个重要趋势就是经济问题政治化的趋向。近年来与中国相关的经济问题被政治化的情况越来越多。2003年，中国中石油公司在俄罗斯斯拉夫油田拍卖竞标，俄罗斯国家杜马以255票对63票通过一项决议，不允许外国公司参加竞标。2005年，中海油在竞标美国尤尼科石油公司时，由于美国国会的介入和反对，最终在即将达成协议时退出竞购。这些例子充分说明大国对于能源安全的高度重视。

四、非传统安全问题的解决途径

在相当长的一段时间内，非传统安全仍将是中国面临的严峻问题。随着全球生态环境的破坏越来越严重，中国在近些年频繁出现自然灾害和生态灾害。国际金融危机、石油价格骤升骤降、股市崩盘等问题都可能对中国的金融安全构成挑战。在国内新疆和西藏等地，“东突”和“藏独”等分裂主义势力、宗教极端主义、恐怖主义及国际敌对势力影响仍比较大。世界各国围绕石油资源的斗争更加激烈，中国作为石油消费大国必须面对在这一领域出现摩擦的风险。

大多数非传统安全问题如国际恐怖主义、跨国犯罪、生态问题和高危传染性疾病等，根源极其复杂，靠任何一种单一措施都不能有效解决，这些问题必须依靠多种措施相互配合，才能得到有效的预防、管理和解决。新的安全威胁往往需要合作性的多边解决方案，实现安全的手段和方式也要相应地复杂化与多元化。国际合作应通过政治、经济、外交、军事、法律和科技等手段，综合治理，逐步推进。

全球化深刻地改变了人们的生活方式，增加了现代国家之间相互依赖的程度，也使现代政治的基本单位，包括民族国家的领土、主权等都受到挑战。在全球化的时代，非传统安全问题具有跨国性、全球性和社会性，其解决主要依靠跨国合作的手段，多边合作是解决非传统安全问题的必由之路。

---

① 参见《恐怖阴谋对航空业的影响》，见新浪网，2016-08-18。

② 参见马健：《反恐，在后“9·11”时代》，载《南方周末》，2004-09-09。

美国学者詹姆斯·N·罗西瑙（James N. Rosenau）在《没有政府的治理》中阐释了目前全球结构经历的深刻变化。在全球结构变革的过程中，三个基本全球参数几乎同时被打破：在全球体系结构层次上，传统国家中心的无政府体系正在向新的多中心世界转变；在由主权关系构成的宏观与微观关系层次上，曾经在世界政治中显赫一时的权威已岌岌可危；在微观个人层面上，世界各地的人们都比前人具有更丰富的才智和技能。这三个参数是互动的，每一参数都加深另两个参数的变化（见表7—2）。①

表7—2　　三种全球参数的转变

参数	来源	去向
宏观参数	民族国家无政府体系	国家中心和多中心体系
微观参数	缺乏分析技巧和集中能力的个人	富有分析技巧和集中能力的个人
宏观—微观参数	适当的权力结构（由于人们依赖于传统或合法的宪法资源以遵从宏观制度发出的指令）	处于危机中的权力结构（由于人们对合法性的评价标准发生了变化，并从判断宏观结构中的官员行为是否恰当来决定是否应遵从其指令）

资料来源：［美］詹姆斯·N·罗西瑙主编：《没有政府的治理》，328页，南昌，江西人民出版社，2001。

在新的国际秩序下，全球治理成为备受人们关注的议题。联合国全球治理委员会指出，要解决全球化时代的各种问题，“需要合作精神，其基础是协商、透明以及负责的原则……要创造一个更美好的世界，除了一起工作，使用集体的力量之外，别无选择”②。

专栏7.2　　全球治理

（1）全球治理并不是说要建立一个全球治理机构，建立一个世界政府或者世界国家。

（2）全球治理建立在各种不同形式与不同层次的国际协调合作、集体寻求决策的基础之上，国际组织承担了这种协调职能。

（3）全球治理使得关于国家主权的传统理解变成由蛛网模式国际关系取代的昔日小球模式的过时残余。

（4）全球治理必须要建立在全球协调合作的基础之上。

（5）全球治理方案包括国际组织的多边主义，也包括在地方直至全球范围内的国家和非国家的活动主体的紧密合作。

资料来源：［德］乌尔利希·贝克等：《全球政治与全球治理》，260～263页，北京，中国国际广播出版社，2004。

罗西瑙在《没有政府的治理》中勾画出通过治理解决人们共同关心的问题的模式。罗西瑙所设想的全球秩序是一套制度安排，尽管这些制度安排不见得必然与一种连贯的模式相联系。构成当前及未来的全球秩序之所以是有机的整体，一定意义上就是因为其不同的

① 参见［美］詹姆斯·N·罗西瑙主编：《没有政府的治理》，325～328页，南昌，江西人民出版社，2001。

② 转引自［英］戴维·赫尔德等：《全球大变革：全球化时代的政治、经济与文化》，18～19页，北京，社会科学文献出版社，2001。

行为体都是同一星球资源的分享者，而且它们都需要共同应付诸如环境破坏和污染等共同问题。①

在冷战结束后，各种跨国的非传统安全问题随着交通和通信技术的进步大量涌现。传统的军事手段已经不能确保国家的安全利益，必须探索新的思路，应对新形势下新的安全挑战。各国应实现在多边安全机制框架下的跨国合作，共同解决非传统安全问题。在国际合作中，应避免政治化和双重标准，在尊重国际法和各国主权的基础上，通过加强磋商，寻找利益共同点，努力探讨和开拓合作的新途径，妥善合理地解决非传统安全问题。

在全球结构变动的时期，要妥善解决非传统安全问题，需要加强跨国、跨地区以及地区内部的合作。2005 年 9 月，联合国特别首脑峰会发表《共同文件》指出："未来如果不能以合作的方式克服形形色色的非传统安全威胁，即使大国不会再陷入 60 年前的那场世界大战，人类也不可能真正为所有的人赢得尊严、机会与和平的生活。"②

联合国应该在全球治理过程中发挥关键性的作用。美国非传统安全问题专家保罗·斯泰尔斯（Paul Styles）在其文章《新（非传统）的挑战》中把联合国在解决非传统安全威胁中的作用归纳为四个"L"，即领导作用（leadership）、合法性（legitimacy）、工作人员（labor）和后勤（logistics）。③ 联合国应该成为多边合作的论坛，推动各国在打击恐怖主义、国际犯罪和洗钱方面的合作，在防止艾滋病等传染病蔓延、建立公平的全球贸易体制、维护金融稳定、防止深层和突发性危机、保护贫困人口赖以生存的自然资源和环境等方面起到凝聚各国共识的作用。

各国在应对非传统安全问题的过程中，也在探寻各种创造性的跨区域以及区域内的合作方式。1996 年 3 月，首届亚欧首脑会议确定了亚欧合作的基本框架。亚欧会议建立在平等和全面伙伴关系基础之上，实现地跨欧亚大陆的对话，亚欧区域间的合作对解决全球和区域环境问题有重要影响。亚欧会议包括政治对话、经济合作和人文交流，以促进亚欧两大洲的国家之间建立旨在促进增长的新型全面伙伴关系。在地区内部的合作方面，2001 年 6 月成立的上海合作组织是通过区域合作解决安全问题的成功尝试。中国与东盟、上海合作组织成员国等就非传统安全领域的合作进行了许多有益的尝试，于 2002 年 5 月在东盟地区论坛上提交《关于加强非传统安全领域合作的中方立场文件》。

中国前外交部长李肇星指出："非传统安全威胁增加并与传统安全威胁相互交织。各类安全问题的跨国性、相关性、突发性日益增强。一国的安全与地区和全球安全紧密相联。只有通过国际合作，才能有效地解决各国共同的安全问题。冷战思维、单边主义、武力至上行不通。"④ 联合国秘书长潘基文指出："在这个新世界里，合作而非对抗越来越成为人们必须面对的挑战。没有其他国家的合作，一些国家不再能保护自己的利益，也不能推动本国人民的福祉。"⑤

---

① 参见［美］詹姆斯·N·罗西瑙主编：《没有政府的治理》，14 页，南昌，江西人民出版社，2001。
② 转引自朱锋：《"非传统安全"呼唤人类共同体意识》，载《瞭望新闻周刊》，2006（4）。
③ 参见陆忠伟主编：《非传统安全论》，64～65 页，北京，时事出版社，2003。
④ 李肇星：《和平、发展、合作——新时期中国外交的旗帜》，载《人民日报》，2005-08-23。
⑤ ［韩］潘基文：《必须思考新的全球经济秩序》，载《东方早报》，2008-09-25。

中国倡导的新安全观对解决非传统安全问题具有十分重要的意义。1999 年 3 月 26 日，中国国家主席江泽民发表《推动裁军进程　维护国际安全》的讲话，第一次全面阐述了中国的“新安全观”：“历史告诉我们，以军事联盟为基础、以加强军备为手段的旧安全观，无助于保障国际安全，更不能营造世界的持久和平。这就要求必须建立适应时代需要的新安全观，并积极探索维护和平与安全的新途径。我们认为，新安全观的核心，应该是互信、互利、平等、合作。”2002 年 7 月，《中方关于新安全观的立场文件》指出，安全的含义已经演变成一个综合概念，其内容从军事和政治扩展到经济、科技、环境和文化等领域。这份文件阐述了中国在新的形势下的安全观，中国政府认为新安全观的实质是超越单方面安全范畴，以互利合作寻求共同安全。寻求安全的手段趋向多元化，加强对话和合作成为寻求共同安全的重要途径。

中国不但倡导新安全观，而且以其指导实践，并在国际合作应对非传统安全领域做出了突出贡献，非传统安全领域成为中国显示其负责任大国作用的亮点。自 2002 年以来，中国不断与其他国家联合举行对付非传统安全领域问题的演练或训练，如联合反恐、共同打击海盗、海上救援等。近年来，中国与其他国家的军事交流力度不断增大。2007 年至 2008 年，中国与 20 多个国家举行了 20 余次联合军事演习或演练。这些演习或演练的内容主要是打击恐怖主义、分裂主义、极端主义以及进行联合搜救等。2003 年“非典”爆发期间，中国政府采取坚决措施，与东南亚相关国家和世界卫生组织积极合作，迅速遏制了“非典”的大规模流行。中国在印度洋海啸发生后，开展了新中国成立以来最大的一次国际救援行动，随后又向大地震后的南亚人民伸出援助之手，还向遭受卡特里娜飓风袭击的美国送去了救援物资，显示出了一个负责任的大国的重要作用。中国积极帮助刚刚结束冲突的社会巩固和平，中国在波黑地区、东帝汶、卢旺达等地区的重建上发挥了积极的作用，帮助政府恢复管理经济的能力，维护政治秩序，有效地避免暴力冲突的再度爆发。中国积极参与的各种跨国、地区内部以及跨地区的合作机制，都是正在形成中的全球治理网络的有机组成部分，为通过国际合作化解非传统安全威胁发挥了积极的作用。

2014 年 4 月，中央国家安全委员会主席习近平在中央国家安全委员会第一次会议上提出，坚持总体国家安全观，走出一条中国特色国家安全道路。总体国家安全体系集政治安全、国土安全、军事安全、经济安全、文化安全、社会安全、科技安全、信息安全、生态安全、资源安全与核安全为一体。总体国家安全观是一种综合性的国家安全观，反映出我国对于非传统安全在国家安全中的重要性的高度重视。

为妥善解决非传统安全问题，中国还有针对性地建立与完善安全应急机制，如危机预警机制、信息透明机制、快速反应机制、部门协调机制等国内机制的建设，争取在尽可能短的时间内有效地控制安全问题的扩散和蔓延。

第二节　金融安全

一、金融安全是国家经济安全的核心

金融是现代经济的核心。金融主要是指货币和资金的筹集与融通。广义的金融泛指一

切与信用货币的发行、保管、兑换、结算以及融通有关的经济活动，如对外贸易、对外举债和外商直接投资等。狭义的金融专指信用货币的融通以及与之相关的经济活动。金融体系是市场经济的动脉，是市场配置资源的主要渠道。金融业是国民经济的重要组成部分，其发展直接关系到一国国民经济的发展状况。

专栏 7.3　金融安全

金融安全是指一国在其金融发展过程中具备抵御国内外各种风险的能力，以确保其金融主权不受侵犯，金融体制不被破坏，金融财富不会大量流失，金融体制正常运行。

资料来源：江涌：《金融安全是国家经济安全的核心》，载《求是》，2009（5）。

金融安全在国家经济安全中居于核心地位。一国的金融风险防范和控制能力越强，金融安全程度就越高。一国的金融安全主要表现在其具备抵御国内外各种威胁和侵袭的能力，可以确保金融体系和金融主权不受侵害，能够凭借各种手段把金融风险控制在可能引发金融危机的临界状态下，确保正常的金融功能和金融秩序。金融运行包括四种基本态势：金融安全、金融基本安全、金融不安全和金融危机（见表 7—3）。

表 7—3　金融运行的四种基本态势

安全状况	风险状况	金融运行状况
金融安全	无明显风险	各项风险指标均在安全区内，金融市场稳定，金融运行有序，金融监管有效，金融业稳健发展
金融基本安全	轻度风险	金融信号基本正常，部分指标接近预警值；不良资产占总资产比重低于 10%；有正常的金融机构倒闭，但所占比重很小；货币有贬值的压力；金融运行平稳
金融不安全	严重风险	大部分金融指标恶化；大多数金融机构有程度不同的不良资产问题，不良资产占总资产比重超过 10%；有较多的金融机构倒闭；货币较大幅度贬值；金融动荡，经济衰退
金融危机	风险总爆发	是金融不安全状况积累的结果，爆发严重的货币危机和银行危机，货币大幅贬值，大批金融机构倒闭；金融崩溃，经济倒退，社会动荡

资料来源：王元龙：《关于金融安全的若干理论问题》，载《国际金融研究》，2004（5）。

国外学者一般将金融安全置于国家安全战略和国家经济安全的框架下探讨。经济安全是指国家最根本的经济利益不受侵犯，主要是指经济主权的独立，经济基础的稳固，经济系统运行稳定，具有较强的抗干扰能力。其中最大的经济安全问题就是金融安全。在现代经济中，资源配置、收入分配和商品交换都是通过货币资金来实现的，如果金融系统未能稳定运行，则可能引起灾难性的后果。

1994 年，美国总统克林顿将经济安全置于对外政策三大支柱之首，写入《国家安全战略报告》。报告指出，“我们的经济利益和安全利益越来越不可分割”；“我们的外交实力，保持一支天下无敌的军事力量的能力以及我们的价值观在国外的吸引力，都取决于我们的经济实力”；“如果没有可以确保经济强大的战略，我们在世界上相对的经济地位以及自卫能力都将陷入危险的境地”[①]。

大多数国家将金融安全作为国家安全战略的重要组成部分。日本将金融列入其综合安全保障七大要点的首位，粮食和能源退居第三位。日本前首相小泉纯一郎在历次施政演说中均将金融问题列入经济安全的重点领域，主张切实实施“金融再生计划”，“彻底修改产业再生法，最大限度地发挥民间智慧和力量，加强并加速产业重组的进程”[②]。

中国领导人高度重视金融安全问题。1991 年 2 月，邓小平视察上海时，对时任上海市委书记、市长朱镕基所做关于浦东新区在开发中实施“金融先行”的经验做法的报告给予了很高的评价，明确指出：“金融很重要，是现代经济的核心。金融搞好了，一着棋活，全盘皆活。”[③] “经济安全”作为重要课题被写入党的十五大报告。党的十八大报告提出“深化金融体制改革”目标，应完善金融监管，推进金融创新，提高银行、证券、保险等行业竞争力，维护金融稳定。

金融安全的重要内容之一就是避免泡沫经济。泡沫经济是指由于过度投机而形成的虚假的繁荣，主要发生在房地产市场和股票市场。如果金融投机交易过度膨胀，便会形成泡沫经济。一国金融体系的剧烈动荡，可能在短时间内将一个国家百十年积累的财富席卷一空，导致国家整个经济体系的崩溃和社会的倒退，还可能引发“多米诺骨牌”效应，酿成全球性经济危机。

17 世纪和 18 世纪的荷兰郁金香泡沫、法国密西西比泡沫以及英国南海泡沫并称欧洲早期的三大经济泡沫。17 世纪荷兰郁金香泡沫是由民间投机引发的经济泡沫，郁金香成为投机的对象，价格一路飙升，最终引发了欧洲股票市场的大崩盘。1719 年又出现了法国密西西比股市泡沫。从 1719 年 5 月开始，法国股票价格连续上升了 13 个月，涨幅超过了 20 倍。法国股市从 1720 年 5 月开始崩溃，连续下跌 13 个月，跌幅为 95%。英国南海泡沫发生于 1720 年。1711 年，英国政府为了向南美洲进行贸易扩张，专门成立了一家南海公司。南海公司在成立之初就认购了政府高达 1 000 万英镑的债券。从 1720 年 3 月到 9 月，在短短的半年时间里，南海公司的股票价格一举从每股 330 英镑涨到了 1 050 英镑，引发投机狂潮。南海泡沫破裂后，英国的经济濒于崩溃。

专栏 7.4　　17 世纪的荷兰郁金香狂潮

17 世纪的荷兰郁金香狂潮是国际投机引发泡沫经济的一个典型案例。17 世纪，郁金香成为法国、德国和荷兰的时尚花卉。17 世纪 30 年代，国外大量资金进入荷兰，投资于郁金香，郁金香的价格随之开始猛涨，市场价格远远高于其实际价值。在 1637 年初，郁金香球茎的价格几乎每天都在翻番。在法国，一个新娘的所有嫁妆就是一株稀有的郁金香球茎。一个郁金香种植者因为牛吃光了他所有的存货而自杀。不久后，郁金香的泡沫最终破灭，郁金香的价格随之猛跌，很多投资者倾家荡产。

---

① The White House, The National Security Strategy of the United States of America, Washington, D.C., 1994.

② 转引自陆忠伟主编：《非传统安全论》，112 页，北京，时事出版社，2003。

③ 《邓小平文选》，1 版，第 3 卷，366 页，北京，人民出版社，1993。

金融从来不是单纯的经济问题，自始至终与国家安全密切相关。2002 年，美国金融史学家、哈佛大学教授尼尔·弗格森（Niall Ferguson）在其著作《金钱联系》中精辟地指出，货币的主要功能并不在于使世界运转起来，它自始至终都是与战争密切相关的政治事件。第一次世界大战后，战胜国强迫德国接受《凡尔赛和约》，条约强加给德国的赔偿金要求远远超出德国的支付能力。1919 年，经济学家凯恩斯退出英国谈判代表团，同年撰写《和平的经济后果》，预言这个条约将带来灾难。《凡尔赛和约》加剧了德国在国际体系中岌岌可危的地位，为纳粹极端主义在德国兴起准备了条件。

20 世纪 30 年代，纽约股票市场崩溃引发美国金融危机，导致持续四年的经济恐慌。1930—1933 年，超过 7 000 家美国银行倒闭。这次经济危机很快从美国蔓延到其他国家，导致各国加强贸易保护主义。经济危机导致世界经济形势进一步恶化，成为第二次世界大战的诱因之一。

二战之后，资本主要以两种方式实现着扩张：一种是空间的延展，另一种是领域的深化。金融创新使资本真正实现了全球共时流动，可以脱离实物经济毫无顾忌地加快自己的流动速度，瞬间实现价值的成倍增长。自 20 世纪 70 年代以来，全球金融一直以指数增长。当代金融流量和网络的广度、强度、速度和影响都是空前的。除了极少数完全隔离于世界经济体系之外的国家，几乎没有国家能置身于世界金融市场的运作之外。全球金融市场的易变性对国内经济有很大影响，而一个地区的金融状况能够几乎同时影响到全球各国的金融市场。

1994 年墨西哥金融危机后，国际货币基金组织总裁米歇尔·康德苏（Michel Camdessus）指出，墨西哥金融危机标志着 21 世纪的开始，因为这场危机表明国家内部的决定有着多么广泛的全球后果。而 1997—1998 年的东南亚金融风暴被联合国秘书长安南称为“全球化的第一次大危机”①。当时的中国全国人大常委会副委员长成思危也指出：“各国屡次发生的重大经济事件甚至政治事件都不断在昭示着这样一个道理：没有金融安全，就没有经济安全；没有经济安全，也就没有国家安全。”②

二、国际金融体系中的金融霸权

随着金融全球化的发展，国际金融力量演变为一种重要的政治和战略权力。金融力量与军事力量一样，成为大国外交的武器。美国政治学家塞缪尔·亨廷顿在《文明的冲突与世界秩序的重建》一书中列举了西方文明控制世界的 14 个战略要点，其中第一条是控制国际银行系统，第二条是控制全部硬通货，第五条是掌握国际资本市场。亨廷顿指出：“经济学家没有看到经济活动不仅是人民福祉的源泉，而且是国家权力的源泉。它可能是国家权力最重要的源泉。在大国之间不太可能爆发军事冲突的世界里，经济力量将是决定一国是处于主导或相对优势地位，还是处于从属地位的日益重要的因素。”③

金融霸权（financial hegemony）是霸权国凭借其强大军事、政治、经济和金融实力在国际货币体系中占据主导地位，并将自己的意志、原则或规则强制性地在整个体系推行，

① 转引自陆忠伟主编：《非传统安全论》，42～43 页，北京，时事出版社，2003。

② 成思危：《金融安全是国家经济安全的核心》，载《经济界》，2004（6）。

③ Samuel Huntington, “Why International Primacy Matters?”, *International Security*, Vol. 17, No. 4, Spring 1993, p. 72.

从而获得霸权利润的行为。金融霸权国可以凭借自身强大的金融实力，制定金融系统的游戏规则，将自己的意志强加于国际金融体系。英国著名国际政治经济学家苏珊·斯特兰奇（Susan Strange）曾把资本主义世界经济比作一个大赌盘，每个国家都是在其中下注的玩家，只有握有大筹码的玩家，才能真正融入这个体系，从中获益。

英国是最早的金融霸权国。1694 年英格兰银行成立伊始，就在西班牙、葡萄牙、荷兰、瑞士和意大利各城邦筹款 20 万英镑，为英法战争中的英军筹措军费。19 世纪，英国成为世界金融霸权国，担任世界银行家的角色。英国在 1816 年建立金本位制，由于英国的世界工厂地位，英镑成为国际清算中的硬通货，与黄金一起发挥世界货币的作用。在 1928 年之前，国际金本位制实质上是英镑—黄金本位制。伦敦是全球贸易中心和金融中心，90%的国际收支是以英镑进行的。

直到 1931 年至 1945 年间，英国的金融霸主地位才不复存在，美国取而代之。事实上，美国早在 1900 年就通过《金本位法案》；1912 年，塔夫脱总统提出"金元外交"政策，确立依靠美元争夺全球金融霸权的战略；1929—1933 年的经济危机沉重打击了英镑的货币霸权地位，英国在 1931 年 9 月被迫放弃金本位制，允许英镑汇率自由浮动。此后，以美国、法国为首的金本位制集团和以英国为首的非金本位制集团展开激烈的货币战。英国联合自治领、殖民地及与英镑关系密切的国家组成英镑集团（1939 年后成为英镑区），法国与坚持金本位的国家组成金集团（1936 年法国放弃金本位制，另组法郎集团），美国则联合拉美等一些国家组成美元集团，国际金融领域出现几个货币集团鼎足而立、彼此抗衡的局面。1944 年的布雷顿森林会议通过以"怀特计划"为基础的《布雷顿森林协定》，美元成为与黄金相等的储备货币和主要国际支付手段。《国际货币基金协定》确立美元与黄金挂钩，各国货币与美元挂钩的双挂钩原则。美国在世界银行 100 亿美元原始股金中认缴了 32 亿美元，因此拥有了对世界银行的否决权。世界银行行长由美国总统提名担任，赋予美国在世界银行日常运作中的主导地位。在布雷顿森林体系下，美元等同于黄金，成为美国世界地位的基石。

二战结束后，美国凭借强大的综合实力，控制国际货币基金组织和世界银行等国际组织。国际货币基金组织（IMF）成立于 1945 年，被称为世界三个经济联合国之一，另外两个是世界银行和世界贸易组织。世界银行与国际货币基金组织的总部都设在华盛顿，两个国际金融机构几乎所有重要部门的执行经理都是美国名牌大学的博士，这些高层管理人员与华尔街、美国财政部、国务院要员形成有利于美国确立金融霸权的金融利益集团。

美国学者迈克尔·赫德森（Michael Hudson）在《金融帝国：美国金融霸权的来源和基础》一书中，从第一次世界大战期间的经济金融史讲起，系统地分析和解释了美国金融霸权的成因和机理。赫德森总结道，美国的货币帝国主义剥削世界的技巧是熟练地运用中央银行、国际货币基金组织、世界银行及与世界银行相关的区域性借贷机构，使之为美国财政部提供强制性的贷款。美国占用了外国的资源和公司、商品和服务，除了付出其财政部价值可疑和必然缩水的借条之外，不用任何付出，这种被操纵的游戏使美国能够毫无节制地让美元在世界泛滥成灾。

1971 年 8 月 15 日，美国总统尼克松宣布美元与黄金脱钩。1976 年 1 月，国际货币基金组织的临时委员会在牙买加会议上通过关于国际货币制度改革的《牙买加协议》。这一协定抛弃了布雷顿森林体系以美元为中心的“双挂钩”汇率制度，规定将特别提款金作为主要国际货币储备，标志着布雷顿森林体系崩溃。

尽管布雷顿森林体系崩溃使美国的金融霸权受到打击，但美国仍以金融作为斗争武器，在20世纪80年代成功阻止日本取代美国的经济霸主地位。日本于1981年成为世界头号资本输出大国，对美国的经济地位构成强劲挑战。美国推行高利率和大幅赤字预算政策，打压日本的经济。1985年9月，以美国为首的西方五国集团签署《广场协议》，迫使日元持续升值，引发了日本的泡沫经济和长达10多年的经济衰退。20世纪80年代以来，美国在国际金融领域的优势日趋明显。美国利用日本泡沫经济破灭和亚洲金融危机的大好时机，低价大肆收购日本的金融资产。日本学者高木胜认为：“日本经济因金融动荡而受到削弱，美国趁机大举收购日本企业和日本资产，我们只能认为这是美国政界和商界联合起来策划的收购行动。”①

布雷顿森林体系崩溃后，美元在国际货币体系中仍具有核心货币的地位。美联储成了全球的中央银行。通过发行美元、向全球出售债券等形式，美国向全球所有使用美元的国家征收铸币税。美元每贬值10%，就有相当于美国经济5.3%的财富从世界各地转移至美国。2002年到2007年，美元贬值20.6%，按2006年美国GDP为13.19万亿美元算，意味着在5年中仅美元贬值一项，就使全球1.3万亿美元的财富流入美国。②

美联储发行纸币支付巨额贸易逆差，顺差国再用美元购买美国发行的政府或企业证券，美元回流进入美国资本市场。美国可以凭借从纸到纸的循环，坐收丰厚的利润。据国际货币基金组织统计，1995年约有半数美元（约3 750亿美元）在美国境外流通，使其每年获益约150亿美元，占美国GDP的0.2%。③ 2004年底，美国在全球GDP中的比重约为34%，但美元在全球外汇储备中的比重为64%，在全球外汇交易中的比重为62%，在全球贸易结算中的比重为66%。④

美国的跨国金融企业一直是美国政府在广大发展中国家推行其金融霸权的强有力工具。它们往往打着“公平竞争”的旗号，趁发展中国家开放金融市场时，大举进入发展中国家的金融服务领域，以绝对优势击败其金融企业，进而控制发展中国家的经济命脉。发达国家通过对外投资和政府援助对落后国家的经济金融领域进行广泛渗透，影响并控制其国内政治，确立受援国对发达国家的依附关系。受援国在接受投资和贷款的同时，常常被迫接受附带的苛刻政治条件。

在美国的金融霸权下，很多第三世界国家都在国际金融体系中陷入极其被动的局面。美国独立的金融和经济分析专家迈克尔·赫德森在其《全球分裂》一书的序言中指出，美国利用自己的金融霸权在全球以金融手段摧毁第三世界国家自主发展的能力，并以金融手段接管这些国家，从而在全球重建以美国为中心的食利者经济。美国大力推动的自由化不是为了促进真正的创新或发展，而是攫取第三世界已有的资源和不动产等财富，或夺取水

① 转引自卢文刚、刘沛：《浅析金融安全及其战略地位》，载《经济前沿》，2002（9）。

② 参见杨玉玲：《金融危机与国家安全的历史审度》，载《光明日报》，2008-12-11。

③ 参见江涌：《论美国的新金融霸权与经济繁荣》，载《经济评论》，2002（3）。

④ 参见王道成：《从地缘经济学的角度看中国经济安全》，载《军事经济研究》，2007（9）。

电、交通等公共服务业的垄断权，以牟取暴利。①

西方资源消费国通过扶植金融寡头建立国际期货市场，成为国际市场定价中心，使货币定价权由资源生产国转移到资源消费国。当今世界几乎所有大宗商品价格都由发达国家主导甚至直接决定。铝、铜、铅、锡等金属的价格主要在伦敦金融交易所确定，煤炭价格形成于纽约商品交易所，小麦价格形成于芝加哥商品交易所，大豆、玉米价格确定于东京谷物交易所。②

金融寡头还控制国际金融市场，操纵全球油价上下波动。1979年伊朗发生伊斯兰革命后，石油抢购风潮骤起，石油巨头囤积居奇，从中牟取暴利。日本《每日新闻》报道称："据美国最近的调查，62%的美国人认为，'石油危机是制造出来的'。有许多证据可以表明这种情况。乘伊朗政变之机'制造危机'的是以美国政府为首的国内决策人和美欧的国际石油资本。"③

1998年以来，国家市场油价上涨了近5倍。2008年国际油价大起大落，对那些依赖石油进口、对高油价承受能力较弱的发展中经济体构成很大冲击。2008年1月2日，纽约市场原油期货价格首次突破每桶100美元大关。7月11日，创下每桶147.27美元的历史最高纪录。下半年油价一路下滑，9月18日跌破每桶36美元，创下4年半的最低。上半年高油价加剧全球通货膨胀压力，各国央行在制定货币政策时陷入要同时面临"经济下行风险"和"通胀上行风险"的两难境地。

20世纪90年代初，国际货币基金组织增资后美国认缴股份占总额的19.62%，美、德、日、法、英、意、加、荷八国份额的总和为51.85%，凡涉及关键的经济决策和重大利害关系，决定权完全掌握在美国等经济大国手里。④ 美元成为最重要的国际储备货币，给美国经济带来巨大的利益。金融不仅为美国霸权提供了经济基础，而且本身已经成为霸权的重要手段。

美国主导的国际金融秩序让美国获益颇丰，也制造了美国的经济泡沫。据美联储统计，从1987年10月到2004年底，美国股票市值从2.8万亿美元增加到14.6万亿美元，相当于美国GDP的180%，大大高于1929年股市崩盘前夕87%的历史纪录。⑤ 美国的泡沫经济为2007—2008年席卷全球的美国次贷危机的爆发埋下了伏笔。

美国次贷危机又称次级房贷危机，是一场因美国次级抵押贷款机构破产、投资基金被迫关闭、股市剧烈震荡引起的经济危机。次级按揭贷款是指一些贷款机构向信用程度较差和收入不高的借款人提供的贷款。在2006年之前的5年里，由于美国住房市场持续繁荣，加上前几年美国利率水平较低，美国的次级抵押贷款市场迅速发展。在房价高涨的时候，由于抵押品价值充足，贷款不会产生问题；但房价下跌时，抵押品价值不再充足，按揭人收入又不高，面临着贷款违约、房子被银行收回的处境，进而引起按揭提供方的坏账增加，按揭提供方的倒闭案增加，金融市场的系统风险增加。

---

① 参见江涌：《金融安全是国家经济安全的核心》，载《求是》，2009（5）。

② 参见江涌：《论国际资源争夺中的金融战》，载《现代国际关系》，2006（7）。

③ 转引自江红：《为石油而战——美国石油霸权的历史透视》，365～366页，北京，人民出版社，2002。

④ 参见颜剑英：《美国金融霸权与中国金融安全》，载《理论导刊》，2004（5）。

⑤ 参见顾海兵、刘陈杰、周智高：《美国的国家经济安全：经验与借鉴》，载《上饶师范学院学报》，2007（2）。

美国次贷危机于2006年初见端倪。随着次级抵押贷款的还款利率上升，购房者的还贷负担加重，大批借款人不能按期偿还贷款。2007年2月13日，美国新世纪金融公司发出2006年第四季度盈利预警。同年7月，美国次级按揭市场崩溃。2008年9月15日，有158年历史的美国第四大投资银行雷曼兄弟宣布破产。10月初，金融海啸冲击欧洲金融体系。10月6日至10日的一周，全球股市超过6万亿美元资产"蒸发"于无形，创下1970年以来单周最大跌幅。美国次贷危机对全球经济都造成了重大冲击。

2009年12月，全球三大评级公司下调希腊主权评级，欧债危机爆发。希腊的财政问题迅速蔓延到整个欧洲，葡萄牙、西班牙、爱尔兰和意大利等国先后出现财政问题，欧元区国家经济遭到重创。欧债危机引发了欧元危机，欧元兑美元汇率急剧下跌。2010年5月10日，欧盟成员国财政部长达成一项总额7 500亿欧元的救助计划。2013年12月16日，爱尔兰正式结束为期三年的国际救助计划，成为首个脱困国家。主权债务危机不仅困扰着欧洲国家，也对全球金融体系造成了震荡。

三、金融危机对于国家安全的挑战

20世纪80年代以来，全球金融一体化浪潮席卷全球，越来越多的国家开放了其资本市场，促进资本的流动。经济繁荣导致一种不可阻挡的趋势，不断增加的资本的海洋在全球各地流动，在创造巨大财富的同时，也带来巨大的金融风险。美国经济学专家指出，美国股价上升15%，美国的财富就增长1.7万亿美元，这个数目大大超过整个美国制造业一年的产值。与此同时，股市下跌15%所抹去的财富，相当于全部美国工厂全年的产量。①

金融危机也成为各国的重大安全挑战。金融业是一个特殊的高风险行业。一个金融机构出现危机很容易在整个金融体系中引起连锁反应，引发全局性、系统性的金融风波，并可能导致整个社会的动荡。F. 米什金（F. Mishkin）对现代金融危机进行如此定义："所谓金融危机就是一种因逆向选择和道德风险问题变得太严重，以致金融市场不能够有效地将资源导向那些拥有最高生产率的投资项目而导致的金融市场崩溃。"②

美国著名经济学家查尔斯·P·金德尔伯格指出："经济文献中最为传统的主题就是金融危机。"③ 金德尔伯格指出，金融危机有从一国迅速向外蔓延的趋势。在大多数情况下，国际金融体系的危机将从一个国家波及另一个国家。金融危机已日益趋于国际化，既可能各国同时爆发，也可能以一种或另一种方式从危机中心地带向其他国家蔓延。④

在西方国家，包括有价证券、存款贷款、外汇等无物质载体的虚拟经济大大超过了实体经济。美国马克思主义经济学家保罗·M·斯威齐（Paul M. Sweezy）指出，"资本积累过程中的金融化"是20世纪70年代以来经济增长的主要力量。⑤ 美国著名经济学家彼得·

① 参见［美］克里斯托夫等：《沉没于现金的海洋》，载《国外社会科学文摘》，1999（5）。
② 转引自陆忠伟主编：《非传统安全论》，144页，北京，时事出版社，2003。
③ ［美］查尔斯·P·金德尔伯格：《疯狂、惊恐和崩溃：金融危机史》，1页，北京，中国金融出版社，2006。
④ 参见上书，152页。
⑤ Paul M. Sweezy, "More (or Less) on Globalization", *Monthly Review*, No. 4, September 1997, p. 3.

德鲁克（Peter Drucker）指出："当今，符号经济业已取代实物经济，成为世界经济的飞轮。"① 国际金融市场上的巨额交易绝大部分与实体经济相脱离。虚拟与实体相脱节的经济是一个"倒金字塔"型的不稳定经济。哈耶克将此描述为，很像是虚假的货币或空头支票，它不单是虚幻刺激的根源，而且是扭曲和危机的根源。②

据世界银行统计，在20世纪90年代共发生大大小小的金融危机63次，其中主要的几次全球性金融危机及其影响和波及地区如表7—4所示。拉美自20世纪90年代初奉行金融自由化以来，便成为金融危机频发地区。1982年的拉美债务危机几乎让全球1 000家大银行遭受灭顶之灾。金融危机使相关国家财富迅速蒸发，阿根廷2004年人均GDP下降到3 000多美元，不足20世纪90年代初的1/3。亚洲金融危机仅在1997年给世界投资者造成的直接经济损失就高达7 000亿美元。③

表7—4　20世纪90年代以来主要的全球性金融危机

危机事件发生时间	事件名称或中心要素	主要影响与波及地区
1992年	欧洲汇率机制危机	西欧和南欧地区
1994年	墨西哥金融危机	拉丁美洲
1997年	东南亚金融危机	东南亚地区
1998年	俄罗斯金融危机	东欧地区
1999年	巴西金融危机	拉丁美洲
2001年	阿根廷金融危机	拉丁美洲
2002年	土耳其金融危机	西欧地区
2007—2008年	美国次贷危机	美国、欧洲乃至全球

资料来源：赵宗博：《国际金融危机背景下的中国金融安全形势与对策研究》，载《求实》，2009（2）。

多数发展中国家在市场开放初期都发生过短期国际资本大量涌入的现象。短期非直接投资资金大量涌入后，大部分流入房地产、证券市场等虚拟市场，引发金融泡沫。一旦泡沫破裂，大量资金抽逃，就很容易引发金融危机。世界银行曾经对20世纪70—90年代27个发展中国家私人非直接投资大量涌入的例子做过调查，最后发现27例中共有18例在短期私人资本涌入后发生金融危机，比重占到1/3。④

20世纪90年代以来，拉美共发生过三次金融危机。第一次于1994—1995年发生在墨西哥。第二次于1998年发生在巴西。第三次于2001年发生在阿根廷。三次金融危机的起因各不相同。1994年的墨西哥金融危机使其经济发展遭受严重打击，成千上万的中小企业倒闭，失业人数剧增，经济损失达700亿美元，金融机构关闭56家。⑤ 墨西哥危机与自由化开放有关，危机爆发后，短期资本几天内大量撤出墨西哥，导致银行危机，在拉美引起连锁反应。巴西的金融危机是内部问题引起的。地方政府到期不偿还中央政府的债务，中央政府没有资金偿还外债，引起金融动荡。2001年的阿根廷金融危机导致全面的经济、

① Peter Drucker, "The Changed World Economy", *Foreign Affairs*, Spring 1986, pp. 768-791.
② 参见陆忠伟主编：《非传统安全论》，142页，北京，时事出版社，2003。
③ 参见江涌：《金融安全是国家经济安全的核心》，载《求是》，2009（5）。
④ 参见陈静、叶文振：《中国金融安全问题及对策》，载《发展研究》，2002（2）。
⑤ 参见周林：《浅议金融安全》，载《陕西金融》，1999（4）。

社会危机。政府改变固定汇率实行浮动汇率，引起民众恐慌，出现银行挤兑。

国际投机资本可以深深地撼动国际经济秩序，以索罗斯为代表的国际投机资本家在20世纪90年代制造了多次经济混乱局面，其中重要的一例就是迫使英国放弃加入欧洲汇率机制。英国在1990年决定让英镑加入欧洲汇率机制（ERM），与德国马克等欧洲大陆货币挂钩。英镑在与德国马克和法国法郎挂钩过程中开始贬值。1992年9月，国际投机资本家索罗斯看到英镑疲软，大举抛空英镑，其基金会在这次投机中净赚10亿美元。英国则花了近100亿美元来稳定汇率，英格兰银行一度在一天内两次宣布加息。英国在国际投机资本的冲击下被迫退出了欧洲汇率机制。

专栏7.5　投机交易与英国巴林银行破产

1995年2月24日，拥有200多年历史的英国巴林银行因其新加坡分行期货交易员投机交易失败，导致接近其自有资本和储蓄总额的灾难性损失。巴林银行创立于1762年，该行被兼并前管理着300亿英镑的资金资产，连英国女皇的资产都委托其管理。1994年下半年，该银行新加坡分行期货交易机构负责人里森在购入价值70亿美元的日经股票指数期货后，又在日本债券和短期利率合同期货市场上做了200亿美元的空头交易。1995年日本关西大地震使日经指数反复下跌，他一再加大投资以期翻本。由于里森的投机活动，1995年2月，巴林银行在远东市场上的亏损近10亿美元，被迫破产，后被国际荷兰集团收购。

资料来源：刘飏主编：《金融安全与法制建设》，72页，北京，法律出版社，1999。

投机资本又称“游资”，主要是指一种没有固定的投资领域，以追求高额短期利润为目的、可以随时动用的资金。国际市场上的游资规模巨大，以电子技术为依托，流动瞬息万变。活跃的投机资本在市场上的炒作，会在经济运行的局部甚至整体形成泡沫经济，影响经济增长的质量和健康。

国际金融市场上每天数万亿美元的外汇交易中，用于投机的超过90%，而用于贸易和投资的不到10%。① 亚洲金融危机爆发前后，全球每天的外汇交易高达15万亿美元，而现实需求至多只有300亿美元，其余的资金流动纯粹是为了套取利差和汇差等投机利润。据国际货币基金组织统计，当时的国际游资已达7.5万亿美元，相当于全球生产总值的1/4强。② 据统计，1995年全球流动资本不到2万亿美元，而2005年为6万亿美元。③

20世纪90年代初期和中期，资本似洪水般地流入新兴市场，仅在1996年就有930亿美元流入印度尼西亚、马来西亚、菲律宾、韩国和泰国五个亚洲国家。1997年，从这五国纯流出120亿美元。④ 世界银行资深经济专家博特利尔在1998年2月初的达沃斯世界经济论坛的发言中指出，全球迅速和不受控制的资金流动对经济造成的破坏有如一场战争一

① 参见江涌：《论国际资源争夺中的金融战》，载《现代国际关系》，2006（7）。
② 参见胡惠民：《当代金融恐怖主义透视》，载《东南亚纵横》，2006（7）。
③ 参见张威威：《金融动荡背景下的中日韩合作及东亚一体化》，载《东南亚纵横》，2009（1）。
④ 参见［美］克里斯托夫等：《美国是金融危机的始作俑者》，载《国外社会科学文摘》，1999（5）。

样严重。①

在开放经济下，金融动荡传染性明显增强。1994 年墨西哥危机、1995 年巴林银行倒闭、1997 年亚洲金融危机、1998 年俄罗斯金融危机、1999 年巴西危机、2001 年阿根廷金融危机、2002 年土耳其金融危机以及 2007—2008 年席卷全球的美国次贷危机，无不引发多国金融市场大幅动荡。金融危机继而在社会产生连锁反应，导致民怨沸腾，引发严重的经济和社会危机，甚至危及一国的政权稳定。

自 1997 年 7 月以来，泰铢贬值引发亚洲金融危机，席卷泰国、菲律宾、印度尼西亚和马来西亚，波及新加坡、中国香港和台湾地区，影响到韩国、日本和俄罗斯的金融市场，引起全球股市激烈动荡。金融危机给社会经济生活带来深重冲击，导致失业率上升，增加社会不安定因素，导致长期积累的社会矛盾进一步激化，带来很大的社会动荡。在亚洲金融危机中，马来西亚、印度尼西亚、泰国和菲律宾的失业率分别上升到 7%、9%、8%和 13%，引发大规模罢工、骚动浪潮。在金融危机重灾区的印度尼西亚，先后有 40 多个城镇发生骚乱和暴力冲突。②

专栏 7.6　亚洲金融危机

第一波：泰国是这次金融危机的爆发点。1996 年底至 1997 年上半年，国际货币投机家对泰铢实行三次大规模袭击。泰国被迫放弃了 1984 年以来的泰铢与美元挂钩的固定汇率制，引发席卷东南亚的金融风暴，横扫东盟各国。

第二波：1997 年 10 月下旬，投机家移师国际金融中心香港，矛头直指香港联系汇率。10 月 29 日，香港特区政府财政司重申香港不会改变现行汇率制，市场信心由此恢复。

第三波：1997 年 11 月中旬，东南亚金融危机演变为东亚金融危机。韩国发生金融危机，韩元汇价暴跌。日本经济也受到冲击，多家证券公司破产。

第四波：1998 年，印度尼西亚金融风暴再起。2 月 16 日，印尼盾同美元的比价跌破 10 000：1 大关，印度尼西亚陷入政治、经济和社会大危机。

第五波：1998 年 6 月中旬，日元汇率开始大幅贬值，亚洲金融危机继续深化。

第六波：1998 年 8 月初，国际投机商在对港币发动新一轮冲击。香港特区政府在 8 月的金融保卫战中除入市干预外，采取许多加强监管的措施，最终使投机资本家在股市和期货市场损失惨重，成功地维持了港元联系汇率和金融市场的正常秩序。

资料来源：刘飏主编：《金融安全与法制建设》，78～82 页，北京，法律出版社，1999。

金融危机往往引发经济危机、社会危机，甚至导致国家政治危机。金融危机在印度尼西亚引起持续的种族冲突和社会骚乱，迫使独裁 30 年之久的苏哈托下台。俄罗斯金融危机导致新政府迅速垮台。拉美金融危机严重冲击了拉美多国政权及社会稳定。阿根廷首都布宜诺斯艾利斯等地爆发大规模骚乱，致使 30 多人丧生。其后两周内，阿根廷更换了 5 位总统。

① 参见朱锋：《亚洲金融危机与东亚安全》，载《太平洋学报》，1998（3）。

② 参见刘飏主编：《金融安全与法制建设》，83 页，北京，法律出版社，1999。

亚洲金融危机使人们认识到金融与国家安全的密切联系。如何确保经济安全，特别是金融系统的稳定成为国际社会关注的焦点。1997—1998 年的亚洲金融危机对亚洲乃至世界产生极大影响（见表 7—5）。马来西亚的经济发展水平因之倒退 10 年，泰国人民一夜间失去 1/3 的财富。① 马来西亚前总理马哈蒂尔说，这次金融危机“一夜之间使我们全国人民十几年的奋斗化为乌有”。

表 7—5　　亚洲金融危机中的社会与政局动荡

	社会动荡	政局动荡
泰国（1997 年）	9 月、10 月出现数千人的示威游行	6 月 19 日，财政部部长林日光博士辞职 7 月 28 日，中央银行行长仁猜辞职 10 月 19 日，财政部部长塔农博士辞职 11 月 6 日，总理差瓦立辞职 11 月 15 日，川·立派新任总理
印度尼西亚（1998 年）	3 月、4 月，万人游行示威；5 月发生社会骚乱，出动警察镇压	5 月 21 日，总统苏哈托辞职，副总统哈比比上台
韩国（1997—1998 年）	1997 年 12 月，民众罢工游行，称 12 月 3 日为“国耻日”。次年 5 月，工人罢工，学生游行	1997 年 11 月 18 日，副总理兼财长姜庆植辞职 1998 年 2 月，总统金泳三辞职，金大中当选总统
日本（1998 年）	游行示威不断	7 月 13 日，首相桥本龙太郎辞职 7 月 30 日，小渊惠三出任首相
俄罗斯（1998 年）	工人罢工，学生示威时常发生	3 月 23 日，解除切尔诺梅尔金总理职务 4 月 24 日，基里延科任总理 8 月 23 日，解散基里延科政府，重新任命切尔诺梅尔金代总理 9 月 7 日，中央银行行长杜比宁辞职 9 月 11 日，任命普里马科夫为总理

资料来源：卢文刚：《论国际金融安全对未来国际关系的影响》，载《暨南学报》，2003（1）。

国际金融危机的突发性、隐蔽性和扩散性越来越明显。在市场经济条件下，融入全球市场自然扩大了一国在外部经济冲击下的脆弱性及其对外国的依赖性。资本的流动带来了不确定性和风险。新兴市场经济国家在没有形成有效的金融安全屏障和安全网的情况下，贸然放开金融市场和汇率管制，都无一幸免地遭到金融市场的动荡乃至金融危机的影响。

在亚洲金融危机中，我国金融市场基本未受国际投机资本的直接冲击，未发生重大的震动，人民币汇率稳定，股市平稳发展，经济继续保持增长势头。主要原因在于我国改革开放以来，金融实力不断壮大，在亚洲金融危机期间外汇储备已达到创纪录的 1 400 多亿美元。② 中国金融不安全没有演化为金融危机的原因在于，中国特有的金融结构具有较强的抗风险能力。国民经济继续保持稳定增长态势，尽管利率多次下调，储蓄的增速仍明显高于 GDP 的增速。

---

① 参见傅勇：《试论冷战后的非传统安全问题》，载《社会科学》，2003（10）。

② 参见圆方：《全国政协委员　著名经济学家萧灼基谈：确保金融安全与金融发展》，载《中外企业家》，1999（3）。

但是中国的金融安全仍存在很大隐患。法国里昂证券公布的报告认为，考虑到银行坏账、国企负债和未偿付的退休金等隐性债务，中国财政赤字和国债分别占 GDP 的 10.4%和 139%，而不是官方公布的 2.6%和 23%，两项指标都远远超过国际公认的警戒线。[①] 中国已初步建立了一套反映金融风险状况的指标体系，内容涉及宏观经济环境、银行内部稳定性、泡沫经济风险、国债风险和外资冲击型风险 5 个方面，共 17 个监测指标。[②]

在美元贬值人民币升值的压力下，国际外汇市场对人民币升值的预期日益提高，使得国际游资涌入我国，加大了中国的金融风险。据估计，2003 年非法进入中国的游资高达 800 亿～900 亿美元。[③] 2007 年 2 月 27 日是中国股市"黑色星期二"，沪深两市 830 只股票跌停，近千只股票跌幅超过 9%。一天之中，市值缩水 10 434 亿元，致使数以万计的股民资产受损。2015 年 1 月 19 日，中国 A 股市场经历了"黑色星期一"，股市当日跌幅达 7.7%，创 2007 年以来最大单日跌幅。

国际金融犯罪活动也是各国面临的共同问题。国外许多经济专家认为，中国在加入世界贸易组织后面临的首要风险是资本外流，其中最主要的流出渠道是非法洗钱。据俄罗斯政府估计，过去几年俄罗斯洗钱活动急剧增加，2000 年规模超过 1 000 亿美元。俄政府因资本外流而遭受的损失超过 250 亿美元。[④]

洗钱已发展成为国际社会的一大公害。据美国参议院 2001 年初发表的一份报告，目前世界上共有约 70 个"避税天堂"（tax haven），共聚集着约 4 000 家离岸银行，控制着大约 5 万亿美元的资产。有学者估计，每年滞留或通过这些"避税天堂"的资金，相当于全世界货币总存量的大约一半，使得这些海外金融中心也成为最重要的国际洗钱中心。美国每年因非法国际贸易和金融交易活动而损失的税额超过 400 亿美元。另据美国国内税收署统计，仅流失在海外的存款，就使美国每年损失税款 700 亿美元。[⑤] 据美国专家估计，全世界的洗钱活动涉及金额每年大约为 1 万亿美元，其中约 3 000 亿～5 000 亿美元与贩毒有关。根据国际货币基金组织的一项报告，全世界每年洗钱金额至少有 8 000 亿美元，甚至可能达到 2 万亿美元，相当于世界 GDP 的 2%～5%。[⑥]

四、防范金融风险的措施

金融安全的核心内容是规避金融风险。在全球化浪潮的冲击下，防范金融风险具有更加迫切的现实意义。金融全球化的推动力主要是数字化信息革命和金融自由化。通信技术的发展大大加快了资金的全球流动速度，只要在计算机上敲几个键，上千亿美元的资金就会转移到世界任何一个地方。

经济学家连平指出："国家金融安全需要有三个层次的保障：一是国家的金融政策；二是要有功能比较完善、运作规范、健康稳定的金融体系；三是国家对有影响力、单个的金融机构保持控制。"[⑦] 防范金融风险不仅限于金融或经济领域，其实还覆盖了众多社会

① 参见陆忠伟：《非传统安全论》，123 页，北京，时事出版社，2003。

② 参见上书，162 页。

③ 参见颜剑英：《美国金融霸权与中国金融安全》，载《理论导刊》，2004（5）。

④⑤⑥ 参见宿景祥：《美国"反金融战"对国际金融制度的影响》，载《现代国际关系》，2002（4）。

⑦ 连平：《官员学者激辩银行业开放与金融安全》，载《第一财经日报》，2008-07-07。

领域与部门。各国应该加紧合作，完善金融体系，防范金融风险。应该主要从推进金融体制改革、完善金融立法与监管、加强国际合作、建设金融安全网以及建立国际金融新秩序五方面防范金融风险。

第一，推进金融体制改革。金融体制改革可以从制度上消除经济危机隐患。亚洲金融危机表面上看似乎是在国际游资恶意冲击下造成的短时间破坏性灾难，实质上是这些国家内部金融风险长期积累的结果，是长期经济结构失调、泡沫经济和金融机构不良资产不断上升而未及时防范的结果。金融改革的主要措施包括：完善金融监管体系，强化金融机构对经营风险程度的识别，增强自我约束能力及资信透明度。金融对外开放和放开资本项目必须适时、稳妥、有序，优化外资机构，把握合理投向。要严格控制资本的非法流入流出，减少其可能获利的机会，跟踪监控外债风险指标，严格确认境外发债主体的资格，以有效预防突发的金融风险。

日本在金融改革方面采取一系列积极措施。1997 年以来，日本首先通过立法推进金融体制改革，日本政府先后向国会提交了《金融监督厅设置法》《银行法》《禁止垄断法》《存款保险法》《稳定金融机构紧急情况法》等金融证券体制改革法案，并于 1998 年设立金融监督厅，由大藏省的金融审查部门和证券交易监管委员会合并而成，提高金融监管部门的独立性，加强对金融机构的监管和管理。2000 年，日本产业再生委和金融厅宣布允许其他行业参与银行业，为互联网金融的发展提供了空间。日本樱花银行、住友银行与东京电力等企业共同出资建立日本网络银行，互联网金融的发展推动了日本整个金融业的发展。

第二，完善金融立法与监管。西方国家的金融立法与监管从 20 世纪三四十年代至今经历了从管制到协调、监督的发展，但从未取消监管，还强调有效监管。巴林银行事件后，英国政府单独授予英格兰银行货币政策决定权，将其监管职能分离出来，设立单独机构负责整个金融业的监管。日本在亚洲金融危机后进行金融改革，将金融监管职能从大藏省分离出来，设立金融监管局以直接对政府负责。美国在 2007 年 7 月颁布《外商投资与国家安全法》，对金融安全做出严格的法律程序规定。2010 年 7 月 15 日，美国通过了金融监管法案《多德—弗兰克法案》，决定设立金融稳定监督委员会（FSOC），负责识别、监测和处理威胁国家金融稳定的系统性风险。法案还完善了金融监管法规，以加强对金融风险的预警、应对和管理能力。

在金融立法方面，要建立严密的金融基础法律体系和金融刑法体系，消除金融立法的“真空”地带，增强本国金融机构自身防范风险的能力，完善经营管理和运作体制。与此同时，也要加强本国宏观调控能力，完善货币制度和监管制度，建立健全宏观调控体制，提高宏观调控的决策和操作水平，以增强对外开放后的风险管理和控制能力。

第三，加强国际合作，通过国际合作共同应对金融风险。金融危机的防范近年来已引起世界各国的高度重视。1997 年的亚洲金融危机充分暴露出东亚国家金融的脆弱性以及缺乏区域协调的弊端。危机结束后，各国普遍希望加强货币金融合作以维护本地区金融稳定，东亚货币金融合作取得一些成果。1997 年金融危机后，东亚国家通过《清迈倡议》建立货币互换机制。2007 年 5 月，东盟“10＋3”财长会议宣布在《清迈倡议》的基础上建立一个“东亚外汇储备库”，以便在某个成员面临外汇资金短缺困难时帮助其缓解危机。

2008 年 10 月 24 日，在以世界经济形势为主题的北京亚欧峰会期间，东盟和中日韩三国举行首脑会议，商讨落实《清迈倡议》，以实现紧急情况下外汇相互融通，初步形成了亚洲金融合作的基本架构、亚洲“10＋3”货币互换机制形成的 200 亿美元基金以及“10＋3”中央银行行长的定期会晤制度，可以有效协调相关国家的政策，抵御资本流动冲击和金融风险。

中国积极推动建设地区金融合作体系。2014 年 10 月 24 日，在中国的倡导下，在北京建立了亚洲基础设施投资银行，简称亚投行。亚投行涵盖了除美日之外的主要西方国家，成员遍及五大洲，共同构建了一个强大的金融安全网。这一金融合作机制有助于化解金融危机的风险，并与亚洲开放银行、世界银行等多边金融机构互补共进、协调发展。

第四，建设金融安全网。金融安全问题具有全球性，需要建立新的国际金融体系，促进全球经济健康发展，加强经济金融合作，互惠互利取长补短，共同构筑金融稳定的格局。金融安全网是指为保持金融系统尤其是银行系统安全稳健运行而建立的危机防范和管理的一系列制度安排。中国正在建设旨在维护金融稳定的金融安全网，加强中国人民银行与各监管主体之间的信息交流和政策协调，初步搭建监管协调体制、金融风险预警体系和控制机制，中国人民银行积极处置金融风险，推动金融改革。中国还在建立投资者保护制度，为金融稳定营造良好的金融生态环境。

在建设金融安全网方面的重要措施之一就是要加大透明度。美国著名经济学家米尔顿·弗里德曼（Milton Friedman）曾经说过，如果政府比投机者了解的情况更多，那么，解决危机的正确方法就是由政府公开披露信息或说明它的经济预测，从而帮助市场了解信息。① 维护世界金融安全，就要对游资的自由流动进行合理有效的控制，建立灵敏、高效的危机预警和救援机制，根据法律规定公开与金融交易有关的重大事项。金融透明度是金融业有效监管的基础，是金融运行规范化的主要标志，必须加强金融透明度和市场约束。与透明度相关的重要信息，包括：企业的金融状况、银行和其他金融机构的资产负债状况、一国的国际储备和债务。及时了解这些信息，有利于贷款人对金融资产和信贷的风险与收益做出准确的评价。

第五，建立国际金融新秩序。要改变现有的不合理的国际金融秩序，需要各国提出有创意的构想。1997—1998 年的经济危机之后，英国时任首相布莱尔指出，“我们不应惧怕极端、颠覆传统的思想。为了新千年，我们今天需要致力于建立新的布雷顿森林体系”。要建立国际金融新秩序，需要对现有的国际制度进行改革，不能让国际金融机构成为美国推行金融霸权的工具。国际货币基金组织需要加强对国际游资的监督，提高资金流向的透明度，给各国提供预警，减少金融危机爆发的概率。规则的制定过程必须公开透明，充分听取广大发展中国家意见，防止美国等发达国家凭借技术优势凌驾于发展中国家之上。

金融新秩序的重建很难在短期内得以实现，要在一夜之间对国际体系进行颠覆性改造是不可能的。巴里·艾肯格林（Barry Eichengreen）指出，要想铲平旧的秩序，建立一个

① Milton Friedman，“In Defense of Destabilizing Speculation”，in Milton Friedman（ed.），*The Optimum Quantity of Money and Other Essays*，Chicago：Aldine Publishing Co.，1969，p. 288.

意义深远的新秩序，这种设计并无多少吸引力。① 国际社会要致力于建设可持续的世界经济体系、包容有序的国际金融体系、公正合理的国际贸易体系以及公平有效的全球发展体系。国际金融危机的发生和蔓延深化进一步印证了加强上述体系建设的重要性和紧迫性。2009年，20国集团伦敦峰会决定建立金融稳定委员会（FSB），将与国际货币基金组织进行合作，对宏观经济和金融危机风险发出预警，并加强国际金融监管。国际金融危机警示我们，在经济全球化深入发展的条件下，只有开展全球合作，才能化解全球性危机；只有加强和完善全球经济治理，才能从体制机制上促进世界经济协调持续发展。

第三节　国际恐怖主义

一、恐怖主义的定义和历史演变

恐怖一词来源于拉丁语单词“terrere”，原意是恐吓。② 现在通常所说的“恐怖主义”（terrorism），是在18世纪后期从法文的“terreur”一词演变而来。据沃尔特·拉考尔（Walter Laqueur）考证，“恐怖主义”这一概念最早出现于1793年3月至1794年6月之间，是“恐怖统治”（reign of terror）的同义语。③

据史料记载，最早的恐怖活动可以追溯到古希腊和古罗马时代。西卡里党是有记载的最早的恐怖组织之一，它是公元1世纪犹太国杰洛特党的一个激进派。它们专门选择在白昼，特别是节日庆典和人多聚会时发起攻击。它们也会组织经济进攻，如在耶路撒冷焚烧粮仓、破坏桥梁等。④ 犹太狂热党人为了阻止罗马帝国的入侵，曾暗中派人在罗马帝国的饮用水中投毒，以达到暗杀与罗马人合作的犹太人贵族的目的。⑤ 公元前44年，古罗马统治者朱利乌斯·凯撒被政治不满分子刺杀，就是著名的恐怖主义暗杀事件之一。中国古代的荆轲刺秦王也是典型的恐怖暗杀行动。

比较确切的恐怖主义概念出现于法国大革命中。1793年法国大革命后，封建贵族阶级为了恢复旧秩序，大肆进行反共和国活动，暗杀了马拉等一批革命家。雅各宾派为保卫政权，决定用红色恐怖来对付它们。法国国民会议通过决议，“对一切阴谋分子采取恐怖”，据此逮捕处决大批封建贵族。其后，保王党得势，反过来屠杀革命党，又造成了一种“白色恐怖”。

传统的恐怖主义活动方式通常包括爆炸、暗杀、绑架劫持人质、武装袭击等。对政治领袖的暗杀行动是常见的政治恐怖活动。1914年，奥匈帝国皇储费迪南大公在萨拉热窝被刺，成为第一次世界大战的导火索。这起暗杀由民族主义学生普林西执行，整个行动是由塞尔维亚战争部情报处精心组织和策划的。表7—6列举了19世纪末20世纪初遭刺杀

① 参见［美］查尔斯·P·金德尔伯格：《疯狂、惊恐和崩溃：金融危机史》，266页，北京，中国金融出版社，2006。

② 参见中国现代国际关系研究所反恐怖研究中心：《恐怖主义与反恐怖斗争理论探索》，397页，北京，时事出版社，2002。

③ 参见王逸舟主编：《恐怖主义溯源》，14页，北京，社会科学文献出版社，2002。

④ 参见［俄］米·格洛巴乔夫：《“正义”暴力能否改变世界?》，载《国外社会科学文摘》，2002（10）。

⑤ 参见李湛军：《恐怖主义与国际治理》，42页，北京，中国经济出版社，2006。

的欧美统治者。

表 7—6　　19 世纪末 20 世纪初遭刺杀的欧美统治者

姓名	国家	死亡日期
詹姆斯·加菲尔德总统	美国	1881 年
沙皇亚历山大二世	俄罗斯	1881 年
弗雷德里克·卡文迪许勋爵	爱尔兰	1882 年
萨迪·卡诺特总统	法国	1894 年
安东尼·卡纳沃斯·德尔·卡斯蒂洛总统	西班牙	1897 年
伊丽莎白女皇	奥匈帝国	1898 年
翁贝托一世	意大利	1900 年
威廉·麦金利总统	美国	1901 年
彼得·斯托雷平首相	俄罗斯	1911 年
乔斯·卡纳勒加斯·孟德斯首相	西班牙	1912 年

资料来源：朱素梅：《恐怖主义：历史与现实》，29 页，北京，世界知识出版社，2006。

在“恐怖主义”这一词汇出现后短短 200 多年间，已有来自官方和学者的 100 多种定义，包括 1981 年以前的 108 种和 1982 年以后出现的 50 多种。①《布莱克维尔政治学百科全书》对恐怖主义的定义是：“被用来对付政府，但常常殃及普通公民的一种政治暴力。其目的是创造一种恐怖气氛，在这种气氛中，恐怖分子的目的将得到有关政府的认可。有时，恐怖主义一词被延用于政府本身为了在其国民中灌输畏惧感而采取的行动。”②

人们对于如何判定恐怖主义一直有较大争议。西方国家眼中的恐怖分子在宗教激进主义者心目中反而变成了“圣战英雄”。“9·11”事件的策划者本·拉登成为多个极端宗教激进组织的精神领袖。拉登在几个恐怖组织联合发表的“圣战檄文”中表示对美国的强烈谴责，指责美国所推行的政策才是真正的国家恐怖主义。美国企图像当年的十字军东征一样征服全世界的穆斯林，消灭伊斯兰教。因此，每一个穆斯林别无选择，只能响应真主的召唤，发起对所有的美国人及其盟友的“圣战”，为此采取的一切暴力恐怖主义行动都是“正义”的。

世界各国对于恐怖主义的定义至今仍不能达成共识。2005 年 7 月底，第 59 届联大主席、加蓬外长让·平在向各国首脑提交的有关联合国改革的《成果文件草案》中将恐怖主义定义为：“任何以胁迫一定人口、某个政府或国际组织为目的，造成平民死亡或对其身体造成严重伤害的行为，均为恐怖主义行为。”然而，就是这样一个措辞模糊的简单定义，却在第 60 届联合国大会开幕前，因“目前尚难达成一致”而被从定稿的《成果文件草案》中删除。③

恐怖主义这一概念在界定上的困难，不仅源于不同政治行为体在立场上的不同，也源于界定恐怖主义在学理上和现实中所面临的各种问题。以色列学者勃兹·加纳在《定义恐

① 参见朱素梅：《恐怖主义：历史与现实》，1 页，北京，世界知识出版社，2006。

② ［英］戴维·米勒、韦农·波格丹诺编：《布莱克维尔政治学百科全书》，759 页，北京，中国政法大学出版社，1992。

③ 参见朱素梅：《恐怖主义：历史与现实》，2 页，北京，世界知识出版社，2006。

怖主义》一书中明确指出，如今的恐怖主义定义或多或少都不尽完美，主要因为它们对下列问题都有模糊不清或者解答不明之处，这些问题是①：

（1）如何区分恐怖主义与其他暴力形式之间的界限？

（2）当政府采取恐怖主义行为或是在抵制恐怖主义时采取恐怖主义，对这两种情况应该如何评判？是否都应把它们划分为恐怖主义？

（3）如何将恐怖主义同简单的刑事犯罪区分开来，如何将同意公开宣战的组织与那些患有精神病的人的暴力行为区别开来？

（4）恐怖主义是否属于高压政治、暴力、权力或政治影响等范畴下的子概念？

（5）恐怖主义是否合法？什么情况下使用恐怖主义是正义的？

（6）游击战争与恐怖主义之间是什么关系？

（7）刑事犯罪与恐怖主义之间是什么关系？

界定恐怖主义在操作层面也面临重重困难。美国智库兰德公司在其研究报告《反对新恐怖主义》序言中指出：如果把恐怖主义视为一种犯罪，则涉及对恐怖分子个人过失的认定和取证，还涉及对国外恐怖分子的逮捕和审判等问题，这些都是非常困难的；如果把恐怖主义视为一种战争，则面临遭到更大规模报复的危险，而且可能伤及无辜，引起国际反恐联盟的分裂，受到国际舆论的压力，陷入无休止的非对称冲突之中。②

恐怖主义的概念也包含着难以清晰界定的灰色地带。美国学者菲利普·勒琼指出，恐怖活动、有组织犯罪和非传统武装之间的界限有时非常模糊。在中东地区，一些恐怖团体像正规军一样活动。例如，黎巴嫩真主党控制了大片土地，拥有训练营和先进的武器设备。阿尔及利亚伊斯兰武装集团不仅进行恐怖活动，还涉足传统犯罪活动。③

从行为者的性质来说，恐怖主义可分为两大类，包括政府行为和非政府行为。政府恐怖行为也被称为国家恐怖主义。非政府恐怖主义主要指集团或个人行为。当今世界大量存在的国际社会重点打击的对象主要是非政府的恐怖主义行为。④

西方学者亚历克斯·P·施密特（Alex P. Schmidt）和艾伯特·I·庄曼（Albert I. Jongman）合著的《政治恐怖主义》一书对国际学术界较为流行的109个有关恐怖主义的定义进行统计分析，发现在涉及恐怖主义定义的各项要素中，出现频率最高的三项内容分别是：暴力性（83.5%）、政治性（65%）、恐惧性（51%）。⑤

暴力性：在对恐怖主义的诸多定义中，人们最容易达成共识的一个特性是其暴力性。美国学者西奥多·A·哥伦比斯（Theodore A. Couloumbis）指出，恐怖活动“涉及为追求某种政治目的而运用的有组织的暴力活动，作为一种政治工具，无论是压迫者还是被压迫者都可以使用恐怖手段”⑥。恐怖分子公开支持使用暴力，希望用消灭肉体的手法达到

① 参见李湛军：《恐怖主义与国际治理》，10页，北京，中国经济出版社，2006。

② Ian O. Lesser, “Countering the New Terrorism: Implications for Strategy”, http://www.rand.org/publications/MR/MR989/MR989.chap4.pdf.

③ 参见中国现代国际关系研究所反恐怖研究中心：《恐怖主义与反恐怖斗争理论探索》，25页，北京，时事出版社，2002。

④ 参见王逸舟主编：《恐怖主义溯源》，43～45页，北京，社会科学文献出版社，2002。

⑤ 参见李湛军：《恐怖主义与国际治理》，25页，北京，中国经济出版社，2006。

⑥ ［美］西奥多·A·哥伦比斯、杰姆斯·H·沃尔夫：《权力与正义》，474页，北京，华夏出版社，1990。

制造心理恐怖的目的。

政治性：恐怖活动总是试图达到一定的政治目标。中国学者李少军指出，恐怖主义是暴力实施者基于政治目的对非武装人员（包括军队非战斗人员）有组织地使用暴力或以暴力相威胁的行为，其目的是以特殊的手段把一定的对象置于恐怖之中，逼迫其做原本不会做的事情。① 按照国际法的有关规定，战争过程中不能以平民和带有民用性质的目标为蓄意攻击对象。恐怖主义以平民为牺牲对象的做法本身就说明其非正义性。

恐惧性：恐怖活动不仅可以造成人员伤亡和财产上的损失，也能在心理层面上造成很大危害。恐怖分子通过残忍地杀害无辜平民，制造恐怖和血腥的场面，给公众造成巨大的心理冲击。在各类危害人类安全的行为中，恐怖主义算不上什么严重的致使大批人员伤亡的因素。据统计，1989—1997 年，全世界每年每亿人中死于国际恐怖主义的人数不超过 10 人，而死于普通凶杀的人数超过 6 800 人，死于交通事故的人数超过 15 800 人，分别是死于国际恐怖主义人数的 680 倍和 1 580 倍。② 然而由于恐怖主义能给人们造成心理上的巨大震撼，恐怖主义制造的心理恐惧效应已经远远超过了其实际伤害的人数。

各类国际恐怖事件从 20 世纪 20 年代起呈直线上升趋势，以每年 10%～12%的速度递增。其中 1980 年被称为爆炸年，1983 年被称为汽车炸弹年，1984 年被称为谋杀首脑年。截至 1984 年，利比亚总统卡扎菲创下了被暗杀 89 次的最高纪录，伊朗伊斯兰革命领袖霍梅尼和英国前首相撒切尔夫人则分别为 30 次和 15 次。③

专栏 7.7　针对撒切尔夫人的恐怖爆炸事件

1984 年 10 月，英国保守党在英格兰南部的海滨疗养胜地布赖顿举行为期四天的年会。10 月 12 日凌晨 2 时，首相撒切尔夫人正熬夜赶写发言稿。突然，一枚炸弹在五楼爆炸，将旅馆大楼的正面炸开一个约 9 米深的大窟窿，撒切尔夫人房间浴室里的设施全部被炸毁。爆炸前几分钟，撒切尔夫人还在浴室里。稍后，撒切尔夫人衣着整齐地出现在人群中，她镇定地对乱作一团的代表说："我们非常非常幸运！"接着宣布会议照常进行。6 小时后，撒切尔夫人走上讲台，保守党代表全体起立为她鼓掌，掌声持续 8 分钟。爆炸事件后，撒切尔夫人的政治威望反而提高了。

资料来源：朱素梅：《恐怖主义：历史与现实》，63～64 页，北京，世界知识出版社，2006。

学术界一般认为，现代恐怖主义兴起于 20 世纪 60 年代末。1968—1969 年，出现了暗杀、爆炸、劫机和炸机等恐怖活动高潮。1968—1980 年，全世界共发生恐怖事件 6 714 起，共有 3 668 人丧生。④ 此后，国际上就把 1968 年作为现代恐怖主义的起点。

英国反恐专家保罗·威尔金森（Paul Wilkinson）指出，在当代的国际体系中，恐怖主义之所以变得如此普遍，主要原因在于，对于任何群体或政权来说，它都是一种低成本、低风险并且可能是高收益的斗争方式。⑤ 正因为如此，尽管技术进步不断产生出性能

---

① 参见王逸舟主编：《恐怖主义溯源》，12 页，北京，社会科学文献出版社，2002。

② 参见胡联合：《准确把握恐怖主义的基本含义》，载《国际政治研究》，2006 (3)。

③④ 参见王逸舟主编：《恐怖主义溯源》，44 页，北京，社会科学文献出版社，2002。

⑤ 参见上书，27 页。

更复杂、有效杀伤力和精确破坏力大幅提高、可配置在陆海空战等各种平台上的武器系统，但恐怖主义行动的技术含量仍比较低。恐怖分子历来倚重枪支和炸弹这两种基本的武器系统，至今已沿袭了一个多世纪。1968—1993 年，爆炸事件占到恐怖主义案例的 46%。使用炸弹作案相当容易，风险又小，而影响面极大，因此受到恐怖分子的“青睐”。①

恐怖主义可以从内部危及西方民主国家的稳定。1969 年，意大利左翼恐怖组织“红色旅”在全国开展一场极度猛烈的恐怖活动。意大利政府最初低估了这一威胁，未能在 70 年代暴力活动蔓延之前采取有效行动将其遏制住。许多不同意识形态的追求者加入了恐怖分子行列。当时的“红色旅”几乎能发动一场相当规模的民众起义。意大利政府通过极端的法律措施扩大执法和情报机构的权力，反而造成严重的社会分裂。②

恐怖活动有严密的组织和计划。西方学者安德鲁・H・基德（Andrew H. Kydd）和芭芭拉・F・沃尔特（Barbara F. Walter）归纳出恐怖分子主要用消耗（attrition）、胁迫（intimidation）、挑衅（provocation）、破坏（spoiling）和出高价（outbidding）五种战略来达到其目标。消耗战略试图让敌人相信，假如其继续推行某一政策，将蒙受相当大的代价。胁迫战略试图让人们相信，如果不对其唯命是从，必将遭到惩罚，而政府无力阻止暴力行动。挑衅战略试图诱使对方以不加区分的暴力来对付恐怖主义，挑起人们的极端情绪，让他们支持恐怖分子。破坏战略旨在通过攻击说服敌人，恐怖分子方面持温和态度的人力量弱小，不值得信任，借此削弱对方达成和平解决方案的意愿。出高价战略则是用暴力让大众相信恐怖分子比对手更具备战斗的决心，因此更值得信任。③

恐怖主义无固定区域，无紧密组织，无明确目标。恐怖分子可以在任何地方、任何时间袭击任何目标。恐怖袭击没有相对明确和固定的战场；恐怖分子不遵守游戏规则，无所不用其极，用简单的手段制造巨大的恐怖。以平民为目标的行动范围太广，因此各国政府不可能保障安全措施覆盖可能受到袭击的每一个角落。

恐怖主义在暴力的使用上不受任何道德、法律和其他社会规范的约束，表现出极端的残忍性。1999 年，中国军事专家乔良和王湘穗在《超限战》一书中指出，恐怖战在军事上的特点就是“以有限手段打无限战争”。“这种战争意味着手段无所不备，信息无所不至，战场无处不在；意味着战争武器和技术都可以任意叠加；意味着横亘在战争与非战争、军事与非军事间的全部界限往往都要被改变，甚至连战争法也需要重新修订。”④

近些年，世界各地的大规模恐怖袭击事件此消彼长，形势非常严峻。很多国家都已经把打击国际恐怖主义置于国家安全非常重要的地位上。1998 年，美国总统克林顿指出，美国正处于一场“长期的、持续性的自由与极端主义、法制与恐怖主义的斗争之中”。此后，克林顿又在联合国大会上表示：“打击恐怖主义是美国的头等大事。”⑤ 恐怖主义已由

---

① 参见［美］约翰・阿奎拉等：《决战信息时代》，335～336 页，长春，吉林人民出版社，2001。

② 参见中国现代国际关系研究所反恐怖研究中心：《恐怖主义与反恐怖斗争理论探索》，28 页，北京，时事出版社，2002。

③ Andrew H. Kydd and Barbara F. Walter, “The Strategies of Terrorism”, *International Security*, 2006, 31 (1), p. 51.

④ 乔良、王湘穗：《超限战》，230、244 页，北京，解放军文艺出版社，1999。

⑤ 转引自［美］保罗・R・皮拉尔：《恐怖主义与美国外交政策》，1 页，北京，中国友谊出版公司，2003。

一般意义上的非传统威胁上升为“国际公害”，防范和打击恐怖主义已成为世界主要国家安全面临的新的重大课题。

二、全球化时代的恐怖主义

2001年9月11日，恐怖分子在美国挟持了4架客机，2架撞击纽约世贸中心，造成世贸双子大厦彻底坍塌，1架撞击五角大楼，第4架坠落宾夕法尼亚州森林，致使3 000多人死亡。2001年，在“9·11”事件爆发前5个月，美国国务院的报告估计“基地”组织有“几百至几千名成员”①。阿富汗战争期间，美国发现“基地”组织的成员远远超过了美国国务院估计的上限。

“9·11”事件深刻地揭示了美国安全在恐怖主义威胁下的脆弱性。美国拥有世界第一的军事力量，却无法阻止本·拉登耗资50万美元、不到百人的攻击。这是1812年美英战争以来美国本土遭受的最严重的直接攻击，打破了美国可以凭借超强的军事实力拥有绝对安全的神话。

“9·11”事件是一次典型的新恐怖主义袭击。著名学者安东尼·吉登斯准确地概括出新恐怖主义与以往的恐怖活动的区别。旧恐怖主义是我们在过去几十年遇到过的，在很大程度上同民族主义斗争如北爱尔兰、巴斯克和魁北克等地区的斗争联系在一起。它是一种有着具体目标并局限在地区范围内的恐怖活动，一般呈现出较低水平的暴力形式。而新恐怖主义则是全球化的直接产物，它们所受政府控制的程度非常低，拥有畅通无阻的网络，使用最新技术来传递信息、协调行动。②

美国学者罗伯特·基欧汉指出，在全球化的时代，两种非对称性对于恐怖分子更有利。其一是信息的非对称性。信息社会也是一个开放的社会，潜在的恐怖分子掌握了大量关于攻击目标的信息，而在“9·11”事件之前，美国对存在其国内及其他西方社会的恐怖分子网络的身份和地点知之甚少。其二是信念的不对称。本·拉登的追随者相信，对平民实施自杀性攻击将会使他们在死后获得奖赏。攻击的自杀性质使他们更难以被阻止，潜在破坏力也更大。美国及其盟友在包括军事力量、经济资源、政治影响和技术能力等资源方面拥有巨大的优势。信息和信念的不对称并未赋予非正式暴力执行者永久的优势，但恐怖分子足以获得短期的优势，这将导致恐怖主义成为长期的威胁。③

恐怖主义主要试图通过两种方式实现其政治目标。一种是通过对普通民众实施恐怖行为，营造恐怖气氛，从而间接影响政治进程，改变政府的决策；另一种是通过直接打击政治要人等，直接改变政治进程。如犹太极端分子刺杀以色列前总理拉宾。

随着恐怖主义的破坏性逐渐扩大，精心策划的恐怖活动往往能够顺利达到其目的，起到改变一国政策的作用。2004年3月11日，西班牙马德里通勤火车上发生炸弹袭击。袭击共造成191人丧生，2 000多人受伤。这是“9·11”事件后针对西方最严重的恐怖袭击。“3·11”事件发生于西班牙大选期间，直接导致西班牙亲美政党在议会选举中惨败，

---

① United States Department of State, Patterns of Global Terrorism, Washington, D.C., 2001, p.68.

② 参见朱素梅：《恐怖主义：历史与现实》，151～152页，北京，世界知识出版社，2006。

③ 参见［美］罗伯特·基欧汉：《非正式暴力的全球化、世界政治理论与“恐惧的自由主义”》，载《世界经济与政治》，2003（7）。

促使新政府从伊拉克撤军，进而引起多国从伊撤军的连锁反应。

随着科技的飞速发展，恐怖分子享有了更多的资源，恐怖袭击也具有了更强的精心规划、严密部署的特征。近些年的大规模恐怖袭击都是恐怖组织长期策划的结果。2005 年 7 月 7 日，在人口密集的伦敦金融城和市中心地区同时发生 4 起地铁和公共汽车爆炸事件，造成 52 人死亡，数百人受伤。伦敦连环爆炸案特意选在 7 月 7 日 8 国集团峰会期间。而在 7 月 6 日，伦敦刚刚赢得 2012 年奥运会的主办权。这一时间和地点的选择更有利于恐怖分子最大限度地扩大其影响力。

冷战后影响较大的恐怖主义包括民族恐怖主义、宗教极端主义的恐怖主义、新法西斯主义恐怖主义和革命恐怖主义等。全球恐怖事件高发，恐怖主义活动的覆盖面越来越广。世界各地此起彼伏的自杀性袭击让各国防不胜防。以色列反恐专家艾里·卡门曾说："一个人体炸弹就如同一枚精确制导导弹，但是花再多的钱也无法构建反导弹系统。"①

表 7—7　　冷战后影响较大的恐怖主义

类型	特点	代表团体
民族恐怖主义	主要由极端民族主义者、自治主义者和分裂主义者组成，运动的主要目标是实现分离或自治	斯里兰卡泰米尔猛虎组织、土耳其库尔德工人党、西班牙的"埃塔"、北爱尔兰共和军
宗教极端主义的恐怖主义	以宗教为意识形态，宗教信仰高于一切。宗教激进主义极端分子发动的恐怖主义是发生频率最高、危害最严重的恐怖主义	"基地"组织
新法西斯主义的恐怖主义	也称种族恐怖主义，奉行反动的种族主义，突出表现是仇外、排外，袭击对象主要是外籍工人、黑人及其他非白人群体	意大利光头党、美国"三 K 党"
革命恐怖主义	打着"革命"旗号的恐怖主义，也被称作极左翼恐怖主义	意大利"红色旅"、秘鲁反政府组织"图帕克·阿马鲁革命运动"

资料来源：李少军：《当代全球问题》，56～59 页，杭州，浙江人民出版社，2006。

在全球化的时代，恐怖主义掌握的技术越来越"高智能化"。遍布世界的通信卫星、电话网和互联网大大缩小了全球各地的距离。随着全球交通和通信成本的下降，恐怖主义的破坏力急剧攀升。现代通信手段使恐怖团伙能相互勾结，资金的全球流动让恐怖团体可以在几小时或几天内得到来自世界其他地区的资金援助。

近些年来，网络恐怖主义引起高度关注。信息网络技术大大加强了恐怖分子拥有的不对称优势。网络恐怖主义就是非国家组织或个人有预谋地利用网络并以网络为攻击目标，以破坏目标所属国的政治稳定、经济安全，扰乱社会秩序，制造轰动效应为目的的恐怖行动。② 恐怖分子把袭击目标对准政治、经济和国防等要害部门的信息系统，将可能在瞬间造成社会秩序的巨大混乱。迄今为止与恐怖组织有关的网络恐怖袭击为数仍比较少，然而各国都需要加强防范意识。

---

① 转引自余潇枫、潘一禾、王江丽：《非传统安全概论》，97 页，杭州，浙江人民出版社，2006。

② 参见傅勇：《非传统安全与中国》，64～65 页，上海，上海人民出版社，2007。

美国《未来学家》杂志称，“超级恐怖活动”主要包括用化学、生物武器和塑料炸药进行袭击，用电子手段故意破坏电脑的保密和应急系统。跨国恐怖主义的目标不仅在于改变一国的国内秩序，还在于改变国际秩序。核电站、能源基地以及电脑网络都成为恐怖主义的袭击目标。大面积地投毒、纵火，破坏电力网，污染水源以及控制和袭击计算机网络，掌握核武器或生化武器等，都将成为恐怖主义用以达到目的的手段。

大规模杀伤性武器一旦落入恐怖分子手中，将造成毁灭性的后果。化学、生物和核恐怖主义的威胁是现实的。1995年日本“奥姆真理教”在东京地铁使用沙林毒气，一次就造成13人死亡，5 000余人受害。“9·11”事件后，美国接连遭受炭疽袭击，导致数人死亡。有关国家提供的数据显示，1993年至2001年全球已破获核材料走私案件176起，部分案件经查证与一些国际恐怖组织有关。①

在全球反恐合作深化的同时，恐怖分子面对全球大围剿，也在积极进行相应的结构调整。恐怖分子行动更具隐蔽性，组织也更具严密性。“基地”组织原先估计有1.8万余人，最初相对集中在阿富汗一个国家，在美国的反恐攻势下，“基地”组织被迫化整为零，其成员流散到全球60余个国家，并组成新的分支机构，它们与“基地”核心组织的联系日渐松散，分支机构相互间的联系却大大增强，在资金装备上互通有无，在情报上相互配合。恐怖集团既有核心策划层，又有外围实施层。组织内部分工明确，在机构建设、人员招募方面形成一套完整的体系，自我再生和修复能力极强，即使有重要人物落马也能迅速填补其空缺。

恐怖组织的结构演变正呈现出网络化、分散化趋势。越来越多的恐怖集团正在采用网络式组织结构，没有绝对中心，决策权下放，成员间的联系也很松散。这种网络式组织结构比传统恐怖主义组织采取的等级分明的自上而下的组织结构更优越，可以更加灵活快捷地对外界事态做出反应。新潮的非职业恐怖分子及其松散的独立组织并未受到国外势力的严密控制，极有可能仅与某核心机构或外国政府保持间接联系。这种组织时聚时散，有时甚至昙花一现，行迹飘忽不定，很少留下蛛丝马迹，加大了执法部门充分了解或掌握其作案意图和能力的难度。②

三、世界各地恐怖主义发展态势

恐怖主义在全球的影响力不断扩大，呈现出较为活跃的发展态势。据不完全统计，1968—1980年，全世界发生恐怖事件6 714起，致使3 668人丧生。20世纪80年代以来，恐怖活动更加肆虐，截至2001年6月，仅针对美国的重大恐怖活动就有16起，致使920多人死亡。③ 美国国务院每年向国会提交一次年度恐怖主义报告，综述全球恐怖主义的发展态势，并对恐怖主义威胁做出战略评估。根据2009年4月30日的年度报告，2005年全球的恐怖袭击数为11 157起，2006年为14 545起，2007年为14 506起，2008年为11 700起。在恐怖袭击中死亡的人数，2005年为14 560人，2006年为20 468人，2007年为

---

① 参见马健：《反恐，在后“9·11”时代》，载《南方周末》，2004-09-09。

② 参见［美］约翰·阿奎拉等：《决战信息时代》，343～344页，长春，吉林人民出版社，2001。

③ 参见中国现代国际关系研究所反恐怖研究中心：《国际恐怖主义与反恐怖斗争》，3页，北京，时事出版社，2001。

22 508 人，2008 年为 15 765 人。① 根据这组数字可以看出，2008 年的恐怖袭击数比 2007 年下降了 19%，在恐怖袭击中死亡的人数也比 2007 年下降了 30%。

美国马里兰大学建立的全球恐怖主义数据库统计了全球的恐怖主义事件数量及死亡人数（见表 7—8 和表 7—9）。这一统计数据显示，从 1998 年到 2004 年恐怖事件的数量约为每年 1 100 起，此后恐怖事件的数量有所上升，2007 年达到峰值，多达 2 736 起。从整体趋势上看，亚洲、中东和北非地区的恐怖事件数量呈上升趋势，欧洲和北美地区的恐怖事件数量呈下降趋势。

表 7—8　　不同地区的恐怖主义事件（1998—2010 年）　　（起）

年度＼地区	非洲	亚洲[1]	东欧[2]	拉美	欧洲	中东	北美[3]	总数
1998	84	177	126	111	134	234	29	895
1999	120	275	132	108	200	251	153	1 239
2000	127	471	166	106	173	187	34	1 264
2001	107	413	207	131	168	255	40	1 321
2002	65	311	91	101	86	257	32	943
2003	50	439	81	106	110	236	30	1 052
2004	28	391	47	41	48	401	9	965
2005	55	732	71	50	93	738	17	1 756
2006	103	1 108	66	53	90	1 038	13	2 471
2007	249	1 108	57	45	64	1 195	18	2 736
2008	171	959	99	57	100	776	19	2 181
2009	147	901	97	18	94	492	4	1 753
2010	249	1 077	112	52	77	376	8	1 951

注：1. 包括澳大拉西亚和太平洋岛屿。
2. 东欧原共产主义国家，以及欧洲和亚洲地区苏联加盟共和国。
3. 美国、加拿大和墨西哥。

资料来源：Brenda Lutz and James Lutz, "Terrorism", in Alan Collins (ed.), *Contemporary Security Studies*, Oxford: Oxford University Press, 2013, p. 278.

表 7—9　　不同地区的恐怖事件死亡人数（1998—2010 年）　　（人）

年度＼地区	非洲	亚洲[1]	东欧[2]	拉美	欧洲	中东	北美[3]	总数
1998	1 526	1 336	168	600	48	995	5	4 678
1999	784	666	454	235	11	562	5	2 717
2000	649	1 383	231	209	30	310	0	2 812
2001	782	1 080	238	243	29	632	3 004	6 008
2002	90	1 153	379	251	9	906	3	2 991
2003	320	995	283	183	5	844	2	2 632

① United States Department of State Publication Office of the Coordinator for Counterterrorism, Country Reports on Terrorism 2008, April 2009, p. 8, http://www.state.gov/documents/organization/122599.pdf.

续前表

年度＼地区	非洲	亚洲[1]	东欧[2]	拉美	欧洲	中东	北美[3]	总数
2004	271	1 746	634	120	195	2 134	0	5 100
2005	368	1 393	102	132	58	3 447	2	5 502
2006	910	2 882	50	112	4	4 712	8	8 678
2007	1 196	3 378	41	71	78	8 754	24	13 542
2008	555	2 219	66	42	1	2 305	15	5 203
2009	430	2 260	88	8	10	1 782	3	4 581
2010	378	2 004	162	4	5	1 257	3	3 813

注：在某些袭击中仍不能确定准确的死亡人数。

1. 包括澳大拉西亚和太平洋岛屿。
2. 东欧原共产主义国家，以及欧洲和亚洲地区苏联加盟共和国。
3. 美国、加拿大和墨西哥。

资料来源：Brenda Lutz and James Lutz，“Terrorism”，in Alan Collins（ed.），*Contemporary Security Studies*，Oxford：Oxford University Press，2013，p. 279.

如今活跃于世界各地的五大恐怖组织包括“伊拉克和大叙利亚伊斯兰国”（ISIS）、“基地”组织、阿布沙耶夫反政府武装、西班牙巴斯克民族分裂组织（ETA）和泰米尔伊拉姆猛虎解放组织。“伊拉克和大叙利亚伊斯兰国”是一个逊尼派穆斯林武装组织，该组织要在中东地区建立政教合一的纯粹国家。2013年4月，叙利亚“胜利阵线”与逊尼派武装组织“伊拉克伊斯兰国”宣布合并，叙利亚和伊拉克两国的逊尼派极端组织的联合为地区局势增添了诸多变数。该组织的头目是巴格达迪。“伊斯兰国”拥有数万名武装分子，通过控制中东地区的油田而拥有了雄厚的资金，多次制造举世震惊的斩首事件，已成为颇具影响力的跨国恐怖组织。

“基地”组织由本·拉登于1988年在阿富汗建立，成立的初衷是训练和指挥阿富汗义勇军，反抗入侵阿富汗的苏联军队。据有关“基地”组织人员提供的资料，其人员网络遍及世界95个国家。1998年8月美国驻肯尼亚和坦桑尼亚使馆汽车爆炸案、2000年10月美国军舰“科尔号”在也门首都亚丁港受到袭击案和震惊世界的“9·11”事件都是长期在塔利班政权庇护下的“基地”组织所为。“基地”组织在阿富汗境内有多处训练基地，对从各国来到阿富汗的成员进行恐怖活动训练，并与黎巴嫩南部、埃及、利比亚、也门、叙利亚、菲律宾、埃塞俄比亚和俄罗斯境内的车臣共和国等地区的恐怖组织有密切的联系。

阿布沙耶夫反政府武装是菲律宾一个伊斯兰极端主义组织，由阿卜杜拉贾克·詹贾兰尼于1991年创建。“阿布沙耶夫”的意思是“带剑者”。詹贾兰尼曾于20世纪80年代参加阿富汗战争，在那里受到一些极端分子影响，回到菲律宾后创立了阿布沙耶夫反政府武装，要求在菲律宾南部建立独立的伊斯兰教国家。据估计，该组织拥有数百名武装战士，主要集中在菲律宾最南部的几个岛屿上。阿布沙耶夫反政府武装多次制造举世震惊的绑架案。

西班牙巴斯克民族分裂组织简称“埃塔”，是巴斯克语“巴斯克祖国与自由”的缩写。该组织原为弗朗哥独裁统治时代西班牙北部巴斯克地区的一个地下反抗组织。弗朗哥政权垮台后，“埃塔”逐渐发展成为危害整个西班牙社会、以暴力从事民族分裂活动的组织。

该组织主张在西班牙北部巴斯克地区和法国南部巴斯克地区成立一个独立的国家，遭到西班牙和法国的反对。多年来，该组织用暗杀、绑架和爆炸等手段夺走了近千人的生命，欧盟和美国已经将“埃塔”列为恐怖组织。

泰米尔伊拉姆猛虎解放组织，又称泰米尔猛虎组织，是斯里兰卡泰米尔族的反政府武装组织。猛虎组织最常用的暴力手段是自杀性爆炸袭击，不少世界高官政要在袭击中遇难。此外，猛虎组织还对斯里兰卡国内建筑、商业中心、军用设施甚至佛教圣地发动恐怖袭击，遭到了国际社会的一致谴责。1998 年 1 月，猛虎组织试图炸毁古都康提市著名的佛牙庙。斯里兰卡政府宣布猛虎组织为非法组织。印度、美国、英国、加拿大以及欧盟先后将其定性为恐怖组织，并列入恐怖组织名单。

当前，各种形式的恐怖主义在全球范围内呈扩大之势，尤其是以民族分裂主义和极端主义为旗号的恐怖主义活动最为猖獗。在大国加强反恐合作的同时，那些防范薄弱地区和地带正成为新的恐怖热点地区，恐怖袭击的具体目标也由攻击政府或军事设施等“硬目标”转向防范薄弱的公共场所和平民等“软目标”。恐怖袭击方式日益多样化，使用汽车炸弹和人体炸弹进行自杀式爆炸袭击案件不断增多，连环爆炸案成为常见的恐怖活动。恐怖主义和跨国有组织犯罪尤其是贩毒、跨国秘密融资联系密切，形成共生关系。

伊拉克战争扩大了恐怖主义的扩张空间。一条恐怖主义的动荡弧正从中东发端，一面向西欧、北非，甚至非洲腹地扩展；另一面向中亚、南亚和东南亚海岛延伸，进入空前活跃期。在美国的反恐战争后，东南亚极端组织“伊斯兰祈祷团”等恐怖组织的活动更为猖獗，仅 2003 年就在当地制造了 80 余起恐怖事件，比前一年增长一倍以上。2009 年，“伊斯兰祈祷团”在印度尼西亚雅加达策划了一起爆炸案，导致 9 人死亡，16 名外国人受伤。

中东地区是世界恐怖主义活动的主要地区。从 1968—2007 年的整体数据看，中东发生的恐怖活动在数量和人员伤亡等方面都占世界一半左右。美国以“反恐”为名发动伊拉克的战争，因师出无名而触发了新的恐怖袭击浪潮。伊拉克战争后，伊拉克形形色色的圣战组织和反美武装与境外极端分子整合，使伊拉克安全形势持续恶化。扎卡维领导的伊拉克“基地”组织在战争期间迅速崛起。“基地”组织将打击在伊美军作为“圣战”的旗帜，吸收来自其他国家的激进与恐怖分子到伊拉克作战，伊拉克成为恐怖分子招兵买马、进行实战训练的大本营。2005 年 10 月 25 日，美军在伊拉克阵亡人数突破 2 000 大关，被美国媒体称作“悲剧的里程碑”。① 据美联社统计，截至 2009 年 11 月 16 日，在伊拉克阵亡的美军士兵人数已高达 4 363 人。②

在亚洲，南亚是受宗教激进主义威胁最早、最严重的地区之一。分离主义和宗教极端势力不断制造恐怖活动与暴力事件。印度首都孟买频频爆发恐怖袭击事件，恐怖主义事件频发与教派间冲突有关。东南亚地区近来已成为恐怖袭击频发的高危地带。斯里兰卡泰米尔猛虎组织以暴力对抗政府军，掀起泰米尔族独立运动。孟加拉被印度及西方称为恐怖组织新“天堂”，据称境内的极端组织不少于 15 个。一些与“基地”组织有密切联系的恐怖

① 参见傅勇：《非传统安全与中国》，157 页，上海，上海人民出版社，2007。

② “US military deaths in Iraq war at 4,363”, *The Associated Press*, 2009-11-16.

主义组织如“伊斯兰祈祷团”“大马圣战组织”等在东南亚各地策划了一系列恐怖袭击活动。

在西欧地区，2004 年 3 月的西班牙马德里火车爆炸案以及 2005 年 7 月的英国伦敦连环恐怖袭击都是震惊世界的恐怖主义事件。伊斯兰移民没有融入西欧社会，而是形成了一个个对外界封闭、对内自有一套规则的“平行社会”，以开展犯罪活动为主要资金来源。西欧的穆斯林移民成为恐怖主义本土化的基础。在法国、意大利和德国等国，极右恐怖主义的危害较为严重，针对无辜平民和普通公共设施进行恐怖破坏活动，严重破坏社会秩序。

中国面临的恐怖主义威胁主要来自境外的“东突”恐怖势力和国际恐怖势力进行的各种恐怖活动。“东突”等民族分裂势力、宗教极端势力和暴力恐怖势力为谋求新疆“独立”，建立统一的“东突厥斯坦国”，发动一系列带有“圣战”色彩的暗杀、爆炸等暴力恐怖事件。据不完全统计，1990 年至 2001 年，境内外“东突”恐怖势力在新疆境内制造了至少 200 余起恐怖暴力事件，造成 162 人丧生，440 多人受伤。① 2013 年 10 月 28 日，乌斯曼·艾山及其母亲和妻子 3 人驾乘吉普车闯入北京长安街便道，沿途快速行驶故意冲撞行人，造成 2 人死亡，40 人受伤。最后嫌疑人驾车撞向金水桥护栏，点燃车内汽油导致车辆起火燃烧，车内 3 人当场死亡。②

恐怖主义的产生有复杂的政治、经济和文化根源，具有相当的顽固性、复杂性和长期性，对各国构成严峻的安全挑战。有学者指出：“恐怖主义从来不是在真空中产生的，而是一种对社会现实（或者是它们的主观印象）的激进反应，恐怖主义泛滥正是基于对社会不公正的强烈反感和不满。”③ 恐怖主义主要是一个政治问题，最持久的解决办法主要是政治性的。必须用政治方案来消除各种恐怖主义的根源，如贫困、社会不公、民族歧视和宗教冲突等现象。

全球贫富不均的情况在加剧，根据世界银行的统计数字，最富有的 2 500 万美国人的收入等于世界其他地区 20 亿人收入的总和。世界最富有的三个人的资产超过了全世界欠发达国家超过 10 亿人口收入的总和。④ 在巴勒斯坦，青年失业率高达 50%。阿尔及利亚人口的 70%为 25 岁以下的年轻人，由于经济不景气，通货膨胀率达 20%，失业率为 25%，很多年轻人只有在街头游荡。“伊斯兰就是解决办法”的口号对他们很有吸引力。⑤ 帝国主义、殖民主义对发展中国家的压迫和剥削，遗留下很多历史问题，造成一些地区的热点纷争，导致冲突和动荡，为恐怖主义滋生提供了社会基础。

很多恐怖袭击都是针对美国的，直接表现出恐怖分子对现存国际秩序的不满。据美国国务院统计，从 1968 年到 2003 年，全球共发生国际恐怖活动 14 854 起，其中针对美国的共有 5 586 起，占世界总数的 37.6%。⑥ 以伊斯兰世界为例，恐怖主义反美的主要动机有：

---

① 参见陆忠伟主编：《非传统安全论》，294 页，北京，时事出版社，2003。

② 参见古丽阿扎提·吐尔逊：《“东突”恐怖势力个体特征及其发展趋势评析》，载《现代国际关系》，2014 (1)。

③ 王国强、胡凡：《国际恐怖与反恐怖斗争》，5 页，北京，国防大学出版社，1999。

④ Nana K. Poku and Jacqueline Therkelsen, “Globalization, Development, and Security”, in Alan Collins (ed.), *Contemporary Security Studies*, Oxford University Press, 2013, p. 229.

⑤ R. Scott Appleby and Martin E. Marty, “Fundamentalism”, *Foreign Policy*, January—February 2002, p. 20.

⑥ U. S. Department of State, Patterns of Global Terrorism, 1988—2004.

一是反对美国在伊斯兰世界的驻军和对阿富汗及伊拉克的军事占领；二是反对美国的文化入侵；三是反对美国的经济掠夺；四是反对美国对以色列和一些中东国家政权的支持。①

“9・11”事件后，美国迅速组建以其为核心的全球反恐怖主义联盟，于2001年10月7日在英军协助下发动对阿富汗“基地”组织和塔利班的军事打击。约有90个国家参加了阿富汗战争，几乎占世界国家的一半，成为有史以来最大的军事联盟。全球已有90个国家与美国结成各种形式的反恐联盟，167个国家冻结了恐怖分子的约500个账户，资产达1.1亿美元。②

反恐战争成为美国全球战略的重要组成部分。在阿富汗战争中，美国在空中打击力量上出动了现役各型轰炸机，包括B2隐形轰炸机、“环球之鹰”无人驾驶侦察机、“联合之星”侦察机等高性能作战武器。美国借反恐之名，将军事力量扩张到中东和中亚地区，占据了这些重要战略地区的石油资源和地缘优势。美国总统小布什于2002年6月抛出“先发制人战略”，于2003年3月在伊拉克发动了首场“先发制人”战争。

专栏7.8　先发制人战略

2002年5月，美国总统小布什在访问德国时首次提出“先发制人战略”。6月10日，美国副总统切尼表示，必须采取先发制人的军事政策，如果要挫败大型的恐怖袭击阴谋，美军就必须主动出击。“先发制人战略”突破了军事行动的底线，为美国对其认为可能对其构成威胁的国家实行军事打击提供了理论依据。

四、国际反恐合作的主要进展

国际反恐合作研究是目前恐怖主义研究的重心。西方学者对恐怖主义问题的研究可以分为三个阶段。第一阶段是20世纪60年代至70年代，学者关注的问题是恐怖主义产生的根源，研究课题侧重于恐怖主义的基本定义和社会起因。第二阶段是20世纪80年代末至90年代，西方学者开始关注恐怖主义的蔓延、泛滥和日渐国际化，研究课题侧重于恐怖主义的国际化。第三阶段是在美国发生“9・11”事件后，在这一阶段，恐怖主义日益与高科技紧密结合，其破坏力和威胁甚至超过了大规模战争，让西方世界感到防不胜防，因而如何尽快打击和削弱恐怖主义威胁，保护本土和国民安全，以及如何开展国际反恐合作成为国际学界最热门的研究课题。③

为应对国际恐怖主义，很多国家都采取了有效的国内措施。美国国会于2001年10月通过《反恐怖授权法案》，规定执法机构可以窃听恐怖嫌疑分子的电话，赋予财政部更大的权力打击洗钱活动；2002年初又通过《美国爱国者法案》，允许执法机构事先不通知就可以搜查公民住所，甚至安装窃听器。英国规定知情不报者触犯法律，印度通过了《防止恐怖活动法》，授予警方更大的打击恐怖主义的权力。俄罗斯建立紧急情况部，美国成立国土安全部。法国成立一个新的部际安全小组，协调全国的反恐工作。中国公

① 参见张家栋：《恐怖主义论》，253页，北京，时事出版社，2007。
② 参见陆忠伟主编：《非传统安全论》，539页，北京，时事出版社，2003。
③ 参见李湛军：《恐怖主义与国际治理》，3～4页，北京，中国经济出版社，2006。

安部也成立了反恐怖局。

在全球反恐合作方面，联合国发挥着关键的作用。经过几十年的发展，国际社会打击恐怖主义的多边合作机制已基本建立，主要以联合国及其相关专门机构为核心，以打击恐怖主义的12个全球公约和议定书为基础展开合作。联合国对全球反恐斗争的协调和主导作用主要体现在三个方面：一是促进国际反恐合作，凝聚反恐共识，使反恐成为各国的共同议程；二是加强国际反恐立法，逐步完善打击恐怖主义的国际法体系；三是通过反恐委员会与各国、各国际和区域组织进行具体的反恐合作，并向反恐能力弱的国家提供帮助。2006年9月8日，联合国大会一致通过了有关在全球范围内打击恐怖主义的《联合国全球反恐战略》，这是联合国192个成员国第一次就打击恐怖主义的全球战略达成一致意见。

在双边合作方面，美国在阿富汗战争中结成了反恐联盟，在反恐领域的大国合作也取得积极进展。2003年2月10日，美国司法部部长约翰·阿什克罗夫特指出，整个欧洲的执法机构已同美国结成伙伴关系，相互交流反恐情报。2003年7月1日，美国与马来西亚联手组建的“东南亚反恐中心”正式启动，该中心将为两国和其他国家提供反恐方面的情报交流平台。2004年10月，美国与俄罗斯在莫斯科举行俄美反恐工作小组会议。中美两国建立了中长期的反恐交流与合作机制。2005年，中美“海关集装箱安全倡议”（CSI）在上海正式启动。

如今，几乎所有的区域性国际组织都增加了反恐合作方面的内容。2001年10月，亚太经合组织上海会议发表《领导人反恐声明》。独联体国家内务部长理事会于2002年9月决定加强独联体国家在反恐和缉毒方面的合作。2004年6月，上海合作组织地区反恐怖机构在塔什干正式启动，上海合作组织框架内的多边反恐安全合作全面深化。2005年6月，各成员国元首又签署《上海合作组织成员国合作打击恐怖主义、分裂主义和极端主义构想》。东盟第八次首脑会议于2002年11月发表反恐宣言，表示要加强本国和集体努力，提高各国在反恐领域的合作与协调，以及相互间情报交流的水平，预防和打击恐怖组织在东南亚地区的行动。2004年1月30日，美洲国家组织下属的泛美反恐委员会发表声明指出，美洲国家应该采取紧急措施，加强国际合作和反恐情报交流，准确和严厉地打击恐怖活动的策划者与执行者。2005年11月，欧盟出台了第一份《欧盟反恐战略》，全面清晰地阐述了欧盟的反恐政策，强调欧盟将在欧洲乃至全球范围内打击恐怖主义，向成员国提供对共同威胁的分析，促进成员国之间的情报共享，加强执法方面的合作。①

跨区域的反恐合作也取得了积极进展。2001年12月，欧安组织和联合国反毒品与预防犯罪局联合在吉尔吉斯斯坦首都比什凯克召开国际会议。2002年8月，东盟和美国就合作打击国际恐怖主义签署联合宣言。2002年9月，哥本哈根亚欧首脑会议通过《反对恐怖主义合作宣言》和《反对恐怖主义合作计划》。2003年，在中国召开亚欧反恐会议。2003年1月，欧盟和东盟发表《反恐合作联合声明》。2004年9月，欧盟与美国就反恐问题举行部长级会议，双方同意加强反恐信息交流。2015年，上海合作组织地区反恐怖机构理

① Council of the European Union, The European Union Counter-Terrorism Strategy, Brussels, 30 November 2005.

事会会议决定成立网络工作组，举行首次打击网络恐怖组织联合反恐演习，并决定成立联合打击三股势力的专家工作组，以应对新形势下的恐怖威胁。

如今，国际反恐合作在广度和深度上有很大发展。全球性、区域性与双边反恐条约和协定大量增加。世界很多国家都将反恐纳入国家安全战略，制定或重新制定了反恐相关的法律，加大对反恐的人力、物力与资金投入，积极研发新的反恐科技手段，强化各种反恐措施。单靠一国的力量打击恐怖主义远远不够。许多车臣恐怖分子在发动恐怖袭击后，常常逃往中亚或西亚地区的国家，令俄罗斯警方无从开展打击行动。国际反恐联盟正从外交、情报、执法、金融和军事五条战线上联合出击，深化国际合作，共同应对这一跨国威胁。

打击恐怖主义包括打击、防范和治理三个环节，只有在三方面都加大国际合作的力度，才能更有效地应对国际恐怖主义。

一是打击措施。军事手段可以迅速摧毁恐怖主义组织和网络，以削弱恐怖组织的行动能力。美国在打击恐怖主义的旗帜下，全面调整全球军事力量部署，将冷战时期固定的大型军事基地转变为全球网状式的军事基地。这样的部署既可以满足有效进行反恐小规模军事行动的需求，又可以为应对重大地区军事冲突部署军事力量。美国向100多个国家派出特种部队等军事力量，在训练所在国军事力量联合反恐的同时，又实现了军事力量的扩散式部署。① 美国超强的军事能力在打击恐怖主义上亦有所体现：凭借一天24小时的空中监视，美国军队可以仅仅根据沙漠里的轮胎痕迹之类的线索，判断出恐怖分子的藏身之处并给予打击。

情报对于精确打击恐怖主义至关重要。英国反恐专家保罗·威尔金森指出，主动的反恐战略的关键在于高质量的情报，否则将无从预防恐怖袭击，也难以对恐怖主义进行精确的打击。最出色的反恐情报合作达成于海湾战争期间。联军在“沙漠盾牌”和“沙漠风暴”两场行动中通过共享信息，有效地阻止了萨达姆的“神圣恐怖”计划。② 西班牙“3·11”惨案爆发后，法国、德国、英国、西班牙、意大利五国商讨建立反恐“先锋集团”，以五国合作机制为轴心，扩大欧盟在情报等方面的合作。

军事手段对于打击恐怖主义有一定的局限性。阿富汗战争也说明了军事力量在应对恐怖主义威胁中的严重不足。美国联邦调查局反恐局常务副主任卡卢索承认，阿富汗战争虽然推翻了塔利班政权，但是军事行动只不过将“基地”组织的恐怖行动能力减少了30%。③ 阿富汗战争击溃了“基地”组织在中亚的核心组织，然而逃逸的“基地”恐怖分子在全球各地建立起很多恐怖小组。美国在阿富汗和伊拉克的困境均显示出军事能力在反恐中的局限性。拥有强大优势的盟国军事力量虽然可以轻而易举地赢得战场上的胜利，但战后重建仍然要依靠一系列非军事的手段，在维和、国家重建以及加强这些国家的基础设施建设方面，都需要一系列配套措施，才能有效地化解未来的冲突。

各国必须慎重地运用军事手段，不能“以暴制暴”，因为军事手段可能激化矛盾，陷

---

① 杨毅：《全球化背景下的地缘政治与国际反恐斗争的前景》，载《世界经济与政治》，2008（1）。

② Paul Wilkinson, *Terrorism Versus Democracy: The Liberal State Response*, London: Portland, 2001, p. 215.

③ 参见［英］保罗·罗杰斯：《失控：21世纪的全球安全》，232页，北京，新华出版社，2004。

入暴力冲突的恶性循环之中。前美军参谋长联席会议主席迈尔斯曾公开发表讲话，反对所谓“反恐战争”的提法。他说：“如果称之为战争，那么你会认为军人就能解决问题。实际上这个问题不只是军事问题，更是外交问题和经济问题。”迈尔斯主张美国不能再执迷于用军事手段解决恐怖主义问题，而应将通过加强与温和的穆斯林团体的接触，削弱伊斯兰极端主义的吸引力，更多地采取与盟国合作的办法，从根源上解决恐怖主义问题。①

二是防范措施。对仍处于隐蔽状态的恐怖主义组织的活动加以预防和限制，加强各种国家间、区域性和全球性的合作，在司法、社会治安、情报和金融领域采取综合防范措施。反恐政策可分为两类，即主动（proactive）政策和防御（defensive）政策。主动或进攻性（offensive）措施直接以恐怖分子、其资源及其支持者为目标。主动政策可以降低恐怖分子的行动能力，继而降低对可能成为恐怖行动目标袭击的频率和普遍性。主动政策包括攻击恐怖分子阵地、暗杀恐怖分子头目、冻结恐怖分子的资金、对支持恐怖活动的国家实施报复、收集情报以及对恐怖集团的渗透。防御性或消极政策试图保护潜在目标不受攻击，或者在受到攻击的情况下减小破坏。防御性措施包括建立科技屏障、巩固可能受到攻击的目标、部署安全人员，以及建立恐怖警备装置。②

三是治理措施。旨在从根源上逐步削弱恐怖势力，消除国际恐怖主义的根源。要从根源上解决恐怖主义，必须改变不合理的国际秩序，解决全球化进程中南北贫富差距扩大问题。联合国前秘书长安南在接受法国《费加罗报》记者采访时强调：“必须打击恐怖主义的根源——贫困和愚昧。”③ 促成地区冲突问题得到公正合理的解决，也可以有效地减少诱发恐怖主义的政治因素。

打击恐怖主义是一项长期艰巨的任务，必须加强各层次、综合性的国际反恐合作，消除恐怖主义的根源，特别要修补国际反恐链条中的薄弱环节，尤其要妥善解决失败国家面临的种种政治和社会问题。美国布朗大学教授奥默·巴托夫（Omer Bartov）指出，以往的暴力袭击往往是由强者加于弱者的。而在 2001 年 9 月 11 日美国遭受的恐怖袭击中，暴力来自世界上最贫穷、最弱势的地区。要对这一威胁做出有效的反应，就必须以全新的方式思考如何使用武力，改变国外的经济政策，并对国内政策做出相应变革。④

2005 年 3 月，在西班牙马德里举行的民主、恐怖主义和安全问题国际首脑会议上，各国领导人达成了一个包括 5 个要点的全面反恐战略。这个战略包括 5 个基本组成部分，简称“5D”：

劝阻（dissuading）不满团体选择恐怖主义来实现其目的；

断绝（denying）恐怖分子实施袭击的手段；

制止（deterring）国家支持恐怖分子；

发展（developing）国家预防恐怖主义的能力；

捍卫（defending）在反恐斗争中的人权。

---

① 参见傅勇：《非传统安全与中国》，157 页，上海，上海人民出版社，2007。

② Todd Sandler, "Collective versus Unilateral Responses to Terrorism", *Public Choice*, Vol. 124, No. 1/2, July 2005, p. 78.

③ 王逸舟主编：《恐怖主义溯源》，12 页，北京，社会科学文献出版社，2002。

④ 参见［美］奥默·巴托夫、黄觉：《极端暴力与学术界》，载《国际社会科学杂志（中文版）》，2003（4）。

反恐斗争是一场拉锯战。德国和意大利花了十几年时间才压制住活动在其国内的小型恐怖组织，英国用 1/4 世纪的时间才迫使爱尔兰共和军放弃武装斗争。[①] 美国中央情报局前反恐怖主义高级官员皮拉尔指出，用“战争”来比喻反恐怖主义的努力是不准确的。和许多战争不同，反恐怖主义没有固定的敌人，也没有行将结束的前景，无论是“胜利”还是其他形式的结束。一如冷战，它需要长期、耐心和坚持不懈的努力。但是，与冷战不同的是，它绝不会因敌方内部崩溃而告终。一时的胜败在所难免，但不是一场有始有终的战役。[②]

在治理恐怖主义方面，最有效的手段是努力消除恐怖主义的根源，缩小贫富差距，消除极端思潮，铲除社会不公，妥善处理民族宗教问题，建立公正合理的国际秩序。世界各国应该加强协作与交流，通过综合运用政治对话、经济交往和文化交流等手段，消除国际社会不公正现象，缩小发达国家与发展中国家的经济差距。唯有加强全球协作，完善全球治理机制，才能化解恐怖主义对国际秩序的威胁。

第四节　生态环境安全

在非传统安全领域中，生态环境问题是当今国际社会面临的最大挑战之一。早在 20 世纪 80 年代，联合国环境与发展委员会就曾在发表的一个声明中指出，“人类正面临两个巨大的威胁。第一个威胁是核武器交易。让我们期待它不要太多地减弱未来的繁荣。第二个威胁便是全球性的环境破坏——这是与未来世界的繁荣背道而驰的，而这恰恰是今天的现实”[③]。冷战结束后，生态环境问题更为突出，“一跃而名列世界政治议程的榜首”[④]。随着生态环境问题的日益凸显，生态环境安全作为一个联系生态环境问题和安全考虑的新概念而出现，并越来越受到国际社会的共同关注。

一、生态问题及生态环境安全概念的提出

生态环境是人类赖以生存的基础，但由于人类不当的生产生活方式而产生了破坏生态平衡、导致环境退化等生态环境问题。生态环境问题的实质是经济发展与环境保护的矛盾表现，是人与自然关系的失调。[⑤] 一般来说，生态环境问题产生的原因可分为三大类：一是由于工业生产、交通运输和生活排放的有毒有害物质引起的环境污染，这类污染通过大气和江河由城镇局部扩散到广阔的自然界，对人体健康和农、林、牧、渔业造成很大损害；二是由于对自然资源不适当的开发活动引起的生态环境的破坏，这类环境问题突出表现在植被破坏、水土流失、土壤退化、沙漠化、气候变异等方面，造成生物生产量的急剧下降[⑥]；三是由于战争和武装冲突对自然环境和人类生存环境的破坏。

---

① 参见［美］布里安·詹金斯：《对美国反恐战略的反思》，载《国际观察》，2006（5）。

② 参见［美］保罗·R·皮拉尔：《恐怖主义与美国外交政策》，246 页，北京，中国友谊出版社公司，2003。

③ ［美］诺曼·迈尔斯：《最终的安全——政治稳定的环境基础》，4 页，上海，上海译文出版社，2001。

④ 曲格平：《我们需要一场变革》，111 页，长春，吉林人民出版社，1997。

⑤ 参见李泊言：《绿色政治——环境问题对传统观念的挑战》，3 页，北京，中国国际广播出版社，2000；王军：《可持续发展》，115 页，北京，中国发展出版社，1997。

⑥ 参见曲格平：《我们需要一场变革》，23 页，长春，吉林人民出版社，1997。

生态环境问题随着现代工业的发展日益突出。据记载，较早的环境公害事件，如英国伦敦 1873 年、1880 年和 1891 年发生的烟雾污染事件和 1893 年日本足尾铜矿大约持续 50 年的“三废”污染等，虽然带来很大灾害，但还未能引起国际社会的普遍关注。直到 1962 年，美国海洋生物学家蕾切尔·卡逊（Rachel Carson）发表了《寂静的春天》一书，才引起国际社会的极大震动。该书以科学寓言的形式告诉人们环境污染给人类社会带来的极大危害性。之后，1972 年，罗马俱乐部发表的研究报告——《增长的极限》，就全球资源和环境问题向人类社会敲响了警钟。同年 6 月，联合国在斯德哥尔摩召开了第一次世界性的人类环境会议，标志着人类对环境问题的觉醒。

在国际政治领域，尽管 20 世纪 70 年代冷战思维仍然占据主要地位，但生态环境问题开始进入安全研究领域。当时，随着美苏关系走向缓和，人们在重新思考国家安全的根源问题时，开始把生态问题与国家安全联系起来，认为对国家安全的“新威胁正在出现，而这种威胁是军事力量所无法对付的”①。1971 年，美国著名国际法学者理查德·福尔克（Richard Falk）发表《威胁中的星球》一文，首次把生态环境问题和安全联系起来，提出资源匮乏会导致暴力出现。② 1977 年，美国环境专家、美国世界观察研究所所长莱斯特·R·布朗发表了题为《重新定义国家安全》的报告，力图将生态环境问题纳入国家安全范畴。他在报告中指出，在一个生态以及经济和政治都相互依赖的世界中，“‘国家安全’的概念已经不够”，“‘国家安全’的传统军事安全概念正变得日益匮乏”，军事力量不能应对生物圈的恶化给人类带来的挑战。③ 但是，该报告在当时未能引起国际关系学界的注意。1981 年，布朗又在另一本著作中指出：“自第二次世界大战以来，‘国家安全’几乎完全是属于军事性质的。国家安全的定义就是假定对安全的主要威胁来自其他国家。可是，目前对安全的威胁，来自国与国间关系的较少，而来自人与自然间关系的可能较多。”④ 1983 年，理查德·H·厄尔曼在《国际安全》上发表《重新定义安全》一文，批评美国冷战时期对国家安全的定义“极为狭隘”“极端军事化”。这样的定义，一方面使国家集中在军事威胁上，而忽视了其他的甚至是更大的威胁，从而减少了总体安全；另一方面使国际关系军事化，而这从长期来看会增加全球性的不安全。厄尔曼认为，使国家安全的概念包括非军事性威胁是对安全思想的重大挑战，而解决这些威胁的措施也是非军事性的。⑤ 但当时由于冷战思维占统治地位，上述观点的影响十分有限。

20 世纪 80 年代中后期，国际形势的缓和使得对生态环境与安全关系的研究又活跃起来。1986 年，美国著名的环境专家诺曼·迈尔斯（Norman Myers）明确提出，安全思维应该把生态环境问题考虑进来。他指出，“如果一个国家的环境基础被破坏，它的经济将衰退，社会结构也随之恶化，政治结构也会变得不稳定，最终的结果将很有可能是冲突”⑥。1987 年，联合国世界环境与发展委员会（又称布伦特兰委员会）向第 42 届联合国大会提交其

---

① Jon Barnett, *The Meaning of Environmental Security*, London: Zed Books Publishing Ltd., 2001, p. 33.

② Ibid., p. 37.

③ Lester R. Brown, “Redefining National Security”, *Worldwatch Paper*, No. 14, 1997, pp. 4-41.

④ ［美］莱斯特·R·布朗：《建设一个持续发展的社会》，289 页，北京，科学技术文献出版社，1984。

⑤ Richard H. Ullman, “Redefining Security”, *International Security*, Vol. 8, No. 1, Summer 1983, pp. 139-142.

⑥ Jon Barnett, *The Meaning of Environmental Security*, London: Zed Books Publishing Ltd., 2001, p. 40.

著名报告——《我们共同的未来》，并得到大会的一致通过。该报告提出，必须扩展安全的定义，应超出对国家主权的政治和军事威胁，把生态环境恶化和发展条件遭到破坏包括进来，并首次使用了"环境安全"这一概念。报告明确指出："传统上理解的安全的整个概念——从对国家主权的政治和军事威胁的角度来认识的概念……必须加以扩大，以便包括日益增长的环境压力的影响……地方的、全国的、区域的和全球的影响。"①

尽管如此，生态问题真正引起国际社会的普遍关注则是在冷战结束后。其主要原因如下：一是冷战时期两极对峙的国际大格局使得战争与和平问题最为突出，各国对国家安全的关注集中在防止外敌入侵、阻止外来干涉等政治和军事领域；二是由于生态环境问题本身的潜在性特点，生态环境问题对国家安全的威胁不如军事威胁那样明显，"因为最终导致生物系统崩溃的过程是逐步的和积累的，在它们进入困境或发生灾难之前，很少为人们所考虑到"②。诺曼·迈尔斯对环境安全的潜在性做了这样的比喻："如果环境问题像心脏病突发那样危害我们，我们就会高度重视生态系统并努力使之恢复。相反，环境问题像癌症那样静悄悄地在暗地里侵害我们的肌体，不易察觉，也没有抵制，直到它们深层的损害非常明显时才最终爆发出来。"③

1992 年，联合国环境与发展大会通过《里约环境与发展宣言》，声明"和平、发展与保护环境是互相依存和不可分割的"。2004 年，联合国威胁、挑战和改革问题高级别小组向联合国秘书长提交一份题为《一个更安全的世界：我们的共同责任》的报告，明确将环境破坏列为国际安全的重大威胁。

与此同时，一些国家也开始将生态环境因素纳入国家安全议程中。1991 年 8 月，美国公布的新的《国家安全战略报告》称："我们必须运用保护增长的潜力和当代及后代人的机会的方法来管理地球的自然资源……对全球环境的关注……是没有国界的。这些环境挑战带来的压力正成为政治冲突的一个原因。"④ 1996 年，美国公布的《参与和扩展的国家安全战略》也强调："一度被认为是非常遥远的许多跨越国界的问题，例如环境恶化、自然资源的耗竭，现在对我们的繁荣构成了威胁，并且对目前和长期的美国政策都具有安全影响。"⑤ 1996 年，欧盟马德里部长级会议提出了包括生态环境恶化、资源稀缺等"共同安全观"概念。1997 年 12 月，俄罗斯政府颁布的《俄罗斯联邦国家安全构想》也首次将环境问题纳入俄罗斯国家安全战略。环境问题成为全球各国共同关注的问题。

二、生态环境安全的内涵及其对国家安全的威胁

尽管生态环境安全日益受到国际社会各界的广泛关注，但人们对环境安全的含义一直未有清晰统一的认识，使得环境安全成为一个极具争议的概念。来自不同行业、不同背景且具不同的意识观念的人们对环境安全有着不同的理解和解释，从而产生不同的经验和政策目标。

---

① 世界环境与发展委员会：《我们共同的未来》，23 页，长春，吉林人民出版社，1997。

② [美] 莱斯特·R·布朗：《建设一个持续发展的社会》，290 页，北京，科学技术文献出版社，1984。

③ [美] 诺曼·迈尔斯：《最终的安全——政治稳定的环境基础》，27 页，上海，上海译文出版社，2001。

④ 转引自梅孜：《美国国家安全战略报告汇编》，225 页，北京，时事出版社，1996。

⑤ "1996 U. S. National Security Strategy, ESCP Report 2 ", http:// www. Fas. org/spp/military/docops/national/1996stra. htm.

环境政策制定者和实践者认为，环境安全是指自然环境所提供服务的安全，一般包含不减少的自然资源。为了保证这种安全，有必要制定旨在提高环境可持续性、监督和实施环境协议法规、发展和运用清洁技术、保护自然保护区等的计划。军事部门认为，环境安全就是要致力于解决因准备或在冲突中采取军事行动引起的环境退化或资源消耗，换句话说，指在和平和武装冲突时期“绿化”军事活动。也有西方研究者将环境安全解释为：环境退化和资源枯竭是发生暴力冲突的潜在原因，因而成为助推者或是催化剂，致使人们对国家主权采取妥协政策以减轻环境退化的程度，或是对作为“国家安全”威胁的环境退化和资源枯竭做出反应。

不少学者主张应扩大环境安全的含义，使之与“全球安全”尤其是“人类安全”相一致，强调以人本为中心的安全观念。诺曼·迈尔斯就认为，环境安全是所有人的安全，是集体性的安全。① 新西兰学者乔恩·巴尼特（Jon Barnett）也指出：“以人为中心的环境安全概念把人民的福祉放在第一位，尤其是把弱势群体的福利放在最首要的位置……因为强调弱势群体意味着强调环境退化的诸多将来的原因。保护我们社会弱势群体的权利可能是保护后代人居住在这个仍值得居住的星球上的权利。”②

中国学者邝扬提出研究环境安全要从不同的层次、不同的分析单位与重点来进行，即从国内、国际和全球三个层面，以个人、国家和人类社会为分析单位与重点来理解环境安全。他认为，环境安全是免于因环境恶化而造成的对人类生存的威胁，以及免于因环境争端或冲突而形成的人类群际关系上的威胁；环境安全对于社会和国际稳定具有重大意义，对于整个人类及其后代的生存和发展具有深远影响。③ 中国环境专家曲格平认为，环境安全一般来说“包括两层含义：其一是防止环境污染和自然生态退化削弱经济可持续发展的支撑能力；其二是防止环境问题引发人民群众的不满，特别是防止环境难民的大量产生，从而避免影响安定”④。

虽然生态环境安全的内涵存在不同的层次，但在国际政治领域中，要定义生态环境安全，重点应该放在国家层次上。任何生态环境问题只要对国家的四大要素——领土、人口、政府和主权构成威胁，即应视为安全问题。所以，生态环境安全是“一个国家的生存和经济社会可持续发展所必需的可再生资源和生态系统免受损害”⑤。具体来说，生态环境问题对国家安全的威胁体现在以下方面：

第一，生态环境问题是对国家领土的侵蚀和国民生存的威胁。由生态环境恶化引发的“土壤侵蚀、地球基本生物系统的退化和石油储量的枯竭，目前正在威胁着每个国家的安全”⑥。而对“本来就十分贫穷的国家来讲，每年发生的自然灾害就像是苛捐杂税，造成了财产、资源和生命的进一步损失”⑦。据世界银行 2001 年统计报告，在经济增长迅速的南亚地区，

---

① 参见［美］诺曼·迈尔斯：《最终的安全——政治稳定的环境基础》，30 页，上海，上海译文出版社，2001。
② Jon Barnett，*The Meaning of Environmental Security*，London：Zed Books Publishing Ltd.，2001，p. 127.
③ 参见邝扬：《环境安全与国际关系》，载《欧洲》，1997（3）。
④ 曲格平：《关注中国生态安全》，3 页，北京，中国环境科学出版社，2004。
⑤ 张海滨：《环境与国际关系：全球环境问题的理性思考》，179～180 页，上海，上海人民出版社，2008。
⑥ ［美］莱斯特·R·布朗：《建设一个持续发展的社会》，89 页，北京，科学技术文献出版社，1984。
⑦ ［美］保罗·哈里森：《第三世界——苦难·曲折·希望》，13 页，北京，新华出版社，1984。

因环境污染导致的死亡人数占了该地区疾病死亡人数的 1/5。据估计，巴基斯坦每年约有 16.8 万人死于空气污染。1990—1998 年，因生态恶化导致的自然灾害，如洪水、飓风，在南亚地区造成的死亡人数占整个世界在自然灾害中死亡人数的 60%。①

在生态环境问题中，尤其是气候变暖更是给全人类带来难以估量的危害和损失。根据环境专家和气象学家的研究以及对各种气候模式的分析，全球气候变暖将使海洋温度上升，加快冰山融化，成为极端气象和气候现象频繁发生的根本原因。2005 年，世界许多地方都出现了异常高温、最严重干旱和罕见的洪水以及袭击中美洲、美国和加勒比地区创历史最高纪录的飓风等，这都与气候变暖有直接的关联。气象部门的研究显示，在 2005 年夏天，北冰洋的冰川面积比过去 25 年的平均水平小了 20%，使得目前北冰洋的海水比过去任何高峰期还要高出 27%。美国科罗拉多大学的国家冰雪数据中心甚至预言，照此趋势发展，到 2070 年，北冰洋上的冰将全部融化。冰川面积减小严重威胁极地动物的生存，科学家们发现，被列为濒临灭绝动物的北极熊成为全球气候变暖的直接受害者。

更为重要的是，生态环境问题不仅威胁当代人的安全，而且也威胁到子孙后代的安全。虽然由于环境问题所具有的潜在性特点，其威胁来得慢，但它对人类生存的威胁是长期的，且消失得更慢，成为当代社会和人类的最严重的威胁来源。

第二，生态环境问题成为威胁国家安全的暴力冲突和战争的潜在因素和催化剂。发展中国家由于贫穷落后，难以应对环境恶化、资源枯竭及由此引起的社会危机，所以极易受暴力行为的影响。据联合国开发计划署 1994 年发表的《人类发展报告》，阿富汗、海地、安哥拉、伊拉克、莫桑比克、缅甸、苏丹、扎伊尔等国内部的动荡、冲突都与环境恶化和食物短缺有关。此外，环境压力也成为导致国家之间重大冲突的重要根源。随着人类资源不断被消耗，自然资源变得越来越珍贵，影响到国家的生存和发展，因此不同国家或民族为争夺资源而发生冲突。中东除了为石油资源而发生的战争之外，围绕水源问题的冲突也尤为典型。资源争夺战成为地区冲突的重要原因。因此，"环境压力既是政治紧张局势和武装冲突的起因，也是它们的结果。国家间常常为争夺原材料、能源、土地、河流流域、海上航道和其他重要的环境资源的控制权而发生武装冲突。随着资源的减少和竞争的加剧，这种冲突也可能加剧"②。而暴力冲突和战争又会进一步导致生态环境的恶化。

第三，生态环境恶化威胁到国际社会秩序的稳定，进而威胁国家的生存与发展。席卷全球的难民潮对国际秩序的稳定是一个重大威胁。虽然"引起大规模难民迁移的直接原因，可能表现为政治动乱和军事冲突，但是潜在的因素往往包括自然资源基地的恶化及其维持人类生存能力的下降"③。据估计，20 世纪 90 年代中期大约有 3 000 万难民与环境恶化有关。1996 年，联合国难民署在它发布的第一份环境方针中指出，大规模难民逃亡可能破坏整个生态系统和经济基础结构，不仅对难民，而且对当地人口造成严重危害，并造

① World Bank, Making Sustainable Commitments—An Environment Strategy for the World Bank, 2001.

② 世界环境与发展委员会：《我们共同的未来》，380 页，长春，吉林人民出版社，1997。

③ 同上书，381 页。

成一连串的连锁反应，加剧社会、经济和政治动乱。挪威前首相布伦特兰说过："在不久的将来，穷人中的环境问题，通过政治不稳定和动乱的传播，也会影响富人。"①

第四，生态环境问题也成为恶化国家间的经济关系的一个因素。当前，针对一大批新兴发展中经济体在国际贸易领域中的迅速发展，一些发达国家利用其技术上的优势，用过高的环境标准构筑贸易壁垒，设置所谓的绿色贸易障碍，限制发展中经济体进入其市场，形成不平等的贸易关系。因环境问题导致的国家之间经济、贸易制裁的事件变得越来越频繁。同时，发达国家利用其经济优势，把对环境有损害作用的生产活动通过生产过程中的环境倾销和污染物的迁移等方式转移到不发达国家，由此引起的国际环境纠纷增多。

所以，生态环境问题不仅影响到国民的生命安全，还威胁到国家社会政治秩序的稳定，并对国际安全带来重大影响。在环境安全中，安全要素之间存在很强的关联性，环境与经济、军事和政治密切相关。"安全的保障不再局限于军队、坦克、炸弹和导弹之类这些传统的军事力量，而是愈来愈多地包括作为我们物质生活基础的环境资源。这些资源包括土壤、水源、森林、气候，以及构成一个国家的环境基础的所有主要成分。假如这些基础退化，国家的经济基础最终将衰退，它的社会组织会蜕变，其政治结构也将变得不稳定。这样的结果往往导致冲突，或是一个国家内部发生骚乱和造反，或是引起与别国关系的紧张和敌对。"②

生态环境安全与其他非传统安全一样，实现安全的手段是合作而非对抗性的。环境安全的国际性表明它不是孤立的国家间相互排斥的安全，而是全球共同合作的安全。一国要获得生态环境安全，不能采取与他国对抗，尤其是削弱对方的手段，只能采取合作的方式，只有它们有了安全，我们才有安全。

三、围绕生态环境问题的国际斗争

1992年6月在巴西里约热内卢举行的联合国环境与发展大会是国际环境发展历程中一次具有里程碑意义的大会。会议通过了包括《里约环境与发展宣言》《21世纪议程》《关于森林问题的原则声明》《联合国气候变化框架公约》《生物多样性公约》在内的三项文件和两项条约。《里约环境与发展宣言》提出以"公平的原则"，通过"新的全球伙伴关系"来解决全球生态环境危机。宣言还明确阐明在处理全球环境问题方面发达国家和发展中国家执行"共同但有区别的责任"原则，也就是说，发达国家应该承认对造成目前环境退化状况负有主要责任，发达国家应该在资金与技术上给发展中国家以援助。

"共同但有区别的责任"原则是基于历史原因与现实考量而做出的。从历史上看，虽然全球环境退化的原因是多方面的，但是发达国家的工业化对环境造成的极大危害是无法否认的。直到今天，全球污染总量的70％仍然来自发达国家，就连发展中国家面临的一些环境问题也与发达国家的长期掠夺或廉价收买资源有关。③ 从现实看，发达国家无论是在经济实力上还是在环保技术方面都比发展中国家强很多，发达国家完全有能力在解决全球环境问题上发挥表率作用。里约会议后，随着一系列公约的生效，全球可持续发展取得了

① ［美］诺曼·迈尔斯：《最终的安全——政治稳定的环境基础》，19～20页，上海，上海译文出版社，2001。

② 同上书，16页。

③ 参见张海滨：《环境与国际关系：全球环境问题的理性思考》，235页，上海，上海人民出版社，2008。

一定进展。尽管如此，发达国家和发展中国家之间，以及发达国家内部在合作解决全球环境危机方面还存在很大分歧。

1. 发达国家与发展中国家的分歧与斗争

早在 1972 年斯德哥尔摩的联合国人类环境会议上，发达国家与发展中国家在全球环境治理的资金、责任与成本分担的依据等问题上的立场分歧就已暴露出来，并且“这些问题实际上已成为每一次国际环境与可持续发展谈判的中心议题”①。1992 年的里约会议明确了发达国家和发展中国家执行“共同但有区别的责任”原则后，发达国家事实上仍不愿承担更多的责任，包括美国在内的一些发达国家没有履行里约会议所做出的向发展中国家提供资金和技术援助的承诺，而是力图逃避发达国家在工业化阶段对世界环境造成的破坏应该承担的责任，反而把今天的环境问题推给更多的发展中国家，而正处于工业化时期的一些发展中国家也不可能以牺牲“经济增长”换取“环境保护”。2009 年 12 月在丹麦哥本哈根召开的《联合国气候变化框架公约》第 15 次缔约方会议暨《京都议定书》第 5 次缔约方会议上，发达国家“口惠而实不至”以及企图为发展中国家设置绝对量化减排目标的做法，大大激化了南北两大阵营的矛盾。在此次会议上，一些非洲国家的抗议曾导致会议一度中断。哥本哈根会议后，发达国家与发展中国家之间的矛盾使得国际气候谈判仍困难重重，一些发达国家明确提出要根本性改变现有的《联合国气候变化框架公约》和《京都议定书》确立的法律框架和“共同但有区别的责任”原则，企图建立全新的框架、全新的原则，从而受到发展中国家一致反对。2012 年在卡塔尔多哈召开的《联合国气候变化框架公约》第 18 次缔约方会议暨《京都议定书》第 8 次缔约方会议，虽然在最后一刻通过了一揽子决议，宣布 2013 年开始实施《京都议定书》第二承诺期，但是，加拿大、日本、新西兰及俄罗斯已明确表示不参加《京都议定书》第二承诺期，这使得艰难达成的决议实施前景十分悲观。2014 年 12 月 2 日至 12 日在秘鲁首都利马召开的《联合国气候变化框架公约》第 20 次缔约方会议暨《京都议定书》第 10 次缔约方会议，因发达国家与发展中国家在具体减排问题上分歧依然明显，实质性结果仍难以达成。

发达国家和发展中国家在环境问题上的分歧，归根到底是国家权益上的争夺。首先是维护各自的国家经济权益。有的发达国家不愿兑现在《联合国气候变化框架公约》中关于减少温室气体排放的承诺，而一些发展中国家也拒绝接受影响经济发展的保护自然资源和阻止生态退化等方面的约束性条款，这都是出于本国的经济权益考虑。其次是国家政治权益，即独立自主管理内政外交的权益。在处理环境问题上，发达国家侵害发展中国家的政治权益的事件时有发生。开发本国资源是一国的国家主权。1974 年，联合国决议规定“每个国家对其全部财富、自然资源和经济活动享有充分的永久主权，包括拥有权、合作权和处置权在内，并得自由行使此项主权”②。多项国际法规又对此项决议加以重申。而一些发达国家却以保护环境为由对发展中国家开发本国资源横加干涉。例如，美国政府就曾公开声称，隶属巴西的亚马逊森林是国际财产，禁止巴西政府和人民采伐，激起了巴西及拉美国家的强烈反对和谴责。有的国家借援助之手来干涉他国内政。在 2002 年约翰内

① 张海滨：《环境与国际关系：全球环境问题的理性思考》，1 页，上海，上海人民出版社，2008。

② 梁守德、洪银娴：《国际政治学概论》，267 页，北京，中央编译出版社，1994。

斯堡可持续发展世界首脑会议前的非正式会议中，发达国家向发展中国家提出如何实施“善治”的问题，将是否实行西方式的民主政治作为提供援助的前提。一些国际组织给发展中国家的贷款同样也附带苛刻的环境条件。最后是争取国际社会平等地位的权益。虽然殖民时期的南北依附关系被现在的相互依存所代替，但在经济全球化的过程中，在现行的国际分工和贸易体系中，发达国家由于在资金、技术和管理经验中占有明显的优势而居于主导地位。大多数发展中国家生产和出口的是资源和劳动密集型产品，对资源耗费严重，而且造成环境污染和生态破坏。发达国家还利用经济和技术上的优势，通过建立一种技术性的关税壁垒——绿色贸易壁垒来保护本国市场，对广大发展中国家形成了不平等的贸易关系，造成了发展中国家巨大的经济损失。原本旨在保护环境和人类健康的“绿色壁垒”现在成为发达国家的另一种贸易保护手段。

发达国家与发展中国家在环境问题上的权益之争，反映出的是因贫富而产生的国家实力对比的不平衡。有西方学者认为，环境状况受发达国家和发展中国家权力对比状况的影响。“环境恶化程度取决于富国和穷国之间的力量均势。当富国权力大于穷国时，环境恶化加剧”，“权力和财富分配越不公平，环境恶化越快”①。发达国家对环境造成的损害，如果它们不主动承担责任的话，发展中国家是没有权力强迫其承担的。而在有关环境的国际法规制定上，发达国家掌握了更多的权力，这些法规往往是对它们有利的。

当然，我们也认识到，发达国家和发展中国家在环保意识和治理能力方面差距很大。发达国家在环保方面，除政府高度重视外，广大公众也积极参与和支持。发达国家一般都有比较完备的环保法律、政策体系、完善的市场机制。而发展中国家环保意识比较弱，其可持续发展战略目标特别注重经济发展，优先发展计划是消除贫困。在环保能力方面，发展中国家远远不能和发达国家相比。发达国家投入高额资金用于环境保护，环保产业已经成为一个迅速发展起来的“朝阳产业”。发达国家的环保技术已经相当高，而且也积累了丰富的管理经验。目前发达国家环境问题的解决，已经从单纯治理逐步转向提前预防和避免环境问题的产生。但是发展中国家由于种种原因，在环境方面人力和物力等的投入都比较少，因而技术也相当落后。

同时，生态环境恶化对发达国家和发展中国家造成的实际危害也不同。由于经济基础的不同和环境治理与预防能力方面的巨大差异，发展中国家比发达国家遭受因环境恶化所带来的损失更大。发达国家的经济支柱是工商业，环境污染不会直接影响其经济支柱。虽然有些发达国家的经济（如靠农畜产品出口的新西兰等）受环境影响很大，但是这些国家在环境保护方面做得很成功。而发展中国家的经济基础主要是农业，对自然资源的依赖性非常大，生态环境的破坏直接危及基础产业，因此受到的损害最大。

2. 发达国家之间的矛盾

发达国家之间在生态环境保护问题上也同样存在分歧与斗争。以全球气候治理问题为例，在发达国家阵营中，欧盟作为气候谈判的发起者一直是重要的政治力量，将气候变化问题看作提升国际影响力的机遇。以美国为首的包括日本、加拿大、澳大利亚、新西兰和俄罗斯等国组成的“伞形国家”集团曾经力量非常强大，但如今“伞形国家”集团出现瓦

① James K. Boyce, *The Political Economy of the Environment*, Edward Elgar Publishing Ltd., 2002, p. 44.

解趋势，力量大大削弱。

美国是世界上二氧化碳累计排放量最高的国家。美国人口只占全世界的5%，其温室气体排放量却是世界总排放量的约1/4。美国作为世界头号经济大国，应该为世界环境问题做出贡献。1997年，在《联合国气候变化框架公约》第3次缔约方大会上达成了关于具体减排目标的《京都议定书》，规定日、美、欧在2008—2012年温室气体的排放量要比1990年分别削减6%、7%和8%。1998年，美国克林顿政府虽然签署了《京都议定书》，但该议定书却并没有被送到参议院批准以使其对美国产生约束力。到2001年，小布什政府以减少温室气体排放将增加美国经济负担，以及发展中国家未参与减排为理由，宣布退出《京都议定书》。小布什政府的作为使全球环境合作陷入困境。

小布什政府之所以选择退出《京都议定书》，很重要的一个原因是为维护美国大公司的利益。因为如果美国接受了《京都议定书》的约束，就不可能还像过去一样，大量消耗能源和资源。而美国退出《京都议定书》却不用为二氧化碳排放付出任何成本。美国2003年的二氧化碳排放量高达57.28亿吨，而《京都议定书》给它的排放限额只有12.6亿吨。排放量超标，就必须花钱购买。按照欧洲碳信用市场目前的价格，每吨二氧化碳排放量售价在23欧元左右，美国就要为超标部分支付1 028亿欧元。

在2005年12月上旬召开的蒙特利尔全球气候大会上，本来的重点议题是如何保证《京都议定书》的顺利实施，并在该协议的基础上，建立旨在进一步减少温室排放气体的新的谈判机制。但会议谈判进行得极其艰难，美国和澳大利亚拒不参与《京都议定书》，美国首席谈判代表还一度在谈判进行时拂袖而去。美国在这次大会上的僵硬立场，遭到与会各方严厉指责。加拿大总理不客气地提醒美国要有一点“世界良心”。最终，美国答应参加一个探讨控制全球变暖长期策略的对话机制，但仍要求这一机制“不具约束力”。直到蒙特利尔会议闭幕时，150多个《京都议定书》缔约国最终同意就2012年后的温室气体减排问题开始谈判。2009年底，哥本哈根联合国气候变化大会经过13天的艰难谈判，来自192个国家的代表最终达成了一项并不具有法律约束力的《哥本哈根协议》。这个曾寄托了众多国家和人民的希望，并被称作“拯救地球的最后一次机会”的会议，其结果令许多人感到失望。哥本哈根会议后，一方面国际气候谈判艰难行进，另一方面艰难达成的《京都议定书》第二承诺期决议因为加拿大、日本、新西兰及俄罗斯的明确不参加而实施前景十分悲观。2014年在秘鲁首都利马召开的《联合国气候变化框架公约》第20次缔约方会议暨《京都议定书》第10次缔约方会议上，实质性结果仍难以达成。这折射出国际社会治理包括气候变化、环境污染和资源破坏等在内的全球环境问题面临的严重困境。

发达国家之间在环境问题上的分歧实质上反映的是在国际领导权方面的争夺，这尤其体现在美欧之间。如果世界经济能够朝低碳方向发展，欧洲和美国在竞争力和国际地位上的差距将大大缩小。美国不希望看到欧洲在这个领域担当领导者。这些也让美国感觉到妥协的代价过于高昂。美国担心，加入《京都议定书》可能会让它的国际竞争力大打折扣，而欧洲的竞争力则将大大提升。

四、实现生态环境安全的基本途径

生态环境问题作为一个全球公共问题，一方面要求各国先从自身做起，切实改善自身的生态环境，另一方面也需要发挥全球环境治理机制的作用，通过全球合作共同解决。

（一）转变观念，走可持续发展道路

途径的有效性首先是“建立在对集体问题的共同认知上，并且对于解决问题的方法达成一定程度的共识上”①。发展中国家的环境问题更多的是由于经济不发展、科技落后，而过度依赖自然资源所造成。人为因素，如政府重视不够、公民环保意识比较弱在其中起了很大作用。因此，要实现环境安全，首先要转变观念，认识到环境保护从本质上来说是一种政治行为，要正确协调环境保护和经济发展的矛盾。环境问题和发展问题虽然有矛盾，但又是统一的、密不可分的。经济发展会带来环境问题，但它又增强了解决环境问题的能力；环境问题的解决，又为经济发展创造了更加有利的条件。因此，可持续发展才是真正的经济发展。

“可持续发展”于1980年在由世界自然保护联盟、联合国环境规划署和世界自然基金会等联合出版的《世界自然保护战略》中提出。1987年，世界环境与发展委员会向第42届联合国大会提交的研究报告《我们共同的未来》中明确提出了“可持续发展”观念及其战略目标，报告将“可持续发展”界定为“既能满足当代人的需要，又不对后代人满足其自身需要的能力构成危害的发展”②。可持续发展的实质是改变传统的发展思维和模式，坚持经济发展必须有利于资源的永续利用，有利于生态系统的良性循环，绝不能以浪费资源和破坏生态环境为代价。所以，要谋求可持续发展，就要切实改变危害环境的生产生活方式。

环境问题归根到底是一个发展问题，因此，发展中国家要把环境保护从经济发展的边缘转移到经济发展的中心位置，要研究建立环境保护制度，强化环境管理体系建设。制定人口控制、环境保护、自然资源管理、防灾减灾等法律法规。建立中央和地方多部门参与、多层次运作的组织管理体系，政府要采取行政的、法律的和经济的手段，强化环境监督管理，以监督促治理，以监督促保护。要探索环境和经济协调发展的理论和战略，使经济建设与环境保护协调发展，以经济发展来推动环境保护，以环境保护来促进经济发展，坚持“在发展中解决环境问题”。

（二）依靠合作，通过全球环境治理机制解决环境问题

由于生态环境问题的跨国关联性，其解决途径必须是合作型的。合作的关键在于能不能通过谈判和选择，设计出合适的国际机制来管理环境问题。因此，建立一套有效的国际环境合作机制是十分必要的。正如世界环境与发展委员会在《我们共同的未来》报告中指出的，“对‘环境不安全因素’没有武力的解决方法……经济、环境和安全领域的相互依赖性，从根本上改变了国家主权的含义。全球的公共资源不能由任何一个国家单独管理。任何一个国家都没有足够的力量独自对付整个生态系统受到的威胁。对环境安全的威胁只能由共同的管理及多边的方式和机制来对付”③。

---

① Paul G. Harris, *Climate Change and American Foreign Policy*, New York: St. Martin's Press, 2000, p. 187.

② 世界环境与发展委员会：《我们共同的未来》，52页，长春，吉林人民出版社，1997。

③ 同上书，394页。

国际环境机制是指“国际关系行为体为协调国际环境关系、稳定国际环境秩序进而保护全球环境与资源而共同制定或认可的一整套明示或默示的原则、规范、规则以及决策程序”①。国际环境机制是在国际环境领域，行为体通过谈判协商后共同制定和认同的一系列的行为规范和环境规约来管理和协调行为体之间的相互关系和相互作用，从而解决全球性环境问题。这里需要特别注意的是对对国际环境恶化负有重大责任的某些大国的霸权行为采取有效制约和制裁措施尤为重要，这是检验国际环境机制效力的重要指标。

目前，积极参与生态环境问题解决的国际机构除联合国、世界银行等世界性国际组织外，地区性的、政府间和非政府间的国际组织不胜枚举。但是，环境领域中的国际制度和军事、经济等领域相比，有其自身特点，它不具备严格的奖惩性，制度需靠参与者自觉遵守。如有发达国家拒不遵守温室气体排放标准的规定，有发展中国家拒绝改变导致水土流失的过度采伐等生产方式，国际社会无法对其进行制裁。目前的国际环境法规，虽然有的有法律约束力，如《京都议定书》和《蒙特利尔议定书》等，有的没有法律约束力，如《21世纪议程》等，但它们在执行机制上都很脆弱或者在国际上根本就没有执行机制。在这种情况下，世界各国如何把全球环境的改善切实当作本国的一项重要任务，就需要进一步完善国际制度，真正在平等互利、互相尊重发展权和环境权基础上建立“新型合作伙伴关系”。

当然，“参与全球重大环境问题的合作，并不等于各国合作的原则立场的一致。尽管发达国家与发展中国家内部关于国际合作的方式也有分歧”，但是，“只有发达国家与发展中国家之间的分歧，才是全球环境合作中最本质的问题”②。消除分歧以及解决存在的问题是成功合作的基础。发达国家和发展中国家在环境问题上的合作，只要坚持以下几点就可取得预期效果：

第一，尊重历史，面对现实。要充分考虑各自的历史进程和经济社会发展水平的差异，发达国家和发展中国家真正贯彻“共同但有区别的责任”。发达国家在工业化时期无一不是大规模利用发展中国家的资源来发展，从而导致许多地方生态环境破坏、自然资源枯竭，对全球环境的恶化负有历史性的责任。直到今天，发达国家仍然是自然资源的主要消费者和废弃物的主要制造者。发展中国家对全球环境的恶化也有责任，除了历史的原因外，不能正确地处理环境和发展的关系以及发展不当和管理不善等，使得发展中国家的环境恶化更快。所以，在解决环境问题上，发达国家要承担更大的责任，发展中国家也应负一定责任。

第二，平等协商，互谅互让。主权平等原则是国际法的基本原则。在国际社会相互依存日益加深的今天，全球治理对国家主权提出了挑战，但是，在主权原则上有三个关键性的问题不能动摇，即“完全独立自主的决策、主权问题上的对等和符合整体的国家利益”③。在全球环境合作中主权平等原则是成功合作的基础。消除贫困、发展经济是当前发展中国家面临的首要问题，是最大的国家利益。发达国家应该尊重发展中国家的发展

① 王杰：《国际机制论》，337页，北京，新华出版社，2002。

② 王伟中：《国际可持续发展战略比较研究》，563页，北京，商务印书馆，2000。

③ 梁守德、洪银娴：《国际政治学概论》，268页，北京，中央编译出版社，1994。

权，不应以发展中国家的经济发展为代价来换取环境保护。发达国家应从改革不合理的国际分工体系和国际贸易制度着手，切实帮助发展中国家消除贫困，防止环境进一步恶化。在国际环境法规的制定上，发达国家和发展中国家要平等协商，制定双方都能接受的、切实可行的法律、法规。

第三，取长补短，互利双赢。利益问题是合作的出发点。“在一定条件下合作能在利益互补的基础上发展起来”①，在没有世界政府这样的中央权威的情况下，以“互惠”原则开展“有条件的合作”才是最佳的选择。南北环境合作中最大的一个分歧是如何处理环境和发展的问题。发达国家可持续发展战略的优先项目选择是围绕环境保护，而发展中国家可持续发展战略目标特别注重经济发展。正确协调环境保护和经济发展的矛盾能极大促进南北的环境合作。环境问题和发展问题虽然有矛盾，但又是统一的、密不可分的。经济发展会带来环境问题，但增强了解决环境的能力；环境问题的解决，又为经济发展创造了更加有利的条件。要保护和改善地球环境，必须解决发展问题。南北环境合作可以和经济合作结合起来，以经济合作促进环境合作，通过从联系紧密的地区性合作开始，发展到开放型的全球性合作体系，并且将发达国家的资金、技术和管理经验等方面的优势和发展中国家的资源优势结合起来，双方取长补短，达到互利双赢。

五、中国在生态环境问题上的基本立场和行动

中国作为最大的发展中国家和环境大国，面临着经济发展与环境保护的双重任务。过去几十年，尤其是改革开放后，中央及地方各级政府片面强调追求经济增长，而忽视了环境保护，导致中国环境状况不断恶化。原国家环保总局副局长潘岳在 2007 年的一次讲话中警告说：“今天的中国正面临环境形势最严峻的时刻。土地、淡水、矿产、森林等资源的快速耗竭制约着国民经济的高速发展，水污染、空气污染、土壤污染使人民健康受到威胁，环境引发的投诉和群体性事件正以每年 30%的速度上升。”②

事实上，中国已充分意识到环境保护的重要性，并以负责任大国的身份积极寻求解决环境问题的途径。中国领导人在各种不同的场合都曾强调环境保护的紧迫性和重要性。2002 年在南非约翰内斯堡召开的可持续发展世界首脑会议上，中国政府总理朱镕基阐明了中国政府促进可持续发展的五点主张；胡锦涛主席多次在 8 国集团发展中国家领导人对话会上阐述中国在气候变化国际合作上的基本原则；在 2007 年的政府工作报告中，温家宝总理提到“环境”“污染”等词汇就达 5 次之多；党的十七大报告将“加强能源资源节约和生态环境保护，增强可持续发展能力”③ 作为基本国策，要求各级干部将这一基本国策从关系人民群众切身利益和中华民族生存发展的战略高度加以认识与贯彻；等等。这充分体现出中国政府改善环境的强烈政治意愿和坚强决心。中国政府正以科学发展观为指导，积极推行可持续发展战略，全面推进经济、社会、资源、环境的协调发展，努力建成一个以

---

① Robert O. Keohane，*After Hegemony：Cooperation and Discord in the World Political Economy*，Princeton：Princeton University Press，1987，p. 9.

② 转引自张海滨：《环境与国际关系：全球环境问题的理性思考》，256 页，上海，上海人民出版社，2008。

③ 胡锦涛：《高举中国特色社会主义伟大旗帜 为夺取全面建设小康社会新胜利而奋斗——在中国共产党第十七次全国代表大会上的报告》，24 页，北京，人民出版社，2007。

资源合理开发利用、生态环境健全优美为基础的国民经济体系。

专栏 7.9　　中国政府促进可持续发展的五点主张

2002 年 9 月 3 日，中华人民共和国国务院总理朱镕基在可持续发展世界首脑会议上发表题为《坚定不移地走可持续发展之路》的讲话，阐明了中国政府促进可持续发展的五点主张：一是深化对可持续发展的认识，二是实现可持续发展要靠世界各国共同努力，三是加强可持续发展中的科技合作，四是营造有利于可持续发展的国际经济环境，五是推进可持续发展离不开世界的和平稳定。

在国际上，中国政府积极参与各项多边国际环境合作。从 20 世纪 70 年代末到 1988 年，中国签订或加入了约 20 个国际环境公约和规定；1989 年以后，中国积极参加了《联合国气候变化框架公约》及《京都议定书》《关于在国际贸易中对某些危险化学品和农药采用事先知情同意程序的鹿特丹公约》《关于持久性有机污染物的斯德哥尔摩公约》《关于消耗臭氧层物质的蒙特利尔议定书》《生物多样性公约》《联合国防治荒漠化公约》《卡塔赫纳生物安全议定书》《核安全公约》等重要国际化公约的谈判，共缔结或签署了 30 多个国际环境公约，占中国签署的国际环境公约总数的 2/3 以上。[①] 中国认真履行着已加入的国际环境公约。当然，中国在参与国际环境合作中，也要努力做到协调国家利益与全球利益的关系，既要做国际社会中“负责任的”发展中大国，承担相应的大国责任，更要以自身能力为基础，不承担与自身能力不相符合的义务，从而维护人民的正当生存权、发展权和良好的生活权。

在国内，1994 年中国政府制定和发布了可持续发展战略《中国 21 世纪议程——中国 21 世纪人口、环境与发展白皮书》，并于 1996 年首次将可持续发展作为经济社会发展的重要指导方针和战略目标。2003 年，中国政府制定了《中国 21 世纪初可持续发展行动纲要》。2007 年 6 月，中国政府制定出《中国应对气候变化国家方案》，该方案全面阐述了中国气候变化的现状和应对气候变化的努力，气候变化对中国的影响和挑战，中国应对气候变化的指导思想、原则和目标，中国应对气候变化的相关政策和措施，中国对若干问题的基本立场及国际合作需求。2011 年，中国政府发表《中国应对气候变化的政策与行动（2011）》白皮书。此外，在 2011 年，中国政府还发布《“十二五”节能减排综合性工作方案》《“十二五”控制温室气体排放工作方案》等，对“十二五”期间开展节能减排和控制温室气体排放做出了全面部署。2012 年 2 月，国务院发布《环境空气质量标准》（GB3095-2012），增加了 PM2.5 监测指标。新的《环境空气质量标准》中污染物控制项目实现了与国际接轨。

中国政府在国家和地方两个层面双管齐下，从制度建设方面切实采取措施改善环境。在国家层面，2007 年，中国成立了国家应对气候变化领导小组，国务院总理任组长，相关 20 个部门的部长为成员。国家发展和改革委员会承担领导小组的具体工作，并于 2008 年设置应对气候变化司，负责统筹协调和归口管理应对气候变化工作。中国政府有关部门相继建立了应对气候变化职能机构和工作机制，负责组织开展本领域应对气候变化工作。

① 参见张海滨：《环境与国际关系：全球环境问题的理性思考》，65～70 页，上海，上海人民出版社，2008。

2008年，国家环保总局正式升格为国家环境保护部，为国务院组成部门，并调整了其主要职责和内设机构，强化了统筹协调、宏观调控、监督执法和公共服务等职能，为推进环境保护历史性转变提供了更加有力的组织保障。

在地方层面，中国各省（自治区、直辖市）都建立了应对气候变化工作领导小组和专门工作机构，负责贯彻落实《中国应对气候变化国家方案》的相关内容，组织协调本地区应对气候变化的工作，协调本地区各方面的行动。有的还建立了地方气候变化专家队伍，根据各地区在地理环境、气候条件、经济发展水平等方面的具体情况，因地制宜地制定应对气候变化的相关政策措施。同时加强中央政府与地方政府的协调，促进相关政策措施的顺利实施。

中国通过多项立法、经济和政府措施，鼓励转向更可持续发展的工业化活动，并大力发展可再生能源。2006年1月，《可再生能源法》生效，设立全国性基金促进可再生能源的发展，对投资可再生能源项目的公司提供贷款和税收上的优惠。中国已经拥有世界上最大的水力发电机群。此外，中国政府把环境保护与官员的政绩联系起来，在2007年4月，中国政府公布了未能达到新环境标准的14个省市的名单，这种公开点名给地方官员发出了在环境问题上的惩戒信号。2008年初，中央政府开始要求省级领导任命官员的标准不但要看其经济政绩，而且要看环保实效。

针对中国普通公民环保意识不强的特点，《中国应对气候变化国家方案》提出了切实可行的措施：一是发挥政府的推动作用。各级政府要把提高公众意识作为应对气候变化的一项重要工作抓紧抓好。要进一步提高各级政府领导干部、企事业单位决策者的气候变化意识，逐步建立一支具有较高全球气候变化意识的干部队伍；利用社会各界力量，宣传我国应对气候变化的各项方针政策，提高公众应对气候变化的意识。二是加强宣传、教育和培训工作。利用图书、报刊、音像等大众传播媒介，对社会各阶层公众进行气候变化方面的宣传活动，鼓励和倡导可持续的生活方式，倡导节约用电、用水，增强垃圾循环利用和垃圾分类的自觉意识等；在基础教育、成人教育、高等教育中纳入气候变化普及与教育的内容，使气候变化教育成为素质教育的一部分；举办各种专题培训班，就有关气候变化的各种问题，针对不同的培训对象开展专题培训活动，组织有关气候变化的科普学术研讨会；充分利用信息技术，进一步充实现有气候变化信息网站的内容及功能，使其真正成为获取信息、交流沟通的一个快速而有效的平台。三是鼓励公众参与。建立公众和企业界参与的激励机制，发挥企业参与和公众监督的作用。完善气候变化信息发布的渠道和制度，拓宽公众参与和监督渠道，充分发挥新闻媒介的舆论监督和导向作用。增加有关气候变化决策的透明度，促进气候变化领域管理的科学化和民主化。积极发挥民间社会团体和非政府组织的作用，促进广大公众和社会各界参与减缓全球气候变化的行动。四是加强公众意识方面的国际合作与交流。加强国际合作，促进气候变化公众意识方面的合作与交流，积极借鉴国际上好的做法，完善国内相关工作。积极开展与世界各国关于全球气候变化的出版物、影视和音像作品的交流和交换，建立资料信息库，为国内有关单位、研究机构、高等学校等查询、了解气候变化相关信息提供服务。①

---

① 参见《国务院关于印发中国应对气候变化国家方案的通知》，见 http://www.most.gov.cn/twzb/twzbxgbd/200706/t2070612_50495.htm，2007-06-15。

通过上述举措，中国政府在全球环境问题上认真履行着一个“负责任大国”的义务。

思考题

1. 近些年一些国家主权债务危机频发的原因是什么？
2. 全球化时代的恐怖主义具有哪些特点？
3. 国际社会如何应对生态环境问题？

参考文献

中文著作

毛泽东外交文选．北京：中央文献出版社，世界知识出版社，1994

邓小平文选．2版．第2卷．北京：人民出版社，1994

邓小平文选．1版．第3卷．北京：人民出版社，1993

中国联合国协会编．联合国与和谐世界．成都：四川人民出版社，2008

北京太平洋国际战略研究所编著．应对危机：美国国家安全决策机制．北京：时事出版社，2001

上海太平洋国际战略研究所编．俄罗斯国家安全决策机制．北京：时事出版社，2007

陈峰君．亚太安全析论．北京：中国国际广播出版社，2004

方连庆等编．现代国际关系史资料选集．北京：北京大学出版社，1987

方连庆，刘金质，王炳元主编．战后国际关系史（1945—1995）．北京：北京大学出版社，1999

傅勇．非传统安全与中国．上海：上海人民出版社，2007

高尚涛．国际关系的权力与规范．北京：世界知识出版社，2008

耿协峰．新地区主义与亚太地区结构变动．北京：北京大学出版社，2003

宫少朋等主编．冷战后国际关系．北京：世界知识出版社，1999

郭树勇．建构主义与国际政治．北京：长征出版社，2001

何贻纶．国家安全研究．北京：人民出版社，2005

金钿主编．国家安全论．北京：中国友谊出版公司，2002

靳希民．国际安全与安全战略．北京：军事科学出版社，2000

李彬．军备控制理论与分析．北京：国防工业出版社，2006

李少军．国际政治学概论．上海：上海人民出版社，2002

李少军主编．国际战略报告．北京：中国社会科学出版社，2005

李铁城主编．世纪之交的联合国．北京：人民出版社，2002

李湛军. 恐怖主义与国际治理. 北京：中国经济出版社，2006
梁月槐主编. 外国国家安全战略与军事战略教程. 北京：军事科学出版社，2000
梁守德，洪银娴. 国际政治学概论. 北京：中央编译出版社，1994
刘华秋主编. 军备控制与裁军手册. 北京：国防工业出版社，2000
刘慧主编. 国家安全蓝皮书：中国国家安全研究报告（2014）. 北京：社会科学文献出版社，2014
刘跃进. 国家安全学. 北京：中国政法大学出版社，2004
陆忠伟主编. 非传统安全论. 北京：时事出版社，2003
倪世雄等. 当代西方国际关系理论. 上海：复旦大学出版社，2001
秦亚青. 霸权体系与国际冲突. 上海：上海人民出版社，1999
秦亚青. 权力·制度·文化. 北京：北京大学出版社，2005
曲格平. 关注中国生态安全. 北京：中国环境科学出版社，2004
唐永胜，徐弃郁. 寻求复杂的平衡. 北京：世界知识出版社，2004
唐永胜等. 寻求复杂的平衡：国家安全机制与主权国家的参与. 北京：世界知识出版社，2005
王帆. 美国的亚太联盟. 北京：世界知识出版社，2007
王杰主编. 国际机制论. 北京：新华出版社，2002
王绳祖主编. 国际关系史：17世纪中叶—1945年. 北京：法律出版社，1986
王绳祖主编. 国际关系史. 第1～10卷. 北京：世界知识出版社，1996
王伟中. 国际可持续发展战略比较研究. 北京：商务印书馆，2000
王晓德. 美国文化与外交. 北京：世界知识出版社，2000
王逸舟. 西方国际政治学：历史与理论. 上海：上海人民出版社，1998
王逸舟主编. 全球化时代的国际安全. 上海：上海人民出版社，1999
王逸舟主编. 恐怖主义溯源. 北京：社会科学文献出版社，2002
熊光楷. 国际形势与安全战略. 北京：清华大学出版社，2006
许嘉. 权力与国际政治. 北京：长征出版社，2001
许光建主编. 联合国宪章诠释. 太原：山西教育出版社，1999
徐向群. 第三圣殿——以色列的崛起. 上海：上海远东出版社，1994
许崇德主编. 中华法学词典：宪法学卷. 上海：中国检察出版社，1995
阎学通. 中国与亚太安全. 北京：时事出版社，1999
杨毅主编. 国家安全战略理论. 北京：时事出版社，2008
杨毅主编. 中国国家安全战略构想. 北京：时事出版社，2009
杨洁勉等. 国际合作反恐：超越地缘政治的思考. 北京：时事出版社，2003
杨洁勉主编. 国际体系转型和多边组织发展——中国的应对和抉择. 北京：时事出版社，2007
余起芬主编. 国际战略论. 北京：军事科学出版社，1998
俞新天等. 国际体系中的中国角色. 北京：中国大百科全书出版社，2008
余潇枫，潘一禾，王江丽. 非传统安全概论. 杭州：浙江人民出版社，2006

袁士槟，钱文荣主编．联合国机制与改革．北京：北京语言学院出版社，1995

张海滨．环境与国际关系：全球环境问题的理性思考．上海：上海人民出版社，2008

赵可金，倪世雄．中国国际关系理论研究．上海：复旦大学出版社，2007

赵丕主编．中国军事百科全书·国际军事安全学科分册Ⅰ．第2版．北京：中国大百科全书出版社，2008

朱锋．国际关系理论与东亚安全．北京：中国人民大学出版社，2007

朱立群，王帆主编．东亚地区合作与中美关系．北京：世界知识出版社，2006

朱立群．欧洲安全组织与安全结构．北京：世界知识出版社，2002

朱素梅．恐怖主义：历史与现实．北京：世界知识出版社，2006

中文译著

［英］爱德华·卡尔．20年危机（1919—1939）：国际关系研究导论．北京：世界知识出版社，2005

［英］安东尼·吉登斯．失控的世界．南昌：江西人民出版社，2001

［英］巴瑞·布赞等．新安全论．杭州：浙江人民出版社，2003

［英］戴维·赫尔德等．全球大变革：全球化时代的政治、经济与文化．北京：社会科学文献出版社，2001

［英］戴维·米勒，韦农·波格丹诺编．布莱克维尔政治学百科全书．北京：中国政法大学出版社，1992

［英］赫德利·布尔．无政府社会：世界政治秩序研究．北京：世界知识出版社，2003

［英］克里斯托弗·希尔．变化中的对外政策政治．上海：上海人民出版社，2007

［英］马丁·怀特．权力政治．北京：世界知识出版社，2004

［加］阿米塔·阿查亚．建构安全共同体：东盟与地区秩序．上海：上海人民出版社，2004

［挪］托布约尔·克努成．国际关系理论史导论．天津：天津人民出版社，2004

［澳］克雷格·A·斯奈德等．当代安全与战略．长春：吉林人民出版社，2001

［美］彼得·J·卡赞斯坦．文化规范与国家安全——战后日本警察与自卫队．北京：新华出版社，2002

［美］布里吉特·斯塔奇等．外交谈判导论．北京：北京大学出版社，2005

［美］卡尔·多伊奇．国际关系分析．北京：世界知识出版社，1992

［美］查尔斯·P·金德尔伯格．疯狂、惊恐和崩溃：金融危机史．北京：中国金融出版社，2006

［美］查尔斯·库普乾．美国时代的终结．上海：上海人民出版社，2004

［美］莱斯特·R·布朗．建设一个持续发展的社会．北京：科学技术文献出版社，1984

［美］路易丝·戴蒙德等．多轨外交．北京：北京大学出版社，2005

［美］罗伯特·基欧汉，约瑟夫·奈．权力与相互依赖．北京：北京大学出版社，2002

［美］罗伯特·基欧汉．霸权之后：世界政治经济的合作与斗争．上海：上海世纪出

版集团，2001

［美］汉斯·摩根索. 国家间政治——寻求权力与和平的斗争. 北京：中国人民公安大学出版社，1990

［美］亨利·基辛格. 大外交. 海口：海南出版社，1998

［美］肯尼思·沃尔兹. 国际政治理论. 上海：上海世纪出版集团，2004

［美］诺曼·迈尔斯. 最终的安全——政治稳定的环境基础. 上海：上海译文出版社，2001

［美］塞缪尔·亨廷顿. 文明的冲突与世界秩序的重建. 北京：新华出版社，1999

［美］亚历山大·温特. 国际政治的社会理论. 上海：上海人民出版社，2000

［美］约翰·米尔斯海默. 大国政治的悲剧. 上海：上海人民出版社，2003

［美］威廉·奥尔森等编. 国际关系的理论与实践. 北京：中国社会科学出版社，1987

［美］兹比格纽·布热津斯基. 大棋局：美国的首要地位及其地缘战略. 上海：上海人民出版社，1998

［美］斯塔夫里亚诺斯. 全球分裂：第三世界的历史进程. 北京：商务印书馆，1993

［美］詹姆斯·N·罗西瑙主编. 没有政府的治理. 南昌：江西人民出版社，2001

期刊论文

胡联合. 准确把握恐怖主义的基本含义. 国际政治研究，2006（3）

李格琴. 西方国际安全研究的社会学视角——欧洲学派与美国学派比较探析. 国外社会科学，2007（4）

刘胜湘. 国家安全观的终结？——新安全观置疑. 欧洲研究，2004（1）

刘立群，孙彦红. 德国教授谈欧盟共同外交与安全政策. 欧洲研究，2004（6）

江涌. 金融安全是国家经济安全的核心. 求是，2009（5）

王元龙. 关于金融安全的若干理论问题. 国际金融研究，2004（5）

孟祥青. 论中国的国际角色转化与对外安全战略的基本定位. 世界经济与政治，2002（7）

倪世雄，王义桅. 霸权均势——冷战后美国的战略选择. 美国研究，2000（1）

潘成鑫. 国际关系发展中安全内涵的演变. 欧洲研究，1995（2）

潘忠歧. 实力与安全的背离——建构国际安全新秩序的基础、原则和模式. 欧洲研究，2003（4）

潘忠岐. 冷战后亚太地区秩序的变革. 教学与研究，2007（9）

庞中英. 地区化、地区性与地区主义——论东亚地区主义. 世界经济与政治，2003（11）

秦亚青. 东亚共同体建设进程和美国的作用. 外交评论，2005（6）

秦亚青. 国家身份、战略文化和安全利益. 世界经济与政治，2003（1）

青觉，马守途. 阿以冲突的四大症结. 国际资料信息，2005（7）

任晓. 六方会谈与东北亚多边安全机制的可能性. 国际问题研究，2005（1）

任晓. 从集体安全到合作安全. 世界经济与政治，1998（4）

苏长和. 安全困境、安全机制和国际安全的未来. 世界经济与政治，1998（5）
田景梅. 试析非国家行为体核扩散. 现代国际关系，2007（10）
王公龙. 和谐世界：国际秩序的新构想和新范式. 现代国际关系，2007（3）
王逸舟. 论综合安全. 世界经济与政治，1998（4）
王学玉. 国际关系研究的地区主义视角. 当代世界社会主义问题，2004（3）
温味几. 美国谋求世界主导地位的军事战略. 现代国际关系，1996（3）
熊坤新，马守途. 阿以冲突的历史由来及对人们的启示. 世界民族，2005（2）
杨万明. 论综合安全观. 国际问题研究，2005（4）
虞少华. 朝美关系与朝核问题. 国际问题研究，2006（6）
余国庆. 伊拉克战争后的中东嬗变与阿以冲突. 阿拉伯世界，2005（6）
俞正梁，阙天舒. 体系转型和中国的战略空间. 世界经济与政治，2006（10）
张曙光. 威慑理论：美国国际战略学的一个重要领域. 美国研究，1990（4）
张法定. 欧洲安全与合作组织现状、问题及前景分析. 外交评论，2006（4）
张林初. 试析曲折发展中的欧洲防务联合. 欧洲研究，2006（3）
赵怀普. 欧安组织及其在冷战后欧洲安全中的作用. 国际论坛，1999（6）
郑先武. 全球化背景下的“安全”：一种概念重构. 国际论坛，2006（1）
郑先武. 安全区域主义：一种批判 IPE——比约恩·赫特纳“新区域主义方法”述评. 欧洲研究，2005（2）
朱锋. “非传统安全”解析. 中国社会科学，2004（4）
朱锋. “区域性”特征与东亚安全研究. 当代亚太，2008（2）
朱立群. 北约、欧盟“双扩”与欧洲新安全结构. 国际问题研究，2002（6）
朱宁. 东亚军事安全动力分析. 太平洋学报，2006（1）

外文资料

Ken Booth，*Critical Security Studies and World Politics*，Boulder：Lynne Rienner Publishers，2005.

Harold Brown，*Thinking about National Security*，Boulder：Westview Press，1991.

Barry Buzan，*People，States and Fear：An Agenda for International Security Studies in the Post-Cold War Era*，2nd ed.，New York：Harvester Wheatsheaf，1991.

Barry Buzan，Ole Wæver and Jaap de Wilde，*Security：A New Framework for Analysis*，London：Lynne Rienner Publishers，1998.

The Independent Commission on Disarmament and Security Issues，*Common Security：A Blueprint for Survival*，New York：Simon and Schuster，1982.

The Commission on Global Governance，*Our Global Neighbourhood*，Oxford University Press，1987.

Dan Caldwell and Robert Williams Jr.，*Seeking Security in an Insecurity World*，Rowan & Littlefield Publishers，2006.

Erskine Childers and Brian Urquhart，Renewing the United Nations System：The International Civil Service，*Development Dialogue*，No. 1，1994.

Alan Collins（ed.），*Contemporary Security Studies*，Oxford：Oxford University Press，2006.

Karl W. Deutsch & Sidney A. Burrell，*Political Community and the North Atlantic Area*：*International Organization in the Light of Historical Experience*，Princeton：Princeton University Press，1957.

George W. Keeton，and George Scharzenberger（eds），*The Yearbook on International Affairs*，London：Stevens，1979.

Robert O. Keohane，*International Institutions and State Power*，Boulder：Westview Press，1989.

Robert Jervis，Security Regimes，*International Organization*，Vol. 36，No. 2，Spring 1982.

Robert Jervis，Cooperation under the Security Dilemma，*World Politics*，Vol. 30，October 1978.

K. J. Holsti，*International Politics*：*A Framework for Analysis*，New Jersey：Englewood Cliffs，1987.

Samuel Huntington，Why International Primacy Matters?，*International Security*，Vol. 17，No. 4，Spring 1993.

Peter Mangold，*National Security and International Relations*，London and New York：Routledge，1990.

T. V. Paul，James J. Wirtz，Michel Fortmann（eds），*Balance of Power*：*Theory and Practice in the 21st Century*，Stanford University Press，2004.

Report of the Independence Commission on International Development Issues，*North-South*：*A Programme for Survival*，London：Pan Books，1980.

Richard Ullman，Redefining Security，*International Security*，Vol. 8，No. 1，Summer 1983.

Stephen M. Walt，*The Origins of Alliances*，Ithaca and London：Cornell University Press，1987.

图书在版编目（CIP）数据

国际安全概论/王帆，卢静主编. —2版. —北京：中国人民大学出版社，2016.8
新编21世纪政治学系列教材. 国际政治系列
ISBN 978-7-300-22763-4

Ⅰ.①国… Ⅱ.①王…②卢… Ⅲ.①国家安全-高等学校-教材 Ⅳ.①D035.3

中国版本图书馆CIP数据核字（2016）第079168号

新编21世纪政治学系列教材·国际政治系列
国际安全概论（第二版）
王 帆 卢 静 主编
Guoji Anquan Gailun

出版发行	中国人民大学出版社		
社 址	北京中关村大街31号	邮政编码	100080
电 话	010－62511242（总编室）		010－62511770（质管部）
	010－82501766（邮购部）		010－62514148（门市部）
	010－62515195（发行公司）		010－62515275（盗版举报）
网 址	http://www.crup.com.cn		
	http://www.ttrnet.com（人大教研网）		
经 销	新华书店		
印 刷	北京市鑫霸印务有限公司		
规 格	185 mm×260 mm 16开本	版 次	2016年8月第1版
印 张	19	印 次	2016年8月第1次印刷
字 数	439 000	定 价	38.00元

教学支持说明

（教学课件）

中国人民大学出版社政治与公共管理出版分社秉承“出教材学术精品，育人文社科英才”的出版宗旨，多年来，出版了大批高质量的公共管理、教育学、政治学、政治理论公共课教材和学术著作。

我们为本教材制作了相应的 PPT 教学课件，任何一位采用本书作为授课教材的教师均可免费获得该课件。为了确保该课件仅为授课教师获得，烦请您填写如下材料，并将相关信息通过 E-mail 发送给我们，我们将在收到相关信息后通过 E-mail 给您发送该课件。欢迎您加入我们的 QQ 群（全国政管教师交流群，群号为 236159213），或登录我分社官方网站（www. crup. com. cn/gggl），注册成为 VIP 会员，以获得更好的服务。

我们的联系方式：

地址：（100872）北京市中关村大街甲 59 号文化大厦 1202 室
中国人民大学出版社政治与公共管理出版分社

电话：（010） 82502724　62514775（传真）

E-mail：ggglcbfs@vip. 163. com

QQ 群：236159213

兹证明____________大学/学院____________院/系____________专业____________学年第__________学期开设的________________课程，采用中国人民大学出版社出版的________________________________（书名、作者）作为本课程教材。授课教师为____________，授课班级共_______个、学生_______人。授课教师需要与本书配套的教学课件。

联 系 人：________________________

通信地址：________________________

邮　　编：________________________

电　　话：________________________

E-mail：__________________________

系/院主任：____________（签字）

（系/院办公室章）

________年______月______日